STEPHAN REHM ROZANES &
FABIAN SOETHOF

Back for Good

Stephan Rehm Rozanes und Fabian Soethof sind Kinder der 90er. Sie wuchsen mit *Bravo*, MTV, Viva und Schulhof-Tipps auf, machten ihr Hobby zum Beruf und arbeiteten gemeinsam als Redakteure beim *Musikexpress*. 2020 erfanden und moderierten sie *Never Forget: der 90er-Podcast*, der 2024 in die zweite Staffel ging.

STEPHAN REHM ROZANES, geb. 1980, ist Mitglied der Chefredaktion des *Musikexpress* und hat als DJ, Podcast- und Radiomoderator gearbeitet. Bei Reclam sind von ihm erschienen: *Die Ärzte. 100 Seiten* und *The Show Must Go On. Queen – Die Bandbiographie*.

FABIAN SOETHOF, geb. 1981, ist Journalist, Autor und Kolumnist. Von 2013 bis 2023 arbeitete er als Online-Redaktionsleiter beim *Musikexpress*. Seit 2014 bloggt er unter *newkidandtheblog.de*. Im März 2022 erschien sein erstes Buch *Väter können das auch!*

STEPHAN REHM ROZANES &
FABIAN SOETHOF

BACK FOR GOOD

WARUM UNS DIE MUSIK DER 90ER NICHT LOSLÄSST

RECLAM

Der Verlag behält sich die Verwertung der urheberrechtlich geschützten Inhalte dieses Werkes für Zwecke des Text- und Data-Minings nach § 44b UrhG ausdrücklich vor. Jegliche unbefugte Nutzung ist ausgeschlossen.

2024 Philipp Reclam jun. Verlag GmbH,
Siemensstraße 32, 71254 Ditzingen
Umschlaggestaltung: FAVORITBUERO
Umschlagabbildungen: CD-Player: © Sasha Pankevych / shutterstock.com
Muster Hintergrund: © Wasitt Hemwaraporncha i/ shutterstock.com
Druck und buchbinderische Verarbeitung:
Friedrich Pustet GmbH & Co. KG,
Gutenbergstraße 8, 93051 Regensburg
Printed in Germany 2024
RECLAM ist eine eingetragene Marke
der Philipp Reclam jun. GmbH & Co. KG, Stuttgart
ISBN 978-3-15-011481-0

www.reclam.de

Inhalt

9 »Hi, my name is – what? My name is – who?«:
Vorwort

13 »Come as You Are«:
Der Hype und der Tod des Grunge

30 »Champagne Supernova«:
Die Regentschaft des Britpop

50 »Ghetto Supastar«:
US-Hip-Hop übernimmt das Feld

75 »Hammer-Hammerhart«:
Deutschrap dominiert die Jugendzimmer

97 »The Age of Love«:
Zu Techno tanzen wir durch die Zeitenwende

119 »Block Rockin' Beats«:
Jungle, Drum 'n' Bass, Trip-Hop und Big Beat durchbrechen die Grenzen zwischen Electro und Rock

141 »There's a Party«:
Eurodance beschallt Kleinstadt-Kirmes und Großraumdiskotheken

169 »Wind of Change«:
Das letzte Aufbäumen des Classic Rock

191 »Everybody Hurts«:
Alternative Rock macht Stärken aus Schwächen

220 »You Are Not Alone«:
Das große Finale des Mainstream-Pop

247 »Step by step, ooh baby!«:
Die Kreischmania wegen Girl- und Boygroups

- 280 »Exit Light, Enter Night«:
  Die Gesundschrumpfung und Wiedererstarkung des Metal
- 300 »Move ya!«:
  Crossover- und Nu-Metal-Hassliebe »Rock trifft Rap«
- 324 »Kommst du mit in den Alltag«:
  Der Deutsch-LK der Hamburger Schule

- 345 »Time to Say Goodbye«:
  Nachwort

- 349 Anmerkungen
- 349 Literaturhinweise
- 351 Abbildungsnachweis

**Playlists zum Buch:
Can I click it? Yes, you can!**

Jedes der Buchkapitel wird von einer Playlist mit 15 zentralen Songs des jeweils behandelten Genres begleitet. Per Scan des folgenden QR-Codes könnt Ihr diese bequem direkt abrufen und abspielen. Es erwarten Euch 210 Stücke, von bitter-süßen Sinfonien über Ghetto-Hymnen bis zu ganze Wohnblocks erschütternden Beats. Manchmal wird es hammer-hammerhart, manchmal »juicy«. Solange Ihr den Groove im Herzen tragt, ist es dabei ganz egal, ob Ihr wie Phil Collins nicht tanzen könnt oder Euch ausgelassen zum Humpty-Dance schüttelt. Und falls Ihr nach unserer Auswahl Lust auf mehr habt – Ihr wisst ja: There's so gut wie No Limit!

Die Playlists findet Ihr unter
www.reclam.de/backforgood bzw. unter:

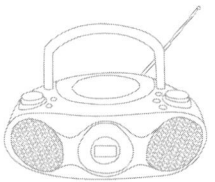

»Hi, my name is - what? My name is - who?«: Vorwort

> »And I say, hey-ey-ey
> Hey-ey-ey
> I said, hey, what's going on?«
> 4 Non Blondes: »What's Up?«, 1992

Die 90er waren in vielfacher Hinsicht das Letzte. Sie waren nicht nur das finale Jahrzehnt des alten Jahrtausends. Sie gelten im Rückblick auch als die letzte große, den Hedonismus der 80er Jahre auf die Spitze treibende Party, als Kurort einer neuen deutschen Spaßgesellschaft zwischen Drogen, Loveparade und *RTL Samstag Nacht*. In dieser Dekade dominierten die letzten großen Weltstars Bühnen, Charts und Magazine: Ikonen wie Michael Jackson, Madonna, Prince, Elton John, selbst Politiker wie Bill Clinton, Gerhard Schröder oder Tony Blair wurden zu Celebrities. Die Promi-Kultur trieb wunderliche Blüten, Sternchen wie Anna Nicole Smith und Pamela Anderson wurden zu Spielbällen jener Klatschpresse, die sie einst großmachte. Reality-TV wurde dank MTV und *Big Brother* zum *next weird thing*. Doch nach dem ausgefallenen Crash, den der Millennium-Bug vermeintlich hätte auslösen können, wurde und blieb es ernst: Die New Yorker Twin Towers stürzten infolge des Terroranschlags vom 11. September 2001 ein und die westliche Welt geriet in den Strudel der Permakrisen des 21. Jahrhunderts. Ja, auch in den 90ern gab es Kriege und Skandale. Aber bei aller unnötigen Verklärung und Nostalgie: So unbedarft und sorgenfrei wie damals wird unser jetziges Leben wohl nicht mehr werden.

Wo viel gefeiert wird, da läuft auch viel Musik. Und dort waren die 90er ebenfalls das Letzte: Nie wieder gab es so viele neue Genres, die den Sound eines Jahrzehnts prägten. Wer heute in Deutschland an Plakaten vorbeiläuft, die eine 90er-Revival-Party bewerben, könnte meinen, es habe damals nur Trash gegeben: Blümchen, Rednex und E-Rotic, Eurodance auf den *Bravo Hits*. Aber es gab so viel mehr: Aus Seattle kam der Grunge, aus England der Britpop, aus Kalifornien der Crossover und Nu Metal, aus Florida die Boygroups, aus Ostberlin der Techno, aus Stuttgart, Heidelberg und Hamburg der erste Deutschrap. Zum Beispiel.

In unserem Buch *Back for Good*, offensichtlich benannt nach einer der berühmtesten Pop-Singles der 90er, geht es uns genau darum: Wie konnten diese Genres entstehen? Wo kamen sie her? Wo gingen sie hin? Wer bereitete ihnen den Weg, wer waren die Protagonist:innen? Wie beeinflusste man sich gegenseitig? Welche Spuren hinterließen sie für nachfolgende Generationen?

Jedes Kapitel widmet sich einem Genre und mit ihm verbundenen Fragen wie: War Kurt Cobain wirklich die Stimme einer Generation – und warum mochte er Pearl Jam nie? Blur oder Oasis – wer sind die wahren Könige des *Cool Britannia*? Inwiefern haben Tic Tac Toe den Feminismus und spätere Rapperinnen beeinflusst? Kreischten Teenies bei den Backstreet Boys und der Kelly Family wirklich so laut wie damals bei den Beatles? Und wer war denn nun zuerst da: Die Fantastischen Vier oder Advanced Chemistry? Von Shirley Manson und DJ Tomekk über Tobi Tobsen und Nilz Bokelberg bis hin zu Ellen Allien und DJ Bobo lassen wir Zeitzeug:innen und Expert:innen zu Wort kommen. Sie teilen persönliche Anekdoten, gewähren uns Blicke hinter die Kulissen, in die Machenschaften entscheidender Medien, und erinnern uns daran, dass trotz aller damaliger Aufbruchstimmung früher eben auch nicht alles besser war; vor allem Shirley Manson und Bernadette La Hengst wissen als mindestens von strukturellem Sexismus betroffene Frauen davon traurige Lieder zu singen. Die 90er sind vorbei, im eben erwähnten Schlechten, aber auch im Guten, was uns Oasis-Mastermind Noel Gallagher vor Augen führt: So eine Generationen vereinende Band wie seine könnte es heute nicht mehr geben. Heute leben wir in sozialen Bubbles, enger miteinander vernetzt als je zuvor, aber auch gespalten wie lange nicht.

Wir denken also nicht für den Kick für den Augenblick wehmütig an die 90er zurück. Sondern weil sie sich nicht länger in Fetenhits-Partykellern mit Winamp-Playlists verstecken müssen. Die 90er lassen uns sicht- und spürbar nicht los. Nostalgie funktioniert gerade im Pop noch immer gut. Nicht umsonst besagen Ergebnisse wie etwa die einer 2018 vom Streamingdienst Deezer durchgeführten Umfrage, dass bei über 30-Jährigen der Wunsch abnimmt, neue Musik zu entdecken, und, wenn überhaupt mal wieder Zeit dafür ist, lieber die aus der eigenen Jugend zu hören. Vielleicht fühlt Ihr Euch als Leser:in sogar angesprochen und habt aus ähnlichen Beweggründen zu diesem Buch gegriffen? Unter Event-Namen wie »Die 90er live« geben sich die Vengaboys, Reel 2 Real, Whigfield, Caught in the Act und Turbo B von Snap! das Halb- oder Vollplayback-Mikro in die Hand. Die *90s Super Show* lockt unter anderem mit Tania Evans (»Original Voice of ›Mr. Vain‹«), East 17, Loona, Twenty 4 Seven, Rednex, Oli P., DJ Quicksilver und Jay Frog (»Member of Scooter«), moderiert von Mola Adebisi. Tickets gibt es ab 19,90 Euro, VIP-Tickets inklusive Drinks & Buffet kosten 199 Euro. Sogar eine 90er-Kreuzfahrt auf der Aida wird feilgeboten. Vermutlich ohne *Titanic*-Screening.

Heutige Teenager tragen wieder bauchfrei, Baggy-Pants, Daunenjacken, Buffalos und Popo-Scheitel, Serien wie *Friends*, *Sex and the City* und *Der Prinz von Bel-Air* feiern Revivals, dem

Horrorfilm *Scream* wurde 2023 ein sechster Teil verpasst, Keanu Reeves erforscht wieder die Matrix und ein siebter Teil von *Jurassic Park* ist ebenfalls angekündigt. Die Backstreet Boys gehen mit den New Kids on the Block unter dem Namen NKOTBSB auf Tour. EDM-DJs remixen Fools Gardens »Lemon Tree«, Liquidos »Narcotic« und »Blue« von Eiffel 65. Deutschrap-Produzent:innen bedienen sich an Eurodance-Elementen. Blur verkaufen das Wembley-Stadion aus, John Frusciante spielt wieder mit den Red Hot Chili Peppers. Kurt Cobain ist seit 30 Jahren tot, sein Erbe im Sound neuer, oft weiblicher Gitarrenbands aber so lebendig wie nie. Und gerade weil die Welt da draußen durch Angriffskriege, Pandemien, Klimakatastrophe und Social-Media-Doomscrolling immer unerträglicher wird, sehnen sich viele Ü-30er, aber auch jüngere Menschen zurück in die vermeintlich gute alte Zeit – und wollen in Clubs jetzt erst recht feiern, als ob es kein Morgen gäbe. Weil es zumindest vielleicht kein Übermorgen mehr gibt. Fakt ist: Wer das popkulturelle Hier und Jetzt verstehen will, sollte die 90er in der Tiefe kennen.

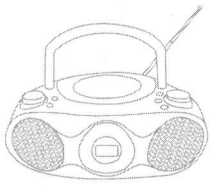

»Come as You Are«:
Der Hype und der Tod des Grunge

(1990–1994)

Der Durchbruch von Nirvana bedeutete nicht nur eine Zäsur für die Gitarrenszene Seattles. Er bestimmte die Rockmusik eines ganzen Jahrzehnts und erschütterte die bis dahin geltenden Gesetze der Branche weltweit.

> »Oh I, oh, I'm still alive
> Hey, I, I, oh, I'm still alive
> Hey I, oh, I'm still alive«
> Pearl Jam: »Alive«, 1991

Grunge starb am selben Tag wie sein berühmtester Vertreter. Am 5. April 1994 nahm sich Nirvana-Sänger Kurt Cobain im Alter von 27 Jahren in seinem Haus in Seattle das Leben. Dass auch das Genre am Ende war, zeichnete sich bereits seit jenem Tag ab, an dem alle Welt von seiner Existenz erfuhr: Am 11. Januar 1992 verdrängte Nirvanas zweites Album *Nevermind* Michael Jacksons *Dangerous* von Platz 1 der US-amerikanischen Charts. Drei ungewaschene Slacker vor dem King of Pop? Es handelte sich um nichts Geringeres als eine Zeitenwende, denn plötzlich hatte Rockmusik den Hochglanz-Pop kommerziell überholt. Doch zugleich markierte dies auch den Anfang vom Ende Kurt Cobains.

Selbst die *Tagesthemen* berichteten am 8. April 1994 darüber: Nach einer Überdosis Heroin erschoss sich »Kurt Kohben«, wie Sprecherin Sabine Christiansen seinen Namen aussprach, mit einer Schrotflinte. Sein Leichnam wurde erst drei Tage später von einem Elektriker entdeckt. Den Abschiedsbrief an seine Frau, Hole-Sängerin Courtney Love, die damals anderthalbjährige Tochter Francis Bean sowie an die Welt da draußen, an der er zugrunde ging, beendete er mit einem Zitat von Neil Young: »It's better to burn out than to fade away«, »Es ist besser, auszubrennen als zu verblassen«. Cobain trug damit, mutmaßlich unfreiwillig, zu seiner eigenen Legendenbildung bei. In die Pop- und Rocktrivia wurde er, neben anderen mit 27 Jahren verstorbenen Stars wie Jimi Hendrix, Janis Joplin und Jim Morrison in den »Club 27« aufgenommen, Bekleidungsketten verkauften Flanellhemden, zerrissene Jeans und Chucks als Komplett-Outfit, Designer wie Marc Jacobs und Hedi Slimane brachten weitere Grunge-Looks auf die Laufstege. Der Mainstream pervertierte die eigentlichen Absichten von Cobain und den meisten seiner Mitstreiter:innen. Der enorme Charterfolg von *Nevermind* bewies ja, dass mit der Vermarktung von Antihaltung plötzlich Geld zu verdienen war. Fortan galt dieser schüchterne, unscheinbare, intelligente, bisweilen sehr humorvolle und psychisch labile Typ erst recht als die Ikone des Grunge, die er schon zu Lebzeiten nicht sein wollte; als John Lennon der Generationen X und Y. Wie konnte es so weit kommen, und was geschah danach?

Aus der Not entstand die Tugend

Die Ursuppe aller Bands, die eines Tages als Vertreterinnen des Grunge gelten würden, köchelte in den 80ern zunächst im US-Bundesstaat Washington. Auf den großen Bühnen der Welt propagierten Hardrock-, Glam- und Popmetal-Bands wie Bon Jovi,

Mötley Crüe, Europe, Def Leppard und Van Halen Machismo und Hedonismus mit großen Gesten und relativer Radiofreundlichkeit. Währenddessen fanden sich in Seattle und Umgebung Gruppen zusammen, die, wenngleich unbewusst, einen Gegenentwurf schufen. Die bekanntesten von ihnen hießen Melvins, Green River, Soundgarden und Malfunkshun. Ihre Melodien klangen dissonant, ihre Instrumente verstimmt, ihre Sänger verzweifelt. Sie trugen eine so destruktive wie disruptive Energie in sich. Obwohl es in Enzyklopädien und Fachforen etliche Einträge über technische Ähnlichkeiten von Gitarren über Verstärker und Drumkit-Durchmesser bis zu Effektpedalen gibt: Musikalisch, so behaupteten es Jahre später fast alle Mitglieder in den Geschichtsbüchern der Rockmusik, für die sie interviewt wurden, hätten sie nicht viel gemein gehabt. Die einen mögen von Punkrock beeinflusst gewesen sein, von Black Flag oder den Ramones, die anderen von Black Sabbaths Metalspielart, wieder andere von Indie- und Noiserock von Bands wie Sonic Youth, Pixies und Hüsker Dü. Einig waren sie sich alle nur in einer Sache: Mit dem Begriff »Grunge« konnte und wollte niemand etwas anfangen. Außer ihren Epigonen.

Übersetzt bedeutet das einst als Adjektiv genutzte Wort so viel wie »dreckig, abstoßend«. In Musikkritiken fiel es angeblich immer wieder mal – im Zusammenhang mit Bands aus Seattle und Umgebung aber zuerst im Jahr 1987. Für den Katalog des damals schon legendären Szene-Labels Sub Pop beschrieb Co-Gründer Bruce Pavitt den Sound der *Dry as a Bone*-EP ihres Signings Green River als »gritty vocals, roaring Marshall amps, ultra-loose GRUNGE that destroyed the morals of a generation«, also »grobe Texte, röhrende Marshall-Verstärker, ultra-lockerer Grunge, der die Werte einer Generation zerstörte«. Hintergrund dessen war nicht nur die technische, songwriterische und moralische Herangehensweise an die Musik, sondern auch die wirtschaftliche. Die Produktion von hochpoliertem Rock war schlichtweg zu teuer. Hinter dem Begriff Grunge steckte deshalb auch von Beginn an eine Lo-Fi- und Do-it-yourself-Attitüde, die mitunter einherging mit mangelnder Professionalität, aber nicht mit fehlender Leidenschaft. Cobain benannte in einem seiner letzten Interviews den anderen Sub-Pop-Gründer Jonathan Poneman als Schöpfer des Wortes, das er wegen der Kommerzialisierung der Musik so hasste.

Mindestens zwei der Mitglieder der 1984 gegründeten Band Green River sollten nach deren Auflösung 1988 die ganz große Karriere machen: Während Sänger Mark Arm und Gitarrist Steve Turner Mudhoney ins Leben riefen, gründeten Gitarrist Stone Gossard und Bassist Jeff Ament zusammen mit Gitarrist Mike McCready und einem in Chicago geborenen Surfer aus San Diego namens Eddie Vedder 1990 Pearl Jam, die für ein paar Monate Mookie Blaylock, benannt nach einem Basketballspieler, hießen. Ein für das Genre im Nachhinein prägender Moment, den es nur wegen eines Todes so hat geben können: Aments und Gossards Interims-Band Mother Love Bone wurde damals der Durchbruch prophezeit. Dazu kam es nicht, weil deren flamboyanter Sänger Andrew Wood am 19. März 1990 an einer Überdosis starb – ein Schicksal, das sich leider als typisch für ein Gros der charismatischsten Protagonisten des Genres erweisen würde. Die späteren Pearl-Jam-Mitglieder nahmen zu Ehren Woods gemeinsam mit dessen ehemaligem Mitbewohner Chris Cornell, damals schon Sänger bei Soundgarden, unter dem Namen Temple of the Dog ein Album auf. Der Song »Hunger Strike« mit Eddie Vedder als Zweitstimme sollte als die vielleicht berührendste Ballade in die Annalen des Grunge eingehen.

Pearl Jams Debüt *Ten* erschien im September 1991 und damit innerhalb von wenigen geschichtsträchtigen Wochen, in denen auch Alben wie Nirvanas *Nevermind*, Soundgardens *Badmotorfinger*, Guns N' Roses' *Use Your Illusion I & II*, Red Hot Chili Peppers' *Blood Sugar Sex Magik* und Metallicas »schwarzes Album« herauskamen, auf die wir in den Kapiteln zu Classic Rock, Alternative Rock und Metal noch zu sprechen kommen. Gleich die erste Single »Alive« bescherte ihnen den Durchbruch: Eddie Vedder verarbeitete darin die Tatsache, dass er erst als Teenager erfuhr, dass sein vermeintlicher Dad, der Partner seiner Mutter, nicht sein leiblicher Vater ist. Danach erst nannte Ed Mueller sich Vedder, so wie auch sein leiblicher Vater hieß. Er schickte Tapes mit seinem Gesang nach Seattle, weil er vom allerersten Drummer der Red Hot Chili Peppers, Jack Irons, hörte, dass in der Stadt wer wen suchte – der Rest ist Rockgeschichte.

Auch Vedder gab sich schüchtern und auf der Bühne beinahe lebensmüde. Unvergessen etwa der Auftritt beim niederländischen Pinkpop-Festival 1992, als er auf einen fahrenden Kamerakran kletterte und zu einem waghalsigen Stage Dive ansetzte. Doch Pearl Jam haben trotz Rückschlägen wie der Roskilde-Tragödie 2001, als neun Menschen im Publikum starben, weil die Menschenmassen ob der zu leisen Boxen in Richtung der Bühne drängten, ihre Szene und viele Protagonisten überlebt. Sie sind eine *touring band*, ihr zwölftes Album *Dark Matter* ist im April 2024 erschienen. Neben Nirvana und Soundgarden gehörten Pearl Jam zu den Big Three des Grunge, obwohl selbst ihnen vorgeworfen wurde, sie würden auf einen Zug aufspringen wollen.

Kurt Cobain mochte Pearl Jam nicht

Einerseits waren Pearl Jam Fremdkörper, ja: Diese Hemden! Diese Ballonhüte! Diese Offenheit zum Hardrock und Glam! Kurt Cobain mochte sie nie. Pearl Jam, deren Name eine Hommage an eine Marmelade mit halluzinogener Wirkung von Vedders Großmutter Pearl ist, erschienen ihm zu kommerziell. Cobain warf Pearl Jam vor, die Ästhetik der florierenden Subkultur Seattles zu adaptieren, um daraus mit ansonsten vergleichsweise konventioneller Rockmusik Profit zu schlagen. Er, der mit seiner Band ein Angebot ausschlug, mit Guns N' Roses auf Tour zu gehen (»Das wäre Zeitverschwendung gewesen«), nannte sie und Alice in Chains gar »corporate puppets«, »Business-Marionetten«, die den Ruf der echten Bands wie Nirvana kaputtmachen würden. Im Interview mit dem Fanzine *Flipside* 1992 wurde er noch konkreter:

> Diese Bands bewegten sich seit Jahren in der Haarspray- und Cockrock-Szene, und plötzlich waschen sie sich nicht mehr die Haare und tragen Flanellhemden. Es beleidigt mich, dass Bands aus LA nach Seattle ziehen und behaupten, sie lebten dort ihr Leben lang, damit sie einen Plattendeal bekommen.

Ein Jahr später revidierte Cobain, der andersherum während und nach Nirvanas Durchbruch überwiegend in Los Angeles lebte, seine Aussage. Ihre Musik möge er zwar noch immer nicht, aber anstatt der Band selbst hätte er wohl lieber Pearl Jams Plattenfirma Epic Records angreifen sollen, die aus Nirvanas Erfolg eine Formel ableiten wollte.

Andererseits konnten Pearl Jam schon deshalb nicht *Nevermind* kopiert haben, weil, Funfact, ihr Debüt *Ten* Wochen zuvor aufgenommen wurde. Wer beide Platten kennt, weiß zudem, dass sie außer der Zeit, der Szene und der Stadt, in der sie entstanden, nicht viel gemein haben. Was Cobain und Vedder dafür einte, wenngleich Cobain das anfangs anders sah, war ihr Misstrauen gegenüber dem Mainstream. Nein, Pearl Jam haben sich musikalisch nie so verweigert wie Nirvana auf ihrem letzten Album *In Utero* aus dem Jahr 1993. Das besteht im Grunde aus (von Steve Albini produzierten) Demoaufnahmen, die ihr Label Geffen für unmöglich hielt. Aber auch Vedder boykottierte den *Sellout* durch MTV, drehte nach »Jeremy« (1991) über Jahre hinweg keine Musikvideos mehr und trat den David-vs.-Goliath-Kampf gegen den De-facto-Konzertkartenmonopolisten Ticketmaster an: Pearl Jam gingen rechtlich gegen in ihren Augen deutlich überhöhte Ticketpreise für ihre eigenen Konzerte vor, Ament und Gossard sprachen sogar vor dem US-amerikanischen Kongress – und verloren. Zu behaupten, dass Pearl Jam auch deshalb weiter existierten, weil sie sich mit der Niederlage abfanden, mag an Schönrederei grenzen. Aber auffallend ist es schon.

Ein weiterer Höhe-, Tief- und Wendepunkt in der Geschichte des Grunge war die Liebeskomödie *Singles – Gemeinsam einsam*, so ihr Titel in Deutschland. Cameron Crowes Versuch, einerseits die Sinnsuche der Generation X am Beispiel einer Musikerclique in Seattle abzubilden und andererseits an den Kinokassen damit Geld zu machen, erschien am 18. September 1992, also ziemlich genau ein Jahr nach *Ten*, *Nevermind* und *Badmotorfinger* – und scheiterte verhalten. Matt Dillon spielte den erfolglosen Sänger Cliff Poncier (und trug am Set Klamotten von Pearl Jams Jeff Ament), Bridget Fonda seine eigentlich unglückliche Freundin. Drei Pearl-Jam-Mitglieder waren als Teil der fiktiven Band Citizen Dick zu sehen, auch Soundgarden und Alice in Chains schauten kurz vorbei. Schon wieder wirkten Vedder und Co. dort wie Fremdkörper, obwohl der Film ja eigentlich den Alltag von Menschen wie ihnen abbilden und, naja, romantisieren sollte.

Zugutehalten muss man Crowe erstens, dass die Dreharbeiten schon im März 1991 begannen und damit zu einer Zeit, in der noch nicht absehbar war, wie erfolgreich *Nevermind* einschlagen, wie kommerziell vielversprechend Grunge werden würde. Zweitens hat sich *Singles* durch seinen Soundtrack hochverdient gemacht: Darauf zu hören waren unter anderem The Replacements' Paul Westerberg, Jimi Hendrix, Mother Love Bone, Chris Cornell, Screaming Trees, Alice in Chains und The Smashing Pumpkins – und Pearl Jam mit den zuvor unveröffentlichten Songs und heutigen Fan-Lieblingen »State of Love and Trust« und »Breath«. Der US-amerikanische *Rolling Stone* wählte den *Singles*-Soundtrack 2019 auf Platz 19 seiner Liste der »50 Greatest Grunge Albums«. Er verkaufte sich über zwei Millionen Mal, wurde in den USA mit Zweifach-Platin ausgezeichnet und damit einer der ersten kommerziell hoch erfolgreichen Soundtracks eines Jahrzehnts, in dem etwa mit *Pulp Fiction*, *Above the Rim – Nahe dem Abgrund* und *Trainspotting* noch viele weitere folgen würden.

Die Revolution fraß ihre Kinder

Mit Nirvanas Erfolg hatte niemand gerechnet: Im September 1991 gab Geffen optimistisch 50 000 Tonträger in den US-Handel. Die Hoffnung des Majorlabels war, dass *Nevermind* sich eines Tages 250 000-mal verkauft haben würde und damit so viel wie Sonic Youths *Goo*. In der ersten Woche verkaufte *Nevermind* nur 6000 Einheiten. Nach Radioeinsätzen, TV-Auftritten und der MTV-Videopremiere von »Smells Like Teen Spirit« aber wuchsen die Absätze exponentiell. Plötzlich gingen pro Woche 300 000 Alben über die Tische, bis Nirvana damit im Januar 1992 schließlich neben Michael Jackson auch U2, Garth Brooks und MC Hammer in den Charts hinter sich ließen. Kaufkräftige Teenager und junge Erwachsene hatten offenbar keine Lust mehr auf perfekte Produktionen und Songwriter, die mit ihrer Lebenssituation nichts gemein hatten. Den auf der Gitarre gespielten Basslauf von »Come as You Are« klauten Nirvana bei der britischen Rockband Killing Joke. Sein Drumspiel, erklärte Dave Grohl Jahrzehnte später in einem Interview mit Pharrell Williams, hatte er sich fast 1:1 bei Funk- und Disco-Acts wie The Gap Band, Cameo und Tony Thompson abgeguckt. »Polly« wurde aus der Sicht eines Kindesentführers und -vergewaltigers geschrieben und gesungen. Der Opener »Smells Like Teen Spirit« war benannt nach dem Deo, nach dem Cobain laut Bikini-Kill-Sängerin Kathleen Hanna einmal roch. Inspiriert vom Pop-Moment der Pixies und geschrieben als alberner Versuch eines Hardrock-Klischees in Hommage an Bands wie Boston, wurde »Smells Like Teen Spirit« nicht nur Nirvanas größter Hit und der wichtigste Grunge-Song aller Zeiten. Das bahnbrechende Stück gilt auch genreübergreifend als das vielleicht prägendste der 90er. Über dessen Entstehung, Aufbau, Musikvideo, Rezeption und Nachahmer – man höre etwa The Offsprings »Self Esteem« – könnte man eigene Kapitel verfassen. Die Dämme waren gebrochen: Grunge wurde zum Verkaufsschlager, seine Protagonisten wider Willen zu Sprachrohren ihrer Generation hochgejazzt. In seiner

Nirvana 1991: Krist Novoselic, Kurt Cobain und Dave Grohl

2021 erschienenen Autobiographie *The Storyteller* erinnerte sich Dave Grohl daran, dass Kurt Cobain in Gesprächen mit Majorlabels durchaus erklärte, dass Nirvana die größte Band der Welt werden sollte. Erst als sie es wirklich wurde, kam er damit nicht mehr zurecht. Nach dem Film *Singles* folgten die Modekollektionen auf Laufstegen und in den Fast-Fashion-Ketten, die *Vogue* fotografierte unter dem Titel »Grunge & Glory« Supermodels wie Naomi Campbell und Nadja Auermann in entsprechenden Outfits, auch Karl Lagerfelds Kollektionen wurden davon »inspiriert«. Grunge ereilte das gleiche Schicksal wie Punk zuvor: Seine ausgemachten Gegner vereinnahmten ihn. Danach wurde mit messbaren Erfolgen gerechnet.

Natürlich machte das etwas mit Cobain, Vedder, Cornell und Co., ob sie wollten oder nicht: Nirvana ignorierten nach außen hin die Erwartungshaltungen ihres Labels Geffen an einen *Nevermind*-Nachfolger und reichten statt Rockradiosingles ungemasterte, deutlich rohere Songs namens »Rape Me« ein. Ein Hit wurde Cobains letztes Studioalbum dennoch: *In Utero* wurde fünfmal mit Platin ausgezeichnet und auch von Kritiker:innen gefeiert. Pearl Jam versuchten mit ihrem zweiten Album *Vs.* ihrer Antihaltung einerseits und ihrem Faible für Wut, Rockgestus, Pathos und Storytelling andererseits treu zu bleiben. »Spoonman« und »Black Hole Sun« von Soundgardens viertem Album *Superunknown* (1994) gewannen einen Grammy. Niemand von ihnen machte noch in der gleichen Echokammer Musik wie zu Beginn des Jahrzehnts. Nirvana gaben im November 1993 ein legendäres MTV *Unplugged*-Set in New York, bei dem sie ein letztes Mal beweisen würden, wie sehr man selbst mit dem Bruch von Erwartungshaltungen ein Publikum für sich gewinnen kann: Statt Akustikversionen ihrer Hits »Smells Like Teen Spirit« oder »Lithium« zu spielen, coverten sie David Bowie, The Vaselines, Leadbelly und The Meat Puppets und schrieben damit erneut Rockgeschichte. Kein Fan von Gitarrenmusik, der diesen Auftritt nicht auf VHS mitgeschnitten und sich die CD-Veröffentlichung ein Jahr danach gekauft hätte. Sein letztes Konzert würde Cobain keine fünf Monate nach MTV *Unplugged* geben, am 1. März 1994 in München. Dem heroinsüchtigen Sänger ging es anhaltend schlecht, die Tour wurde abgebrochen. Vier Wochen später war Cobain tot und mit ihm der zuvor noch künstlich am Leben erhaltene Grunge.

Post-Grunge, Alternative Rock und Grunge-Revivals

Der Alternative Rock, mehr dazu im entsprechenden Kapitel, schlug danach wilde Triebe: Nirvana-Drummer Dave Grohl nahm, anfangs als Ein-Mann-Projekt, das gleichnamige Debüt der Foo Fighters auf. Mit denen würde er in den folgenden Jahren zur größten und sympathischsten Ü50-Rockband der Welt aufsteigen und Humor in Musikvideos zurückbringen. Auch Ü50 und trotz des Todes von Drummer Taylor Hawkins im März 2022 würde sich daran mittelfristig nicht viel ändern – 2023 gingen die Foo Fighters mit ihrem elften Album *But Here We Are* wieder auf Tour. Nirvana-Bassist Krist Novoselic schlug übrigens keine derartige Karriere ein. Er verdingte sich in diversen kleineren Bands und Projekten und ging zwischenzeitlich in die Politik. Der sogenannte Post-Grunge von wieder testosterongeschwängerten, aber sich sensibel gebenden Breitbein-Bands wie Matchbox 20, Fuel, Creed, Three Doors Down, Nickelback, Puddle of Mudd und Staind verstopfte in den USA die Alternative Charts, während sich in Australien Silverchair als von Nirvana beeinflusste Wunderkinder aufmachten und in England Bush um Sänger Gavin Rossdale ihr an den Seattle-Sound angelehntes, aber im Rahmen dessen durchaus eigenständiges (und erfolgreiches) Debüt *Sixteen Stone* aufnahmen. In Deutschland hießen die Nutznießer Selig, Vivid, Jonas oder Fritten & Bier, Nilz Bokelbergs Klamauk-Duo, die Alternative-Antwort auf Die Doofen, sozusagen.

Prägend (und ebenfalls von tragischen Schicksalen gezeichnet) sollten noch jene Bands sein, die fast zeitgleich mit Nirvana unterwegs waren: *Core*, das im September 1992 erschienene Debüt der Stone Temple Pilots aus San Diego, wurde achtmal mit Platin ausgezeichnet. Deren Sänger Scott Weiland starb 2015 mit 48 Jahren – an einer Überdosis. Alice in Chains aus Seattle brachten im selben Monat wie *Core* ihr zweites Album *Dirt* heraus. Fünfmal Platin. Deren Sänger Layne Staley starb 2002 mit 34 Jahren – an einer Überdosis. Und die schon vor Nirvana dagewesenen Soundgarden? Fanden im Jahr 2010 wieder zusammen, tourten, brachten Platten heraus, hatten die anstrengendste Phase ihrer Karriere mutmaßlich hinter sich gelassen. Bis zum 17. Mai 2017, als ihr legendärer und an Depressionen erkrankter Sänger Chris Cornell im Alter von 52 Jahren starb – unter Einfluss verschiedener verschreibungspflichtiger Medikamente nahm er sich das Leben. Nicht zu vergessen in dieser traurigen Ahnenreihe ist Mark Lanegan, damals Sänger von The Screaming Trees und danach als Solomusiker und Schriftsteller aktiv. Er starb im Februar 2022 mit 57 Jahren. Todesursache offiziell unbekannt.

Über die Epigonen sagte Ben Gibbard, Sänger und Gitarrist der ebenfalls aus Seattle stammenden Indierockband Death Cab for Cutie, im Gespräch mit Dave Grohl für eine Folge der Foo-Fighters-Musikdoku *Sonic Highways* 2014:

> Das war lustig. Als der Begriff ›Grunge‹ in der Welt war, kamen Bands hierher und wollten wie die anderen sein. Das Wort glich seitdem einer Abwertung. So wie Sunny Day Real Estate eine Emoband genannt wurden, aber in Wahrheit einfach die Ersten waren, die so klangen, und ihnen beschissene Bands folgten, die sie kopierten und ›Emo‹ waren. So auch bei Grunge: Nirvana, Soundgarden, Pearl Jam, sie alle klangen wie sie selbst und hatten wenige musikalische Ähnlichkeiten. Doch plötzlich kamen all diese Kackbands aus Orten wie Temple, Arizona und kriegten Plattendeals.

Modisch erfuhr Grunge zahlreiche Revivals: 2008 und 2013 brachte Designer Hedi Slimane für Yves Saint Laurent die Outfits zurück auf den Laufsteg – diesmal mit offiziellem Support von Cobains Witwe Courtney Love als »Muse«. Sie sagte damals: »Nichts gegen Marc Jacobs, aber er hatte es nie gecheckt. So wie das hier war es wirklich. Hedi kennt seinen Scheiß.« Sie spielte damit auf Marc Jacobs' Kollektion in den 90ern an, für die er sich auch an Nirvanas Smiley-Logo bediente, das im Grunde ja bereits eine Neuauflage des britischen Rave- und Acid-House-Icons war. Angeblich verbrannten Love und Cobain Jacobs' Stücke, die ihnen 1993 geschickt wurden. 2016 fand sich Grunge durch A$AP Rocky, Rihanna und Kanye West in der Hip-Hop-Mode wieder, durch eine neue Generation aber auch in der Musik: Der Emo- und Trap-Rapper Lil Peep, Geburtsjahr 1996, brachte einen Track namens »cobain« raus. 2017 starb er mit 21 Jahren – an einer angeblich versehentlichen Überdosis Schmerzmittel.

Verdient heute, über 30 Jahre nach dem großen Grunge-Boom und Cobains Tod, noch irgendjemand Geld damit? Der grüne Cardigan, den Cobain beim *MTV Unplugged*-Konzert trug, wechselte bei einer Auktion 2019 für 334 000 Dollar den Besitzer. Nirvana-Shirts hängen in den H&M-Filialen, gleich neben solchen von den Ramones, AC/DC und Guns N' Roses. Die Kids von heute nehmen Kurt Cobain und Nirvana etwa so wahr, wie Angehörige der Generationen X und Y in den 80er und 90er Jahren Jim Morrison und die Doors. Der als *Nevermind*-Baby berühmt gewordene Spencer Elden verklagte 2021 erfolglos die Nachlassverwalter der Band. Der Vorwurf lautete, sein nackiges, tauchendes Baby-Ich auf dem Cover von Nirvanas berühmtestem Album sei im Grunde Kinderpornographie gewesen. Von der habe er psychischen Schaden davongetragen. Ein unglaubwürdiger Versuch von Geldmacherei, so die öffentliche Mehrheitsmeinung, weil Elden über die Jahre hinweg durchaus immer wieder ein paar Dollar mit seinem Image machen wollte, indem er das Foto nachstellte. Das für die Geschichte des Grunge so wichtige Label Sub Pop aus Seattle hat sich einen neuen Namen durch Indie- und Singer-Songwriter-Platten gemacht. Mudhoney sind immer noch *around*, ihr elftes Album *Plastic Eternity* ist 2023 erschienen – so erfolgreich wie die berühmteren Söhne ihrer Stadt werden sie auch damit nicht mehr werden. Eddie Vedder ist der einzige überlebende Frontmann der Big Three. Geschafft haben dürften er und seine Rockband das unter anderem deshalb, weil sie sich frühzeitig von ihrem zugeschriebenen Genre emanzipierten, nicht aber von ihren Einflüssen, ihrer Spielfreude und ihren Fans, die ihnen auf ihren regelmäßigen Welttourneen treu hinterherreisen, so wie es einst die Fans von Grateful Dead taten.

Der eigentliche Paradigmenwechsel Anfang der 90er war ein anderer. Kurt Cobain war nicht nur Aktivist, Feminist und – 20 Jahre vor Erfindung des Begriffs der toxischen Männlichkeit –

Kritiker des Patriarchats. Er war im Grunde der erste Emo, der den Mainstream jemals schief angelächelt hat. Vorher sah man auf den Bühnen Axl Rose, Jon Bon Jovi, Steven Tyler, all diese auf Monitorboxen mit aufgestelltem Knie posierenden Typen. Und plötzlich kam da ein Schluffi mit ungewaschenen Haaren und ausgewaschenem Pulli daher und schrie irgendwas von Depressionen und Mulattos, Albinos, Mosquitos sowie seiner Libido ins Mikro. Die eigentliche Emo-Szene fußt eher in Washington, D.C. und im Hardcore, siehe das Alternative-Rock-Kapitel. Dass es aber auch Cobains Verdienst war, dass heute, 30 Jahre später, Mental Health, Sucht und Depressionen unter Rock- und Popstars ernstgenommen werden, dürfte unstrittig sein. Streitbar bloß, weshalb dies so lange dauerte und wieso auch außerhalb des Grunge so viele Tote folgen mussten: Elliott Smith, Vic Chesnutt, Chester Bennington, Avicii, Keith Flint, Aaron Carter. Und so weiter.

Damals, am 8. April 1994, sagte Sabine Christiansen in den *Tagesthemen* über Kurt Cobain außerdem, dass er die »Stimme einer Generation« gewesen sei, die sich »auf der Suche nach neuen Werten« befand. Dass das nur in Teilen stimmt, wissen wir heute: Als Reaktion auf die Lebensverneinung von Cobain und seinesgleichen entwickelte sich diesseits des Atlantiks eine ganz andere Spielart der Rockmusik. Und damit schalten wir rüber zu Britpop.

»Smells Like Teen Spirit« – 15 Songs, die Grunge prägten

1. Green River: »Swallow My Pride« (1985)
2. Malfunkshun: »With Yo' Heart (Not Yo' Hands)« (1986)
3. Mudhoney: »Touch Me I'm Sick« (1988)
4. Mother Love Bone: »Chloe Dancer / Crown of Thorns« (1989)
5. Temple of the Dog: »Hunger Strike« (1991)
6. Nirvana: »Smells Like Teen Spirit« (1991)
7. Pearl Jam: »Alive« (1991)

8. Screaming Trees: »Nearly Lost You« (1992)
9. Alice in Chains: »Would?« (1992)
10. Stone Temple Pilots: »Creep« (1992)
11. The Smashing Pumpkins: »Today« (1993)
12. Melvins: »Lizzy« (1993)
13. Soundgarden: »Black Hole Sun« (1994)
14. Hole: »Violet« (1994)
15. Mad Season: »River of Deceit« (1995)

»Chris Cornell hatte eine Jahrhundertstimme!«: Interview mit Nilz Bokelberg

Mit Nilz Bokelberg kann man stundenlang über Grunge (und viele andere Genres) in seiner Tiefe und Breite sprechen. Zum Beispiel über Eddie Vedders Grinsen, die Schönheit Evan Dandos, Chris Cornells sogenannte »Belting«-Gesangstechnik, den Singles-Soundtrack, Musikfernsehen und über Nilz' Teenie- und Young-Adult-Jahre, die ihn als Experten ausweisen: Bei Viva wurde er 1994 mit seinen langen blondbunten Haaren und ausgefransten Pullis als süßer Grungeboy eingeführt. Auf ein wenig Geringschätzung hat sich der Moderator, Podcaster, Buchautor, unzynische Fanboy und Musikliebhaber im Eifer des Gefechts dennoch eingelassen, zum Beispiel zu Sätzen wie: »Ich hasse das Unplugged-Album von Nirvana!«

Wie definierst du als Fan und Zeitzeuge Grunge?

Grunge war der Gegenentwurf zum Hairspray-Metal. Grunge ist ein kernigerer Alternative Rock als der, der damals als harter Rock galt. Er war aufrichtiger, ehrlicher, schmerzvoller. Grunge hatte viel mit Leid zu tun, war mehr Punk als Hardrock, speiste sich aus dem Punk der 30 Jahre davor und verzerrte ihn nochmal. Grunge wollte die bis dahin bestehende Musikkultur und die Überpräsenz von Rockstars konterkarieren.

Im Grunge gab es zwei Strömungen: Bands wie Pearl Jam kamen aus dem Classic Rock, Nirvana eindeutiger von den Sex Pistols und vom Punk.
Diese zweite Strömung gab mir mehr. Für mich war diese Energie so essentiell. Ich hasse das Unplugged-Album von Nirvana, weil darauf alles fehlt, was diese Band ausmachte. Ich mochte die Kraft und das Unheimliche im Grunge, deshalb liebte ich auch Soundgardens *Badmotorfinger*. Pearl Jams Eddie Vedder hingegen war mir zu jämmerlich. Dieses an Jim Morrison erinnernde Rumgenöle konnte ich nicht leiden. Kurt Cobain war dazu der Gegenentwurf.

Und Chris Cornell?
Ein Mann mit einer Jahrhundertstimme. Die war so krass einzigartig. Übrigens ähnlich einzigartig wie die von George Michael, weil er alles immer so glatt gesungen hat. Bei Cornell steckt ein derartiger Druck drin, den man in jeder Sekunde fühlte. Soundgarden waren die Rocker des Grunge.

Was hatte Grunge mit deiner Band Fritten & Bier zu tun?
Wir wurden mit Fritten & Bier immer gefragt, welche Musik wir machen. Also erfanden wir das Genre »Comedy Grunge«.

Mit dir als Schnittmenge zwischen Kurt Cobain und Wigald Boning?
Vielleicht waren wir sogar die einzige deutsche Grunge-Band! Cucumber Men wurden noch so vermarktet.

Welche anderen hiesigen Bands wurden davon beeinflusst? Fury in the Slaughterhouse? Selig?
Es gab eine Entourage von verbandelten Bands: Readymade, Miles und Co. Die Grenzen zwischen Grunge und Britpop verliefen plötzlich fließend.

Wo siehst du die Spuren von Grunge im Hier und Jetzt? Wofür war das alles gut?
Grunge war ein wichtiger Katalysator für einen Übergang in ein neues Zeitalter von Musik. Die 90er waren ein besonderes Jahrzehnt mit einer speziellen Erzählung, die 2001 endete. Sie haben zum Beispiel die Hippiebewegung im Techno neu aufleben lassen und darin verkehrt. Grunge machte das mit Rock, drehte die Show zu etwas sehr Persönlichem. Heute hört man Grunge an vielen Stellen heraus. Pop ist und bleibt ein Remix. Billie Eilish etwa macht extrem ruhigen Pop. Hätte sie in den 90ern so ausgesehen, hätte sie Grunge gemacht. Als ein weiteres Puzzleteil von Pop taucht Grunge immer wieder mal auf.

Linkin Parks 2017 verstorbener Sänger Chester Bennington war in gewisser Hinsicht der Chris Cornell seiner Generation. Als der Emo-Rapper Lil Peep 2017 starb, hieß es, er sei der Kurt Cobain seiner Generation gewesen. Würdest du das unterschreiben?
Och, weiß nicht! Aber während Corona hat doch dieser tätowierte Typ, Sänger und Rapper, ach ja, Post Malone, ein Nirvana-Tribute gemacht. Habe es nie gehört, soll aber richtig gut sein.

»Champagne Supernova«: Die Regentschaft des Britpop

(1992-1997)

Pünktlich zu Beginn der 90er endeten im Vereinigten Königreich die repressiven Thatcher-Jahre. Britpop war der musikalische Befreiungsschlag. Aber das UK didn't look back in anger, stattdessen zelebrierten die britischen Girls & Boys, die Mis-Shapes, Mistakes, Misfits ihr Parklife mit Cigarettes & Alcohol.

> »I want to live like common people
> I want to do whatever common people do
> I want to sleep with common people«
> Pulp: »Common People«, 1995

Mit Kurt Cobains Suizid am 5. April 1994 war Grunge passé. Doch die Wachablösung stand in diesem High-Speed-Jahrzehnt längst bereit: Das Vereinigte Königreich wartete nur auf den richtigen Moment, die Krone der Gitarrenmusik wieder an sich zu reißen. Eine neue Bewegung hatte sich formiert, die bald unter dem pragmatischen Begriff Britpop, wenn schon nicht die Welt, dann doch zumindest weite Teile Europas erobern sollte.

Britpop war dabei dezidiert als Antwort auf Grunge gedacht: Im April 1993 zierte Brett Anderson, der androgyne Sänger von

Suedes Debütalbum
(1993)

Suede, deren himmelstürmendes Debütalbum gerade auf Platz 1 in die britischen Charts ge- nun ja: *brett*-ert war, bauchfrei das Titelblatt der Musikzeitschrift *Select*. Vor einen Union Jack drapiert prangte die Überschrift »Yanks Go Home!« auf seiner schmalen Brust. Beides geschah ohne Absprache mit Anderson, doch die Redaktion gierte nach Jahren der US-Dominanz im Pop nach eigenen Ikonen – »Neue Helden«, wie der etwas unglückliche deutsche Untertitel des Films zur Bewegung, *Trainspotting* (1996), später lauten sollte, brauchte das Land. Zwar war Cobain missionarischer Feminist, trug ostentativ Frauenklamotten, doch bei Suede verschwanden die Geschlechtergrenzen gänzlich: Waren das zwei Herren, die sich da auf dem Cover ihrer ersten LP *Suede* küssten, oder zwei Damen oder doch Weiblein und Männlein?

Dem staubigen Zerfalls-Charme aus Seattle setzte man die Eleganz und den Hedonismus des wieder swingenden London entgegen. Oasis' Durchbruchs-Single, die Hymne »Live Forever«, war ein Abgesang auf die Depri-Vibes des Grunge. Songschreiber Noel Gallagher erklärte auf einer Bonus-DVD des Best-of-Albums *Stop the Clocks*:

Nirvana hatten diesen Song namens ›I Hate Myself and I Want to Die‹, und ich dachte mir nur: Das packe ich nicht. So sehr ich Cobain und den ganzen Scheiß mag, da mache ich nicht mit. Es kann nicht sein, dass solche Leute zu uns herüberkommen, voll auf Heroin, und so Scheiße labern, dass sie sich hassen und sterben möchten. Das ist verdammter Müll. Kids müssen solchen Nonsens nicht hören.

Stattdessen sollten sie sich von den lebensbejahenden Zeilen Gallaghers inspirieren lassen: »Maybe I just wanna fly / Wanna live, I don't wanna die«, »We see things they'll never see / You and I are gonna live forever«. Ende der 80er hatte die britische Acid-House-Szene den Smiley zu ihrem Jubel, Trubel, Heiterkeit versprühenden Symbol gemacht. Jetzt grinste er das kaputte Pendant-Logo Nirvanas mit den durchgekreuzten Augen einfach weg.

Lager than Life: ein neues Lebensgefühl

Mit weit offenen Augen und ebensolchen, weil nach sofortiger Zufuhr von Dosenbier lechzenden Mündern ging es in die Parks der großen Städte. Underworlds Schlachtruf »Lager, Lager, Lager« aus Danny Boyles bereits erwähnter Verfilmung des meistgeklauten Romans der 90er, *Trainspotting*, brach das nationale Begehr nach Losgelöstheit auf ein primitives Motto herunter. Sozialhilfeempfänger:innen gingen auf einmal erhobenen Hauptes aufs Arbeitsamt und johlten dabei die Oasis-Zeilen: »Is it worth the aggravation / To find yourself a job when there's nothing worth working for?«

Was gehört noch zu einem erfüllten Leben? Richtig, dessen Anfang: Sex. Vielfach besang – und in seinem Spoken Words liebenden Fall: besprach – ihn Jarvis Cocker von Pulp in Stücken wie »Underwear«, »Sheffield: Sex City« und »Pink Glove« und wurde zum Pin-up-Boy der Nerds, während die verspielten Blur

Blur 1994: Dave Rowntree, Graham Coxon, Damon Albarn und Alex James

um Damon Albarn fast zur Boyband für den Teenie-Markt mutierten, Brett Anderson Mädchen wie Jungs in feuchten Träumen erschien und Liam Gallagher den Kerl vom alten Schlag, den romantischen Rüpel verkörperte. Sexsymbole waren sie alle. Fehlen zur Komplettierung der ewigen Glücksformel Sex & Drugs & Rock'n'Roll noch die Rauschmittel. Sie fanden ihre Würdigung in Stücken wie Blurs vertonter Heroin-Entrücktheit »Beetlebum«, in Pulps »Sorted For E's & Wizz« und in Oasis' »Cigarettes & Alcohol«: »You might as well do the white line / Cos when it comes on top … You gotta make it happen!« Genau darum ging's bei Britpop: das Leben anpacken, aktiv sein, hinein in die Tage und Nächte mit Gebrüll! Vorbei waren die dunklen Tage des Selbstmitleids und der Lethargie.

20 Tage nach Cobains Tod erschien bereits das die Bewegung prägende dritte Album von Blur, *Parklife*, und stand noch in den Top 20, als 73 Wochen darauf der Nachfolger *The Great Escape* nicht nur auf den Markt kam, sondern auch in einen Klassenkampf geriet. Denn die Platte erschien in direkter Konkurrenz

zum neuen Werk von Oasis, *(What's The Story) Morning Glory?*. Wie die Menschheit eben so tickt, kam es im unmittelbaren Anschluss an den Sieg gegen den übermächtigen Gegner USA bereits zur Lagerspaltung: Hieß es gerade noch David gegen Goliath, standen sich jetzt Nord und Süd gegenüber, Arbeiterklasse gegen den Mittelstand. Eben hatten Oasis (Manchester) und Blur (London) noch am selben Strang gezogen, jetzt waren sie erbitterte Feinde in einem Tauziehen um die Vorherrschaft im Vereinigten Königreich – die »Battle of Britpop« sollte die Nation über Wochen in Atem halten und die begeisterten Boulevardblätter füllen. Um deren Tragweite zu verstehen, müssen wir ein paar Kontexte beleuchten. Gehen wir also zurück zu den Anfängen des Britpop.

Swinging Sixties: Zurück zu den Anfängen

Wir finden sie in den 60er Jahren. Noel Gallagher wurde drei Tage nach Erscheinen des Jahrhundertalbums *Sgt. Pepper's Lonely Hearts Club Band* geboren, er sog die Beatles mit der Muttermilch auf. The Rolling Stones setzten dem Saubermann-Image der Fab Four aus Liverpool harte Straßenattitüde entgegen, landeten im Gefängnis, brachten die ach so jugendgefährdenden Elemente aus den wilden Tagen Elvis Presleys zurück in den Rock'n'Roll und wurden so zur Blaupause letztlich aller nachfolgenden Rockbands. Ray Davies von den Kinks beschrieb seine Landsleute liebevoll, aber auch mit beißendem Sarkasmus, Pete Townshend von The Who zertrümmerte Nacht für Nacht seine Gitarre auf der Bühne und bereitete so den Nährboden für die Punks um die Sex Pistols, die ein Jahrzehnt später »Anarchy In The U. K.« ausrufen sollten. Von entscheidender Bedeutung ist aber eine Band, die nie auch nur ein Album zustande brachte: The Creation gelten als erste Gruppe, die gezielt Feedback und Verzerrer einsetzte. Später wurden sie Namensgeber für eines der zentralen Britpop-Labels, Creation Records, auf dem The Jesus and Mary Chain, Primal Scream und in den 90ern Oasis veröffentlichten. 1982 traten Stephen Patrick Morrissey und Johnny Marr das Erbe der von ihnen so verehrten 60s an und gründeten in Manchester die einflussreichste britische Gitarrenband der 80er Jahre, The Smiths. Der Allerweltsname ist Programm: Morrissey besang in hinreißenden Worten das ganz normale Leben der Briten, Marr versüßte sie mit jubilierenden Jangle-Gitarrenläufen. Nach dem Ende der Band 1987 traten ihre Nachbarn, The Stone Roses, auf den Plan: Auch sie bedienten sich am Klangbild der 60er, verpassten ihm aber ein Update mit modernen Grooves aus der Rave-Bewegung ihrer Heimatstadt, »Madchester«. Ihr Sänger Ian Brown wurde zur Vorlage für Liam Gallagher, was Stil und Schnodder-Haltung betrifft. Umstritten ist, was als erstes Britpop-Album zählt: das meisterhafte Debüt der Band von 1989 oder die ebenso selbstbetitelte erste Platte der La's aus dem nicht weit entfernten Liverpool. Unbestritten ist dagegen, dass beide das Fundament darstellen, auf dem die kommende britische Gitarrenmusik aufbauen sollte. Allein schon, was die Terminologie betrifft. Bereits 1987 hatte der Autor John Robb in der Zeitschrift *Sounds* die Musik der Stone Roses, der La's und der Inspiral Carpets, für die Noel Gallagher später als Roadie arbeiten sollte, als »Britpop« bezeichnet. Das Kind, das sich schnell vom Wunderkind zum trotzigen Rotzlöffel entwickeln sollte, hatte einen Namen.

Von Blair zu Blur, von Mr. Bean zu Baby Spice

Doch wie für jede erfolgreiche Karriere ist neben dem Talent auch stets das Umfeld ausschlaggebend: Britpop stellte keine Ausnahme dar und war schlicht zur richtigen Zeit am richtigen Ort. Die 80er waren ein Jahrzehnt der kulturellen sowie politischen Hegemonie der USA. Die alles und alle überragenden Musikstars der Dekade hießen Michael Jackson, Madonna, Bruce Springsteen und Prince, den Zeitgeist prägten die »Greed Is Good«-Reaganomics, wie sie Gordon Gekko in Oliver Stones 1987er Blockbuster *Wall Street* schauerlich gut verkörperte. Während die USA ihr Supersize-Lebensformat in alle Welt exportierten, versauerte das UK unter Margaret Thatcher in sozialen Unruhen, Arbeits- und damit einhergehender Perspektivlosigkeit. Ihr Nachfolger John Major war wenig beliebt und erlebte 1997 eine historische Niederlage, als Tony Blair getragen von seiner »New Labour«-Kampagne in die Downing Street Nr. 10 einzog. Mit seinen knapp 44 Jahren wurde er zum jüngsten Premierminister seit 1812 und entfachte eine Politikbegeisterung in der Jugend, wie es Anfang der 90er Bill Clinton in den USA geglückt war.

Im Rückblick fast unwahrscheinlich passend hatte sich zuvor schon ein anderer britischer Kulturkoloss etabliert: Am 1. Januar 1990 lief die Pilotfolge der neuen Figur des Comedians Rowan Atkinson, *Mr. Bean*, über die Bildschirme. Exakt zwei Jahre später sahen rekordbrechende 18,74 Millionen Menschen die Folge *The Trouble with Mr. Bean*. Ein durch und durch britischer Stolpervogel, der das UK wieder auf- und über sich selbst lachen ließ. In der Welt der Kunst empfahl Damien Hirst sich mit radikalen Werken wie einem in Formaldehyd eingelegten Tigerhai zum Weltstar. Nick Hornby definierte mit *High Fidelity* einen neuen Typus Mann, getrieben von Sensibilität, gepeinigt von Selbstzweifel, und wurde zum Popliteraten der Stunde. Als Antwort auf die US-Boyband New Kids on the Block formierte der Musikmanager Nigel Martin-Smith die Gruppe Take That, die Massenhysterie auslöste und Teenager in den Suizid trieb, als ihr prominentestes Mitglied Robbie Williams im Sommer 1995 ausstieg. Ein Jahr später dominierten die Spice Girls die Radioplaylists und CD-Spieler der Kinderzimmer und wiedererweckten 30 Jahre nach der Beatlemania ein weltweites Interesse für die Pop-Insel. »Ginger Spice« Geri Halliwell kniff Prince Charles in den Po und präsentierte sich auf der Bühne im Union-Jack-Dress, während sich parallel dazu auch Noel Gallagher die Nationalflagge auf die Gitarre lackieren ließ; 1996 schneiderte sie sich David Bowie für einen Mantel auf dem Cover seines *Earthling*-Albums zurecht. 1999 traten die reformierten Eurythmics in Union-Jack-Anzügen bei den Brit Awards auf. Das Target-Zeichen der britischen Air Force, das schon The Who in ihr Logo eingebunden hatten, wurde zum omnipräsenten Symbol. Vor dem Hintergrund der blauweißroten Kreise prangte der Sticker-Befehl »Buy British« auf Oasis-CDs. Aus dem alten Kampflied »Rule, Britannia« wurde »Cool Britannia«. Noch 1992 hatte Morrissey bei einer Performance seines Stücks »National Front Disco« die Flagge gewedelt und wäre dafür fast als Rassist gecancelt worden. Im Jahr darauf hatten Blur den Bogen des Hurra-Patriotismus überspannt und posierten zur Bewerbung ihres zweiten Albums *Modern Life Is Rubbish* mit einem Mastiff und Versatzstücken der Skinhead-, sowie der Mod-Mode vor dem auf eine Wand gesprayten Schriftzug »British Image 1«, was ihnen Faschismus-Vorwürfe einbrachte. Erst mit dem eilig nachgeschobenen Motiv »British Image 2«, das die Band als campe Dandys auf einer aristokratischen Vorkriegs-Teeparty zeigte, war die Musikpresse wieder besänftigt.

Spätestens 1995 wurden britische Wahrzeichen völlig unbekümmert eingesetzt. Britpop war der Soundtrack zu einem neuen Selbstverständnis der Briten. Nach Jahren des Zerfalls des Empire war man auf einmal wieder *jemand*. Und dieser Jemand war in der Regel weiß, männlich und dünn, teilweise sehr dünn. The Return of the thin white Dukes sozusagen, um David Bowie zu zitieren, der sich übrigens so gar nicht dafür interessierte, was seine Landsleute da in den 90ern so berauschte. Für ein paar Saisons schien Nationalismus befreit von all seinen negativen Konnotationen. Heute wird hingegen die Frage diskutiert, ob dieses Sentiment nicht dem Brexit seine *long and winding road* bereitete. Wichtig ist in dieser Betrachtung festzuhalten, dass Britpop vor allem eine Medienkampagne war. Bands wie Suede graute es vor allem Volkstümelndem.

The Battle of Britpop

Zwei Singles gelten im Frühjahr 1992 als Initialzündung des neuen, alten Sounds: Zum einen »Popscene« von Blur, ein Amalgam aus 60s-Pop, Punk und scharfen Bläsersätzen, zum anderen das elegische »The Drowners« von Suede, die der einflussreiche *Melody Maker* sogleich als »The best new band in Britain« aufs Cover hob. Aus dem, was ebenjener »Maker« noch kurz davor als »The scene that celebrates itself« abgetan hatte, eine Gruppe von Gitarrenpoppern, die nicht imstande sei, aus ihrer schicken Blase herauszuplatzen, entstand schnell eine Szene, die von allen zelebriert wurde – und die größer war als ihre Einzelteile.

Erfahrene Bands wie James, Kingmaker und die bereits 1978 gegründeten Pulp landeten auf einmal in den Hitlisten. Das Jahr 1994 lieferte dann die ersten Meilensteine: Auf ihrem Album *Parklife* nahmen Blur zwar die britische Gesellschaft aufs Korn, etwa in der von Rockgitarren angepeitschten Disconummer »Girls & Boys« über die Ausschweifungen britischer Tourist:innen. Gleichzeitig hätten sie sich aber nicht mit noch mehr Paraphernalien ihrer Heimat schmücken können. Für den Singalong-Titelsong engagierten sie etwa den Komiker Phil Daniels, der im breitesten Cockney-Akzent die Strophen »rappte«. Ansonsten bediente man sich stilistisch an britischen Vorgänger-Acts wie XTC und Madness. Die Retrorocker Oasis klauten sich währenddessen schamlos Ideen der Beatles, der New Seekers und von T. Rex für ihr Debütalbum *Definitely Maybe* zusammen. Als Blur 1995 bei der Verleihung der Brit Awards ihre vierte Auszeichnung, als »Best Band«, entgegennahmen, erklärte Sänger Damon Albarn bei seiner Dankesrede: »Diese Auszeichnung sollte ebenfalls an Oasis gehen.«

Doch aus Kameraderie wurde bald Erzrivalität. Von den Medien angestachelt, veröffentlichten beide Bands am selben Tag neue Singles: Blur gingen mit »Country House« ins Rennen, Oasis mit »Roll With It«. Der 14. August sollte der große Showdown sein, das tonangebende Magazin NME stilisierte die Konfrontation als Boxkampf auf der Titelseite, die BBC berichtete darüber in den Abendnachrichten, sogar die norwegische *Oslo Times* brachte das Thema auf Seite eins. All das in einer Woche, in der bekannt wurde, dass Saddam Hussein an Atomwaffen bastelte und der Bosnienkrieg wütete. Schließlich gewannen Blur die Schlacht – »Country House«, das die Verkäufe allerdings mit für die Fans begehrlichen zwei Versionen der CD-Single ankurbelte, setzte 270 000 Einheiten ab, das 216 000-fach verkaufte »Roll With It« musste sich mit Platz 2 begnügen. Blur-Bassist Alex James trug beim triumphalen, von Jarvis Cocker angekündigten Auftritt bei der Sendung *Top of the Pops* neckisch ein Oasis-Shirt. Doch dann kam der Welthit »Wonderwall«.

Ende Februar erreichte die Single die Top 20 in Deutschland, im März 1996 knackte sie als einziger Oasis-Song die Top Ten der USA. Ab dann werden die Zahlen schwindelerregend: Im Rahmen ihrer 103 Konzerte umfassenden Tour zum Album gaben Oasis im November 1995 die zwei größten Indoor-Konzerte, die Europa bis dahin gesehen hatte, im Londoner Earls Court; im August 1996 spielten sie zwei Shows im britischen Knebworth vor 250 000 Leuten. 4,4 Prozent der britischen Bevölkerung hatte sich um Tickets bemüht. Im selben Sommer begleiteten Fangesänge von »Three Lions« von der Britpop-Band The Lightning Seeds – der Text stammt von den Comedians David Baddiel und Frank Skinner – die Fußball-Europameisterschaft in England; bis heute erfreut sich die Hymne, auch dank zahlreicher Wiederveröffentlichungen, enormer Beliebtheit. Der Britpop war am Höhepunkt angekommen. *(What's The Story) Morning Glory?* wurde zum erfolgreichsten Album der 90er Jahre im UK und hat bis heute mehr als 22 Millionen Stück verkauft. Zum Jahresende 1995 waren Oasis die größte Band der Welt. Im von den jungen Arctic Monkeys obsessiv studierten *Then and Then*-Livevideo trug Liam Gallagher einen schlabberigen »Umbro«-Trainingsanzug und brachte den Sozialbaulook in die Stadien. Für die Working Class Heroes der Gallaghers, die sich von ihrem prügelnden

Vater lossagten und eine überschaubare Bildung »genossen«, war wenig und bestimmt kein Leben als Rockstars vorgesehen. Ihr klassischer Underdog-Mythos, in Verbindung mit ihrer ewigen Geschwisterrivalität, machte sie so anschlussfähig wie eine Telenovela. Die *sophisticated* Kunstschul-Absolventen von Blur waren abgeschrieben.

Majestätsbeleidigungen, Todeswünsche und Swastika-Phantasien

Doch wenn zwei sich streiten, freut sich bekanntermaßen der Dritte. Und Vierte. Und Fünfte und so weiter. Denn während Noel Gallagher Albarn und Blur-Bassist Alex James schlagzeilenträchtig Aids an den Hals wünschte, mischten zahllose weitere Bands die Szene auf. Allen voran Pulp, die 1995 mit *Different Class* wohl das gelungenste aller Britpop-Alben heraus- und eine Woche danach auf Platz 1 brachten. Der ewige Außenseiter Jarvis Cocker nahm es mit den oberen Zehntausend auf: In der Hymne »Common People« attackierte er privilegierte *Rich Kids* und wenig später die Musikoberschicht in Form des King of Pop: Als Michael Jackson von Kindern umringt in Jesus-Christus-Pose bei den Brit Awards seinen »Earth Song« schmetterte, kam Cocker auf die Bühne, streckte Jackson sein Hinterteil entgegen und wurde nach ein paar weiteren Faxen festgenommen. »Free Jarvis«-Shirts wurden zum Must-Have für die Jugend.

Eine der wenigen Vertreterinnen des Genres war Justine Frischmann – eine Schlüsselfigur der Szene: Sie war Gründungsmitglied von Suede und WG-Mitbewohnerin der späteren M.I.A. Mit ihrem Freund Damon Albarn bildete sie das Traumpaar des Britpop. 1995 veröffentlichte sie mit dessen tatkräftiger Unterstützung und ihrer neuen Band Elastica das Debütalbum mit den höchsten Erstwochenverkäufen des Jahres. Mit ihrem zackigen, an Gang of Four geschultem Postpunk nahmen sie den Sound des nächsten Jahrzehnts, der Kaiser Chiefs, der Futureheads und von Franz Ferdinand vorweg. Kula Shaker gingen den eingeschlagenen Weg der 60s weiter und recycelten sehr erfolgreich die Indien-Phase der Beatles – bis Sänger Crispian Mills laut von »brennenden Swastikas« für seine Bühnenshow träumte und einen Shitstorm auslöste, der seinen Höhenflug jäh beendete. Oasis waren damals so mächtig, dass eine Empfehlung der Gallaghers karriereentscheidend sein konnte – immerhin lobten sie äußerst selten und waren eher für ihre grenzenlose Selbstsicherheit und ätzende Kollegenschelte bekannt. Aber wenn Noel Gallaghers Daumen sich für eine Band wie Ocean Colour Scene hob, konnte das bedeuten, dass diese unversehens in die Bestseller-Listen schnellte. Ihr euphorisches »The Day We Caught the Train« ist bis heute ein Standard für Alleinunterhalter in den Pubs. Zum inoffiziellen Genre »Noel-Rock« zählte auch die Band Cast um Ex-La's-Mitglied John Power, die 1995 ebenso wie die blutjungen Supergrass Sommerhits mit Singles namens »Alright« landeten – eine dabei ekstatischer als die andere. Der Hype um hausgemachte Musik aus Großbritannien nahm solche Ausmaße an, dass eine Band wie Menswear auf dem Titel des *Melody Maker* landete, ohne irgendein Stück Musik veröffentlicht zu haben. Noch war der Overkill zwar nicht erreicht, aber *what goes up, must go down*. Blur sahen die Zeichen der Zeit als Erste und wählten einen radikalen Richtungswechsel.

Britpop ist tot!

Im Februar 1997 wanzten sie sich mit dem Nirvana-esken »Song 2« den ehedem so verschmähten Alternative-Rock-Sounds der USA an und bewarben ihr neues, einen Neuanfang untermauernd schlicht *Blur* genanntes Album mit dem Slogan »Britpop ist tot«. Im folgenden Sommer erlagen Oasis ihrem eigenen Größenwahn: Das meisterwartete Album des Jahrzehnts, *Be Here Now*, war Musik gewordenes Kokain. In quälende Längen gezogene Songs, meterhohe Gitarrentürme, nichtssagende

Lyrics. Schon im Refrain zur aufbrausenden Leadsingle gingen Noel Gallagher die Ideen aus: Mit »All my people right here, right now« forderte er die Welt zum Hinhören auf, nur um diese mit einem »D'you know what I mean?« ins Nichts zu entlassen. Nein, man wusste es nicht. Es hatte einen auch nicht mehr so interessiert, was »The Chief« meinte. Zunächst brach die Platte alle Verkaufsrekorde, erhielt aber auch schnell den Titel desjenigen Albums, das am meisten zu Second-Hand-Läden getragen wurde. *Be Here Now* ging genauso unter wie der Rolls-Royce auf dem Cover im protzigen Swimmingpool. Der Rausch war vorbei, der lange Kater setzte ein. Und da der brummende Schädel keine lauten Klänge verträgt, war der sogenannte Post-Britpop um Bands wie Coldplay, Travis und Starsailor von sanften Akustikballaden geprägt.

Noch davor bäumte sich der klassische Britpop mit The Verve und Embrace ein letztes Mal auf. Die Gallagher-Buddies The Verve hatten sich bereits 1995 getrennt, doch im Zuge der Arbeiten an seinem Solodebüt trommelte der charismatische Sänger Richard Ashcroft doch noch mal die alte Gang zusammen und brachte *Urban Hymns* als Verve-Album zu Ende. Die erste Single daraus, »Bitter Sweet Symphony«, brannte sich auch dank des Videos, in dem Ashcroft unbeirrt eine Ostlondoner Straße abschreitet, dabei Passant:innen umrempelt und über Autos klettert, ins kollektive Gedächtnis ein. Stand Ashcroft doch hier sinnbildlich für das wiedererstarkte UK. »You gotta say what you say / Don't let anybody get in your way«, sangen die Ashcroft-Spezis Oasis in »Roll With It«. Zum Welterfolg der bittersüßen Symphonie trug auch der Einsatz in einer Nike-Werbung bei, sowie das tragende Streichersample aus dem Kosmos der Rolling Stones. Genau dieses Sample geriet der Band zum Verhängnis. Es entstammte einer orchestralen Version des Stones-Oldies »The Last Time« aus dem Jahr 1966. Jagger und Richards klagten, obwohl sie an der betreffenden Inkarnation ihres Songs nicht beteiligt waren und die Vorlage selbst von einem alten Gospelsong gestohlen hatten – und gewannen. Bis sich die »Glimmer Twins«

2019 umentschieden und Ashcroft die Songwriter-Credits zurückgaben, verdienten The Verve nichts mit ihrem Smash-Hit. Das gelang ihnen erst mit dem Nachfolger, der bewegenden Ballade »The Drugs Don't Work«, ein Nr.-1-Hit. Ebenso wie The Verve, die keinen einzigen tanzbaren Song in ihrem Repertoire haben, rührten auch Embrace die Herzen mit großen Emotionen, die sie in noch größeren Produktionen transportieren. Mit ihrem Debüt glückte ihnen ein Millionenseller, wie zuvor bei Oasis standen mit Sänger Danny McNamara und seinem Bruder Richard wieder Geschwister im Mittelpunkt. Doch der Stern der Band sank bald, das Ende war nicht aufzuhalten. Ihr Einstandswerk *The Good Will Out* gilt wahlweise als letztes großes Album des Britpop oder das erste des Post-Britpop.

Die relevante, kulturprägende Ära des Britpop umfasste also kaum mehr als fünf Jahre. Und doch war der Einschlag so gewaltig, dass sein Nachhall bis heute zu spüren ist. Keine zwei Wochen, nachdem im Mai 2017 ein Terrorist eine Bombe auf einem Konzert von Ariana Grande in Manchester hochgehen ließ und damit 22 Menschen in den Tod riss, standen Grande, Chris Martin und Jonny Buckland von Coldplay auf der Bühne des in atemberaubendem Tempo arrangierten One-Love-Manchester-Festivals und stimmten den Song an, der in den Tagen seit der Wahnsinnstat den *Mancunians* Trost und Halt gab: Oasis' »Don't Look Back in Anger«. Nach vorne schauen. Immer nach vorne schauen. Das ist der Spirit, der die heillos zerstrittenen Gebrüder Gallagher eint. Heute sind sie unantastbares Nationalheiligtum. Bis 2023 debütiert jedes ihrer Soloalben im UK auf Rang eins der Charts, 26 Jahre nach dem sagenumwobenen Auftritt von Oasis in Knebworth lockte Liam Gallagher 2022 allein 160 000 Menschen auf das Gelände zurück und ließ Fans von einst sowie deren Kinder die 90er-Hymnen singen, die längst Volkslieder geworden sind.

Auch Damon Albarn kehrt zwischen seinen kunterbunten Projekten von den Gorillaz über The Good, the Bad & the Queen bis zu Allstar-Platten mit afrikanischen Musiker:innen immer wieder zu Blur zurück und verkaufte im Sommer 2023 innerhalb weniger Minuten gleich zweimal das Londoner Wembley-Stadion aus. Im selben Sommer beehrten uns auch Pulp wieder auf den größten Bühnen. Regelmäßig werden uns 90er-Klone wie Viva Brother, The Enemy, Palma Violets und The Vaccines als neue Oasis angedreht, obwohl diese kaum benötigt werden, wenn die Originale immer noch dauerpräsent sind – während diese Zeilen geschrieben werden, erfreut sich die Oasis-Best-of *Time Flies ... 1994–2009* eines sonnigen Plätzchens 20 in ihrer 562. Woche in den britischen Charts. Nur 24 Ränge darunter: *(What's The Story) Morning Glory?* 2022 hielt Noel Gallagher auf Frage nach einer möglichen Reunion der Band, die er 2009 verlassen hatte, eine solche für unnötig, da die alten Platten sich immer noch so gut verkaufen wie damals.

In der von Krieg und Pandemie geprägten Gegenwart der 2020er Jahre, in Zeiten der gesellschaftlichen Spaltungen, in #metoo-Ungnade gefallener Ex-Vorbilder, in denen sogar die als ewig erachtete Herrschaft von Queen Elizabeth II. ihr Ende fand, kurz: in einer Welt, in der nichts mehr von Bestand zu sein scheint, sehnen wir Kinder der 90er uns zurück nach diesen glorreichen Jahren des Optimismus und des Aufbruchs, der unbekümmerten Partys, die der Britpop verkörperte, der großen Songs, die uns einander in die verschwitzten Arme fallen und mehr schlecht als recht mitsingen ließen. Jahre, in denen Tagespläne unbekümmert lauten konnten: »We wake up, we go out / Smoke a fag, put it out / See our friends, see the sights / Feel alright«, und in denen wir toni-i-i-ight Rock'n'Roll-Stars waren. »Where were you while we were getting high?« Britpop ist ein Volksmärchen geworden – so unwirklich und phantastisch, dass es immer wieder erzählt werden muss. So wie unsere Eltern uns von John, Paul, George und Ringo berichtet haben, versuchen wir unsere Kinder von Damon, Noel, Brett und Jarvis verzaubern zu lassen, auf dass deren Abenteuer neue bewirken und britische Gitarrenmusik doch noch mal einen weiteren Frühling erleben wird. Liam Gallagher ging hier schon mal mit – selten genug – gutem Beispiel voran und nahm die Band seines Sohns Gene, Villanelle, 2024 ins Vorprogramm seiner Tour zum 30. Jubiläum von *Definitely Maybe*.

> **Another Brick in the Wonderwall – 15 Britpop-Hits für die Ewigkeit**
>
> 1. Pulp: »Common People« (1995)
> 2. Blur: »Parklife« (1994)
> 3. Supergrass: »Alright« (1995)
> 4. Ocean Colour Scene: »The Day We Caught the Train« (1996)
> 5. Oasis: »Don't Look Back In Anger« (1995)
> 6. Suede: »Animal Nitrate« (1993)
> 7. The Verve: »Bitter Sweet Symphony« (1997)
> 8. Ash: »Oh Yeah« (1996)
> 9. Kula Shaker: »Tattva« (1996)
> 10. Elastica: »Connection« (1995)
> 11. The Bluetones: »Slight Return« (1996)
> 12. Cast: »Alright« (1995)
> 13. McAlmont & Butler: »Yes« (1995)
> 14. The Charlatans: »How High« (1997)
> 15. Sleeper: »Inbetweener« (1995)

»Wir hätten uns 1996 trennen sollen«: Interview mit Noel Gallagher (Oasis)

Beatles-Produzent George Martin gilt Noel Gallagher als bester Songwriter seiner Generation. Mit Oasis hat er unzählige Hits verfasst, die die Jahrzehnte überdauert haben: »Don't Look Back in Anger«, »Champagne Supernova«, »Whatever«, um nur einige zu nennen. Wenn in einem britischen Pub ein Sänger mit Gitarre nur einen Song aus den 90ern zum Besten gibt, dann ist es höchstwahrscheinlich »Wonderwall«. Bis heute sorgen diese Klassiker für frenetische Beifallsstürme, wenn Noel oder Bruder Liam sie zur Auflockerung ihrer Solo-Sets spielen. Ihre gemeinsame, turbulente Geschichte endete im August 2009 nach einem heftigen Streit, unmittelbar bevor die Band als Headliner des Pariser Rock-en-Seine-Festivals hätte die Bühne betreten müssen. Trotz zahlreicher, vor allem von Liam Gallagher gestreuter Gerüchte erscheint eine Reunion unwahrscheinlich. Und vielleicht ist das auch besser so. Der Gründer der Oasis-Ultras, eines deutschen Hardcore-Fanclubs der Band, Thees Uhlmann, sagte in unserem Podcast Never Forget *dazu:* »Eine Band zu verlassen, ist wahnsinnig schwierig – man ist zusammen großgeworden, durch das gemeinsame Reisen wächst man wie zu einer Familie zusammen.« *Daher fände er »es ganz phantastisch, dass Noel damals ausgestiegen ist und die Gruppe damit aufgelöst hat. Das war mutig und toll, weil er sich nur so künstlerisch weiterentwickeln konnte. Ich bin richtig großer Fan seiner Solo-Arbeiten. Ich würde Oasis daher tausend Euro geben, damit sie sich nicht wiedervereinigen.« Wir haben Noel Gallagher um einen persönlichen Rückblick – ganz ohne anger – gebeten.*

Oasis hatten schon so oft vor der Auflösung gestanden, dass man es gar nicht glauben wollte, als ihr euch 2009 tatsächlich getrennt habt. War es ein guter Zeitpunkt aufzuhören?
Um unsere Legende perfekt zu machen, hätten wir uns nach unseren Auftritten in Knebworth im Sommer 1996 auflösen sollen. Wir konnten unsere Popularität danach zwar beibehalten, aber wir wurden nicht mehr größer oder besser. Aber wer ist schon so supercool, auf dem Höhepunkt des Erfolgs aufzuhören? Außerdem waren wir immer auf Drogen. Ich war viel zu high, um eine solche Entscheidung überhaupt treffen zu können. Ich hatte damals überhaupt keine Vorstellung davon, wie groß wir wirklich waren. Hätte ich es kapiert, wäre ich wahrscheinlich zusammengebrochen.

Teil deiner persönlichen Anziehungskraft war auch die Tatsache, dass du als Songschreiber der Band alleinverantwortlich für all diese Evergreens warst. Erst pünktlich zum Ende der 90er, im Jahr 2000, durfte Liam erstmals einen Song beisteuern: »Little James«, der vielen prompt als der schlechteste Song der Band galt. Auch die weiteren Songs, die nicht aus deiner Feder kamen, haben wenig gerissen. War es ein Fehler, dein Songwriter-Monopol aufgegeben zu haben?
Nein, ich habe die anderen schließlich dazu ermutigt, Songs beizusteuern. Denn mir fiel damals nicht viel ein, ich wusste nicht mehr, worüber ich noch schreiben kann. Und nach drei Alben hatte ich auch einfach keine Lust mehr, die Band allein zu steuern. Außerdem kamen ja auch ein paar wirklich gute Songs dabei heraus: »Songbird«, »A Bell Will Ring«, »Turn Up the Sun« – auf diese Lieder möchte ich nicht verzichten.

Du hast schon oft darüber geklagt, dass du nach den ersten beiden Oasis-Alben immer nur dieselben Inhalte in abgewandelter Form präsentiert hättest. Woher kam nach all den Jahren die Muse, die dich für deine Solokarriere geküsst hat?
Bei Oasis habe ich immer für einen anderen Sänger geschrieben. Das macht es schwieriger, über etwas Persönliches zu schreiben. Zum Ende von Oasis hin habe ich beim Schreiben nur noch darauf geachtet, dass Liam die Texte möglichst gut singen können soll. Sie waren sehr auf seine Stimme zugeschnitten. Die Ideen für meine Solo-Songs beziehe ich aus meinem ureigenen Leben. Das ermöglicht es mir, persönlichere Texte zu schreiben. Ich hätte Liam oder irgendjemand anderem nie einen Song zum Singen überlassen, der wirklich viel mit mir zu tun hat. Niemand kann deine Gefühle so gut ausdrücken wie du selbst. Wenn heute Leute zu mir sagen, wie gut sie sich einen meiner neuen Songs von Liam gesungen vorstellen, sage ich: »Blödsinn! Das wäre grauenhaft. Er hat doch keine Ahnung, worum es da geht.« Nun könnte

ich ihm natürlich erklären, worum es etwa in »The Dying of the Light« geht, aber nachdem er nach wie vor so ein aggressiver, kläffender Hund ist, habe ich da keine Lust drauf.

Du weißt vermutlich, dass deine Fans Zitate von dir fast genauso sehr lieben wie deine Musik.
Nun, ich weiß, dass Leute meine Sprüche lustig finden.

Hast du jemals daran gedacht, professionell zu schreiben? Dein Tagebuch-Blog zur letzten Oasis-Tour wurde sogar ausgezeichnet.
Ich habe ja erst seit kurzem einen Computer – du solltest mal sehen, wie ich eine Tastatur bediene: wie ein Höhlenmensch, der Feuer entdeckt! Den Blog habe ich auf meinem Handy geschrieben. Es würde Jahre dauern, bis ich ein Buch fertig hätte. Außerdem mag ich keine Fiktion. Harry Potter? Fuck off! Ich mag Geschichten aus dem Leben.

Du könntest ja eine Autobiographie schreiben – oder sie jemandem, der tippen kann, diktieren. Sogar dein erster Drummer hat kürzlich seine Memoiren veröffentlicht.
Ein Buch über mein Leben wäre einen halben Meter dick und auf der letzten Seite würde stehen: »Und dann trat ich einer Band namens Oasis bei. Fortsetzung folgt.« Danach müsste ich ein noch viel dickeres schreiben. Und das hätte kein Happy End. Außerdem stehe ich gerade am Anfang von etwas ganz Neuem. Die Geschichte ist noch nicht zu Ende. Vor meinem 65. Geburtstag möchte ich nicht zurückblicken. Und hoffentlich habe ich mit 65 bessere Dinge zu tun als zurückzublicken. Man hat mir schon viele Angebote gemacht, über mein Leben zu schreiben, aber ich habe das nie ernsthaft in Erwägung gezogen *(nimmt seine Tasse Tee und murmelt in sie hinein – Anm.)*. Aber natürlich bezweifle ich keine Sekunde, dass meine Memoiren ein absoluter Bestseller werden würden.

Könnten Oasis sich als neue Band in der heutigen Szene durchsetzen?
Wir würden auf keinen Fall einen so großen Effekt wie damals erzielen. Dafür hat sich die ganze Umwelt zu stark verändert. Heute nimmt sich niemand mehr die Zeit, einen Künstler aufzubauen. Wenn du nicht sofort mit deinem ersten Gig überzeugst oder mit deiner ersten Single in die Playlist der großen Radiosender aufgenommen wirst, bist du weg vom Fenster. Die Industrie hört nicht mehr auf die Musik, sondern schaut, wie viele Follower du hast. In den 90ern war noch so viel Geld da, dass man sich einen vermeintlichen Unfall wie Britpop, oder wie immer du das nennen willst, leisten konnte. Auf einmal rannten die Kids eben auf all die Konzerte dieser drogensüchtigen Wahnsinnigen. Die Industrie sah das zwar mit Unbehagen, ließ es aber darauf ankommen und nahm diese Irren zähneknirschend unter Vertrag. Und kurz darauf standen alle diese Bands auf Platz 1 und verkauften Wagenladungen an Platten.

»Ghetto Supastar«:
US-Hip-Hop übernimmt das Feld

(1990–1999)

In den 80ern noch als Novelty abgetan, stieg Hip-Hop in den 90ern zur dominanten Macht im Pop auf. Damit ging eine unglaubliche Diversifizierung im Sound einher – von Gangsta über Jiggy bis Conscious Rap. Bis heute erfindet sich das Genre immer wieder neu und erwies sich so eben nicht als Eintagsfliege, sondern als schlaue, sich ständig häutende Schlange.

»Yo VIP, let's kick it«
Vanilla Ice: »Ice Ice Baby«, 1990

2023 feierte die Welt das 50. Jubiläum von Hip-Hop mit zahllosen Podcasts, Events und Dokumentationen. Man hatte sich darauf geeinigt, die erste dokumentierte Hip-Hop-Jam, ausgerichtet von DJ Kool Herc am 11. August 1973 in der New Yorker South Bronx, als Geburtsstunde des Genres festzulegen. Dabei reichen die Ursprünge noch viel weiter zurück. Was darf als erster aufgezeichneter Rap gelten? Cassius Clays gleichermaßen von Größenwahn und Selbstironie gezeichnetes Spoken-Word-Album *I Am the Greatest* aus dem Jahr 1963? Oder fünf Jahre darauf die Comedynummer »Here Comes the Judge« von Pigmeat

Markham? Oder waren es doch die sozialkritischen, die Lebensbedingungen der afroamerikanischen Bevölkerung in den Fokus rückenden Werke der Last Poets von 1970 oder Gill Scott-Herons zigfach zitiertes »The Revolution Will Not Be Televised« aus dem Folgejahr? Schließen wir uns dem Konsens an, so hat Hip-Hop 44 Jahre gebraucht, um die allmächtige Rockmusik als Haupterlösquelle der Musikindustrie abzulösen. 2017 erzielten Hip-Hop und R'n'B erstmals die meisten Gewinne im wichtigsten Popmarkt der Welt, den USA. Fünf Jahre später bestritten mit Dr. Dre, Eminem, Kendrick Lamar, Snoop Dogg und 50 Cent erstmals Rapper, mit lautstarker Unterstützung von R'n'B-Diva Mary J. Blige, die Halbzeitpause beim traditionell größten TV-Ereignis des Jahres, dem Super Bowl. In diesem symbolträchtigen Akt veranschaulichte sich, was längst Alltagsrealität war. Vom Wu-Tang-Babystrampler bis zum Kreuz auf dem Wahlzettel für die Hip-Hop-Partei Die Urbane, von Haftbefehl-Rezensionen in den wichtigsten Feuilletons bis zu umjubelten Sitcoms wie *Atlanta* um Rapper Donald Glover. Hip-Hop beschallt Modeboutiquen, Videospiele und politische Demos und hat global nahezu alle kulturellen Sphären der Gegenwart durchdrungen.

Walk This Way: Ein Crossover bringt den Durchbruch

Diese Entwicklung hätte man 1979, als die Sugarhill Gang mit dem in New York produzierten »Rapper's Delight« den ersten Hip-Hop-Hit landete, nicht für möglich gehalten. Obwohl der Track damals allein in den USA zwei Millionen Einheiten verkaufte und sogar im popkulturell konservativ eingestellten Deutschland Platz 3 der Charts erreichte (wohlgemerkt zwischen »Sun of Jamaica« der Goombay Dance Band und Gottlieb Wendehals' Faschings-Klamauk »Herbert«), erschien Hip-Hop als *Novelty*, als Trend ohne viel Substanz und ganz gewiss ohne Zukunft. »Rapper's Delight« basierte – übrigens ebenso wie Queens meistverkaufte Single »Another One Bites the Dust« aus dem Jahr darauf – auf Chics '79er-Sommerhit »Good Times«; weshalb die neue Sparte zunächst als Spin-off von Disco abgetan wurde. So waren dann auch die vorerst weiteren Erfolge des Genres Parodien wie »It's Good to Be the King« des Satirikers Mel Brooks von 1981. Dabei demonstrierte bereits das wegweisende »The Message« von Grandmaster Flash & The Furious Five von 1982, wie gehaltvoll und brisant Rap sein kann, indem es die zunehmende Verwahrlosung der US-Innenstädte, dem damals oft einzigen für Schwarze und Latinos erschwinglichen Wohnraum, anprangerte. Vier Jahre später lief der buchstäblich Mauern einreißende Clip zum Crossover von Rock und Rap, Run-DMCs Neuaufnahme des Aerosmith-Klassikers »Walk This Way« einmal pro Stunde auf MTV und stellte somit die Massentauglichkeit von Hip-Hop unter Beweis. Doch erst in den 90er Jahren sollten wir eine Ahnung davon bekommen, wie mächtig diese Kunstform noch werden würde.

Als wichtigstes Datum darf in Deutschland der 7. Juli 1996 gelten: An diesem Tag debütierte das New Yorker Hip-Hop-Trio The Fugees mit seiner Fassung des Roberta-Flack-Oldies »Killing Me Softly With His Song« als erster Act überhaupt auf Platz 1 der deutschen Charts – parallel dazu auch in Österreich und der Schweiz. Dazu löste die Crew den Megahit »Macarena« von Los del Rio ab und hatte gleichzeitig noch einen weiteren Song in den Top Ten: »Fugee-La« auf Rang 9. Neun Wochen regierte die Nummer die Hitliste. In annähernd allen Ländern der westlichen Welt stand der Song ganz oben und zählt heute zu den Alltime-Bestsellern. Das dazugehörige Album *The Score* spiegelte den Erfolg wider, wurde mit allen erdenklichen Awards geehrt und ging mehr als 22 Millionen Mal über die Ladentheken.

Hip-Hop war angekommen und sollte künftig nur noch weiterwachsen. Dabei hatten die 90er bereits mit zwei ähnlichen, wenn nicht noch monströseren Hip-Hop-Hits begonnen: Mit einem in der Rückschau fast unglaublich punktgenauen, symbolträchtigen Veröffentlichungsdatum läutete MC Hammers

Ooh la la la: The Fugees 1996 mit Wyclef Jean, Lauryn Hill und Pras Michel

»U Can't Touch This« am 13. Januar 1990 das für den Siegeszug des Hip-Hop entscheidende Jahrzehnt ein. Hammer sampelte dafür den prägnanten Basslauf sowie die Hintergrundchöre von Rick James' 1981er-Funknummer »Super Freak«. James verklagte Hammer daraufhin auf Urheberrechtsverletzung, und nach einer außergerichtlichen Einigung bekam James nicht nur die Songwriting-Credits, sondern auch diverse Millionen US-Dollar überwiesen. Der Song wurde ein überwältigender Erfolg, die titelgebende Textstelle sowie die Phrase »Stop! Hammertime!« zogen in den popkulturellen Wortschatz ein. Um noch mehr Einnahmen zu generieren, hielt Hammers Label den populären Song als Single in den USA zurück – veröffentlichte ihn nur auf der teureren 12-Inch-Platte – und »zwang« Fans so zum Erwerb des ganzen Albums. Die perfide Rechnung ging auf: *Please Hammer Don't Hurt 'Em* verkaufte sich mehr als 18 Millionen Mal. Auf den Superhit folgte der Super-Backlash: Hammers familienfreundliches Image, im Verbund mit seiner medialen Dauerpräsenz, seiner Verfügbarkeit als Action-Puppe aus dem Barbie- und He-Man-Hause Mattel, als Sammelkartenmotiv auf

Cornflakes-Packungen sowie als Titelheld der Cartoonserie *Hammerman* und seinen Ballonhosen als Steilvorlage für Verballhornungen ließen ihn zur Witzfigur verkommen. Ein ähnliches Schicksal sollte auch den Interpreten des anderen sehr großen Hip-Hop-Hits des Jahres 1990 ereilen – neben weiteren erstaunlichen Parallelen.

Bereits 1983 hatte Rob van Winkle den Text zu »Ice Ice Baby« geschrieben, nachdem er in der Plattensammlung seines älteren Bruders »Under Pressure« – das große Duett von Queen (die schon wieder) und David Bowie, das wie »Super Freak« dem Jahr 1981 entstammte – gefunden hatte. Er ergänzte dessen Bassline minimal um einen Halbton und veröffentlichte den Song im August 1990 zunächst als B-Seite seines Wild-Cherry-Covers »Play That Funky Music« unter dem Künstlernamen Vanilla Ice. Radio- und Club-DJs erkannten das Potential des Stücks sofort, was zu dessen Wiederveröffentlichung als A-Seite führte. Als der Song Platz 1 in den US-amerikanischen Charts erreichte – als erster Hip-Hop-Song der Geschichte –, wurde die Single vom Markt genommen, um ähnlich wie beim Vorbild MC Hammer die Verkäufe des dazugehörigen Albums anzukurbeln. Erneut mit Erfolg: Mehr als 15 Millionen Menschen erstanden *To the Extreme*. Wie Hammer wurde auch Ice auf Urheberrechtsverletzung verklagt, wieder fand eine millionenteure Einigung außerhalb der Gerichtshöfe statt. Schließlich tourte Ice sogar im Vorprogramm von Hammer. Und ebenso wie Hammer wurde er maximal ausgeschlachtet: Ende 1990 hatte er neben einer publicitywirksamen Affäre mit Madonna auch Werbedeals mit Nike und Coca-Cola. Im März 1991 hatte er einen Cameo-Auftritt im Blockbuster *Teenage Mutant Ninja Turtles II: The Secret of the Ooze*. Doch bereits mit seiner ersten Hauptrolle in der Romcom *Cool as Ice* floppte er im folgenden Oktober gnadenlos an den Kinokassen. Keines seiner weiteren Alben erreichte die Charts, und Vanilla Ice geriet zur Lachnummer. MC Hammer und Vanilla Ice hatten zwar dafür gesorgt, dass Sprechgesang die Massen erreichte, die dominante Rockpresse aber auch in ihrer Einschätzung bestärkt, dass Hip-Hop nicht ernstzunehmende Kindermusik sei, bloße Tanzaufforderungen und Selbstbeweihräucherung böte.

Conscious Rap, G-Funk und Gangsta-Rap

Hier ignorierten die Medien eine Bewegung, die Ende der 80er Jahre in New York zu brodeln begann und unter dem Sammelbegriff Native Tongues bekannt wurde. Der Kollektivname umfasste Acts wie A Tribe Called Quest, De La Soul und die Jungle Brothers, deren Lyrics zunächst eine positive Lebenseinstellung propagierten, bald aber differenzierter ausfielen, mit philosophischen Ansätzen zum Nachdenken anregten und Afrozentrismus im Hip-Hop-Game etablierten. Dazu wurden die musikalischen Produktionen immer dichter und verschachtelter. Hatten die skelettierten Beats von Run-DMC noch die 80er gerockt, gruben DJs nun für unauffindbar gehaltene Jazzplatten, rare Werke aus Afrika und dem Orient aus und schenkten ihnen neues Leben. Gleichzeitig entwuchs aus der kalifornischen Crew N.W.A, die 1988 mit *Straight Outta Compton* das erste Meisterwerk des Subgenres Gangsta-Rap vorgelegt hatte, eine Szene, die den Spirit von »The Message« weitertrug und Hip-Hop auf die Straßen zurückbrachte. Auf dem Höhepunkt ihrer Popularität verließ Gründungsmitglied Dr. Dre seine Combo und gründete zusammen mit seinem Bodyguard Suge Knight das Label Death Row Records. Darauf erschien im Folgejahr sein Solodebüt *The Chronic*, mit dem er wiederum ein neues Genre erfand: G-Funk speiste sich aus den smoothen P-Funk-Sounds von 70er-Gruppen wie den namensgebenden Parliament-Funkadelic und legte Wert auf einen eher genuschelten als aggressiv gebellten Rap-Vortrag.

Thematisch blieb man trotz aller zur Schau gestellten Entspanntheit allerdings Sex, Gewalt und Drogen verschrieben. So bildete sich eine Art Vorgänger für den Cloud-Rap der 2010er

Dr. Dres Meilenstein
The Chronic (1992)

Jahre mit seinen sphärischen Synthie-Schleifen und seinen zusätzlich zum eher gelallten Rap per Auto-Tune fast unkenntlich gemachten, ohnehin minimalistischen und äußerst repetitiven Texten. Mit dem von Dre produzierten Einstandswerk von Snoop Doggy Dogg (der sich später Snoop Dogg nannte), *Doggystyle*, zementierte der neue Kifferklang 1993 seine nationale Vorherrschaft.

Doch im US-amerikanischen Westen wurden auch härtere Töne angeschlagen: Mit seiner Heavy-Metal-Band Body Count veröffentlichte der in Los Angeles ansässige Rapper Ice-T 1992 den Track »Cop Killer«, der zu einem medialen Aufschrei und Debatten über rassistische Doppelmoral führte (siehe auch das Crossover-Kapitel). Ice-T sagte damals: »Arnold Schwarzenegger ballerte als Terminator dutzende Cops um. Aber ich habe noch nie gehört, dass sich darüber jemand beschwert hätte.« Wichtig für die Entwicklung des Genres war die neue Gefährlichkeit allemal – denn nur so, mit diesem rebellischen Habitus und der Verwurzelung unterhalb des Mainstreams, hatte Hip-Hop die Chance, den salonfähig gewordenen Rock'n'Roll als Sprachrohr der Jugend abzulösen. Denn welcher Teenager will schließlich die Musik der Eltern hören – oder Musik hören, die Eltern *nicht* provoziert?

Es war höchste Zeit für New York – schließlich die Geburtsstätte der Hip-Hop-Kultur – nachzuziehen: Die zehnköpfige Gruppe Wu-Tang Clan aus Staten Island stand für eine neue, düstere Ästhetik an der Ostküste. Dem prahlenden Gangsta-Rap setzten sie pessimistischere Existenzbeschreibungen entgegen; zwar waren auch sie dem Battle-Rap verschrieben, entzogen sich mit surrealen Lyrics aber dem gängigen »Auge um Auge, Zahn um Zahn«-Prinzip. Das vom Combokopf RZA produzierte und mit zahlreichen Samples aus seiner Sammlung alter Kung-Fu-Filme garnierte Album *Enter the Wu-Tang (36 Chambers)* wurde 1993 ein weltweiter Erfolg und ließ das Gruppenlogo mit dem geschwungenen W neben dem Schriftzug der Skatepunks NOFX zum wohl meistgesprayten und auf Bushaltestellen verewigten Bandnamen der westlichen Hemisphäre werden. Die Nachbarn Nas und der von Sean »Puff Daddy« Combs geförderte und produzierte Christopher »Biggie Smalls« Wallace alias The Notorious B.I.G. zogen ein Jahr später mit ihren Großwerken *Illmatic*, resp. *Ready to Die* nach. Doch der kreative Wettstreit zwischen Ost und West mündete bald in einer Katastrophe. Das ursächlich im Hip-Hop angelegte Konzept des Battle-Raps eskalierte und führte zu prominenten Todesopfern.

East Coast vs. West Coast: Der Beef eskaliert

1971 kam Tupac Amaru Shakur als Sohn zweier Ex-Mitglieder der Black Panther Party in East Harlem zur Welt. 1988 zog er mit seiner Mutter in eine verarmte Gegend der Bay Area von San Francisco, wo er sich mit Rap und Breakdance einen Namen machte und sich bald im Roster der Hip-Hop-Gang Digital Underground wiederfand. Als Backgroundtänzer zu deren MC Hammer dissendem Hit »The Humpty Dance« schaffte er es in die *Arsenio Hall Show*, einem für die Black Community enorm bedeutsamen TV-Talkformat. 1991 veröffentlichte er unter dem Alias 2Pac sein Debütalbum *2pacalypse Now*, in dem er das Erbe seiner Eltern antrat und die Lebensumstände von Schwarzen in den USA scharf kritisierte. Das Album wurde zum Einfluss für Rapper wie Nas und Eminem und ebnete 2Pacs Weg zu Weltruhm.

Bei den Dreharbeiten des Films *Poetic Justice*, in dem Shakur neben Janet Jackson die Hauptrolle übernahm, lernte er 1993 in Los Angeles The Notorious B.I.G. kennen. Wallace war zu Ohren gekommen, dass Shakur am Set gerne den Biggie-Hit »Party and Bullshit« auflegte, und war geschmeichelt. Die beiden freundeten sich an, bestritten Konzerte zu zweit und nahmen gemeinsam Songs auf. »Biggie« bat Shakur sogar, ihn zu managen – worauf dieser ihm zur Ägide von Puff Daddy riet, der würde einen Star aus ihm machen. Ende November 1994 kam es zum Zerwürfnis, als Shakur B.I.G. in den Quad Recording Studios am New Yorker Times Square treffen wollte, in deren Lobby allerdings niedergeschossen wurde. Trotz Unschuldsbekundungen beharrte Shakur auf seinem Verdacht, das Attentat gehe auf B.I.G. zurück, und veröffentlichte in der Folge einige an das Label von Puff Daddy, Bad Boy, gerichtete Diss-Tracks. Die Rivalität schaukelte sich unermüdlich hoch, bis am 7. September 1996 Shakur bei einem Drive-by-Shooting in Las Vegas erschossen wurde. Sechs Monate danach, am 9. März 1997, ermordeten Unbekannte B.I.G. in einem ähnlichen Szenario auf den Straßen von Los Angeles.

Bis heute bringen Verschwörungstheorien diese ungelösten Fälle in Zusammenhang. Befeuert wurden diese Ansichten von B.I.G.s noch zu Lebzeiten fertiggestelltem Album *Life After Death* sowie Shakurs nur zwei Monate nach seinem Tod veröffentlichtem Konzeptwerk *The Don Killuminati: The 7 Day Theory*, wofür er den Künstlernamen Makaveli annahm – inspiriert von dem italienischen Philosophen Niccolò Machiavelli, der seinen eigenen Tod vorgetäuscht haben soll. Die weiteren Veröffentlichungen der beiden Künstler verkauften sich in ungeahnter Höhe: So debütierte die nur fünf Tage vor B.I.G.s Tod erschiene-

Seltener Moment der Zwei-, Verzeihung: 2samkeit von The Notorious B.I.G. und Tupac Shakur

ne Single »Hypnotize« auf Platz 1 der US-amerikanischen Charts. Von Shakur sind bis heute sieben postume Alben mit unveröffentlichtem Material erschienen. 1998 landete er mit dem um den 1986er-Radiosong »The Way It Is« von Bruce Hornsby and The Range gestrickten »Changes« seinen größten Hit in Europa, 2004 führte Eminem Shakurs »Ghetto Gospel« mit Elton Johns »Indian Sunset« zueinander und ehrte Shakur so mit dessen einzigem Nr.-1-Hit im UK. 2012 trat dann ein Hologramm Shakurs zu Dr. Dre und Snoop Dogg auf die Bühne des Coachella-Festivals. Die Todesfälle führten auch zu einem Umdenken im Hip-Hop. Nachdem im Sommer 1995 Coolios Multimillionen verkaufendes Stevie-Wonder-Remake »Gangsta's Paradise« aus dem Soundtrack zum Highschool-Drama *A Dangerous Mind* Gangsta-Rap in die Kinderzimmer der Welt und zu zahlreichen Formierungen von Böse-Buben-Wannabes wie hierzulande etwa dem Duo Down Low geführt hatte, riss Puff Daddy ab 1997 das Ruder herum. Nach der Schwere kam die Leichtigkeit. Eine neue Zeit, rückwirkend als Bling-Ära bekannt, war angebrochen.

Can't Nobody Hold Puff Daddy Down

Wetteiferten Produzenten wie DJ Premier, RZA und Q-Tip noch um die ausgefallensten Samples, setzte Sean ›Puff Daddy‹ Combs nun voll auf bewährte Konzepte. Gleich auf seiner ersten Single, »Can't Nobody Hold Me Down«, wagte er sich ungeniert an den in der Community als heilig erachteten Beat von »The Message«, rappte zusammen mit Partner Mase allerdings nicht über soziale Ungleichheiten, sondern prahlte mit seinem Reichtum und setzte als Hook den abgewandelten Refrain des 80er-Schlagers »Break My Stride« von Matthew Wilder ein. Der Track regierte die Charts, bis er von der Combs-Produktion »Hypnotize« abgelöst wurde. Nach dreiwöchiger Unterbrechung von Hansons »Mmmbop« kehrte Combs an die Chartspitze zurück mit dem eilig um das Gitarrenriff von »I'll Be Watching You« von The Police gebauten »I'll Be Missing You«, seinem Tribut an B.I.G. Trotz des direkten persönlichen Bezugs ließ er seine Raps von einem externen Songwriter schreiben: Todd Gaither schuf Strophen in simplem Unterstufen-Englisch, was den Song allerorts anschlussfähig machte. Sogar in bayerischen Bauernhofdiscos wurde das Saallicht angemacht, als die Schnulze lief, weinende Teenager, von denen selbstredend niemand Wallace je persönlich begegnet war, lagen einander in den Armen.

Kommerziell hatte B.I.G. tatsächlich ein luxuriöses »Life After Death«. Nach elf Wochen ganz oben löste sich Combs erneut auf Platz 1 ab, diesmal als Gastrapper auf der von ihm produzierten B.I.G.-Nummer »Mo' Money, Mo' Problems«, erneut basierend auf einem bekannten Song, diesmal Diana Ross' »I'm Coming Out«. Dazwischen rappte er noch auf Mases Nr.-5-Hit, dem sich an Kool & The Gang und Miami Sound Machine bedienenden »Feel So Good«; sein zusammengefasstes Geschäftsmodell: »Do Mase got the ladies? / Do Puff drive Mercedes? / Take hits from the 80's? / But do it sound so crazy?« Das Jahr 1997 gehörte Puff Daddy. Zum Jahresende parodierte die Online-Plattform *The Onion* Combs mit der Newsmeldung: »New rap song samples

Billie Jean in its entirety, adds nothing«. Kurz danach stand Combs mit »Been Around the World« auf Platz 2 in den USA, in dem Song vermengte er David Bowies Megahit »Let's Dance« mit Lisa Stansfields »All Around the World«. Im Sommer 1998 führte er dann den Soundtrack zu Roland Emmerichs Neuverfilmung von *Godzilla* mit »Come With Me« an, einer Neubearbeitung von Led Zeppelins »Kashmir«, für die er sogar deren Gitarristen Jimmy Page gewann. Dank seiner rein auf Umsatz ausgerichteten turbokapitalistischen Identität nannte ihn der deutsche *Musikexpress* auf dem Titel seiner Februarausgabe 1998 den »Big Mäc des Rap«. Im Zuge der zahlreichen Vorwürfe des sexuellen Missbrauchs gegen Combs ist dieser Burger seit 2023 allerdings ungenießbar.

Auch zwei Drittel der mittlerweile getrennt agierenden Fugees arbeiteten mit ähnlichen Strategien: Während Lauryn Hill 1998 mit *The Miseducation of Lauryn Hill* eines der bedeutendsten Neo-Soul-Alben der Geschichte vorlegte, recycelte Wyclef Jean die Bee Gees sowie das Traditional »Guantanamera«, und Pras bediente sich am ebenfalls von den Bee Gees geschriebenen »Islands in the Stream« für seinen Nr.-1-Hit »Ghetto Supastar (That Is What You Are)«. In die gleiche Kerbe schlug Will Smith. Ende der 80er Jahre als Rapper The Fresh Prince an der Seite des DJs Jazzy Jeff bekannt geworden, verhalf er mit seiner Titelrolle in der Sitcom *Der Prinz von Bel-Air* – und vor allem dessen unsterblichem Titelsong – Hip-Hop zu weiterer Akzeptanz. Frei von *Four-letter-Words* avancierte er zum All-American Darling und wurde mit Rollen in Blockbustern wie *Bad Boys* (1995) und *Independence Day* (1996) zum bestbezahlten Schauspieler Hollywoods. Flankierend griff er seine Musikkarriere wieder auf und stattete seine Filme mit gut konsumierbaren Soundtracksongs wie *Men in Black* und *Wild Wild West* aus, die Puff-Daddy-like je auf bekannten Klassikern fußten (in diesen Fällen Patrice Rushens »Forget Me Nots« und Stevie Wonders »I Wish«). Um »He's the Greatest Dancer« von Sister Sledge bastelte er seinen ersten Nr.-1-Hit in seiner US-amerikanischen Heimat: Die aalglatte Partyhymne »Gettin' Jiggy Wit It« gab der Bling-Ära als weiterem Retronym den Alternativtitel Jiggy-Ära. Als Reaktion auf sie folgte in typisch direkter Dialektik die Weltkarriere des erfolgreichsten Rappers aller bisherigen Zeiten: »Will Smith don't gotta cuss in his raps to sell records / Well, I do, so fuck him and fuck you too!«, rappte Marshall Mathers alias Eminem und mischte die Szene kurz vor der Jahrtausendwende mit einer Mischung aus Pop-Gespür und Cartoon-haften Gewaltbeschreibungen auf seiner 1999er-LP *The Slim Shady LP* auf wie niemand zuvor.

Wie schon bei Elvis Presley in den 50er Jahren war es ein Weißer, der mehr als jeder andere mit Black Music verdiente – eine Problematik, die Eminem 2002 in seinem gefeierten Spielfilm *8 Mile* realitätsnah thematisierte. Dabei war er längst nicht der einzige Rapper ohne afroamerikanischen Hintergrund, der den 90ern seinen Stempel aufdrückte. Die Beastie Boys aus New York hatten in den 80er Jahren ein recht gewöhnliches Lausbuben-Image gepflegt, tanzten auf Konzerten als Support von Superstar Madonna um einen gigantischen Aufblas-Phallus, schufen mit der Parodie auf Saufsongs »(You Gotta) Fight for Your Right (to Party!)« wider Willen einen Saufsong par excellence und setzten als erste Hip-Hop-Crew mit dem von Produzentenlegende Rick Rubin verantworteten *Licensed to Ill* ein Album auf Platz 1 der US-amerikanischen Charts. Vom Feierzwang schnell ermüdet, wagten sie sich bereits 1989 mit der Sample-Orgie *Paul's Boutique* auf neue künstlerische Höhen, rutschten damit aber kommerziell ab. 1992 entstaubten sie dann ihre alten Instrumente, ließen aus ihren Punkwurzeln den verästelten Hip-Hop von *Check Your Head* entstehen und dehnten so die Grenzen des Genres weiter aus. Mit den sexistischen Lyrics ihrer frühen Tage brechend, rappte Adam »MCA« Yauch 1994 in dem Song »Sure Shot«: »I want to say a little something that's long overdue / The disrespect to women has got to be through / To all the mothers and the sisters and the wives and friends / I want to offer my love and respect to the end«. Ein Paukenschlag, zählten misogyne Begriffe wie »Bitch«, »Hoe« und »Motherfucker«, um nur die harmloseren zu nennen, doch zum Standardinventar im Hip-Hop.

Dabei hatte das Jahrzehnt eigentlich mit einem ziemlich ausgewogenen Verhältnis der Geschlechter begonnen.

Thong Songs: Als der Hip-Hop den R'n'B popularisierte

Shake Your Bootie: In den 90ern griffen nicht nur die letzten großen Diven, sondern auch Hip-Hop-Acts die Soul- und Gospeltriebe afroamerikanischer Unterhaltungsmusik auf. »Contemporary R'n'B« entstand, dominierte fortan den Mainstream-Pop – und fand in den 00ern unter dem eigentlich schon uralten Sammelbegriff »Black Music« wieder zu seinen Ursprüngen zurück.

Eines der wenigen popmusikalischen Genres, in denen Frauen in den 90ern nicht unterrepräsentiert waren, war der R'n'B – und das, anders als bei gecasteten Girlgroups oder im Eurodance, mutmaßlich sogar selbstbestimmt. Auch wenn man das von dem wohl größten und tragischsten Star dieser Zeit – Whitney Houston – leider nicht behaupten kann.

Die Ursprünge des von Schwarzen gespielten Rhythm and Blues liegen in den 1940ern. Das neu aufgekommene Vinyl löste als Tonträgermedium das teurere Schellack ab und sorgte so für günstigere Aufnahme- und Verbreitungsmöglichkeiten. Zuvor von Radiosendern gebuchte Big Bands mussten sich verkleinern und setzten fortan auf eine Rhythmus- und eine Bläserfraktion. In den 50ern vermischte sich diese Unterhaltungsmusik zunehmend mit von Weißen gespieltem Rock'n'Roll sowie Gospel. Soulmusik entstand – und in deren Folge die Erfolgsgeschichten von Motown und Funk, die wiederum in den 80ern, nach dem Ende der Disco-Ära, neuere R'n'B-Superstars wie Michael Jackson, Janet Jackson und Prince, aber auch Lionel Richie und Luther Vandross ermöglichten.

Anfang der 90er entstand aus all diesen klassischen Einflüssen und dem zeitgemäßen, boomenden Hip-Hop ein

Schmelztiegel namens Contemporary R'n'B. Das neue Spektrum reichte von rappenden Girlgroups wie Salt-N-Pepa bis hin zu singenden Ladys wie En Vogue und Toni Braxton, von der letzten großen Diva Whitney Houston bis hin zu ihrem Unheilsbringer Bobby Brown. Zu den vorläufigen kommerziellen Höhepunkten gehörten die Alben *II* von Boyz II Men und *CrazySexyCool* von TLC, Gruppen wie Dru Hill und Blackstreet eiferten ihnen nach. Sie tanzten, sie zeigten ihre Haut, sie alle konnten singen. Zeitgleich etablierten sich so erfolgreiche Soloacts wie Usher, Brandy, Babyface, Ginuwine sowie der damals noch angesehene R. Kelly, der zudem für Superstars wie Michael Jackson und Whitney Houston schrieb und produzierte. 2022 wurde er wegen des Missbrauchs Minderjähriger zu 30 Jahren Haft verurteilt. Und so hinterlässt auch die steile Karriere der von ihm protegierten Aaliyah einen bitteren Beigeschmack: Er heiratete sie 1994 als 27-Jähriger illegal, als sie noch 15 Jahre jung war; die Ehe wurde später annulliert. Spätestens mit ihrem Auftritt im 2000er-Actionfilm *Romeo Must Die* und dessen Titelsong »Try Again« galt Aaliyah als nächster großer R'n'B-Weltstar. Bis heute zählen sie so prägende Future-R'n'B-Stars wie FKA Twigs zu ihren Vorbildern. Am 25. August 2001 starb sie im Alter von 22 Jahren bei einem Flugzeugabsturz. Und mit ihr auch die große Dekade des Contemporary R'n'B.

Der größte von einer breiten Öffentlichkeit als weiß gelesene Superstar dieses Genres war in den 90ern fraglos die fünf Oktaven singende Mariah Carey. Die Tochter einer Opernsängerin mit irischen Vorfahren und eines afro-amerikanischen Luftfahrttechnikers venezolanischer Abstammung vermengte R'n'B mit Pop und Big-Time-Balladen, stand 16 Wochen mit einem Boyz-II-Men-Feature auf Platz 1 der US-Charts und war im Rückblick die Letzte, die dem Kanon klassischer Pop-Weihnachts-Hits noch einen (gewaltigen) Beitrag hinzufügen konnte. Nach »All I Want for Christmas Is You« folgte vielleicht noch, ein paar Level darunter, Melanie Thorntons »Holidays Are Coming« (2001) – und das auch lediglich im deutschsprachigen Raum. Funfact: Als Careys heutiger Klassiker 1994 auf ihrem Album *Merry Christmas* erschien, hielt sich der Erfolg in Grenzen. Weihnachtsalben waren keine große Sache, niemand traute sich an neue Songs. Die Plattenfirma promotete die Single kaum, weil das Konzept *cheesy* wirkte und eine Gefahr bestand, damit auf dem (größtmöglichen) Las-Vegas-Abstellgleis zu landen. Erst mit Beginn des Streamingzeitalters wurde »All I Want for Christmas Is You« zu dem alle Jahre wiederkehrenden Dezemberphänomen, das es bis heute ist.

Die maßgebliche Gruppe aber war eine, die der Beliebtheit des Contemporary R'n'B Ende der 90er ihren ersten Höhepunkt zu verdanken hat und ihn danach in die 00er überführte: Destiny's Child prägten mit ihrem selbstbetitelten Debüt und dem Nachfolger *The Writing's On The Wall* das Girlgroup-Verständnis in den USA und, nach dem Jahrtausendwechsel, mit dem *Charlie's Angels*-Soundtrack-Beitrag »Independent Women Part I« sowie ihrem Album *Survivor* das, was fortan selbst in hiesigen Diskotheken unter »Black Music« firmieren würde. Mit dem Weltruhm von Beyoncé Knowles ging aus Destiny's Child eine Solokarriere hervor, wie sie zehn Jahre zuvor noch Wegbereiterinnen wie Houston und Carey vorbehalten war. Spätestens durch die Hochzeit von »Queen Bey« und Rap-Superstar Jay-Z 2008 waren R'n'B und Hip-Hop auch offiziell das Paar, als das sie bereits seit Jahren in der Öffentlichkeit auftraten.

In Ermangelung einer *Black History* machten in Deutschland nicht viele Sänger:innen mit (glaubwürdigem) R'n'B von sich Reden. Der Schmusesoul des damals aufsteigenden Rödelheim-Hartreim-Projekt-Ziehsohns Xavier Naidoo kam seinen US-amerikanischen Vorbildern noch am nächsten, während Joy Denalane nach frühen Gastauftritten im Stuttgarter Freundeskreis und als Mitglied der FK Allstars auf nunmehr sechs Soloalben ihre eigene, zeitlose Version von Motown, Soul, R'n'B und Berliner Sozialisation gelingt. Auch Popsängerin Sarah Connor liebäugelt seit über 23 Jahren mit Soul, und das durchaus subtiler, als es der in Köln aufgewachsene Tilmann Otto aka Gentleman seit 1999 mit Reggae und Dancehall tut. In unserer nationalen popmusikalischen Jetztzeit sind es besonders singende Hip-Hop-R'n'B-Hybride wie Apache 207, die sich an Schnittstellen bewegen, die in den 90ern erstmals derart charttauglich hervortraten. Ohne das, was damals »Contemporary R'n'B« genannt wurde, klänge also selbst der heutige, also im Bestfall ebenfalls zeitgemäße Pop ganz anders.

Push It: Female MCs
sorgen für die wichtigsten Impulse

Nach Pionierwerken in den späten 80ern sorgte das New Yorker Trio Salt-N-Pepa 1990 mit dem Release seines Albums *Black's Magic* für Aufsehen. Auf dem Artwork beschworen sie die Geister Schwarzer Kultur, wie Billie Holiday, Louis Armstrong und Jimi Hendrix. Die Platte eröffnete mit dem Selbstermächtigungs-Track »Expression« und reagierte mit Zeilen wie »I'm black, and I'm proud to be a African-American soul sister / Usin' my mind as a weapon, a lethal injection« in »Negro wit' an Ego« auf die haltlosen Vorwürfe von Weißen, Schwarzer Protest könne sich nur in Aggression ausdrücken. Außerdem bescherte sie der Welt einen der zeitgeistigsten Hits der Dekade: Das Sex-positive »Let's Talk About Sex« propagierte geschützten Geschlechtsverkehr und richtete sich gegen die Zensur des Themas in den zeitgenössischen US-Medien. So heißt es im Text: »Yo, Pep, I don't think they're gonna play this on the radio / And why not? Everybody has sex«. Tatsächlich war der Song nur ein mittelgroßer Hit in den USA, während er in Deutschland für neun Wochen auf dem Chartsthron saß. Als Reaktion auf die Aidsepidemie lief im Radio sogar eine abgewandelte Version namens

»Let's Talk About Aids«. 1994 taten sich Salt-N-Pepa mit der R'n'B-Band En Vogue zusammen und feierten auf der Neufassung des Linda-Lyndell-Soulklassikers »What a Man« erfolgreich den Männertyp, der zu Hause bleibt und sich um die Kinder kümmert. Die folgende Single »None of Your Business« war Anti-Slut-Shaming, bevor es den Terminus gab, und wartete auf der B-Seite mit einer erfrischend unorthodoxen, knallharten Metalversion des Stücks auf. Salt-N-Pepa waren Vorreiterinnen des Woke- und Diversity-Zeitalters und standen hinsichtlich der Verkaufszahlen ihren Kollegen in nichts nach.

Auch Missy Elliott leistete einen enormen Beitrag für die Hip-Hop-Kultur und führte das Genre in ungeahnte kreative Sphären. Sie begann die 90er Jahre als Produzentin für Raven-Symoné, die mit ihrer Rolle als Olivia in der *Cosby Show* die Herzen wärmte, schuf zusammen mit Partner Timbaland den futuristischen R'n'B-Sound für Aaliyah, deren Einfluss progressiv arbeitende Künstler:innen des 21. Jahrhunderts wie The Weeknd, Solange, Frank Ocean und Janelle Monaé mehr prägt als jeder andere Act der 90er, und trat 1997 mit ihrem Debütalbum *Supa Dupa Fly* selbst ins Rampenlicht. Während weibliche Hip-Hop-Stars wie Foxy Brown offensiv ihre Sexualität ins Scheinwerferlicht stellten und somit Blaupausen für Rapperinnen der 10er und 20er Jahre wie Megan Thee Stallion, Cardi B und Nicki Minaj schufen, präsentierte sich Elliott in grellen, raumgreifenden Aufblasanzügen. So verweigerte sie sich jeglichen Marktanforderungen, nach denen Frauen im Pop vor allem schlank zu sein und sich aufreizend zu geben hätten – wurde nebenbei zur Wegbereiterin für Body-Positivity propagierende Sängerinnen wie Lizzo und Billie Eilish, deren Baggy-Klamotten die Vereinnahmung ihrer Körper verhindern sollten –, und rückte ihre Rhyme-Skills und die Musik in den Vordergrund. Und die hätten spektakulärer nicht sein können, mit Rückwärts-Reimen, Samples aus dem Tierreich und Nonsens-Neologismen führte sie Sprechgesang auf ein völlig anderes Level. Auch ihre Produktionen kannten keine Grenzen, vermengten Techno-Rhythmen mit außermusikalischen Tönen, präzis stechende Synthie-Lines mit bombastischen Beats. Elliott erfand eine neue Hip-Hop-Ästhetik und gilt geschlechterübergreifend als einfallsreichste Künstlerin des Genres.

Nebenbei etablierte die in Virginia geborene Elliott neben den Metropolen New York und Los Angeles den sogenannten »Dirty South« auf der Landkarte des Hip-Hop. Parallel zu ihr lenkte auch das ähnlich musikalische Korsette ignorierende Duo OutKast aus Atlanta den Blick auf den Süden, wo in Houston, Texas, bereits seit Ende der 80er Jahre die Geto Boys ihr Unwesen getrieben und mit ultrabrutalen Splatter-Lyrics das Genre Horrorcore hervorgebracht hatten. Zu dessen Big Playern sollte wiederum die Insane Clown Posse aus Michigan werden. Das optisch an Stephen Kings Pennywise-Figur angelehnte Ensemble repräsentierte so den Norden des Landes, blieb zwar stets ein rein US-amerikanisches Phänomen, ist dort aber tief verankert. So gründete die Crew nicht nur ihre eigene Wrestling-Liga, sondern auch ein jährlich stattfindendes Festival, das von Tausenden ihrer loyalen, stark geschminkten Fans, Jugalos genannt, besucht wird.

Empire State of Mind: Der Kreis schließt sich in der Geburtsstadt New York

Trotz all dieser Schauplätze behauptete sich New York zum Ende des Jahrzehnts wieder als Hauptstadt des Hip-Hop. 1996 waren dort die Debütalben von Busta Rhymes und Jay-Z erschienen. Ersterer stellte mit Hochgeschwindigkeits-Rap neue Rekorde auf und brachte mit irrem Auftreten und psychedelischen Videos eine an Sly Stone und Bootsy Collins geschulte Exzentrik ein, Zweiterer übertrumpft heute in puncto Ansehen und Flow-Technik die gesamte Konkurrenz. Als Sohn einer alleinerziehenden Mutter in den Sozialbauten der Marcy Houses aufgewachsen, schlug sich Shawn Carter, wie er bürgerlich heißt, als Kleinkrimineller durch. Dank seiner florierenden Musikkarriere und der Beteiligung an zahlreichen Unternehmen wie der Modemarke Rocawear oder der Streaming-Plattform Tidal wurde er 2019 zum ersten Milliardär des Hip-Hop. An der Seite seiner Ehefrau, Megastar Beyoncé Knowles, wählte man ihn wiederholt zu einem der einflussreichsten Menschen der Welt. Das Privatvermögen seines ehemaligen Partners Kanye West wurde 2020 auf satte 1,8 Milliarden US-Dollar geschätzt. 2022 zog Puff Daddy dank seiner Fashionline Sean John, einer Edelwodkamarke und einem eigenen TV-Netzwerk nach und wurde zum nächsten Milliardär, der seinen Ursprung im Hip-Hop hat.

Was mit ein paar umfunktionierten Plattenspielern, alten Funkplatten und einem Mikrophon begonnen hatte, sollte in den 90ern über sich hinauswachsen. Nicht umsonst werden die Jahre von 1986 bis 1997 rückblickend als »Golden Age of Hip-Hop« bezeichnet – ohne Atem zu holen, erfand sich das Genre ständig neu, die Ära brachte zahllose Meisterwerke hervor, an denen sich Rapper:innen bis heute messen lassen müssen. Aus der anfangs gerne belächelten Gimmick-Erscheinung war Ende der 90er Jahre ein Imperium geworden, das die Popkultur des nächsten Jahrhunderts unangefochten dominieren sollte. Um es mit der programmatischen Hymne der Dead Prez von 1999 zu sagen: »It's still bigger than hip hop, / Hip hop, hip hop, hip«.

> »Can't, won't, don't stop« – die 15 essentiellen
> Hip-Hop-Tracks der 90er
>
> 1. Wu-Tang Clan: »C.R.E.A.M.« (1993)
> 2. Missy »Misdeameanor« Elliott feat. Da Brat: »Sock It 2 Me« (1997)
> 3. Ice Cube: »It Was a Good Day« (1992)
> 4. 2Pac: »California Love« (1995)
> 5. The Notorious B.I.G.: »Juicy« (1994)
> 6. Beastie Boys: »Intergalactic« (1998)
> 7. Salt-N-Pepa: »Let's Talk About Sex« (1990)
> 8. Digital Underground: »The Humpty Dance« (1990)
> 9. Jay-Z: »Hard Knock Life (Ghetto Anthem)« (1998)

10. Eminem: »My Name Is« (1999)
11. Gang Starr: »Mass Appeal« (1993)
12. Eric B & Rakim: »Know the Ledge« (1991)
13. Nas: »The World Is Yours« (1994)
14. Geto Boys: »Mind Playing Tricks on Me« (1991)
15. Public Enemy: »911 Is a Joke« (1990)

»Hip-Hop hat mich erzogen«:
Interview mit DJ Tomekk

Nach der Grundschule kam Tomasz Kuklicz mit seinem Vater von Polen nach Berlin-Wedding. Fünf Jahre später starb der Vater, worauf Kuklicz den Rest seiner Jugend im Kinderheim verbrachte – und auf den großen Bühnen der USA. Früh hatte Kuklicz Hip-Hop für sich entdeckt und sich in der Szene einen Namen gemacht: DJ Tomekk. Mit 15 Jahren hatte er seinen ersten Plattenvertrag, zwei Jahre später mit Boogie Down Berlin *eine eigene Radiosendung. Als Raplegende Kurtis Blow bei ihm zu Gast war, freundeten sie sich an. Wie ein Ziehvater nahm Blow den minderjährigen Tomekk mit auf Tour durch die USA. Dort schmiedete der Kontakte mit den bedeutendsten Playern und überrollte 1999 den deutschen Markt mit dem Allstar-Track »1, 2, 3 ... Rhymes Galore«. Es folgten Hits mit Big Names wie Lil' Kim, Ice-T, Torch und GZA. Bis heute legt Tomekk in ausverkauften Häusern auf und produziert – in seinem Weddinger Kellerstudio, wo er uns empfängt.*

Was war das für eine Zeit, in jungen Jahren zusammen mit einer Ikone wie Kurtis Blow durch ein unbekanntes Land zu reisen?
Ich erinnere mich zum Beispiel an die Eröffnungsparty des Clubs *Florentine Gardens* in Los Angeles, bei der Kurtis Blow und ich auflegten. Draußen stand der Live-Act des Abends, The Pharcyde, die hatten damals gerade ihre Maxi-Single »Passin' Me By« draußen – die hatte ich viermal im Schrank, zwei weitere Exem-

plare in meinem Plattenkoffer. Die wollte ich mir von denen signieren lassen, worauf sie erwiderten: »Ja klar, aber kannst du uns helfen, hier reinzukommen? Die lassen uns nicht rein.« Auf der Bühne waren dann LL Cool J, mit dem ich mir einen Backstage-Raum teilte, und Run-DMC. 25 Jahre später habe ich The Pharcyde dann wieder getroffen auf einer Hip-Hop-Jam in Tschechien, MC Imani kam auf mich zu und hat sich an mich erinnert. Aber ich war damals halt auch der einzige Weiße auf der Bühne, ich stach heraus. Dazu wurde ich total gehatet. Ich hatte da erst mal meine Show an den Turntables abgezogen, 'n paar Tricks mit Scratching. Die Weißen im Publikum haben applaudiert, die Schwarzen grimmig geguckt. Das ist in den USA leider immer noch so: Zuletzt habe ich mit Kurtis 2018 in der Bronx gespielt, da war ich immer noch der einzige Weiße on stage, und auch diese Segregation im Publikum gibt's weiterhin. Auf der einen Seite stehen die Weißen, auf der anderen die Schwarzen. Da hat sich erstaunlicherweise nicht viel getan. Diese Form der Ausgrenzung kannte ich aus Deutschland nicht.

Wie geht man da mit so einer Ablehnung um?
Ich habe dann einfach mehr geübt. Meine künstlerische Leistung war einfach nicht gut genug. Und dieses Unterwegssein in Amerika, das war mein Zuhause. Ich hatte in Berlin in prekären Verhältnissen gelebt. Hip-Hop hat mich erzogen. Für mich war dieses Touren völlig selbstverständlich. Allerdings merke ich jetzt in meinen End-Vierzigern, dass es schwierig ist, die Werte, die Hip-Hop vermittelt, mit denen in Einklang zu bringen, mit denen ein europäischer Mann meines Alters in der Regel lebt – das beginnt mit dem Umgang mit Frauen. Das ganze Machohafte, das ist für meinen Alltag hier nicht unbedingt förderlich. Die Differenz zwischen meiner kulturellen Prägung und dem, was hier als normal gilt, ist schon groß. Für mich ist es anstrengend, nett und weich zu sein. Auf einer Bühne finde ich mich zurecht, der Alltag mit Familie, mit einer Frau, mit meinen Kindern, den muss ich mir immer noch hart erarbeiten. Für mich heißt Familie

nicht automatisch, dass man einander liebt. Mir ist auch erst in meinen mittleren 20ern aufgefallen, dass ich keine Ahnung davon habe, wie man eine Mahlzeit zubereitet. Ich habe mir bis dahin immer alles gekauft.

Du trägst gerade ein T-Shirt von Run-DMC. Was denkst du, wenn du das morgens aus dem Schrank ziehst?
Einerseits ist da automatisch die Erinnerung an gemeinsame Momente auf der Bühne. Andererseits ist es natürlich schräg, dass ich mir dieses Hemd bei H&M gekauft habe, dass das irgendwo in Indien hergestellt wird und dass meine Kumpels so eine Riesenmarke geworden sind, die für jeden etwas anderes bedeutet.

In den USA hast du in Hugh Hefners Playboy Mansion aufgelegt, mit Dr. Dre gesoffen, die Fugees, Missy Elliott und Jay-Z geremixt. Im Deutschland außerhalb von Berlin warst du hingegen noch ein eher unbeschriebenes Blatt, als »1, 2, 3 ... Rhymes Galore« erschien. Wie hast du mit dieser Diskrepanz gelebt?
Das war mir total latte. In Berlin war ich ja ein Star; ich hatte jahrelang eine Sendung bei dem Radiosender, den sowieso alle gehört haben, der in Deutschland quasi als erster diese Art Musik gespielt hat. Berliner Clubs habe ich damals schon längst vollgemacht, 20 000 Mark im Monat verdient. Ich hatte mein erstes Mercedes-G-Modell, bevor ich überhaupt meinen Führerschein hatte. Das Geld war schubkarrenweise vorhanden. Ich war ja klassischer Ausländer – da ging's mir nie um den Ruhm, sondern um die Kohle. Ich hatte nach dem Tod meines Vaters schließlich auch noch Mutter und Schwester in Polen zu finanzieren. Aber zu meiner Rückkehr nach Deutschland: Ich habe in den USA die Technik gelernt, wie man Hip-Hop-Platten verkauft. Ich war zuvor bei einem Panel von Steve Rifkind, dem Begründer von Loud Records, in San Diego. Der hat erzählt, wie er auf klassische Anzeigen verzichtet, stattdessen mit Street-Teams Flyer verteilen lässt und ausgewählte *Tastemaker* mit Releases bemustert.

Welche Entwicklungen im Hip-Hop des bisherigen 21. Jahrhunderts haben dich überrascht?
Ab und an frage ich mich schon, wo die Positivität abgeblieben ist. Vieles an Deutschrap, was heutzutage oftmals erfolgreich ist, hat nichts mit Hip-Hop zu tun. Das sind Leute, die auf der Straße weder Namen noch Standing haben. Die rappen dann darüber, wie viel Packs sie jeden Tag verticken, ohne jemals mit Drogen gehandelt zu haben. Authentizität, *real* zu sein, hat da keine Bedeutung mehr. Das überrascht mich schon, wie erfolgreich Rap ist, der keinen Inhalt hat oder Werte vermittelt, von denen wir eigentlich wegwollten. Denn wieso sollte man überhaupt damit angeben müssen, Drogen zu verkaufen? Hip-Hop war ja eine Chance, genau das eben nicht machen zu müssen. Etwas als positiv zu vermitteln, mit dem man selbst nichts zu tun hat und das die, deren Alltag das bestimmt, hinter sich lassen wollen, das ist doch abstrus. Man sieht ja aber auch, dass das keiner mehr braucht: 2023 gab's in den USA keine einzige Hip-Hop-Nr. 1.

2023 war auch das Jahr, in dem die Welt »50 Years of Hip-Hop« gefeiert hat – in unserer Wahrnehmung haben sich da vor allem große Konzerne geschmückt, die eben woke und divers dastehen wollten. Wie hast du das empfunden?
Das war ja schon immer so – Adidas hatten ja auch keine Ahnung, was Hip-Hop ist, bevor sie hörten, dass Run-DMC ihre Schuhe in den USA feiern. Ich habe dieses Jubiläum aber auch auf anderen Ebenen erlebt: Hier im Wedding gibt es einen Club namens Panke, die haben lokale DJs zusammengebracht, jungen Leuten gezeigt, woher Hip-Hop kommt, ohne jedwedes Sponsoring, einfach eine nette Geburtstagsparty.

Auf »1, 2, 3 … Rhymes Galore« featurest du Deutschrap-Größen der 90er wie Afrob und MC Rene. Der spätere Gründer des den Hip-Hop der 00er Jahre dominierenden Labels Aggro Berlin, Eric »Specter« Remberg, war der Art Director für das Projekt und präsentiert am Ende des Vi-

deos ein riesiges Tag. 2001 hast du als erster DJ den »Arschficksong« deines alten Kumpels Sido aufgelegt und so für dessen Durchbruch als Superstar des Genres gesorgt, auch Summer Cem war ein Jugendfreund von dir. Du funktionierst in vielerlei Hinsicht als Brücke – von den 80ern über die 90er ins neue Jahrtausend, von den USA nach Deutschland. Zufall oder bewusste Verwirklichung des vereinenden Charakters von Hip-Hop?

Das war übrigens Specters erster Job damals. Sido war auf meiner 16. Geburtstagsparty im Kinderheim. Zum Zeitpunkt von »Rhymes Galore« wusste der noch nicht mal, dass er mal Sido werden würde. Unsere Jugend muss man sich so wie in der Bronx vorstellen: Man lernt einander halt kennen, weil man nebeneinander wohnt und sich für dieselben Dinge interessiert. Der Song war letztlich wie eine Block-Party. Auf den ersten Blick passt da nichts zusammen, auf den zweiten Blick aber alles, weil durch alles derselbe Spirit weht.

Was du ebenfalls nach Deutschland gebracht hast, war der Bling-Aspekt von Hip-Hop. Dem wurde hierzulande auch skeptisch begegnet.

Die Sexyness, ja. Der haben sich viele verweigert. Das hat natürlich viel mit meiner amerikanischen Prägung zu tun, mit Looks, mit Frauen. Wenn man blingt, dann interessieren sich die Mädchen für einen. Davor war deutscher Hip-Hop ja nie sexy. Wobei ich den sogenannten Gymnasiasten-Rap auch gefeiert habe, mit Blumentopf war ich ja richtig befreundet – Sepalot ist einer der besten Beatbauer Deutschlands. Aber ich habe da schon eine Tür aufgemacht. Das ist auch nach wie vor mein Ding – auch im übertragenen Sinn. Ich produziere zum Beispiel gerade einen Drake-artigen Künstler, der Verletzlichkeiten zeigt. Und in einer Zeit, in der alle Drogendealer sein wollen, finde ich Verletzlichkeit sexy. Ein Mann, der zu seinen Gefühlen steht, das ist der neue Bling.

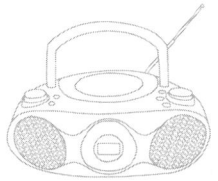

»Hammer-Hammerhart«: Deutschrap dominiert die Jugendzimmer

(1990–1999)

Blickt man in modernen Deutschrap-Videos in Knarrenläufe oder durch den Shisha-Rauch in tätowierte Gesichter, aus denen der Weltenhass bricht, dann ist nur schwer vorstellbar, dass sich im Freundeskreis des Hip-Hop-Deutschland nur wenige Jahre zuvor fantastische vier bis fünf Sterne noch fette Deluxe-Brote teilten.

> »[…] Dynamite Deluxe, Doppelkopf, Fünf Sterne, ABees
> und Eins Zwo
> Sind im Norden verantwortlich für ein hohes Niveau!
> Aber cool sind auch der Süden, der Westen und der Osten
> Hört ihr unsere Beats fragt ihr nur: ›Was soll'n die kosten?‹«
>
> (Fünf Sterne deluxe: »Dein Herz schlägt schneller«, 1998)

Von allen prominenten Genres der 90er Jahre hat Deutschrap gewiss die weitreichendsten Folgen für die hiesige Musikszene gezeigt. Spätestens ab Ende der 10er Jahre war die Sparte neben Schlager und Heavy Metal die dominierende in den Charts. Und das kommt nicht von ungefähr, verbindet die drei Spielarten trotz der gravierenden inhaltlichen und ästhetischen Unterschiede ein Gebot der Loyalität, ein Zugehörigkeitsgefühl, das sich bequem per Konsum vermitteln lässt. Obwohl jede:r von uns bestimmt Schwächen für einzelne Stücke aus den genannten Genres hat, ist wahres Fan-Sein hier allumfassender. Als Schlager-Fan ist der *ZDF-Fernsehgarten* ein Pflichttermin, ebenso ein Besuch beim Schlager-Move in Hamburg. Als Pendant dazu haben Metalfans entsprechende Magazine wie *Metal Hammer* oder *Rock Hard* im Abo, tragen – wo möglich – die Haare lang und schwarze Kutten mit Patches ihrer favorisierten Bands und verbringen ein Sommerwochenende in Wacken. Auch Hip-Hop bietet eine rasch erhältliche Gang-Membership in Form von XXL-Baggy-Klamotten und Festivals wie dem Splash! an. Hier war es in den 10er Jahren ein geläufiges Statement in den sozialen Medien, den Kauf der teuren Deluxe-Box eines Rappers per Kassenbeleg zu dokumentieren. Man erwirbt sich so die Illusion von Community – orientierungslose Teenager auf der Suche nach dem Ich geben da einen dankbaren Markt ab. Identitätsstiftende Ereignisse und Accessoires wie die genannten sind in anderen Bereichen deutlich weniger ausgeprägt oder institutionalisiert. Die Zeiten, in denen Beatlemaniacs zu Abertausenden Badetücher, Spielzeugfiguren oder gar Haare der Fab Four erstehen konnten, sind lange vorbei. Hip-Hop ist also sehr häufig eine Lebenseinstellung – das im Hinterkopf zu behalten ist wichtig, wenn wir uns die Ursprünge der deutschen Ableger ansehen. Doch gehen wir, der Chronistenpflicht zuliebe, davor noch einen Schritt zurück. Bevor Hip-Hop sich hierzulande als Kultur etablierte, war das Genre erst einmal Zielscheibe für Persiflagen. So zeichnete tatsächlich Thomas Gottschalk für die erste deutsche Hip-Hop-Veröffentlichung verantwortlich. Zusammen mit seinen Moderationskollegen Frank Laufenberg und Manfred Sexauer parodierte er im April 1980 als G.L.S.-United den ersten Hip-Hop-Hit der Geschichte, »Rapper's Delight«, unter dem Namen »Rapper's Deutsch«. Die Geister, die er rief, sollte er 2001 in dem retroseligen Song »What Happened to Rock'n'Roll?« besingen: »Ich höre aus dem Kinderzimmer Hip-Hop, Rap und Techno hämmern / So laut, dass mir nach paar Minuten die Ohren und die Nase bluten / Sag mal, ist der Kerl plemplem? / Papa, das ist Eminem!« 1983 erschienen dann sowohl »Electric Boogie Boots« des elfjährigen Rappers Cheeky als auch das von Nina Hagen gerappte »New York / N.Y.« sowie von den Toten Hosen in Zusammenarbeit mit Fab 5 Freddy eine Rapversion von »Eisgekühlter Bommerlunder« als »Hip Hop Bommi Bop« und von der Ersten Allgemeinen Verunsicherung der »Alpen-Rap«. Dessen Zeile »Sepp, Sepp, sei kein Depp! / Die Zukunft ist der Alpenrap« sollte sich in Form der folgenden Welterfolge des Wieners Falco bewahrheiten.

Krauts with Attitude: Es wird ernst

Der erste seriöse Rap-Release kam allerdings erst 1989 auf den Markt: »Ahmet Gündüz« der Fresh Familee, einer Ratinger Formation aus türkischen, marokkanischen, mazedonischen und deutschen Jugendlichen, prangerte die Probleme der zweiten Einwanderergeneration an und ließ Deutschrap so von Anfang an vor einem Migrationshintergrund ins Rampenlicht treten. Wie im Herkunftsland USA, wo Public-Enemy-Kopf Chuck D Hip-Hop als »das Schwarze CNN« bezeichnet hatte, würde Rap auch in Deutschland zum Sprachrohr ethnischer Minderheiten werden. Die Frage, ob man Rap überhaupt auf Deutsch machen »dürfe«, war somit beantwortet. Hatte man sich davor noch mit Geblödel der Diskussion um kulturelle Aneignung entzogen, war nun klar, dass deutscher Rap durchaus legitim ist – sofern man sich an die Vorgaben der Ursprünge hält. Denn Rap war immer auch Protest. 1987 gründeten sich in Heidelberg Advanced Chemistry um die Rapper Toni-L und Torch. 1989 begann die Gruppe mit Songs wie »Heidelberg« und »Toni der Koch« auf Deutsch zu rappen, was einem Urknall für die Bewegung gleichkam, ihr aber auch feste Grenzen oktroyierte. Denn Torch hatte sehr genaue Vorstellungen davon, was Hip-Hop ist und was nicht. Als Gründervater verstand er sich auch als Legislative. Das Popkulturmagazin *Spex* fasste die Szene, der auch Acts wie die noch auf Englisch rappende Kölner Formation Legal(ly) Spread Dope (LSD) angehörten, im März 1990 mit der Titelgeschichte »Krauts with Attitude« zusammen.

Die an N.W.A (Ni**az Wit Attitudes) (Sternchen von uns) angelehnte Überschrift wurde im Jahr darauf ebenfalls für den Sampler *Krauts with Attitude – German Hip-Hop Vol.1* verwendet, auf dem sich Die Fantastischen Vier befanden. Die Stuttgarter waren bereits seit den mittleren 80er Jahren als The Terminal Team, noch mit englischen Texten, unterwegs.

Bei einem Konzert 1987 war ihnen allerdings aufgefallen, dass ihre Experimente auf Deutsch deutlich besser beim Publikum ankamen. Dass die Schwaben nicht wie ihre Keep-it-real-Kollegen von Advanced Chemistry bundesweit auf DIY-Jams in Jugendzentren spielten und sogar direkt einen Majordeal ergatterten, über den 1991 ihr Debütalbum *Jetzt geht's ab* erschien, wurde in der Szene beargwöhnt, wenn nicht verachtet. Wo Graffiti-Writer und Hip-Hop-Party-Veranstalter Akim Walta aka Zeb.Roc.Ski mit bescheidenen Mitteln und viel Herzblut das Unternehmen MZEE gründete, um per Fanzine, Mailorder und schließlich auch Label eine zentrale Anlaufstelle für die noch zersplitterte Community zu bieten, leisteten Die Fantastischen Vier, kurz Fantas genannt, ohne große Umwege und Grassroots-Arbeit gleich beim Branchenriesen Columbia ihre Unterschrift ab – was aus ihrer Sicht keinerlei Sakrileg darstellte. Schließlich hatte sich die Band musikalisch in den G.I.-Clubs im Raum Stuttgart sozialisiert, in denen naturgemäß viel US-amerikanischer Hip-Hop lief. Der hatte sich zum Jahrzehntwechsel in die 90er bereits weiterentwickelt: Bands wie die hedonistische 2 Live Crew feierten große Erfolge mit Party-Rap, weitab der Gangsta-Gosse. Entertainment war für Smudo, Michi Beck, Thomas D und And.Ypsilon also eindeutig ein Element des Hip-Hop, Tanzmusik mit kommerziellen Absichten anzubieten eine Selbstverständlichkeit. So gingen sie auch bedenkenlos wieder

Die Fantastischen Vier 1993: And.Ypsilon, Smudo, Thomas D und Michi Beck

ins Studio, als ihnen der A&R-Chef ihres Labels nach dem ersten Durchhören der Nachfolgeplatte *4 gewinnt* (1992) mit dem branchenüblichen Spruch aufwartete, wonach er noch keine Single höre. Die Band kehrte mit »Die da!?!« zurück, die über Jahrzehnte den Rekord als erfolgreichste Deutschrapsingle halten sollte. Der heitere, auf Asha Putlis 1973er Hit »Right Down Here« basierende Song über eine promiskuitive Damenbekanntschaft mit der gepfiffenen Hook hätte nicht weiter entfernt sein können vom anderen wegweisenden Meilenstein des Jahres: Advanced Chemistry, deren MC Toni-L in der für die Verbreitung des Genres wichtigen Dokureihe *Lost in Music* (arte/ZDF) die Fantas mit dem Satz »Das ist Hit-Pop, aber kein Hip-Hop« abbügeln sollte, brachten ebenfalls 1992 »Fremd im eigenen Land« heraus. Der Track, der die Titelmelodie der Nachrichtensendung *Spiegel.TV* sampelte, war eine Bestandsaufnahme der Multikulti-Kultur in Deutschland, der deutschbürgerliche Illusionen zerfetzte. Auch die B-Seite schrieb Geschichte: »Ich zerstöre meinen Feind« war der erste auf Tonträger festgehaltene Battle-Rap auf Deutsch. Beides war: nichts zum Lachen.

Der erste Beef: Stuttgart vs. Rödelheim

Das Lachen verging dem Frankfurter Moses Pelham, der das Fanta-Debüt zumindest noch witzig fand, als er Hip-Hop-Kids im Fernsehen über die Bühne hüpfen sah, die zu der Melodie von »Die da!?!« die Vorteile des Vitamingetränks »Hohes C« anpriesen. Die Fantas hatten ihren Song an einen Fruchtsafthersteller verkauft – ein für die Oldschool des Deutschrap absolutes Tabu (1995 äußerte sich die Band in ihrem Stück »Was geht« selbstironisch zum Skandal: »Du bist nur die Single, aber ich bin die LP / Du bist verdünnt und verwässert und ich bin das hohe C«). Dem Sell-out setzte Pelham als Vorreiter des deutschen Gangsta-Rap-Booms ab den mittleren 90er Jahren sein Rödelheim Hartreim Projekt (RHP) entgegen. Pelham, der 1989 noch unter der Ägide der späteren Snap!-Produzenten Luca Anzilotti und Michael Münzing ein straightes, aber durchaus poppiges Rapalbum auf Englisch namens *Raining Rhymes* veröffentlicht hatte, setzte nun auf authentischen Ausdruck von Gefühl. Den fand er im Sound der O'Jays wie im Straßenrock der äußerst kontroversen Böhsen Onkelz. Sein Lob der Band mit rechtsradikalen Wurzeln verlieh ihm den benötigten Anstrich der Gefährlichkeit. Zusammen mit Partner Thomas H. (Hofmann) veröffentlichte er 1994 auf dem eigenen Label 3p (Pelham Power Productions) das RHP-Debüt *Direkt aus Rödelheim*. Dieses sollte nicht nur im Titel ein Pendant zum 1988er-N.W.A-Werk *Straight Outta Compton* darstellen. Die Zeile »If it ain't ruff it ain't me« aus »If It Ain't Ruff« spiegelte das Duo in »Wenn es nicht hart ist, ist es nicht das Projekt« in seinem Theme-Song wider. Als Zeichen der keine Missverständnisse zulassenden Abgrenzung sampelten sie bereits auf ihrer ersten Single »Reime« sarkastisch den Track »Hausmeister Thomas D« der Fantas und rappten dazu: »Sie nennen sich fantastisch / Ich wundere mich, was sich die Jungs dabei denken / Sie sind spastisch.« Der erste medial ausgetragene Beef der Deutschrap-History war eröffnet. Stuttgart schoss unter anderem mit der Line »Denn in Wirklichkeit will ich Schwester S.

poppen« sexistisch zurück. Die Gedisste hatte ihren ersten großen Auftritt als Featuring in »Wenn es nicht hart ist«. Ihre bandnamengebende Herkunft unterstreichend stellten Pelham und Hofmann in dem Song ihren hessischen Akzent stolz zur Schau, ließen in einem Gastbeitrag zu »Wenn es nicht hart ist« sogar Kollegen Timo S. auf Sächsisch rappen, vor allem aber blieb das Finale von Schwester S. im Gedächtnis. Zwar gab man sich mit einem gleich zu Beginn Baseballschläger-schwingenden Pelham und Zeilen wie »Deine Mama, die Mama, die Mama, die kann ma' blasen« machohaft, weichte mit einer weiblichen MC aber eben auch die männliche Vormachtstellung im Game auf.

Denn bis dahin hatte sich eigentlich nur die Wahl-Heidelbergerin Cora E. einen größeren Namen machen können. Insbesondere ihre erste, auf dem linksgerichteten Hamburger Indielabel Buback veröffentlichte Single »Könnt ihr mich hör'n?« gilt als Pionierarbeit – nicht umsonst zollten die Journalisten Davide Bortot und Jan Wehn mit ihrem 2019er-Standardwerk zum Genre *Könnt ihr uns hören?* dem Track Tribut. Cora E.s Wechsel zum Major EMI brachte in Form von »Schlüsselkind« einen Klassiker des deutschen Conscious Rap hervor, sowie 1997 das Album … *Und der MC ist Weiblich*, das im Jahr darauf als *CORAgE* wiederveröffentlicht wurde. Nach einem Werbeangebot von L'Oréal, mit dem Cora E. sich auf ihre Weiblichkeit reduziert fühlte, sowie der für sie unerfreulichen Aussicht, Songs für ein Album der Pop-Rap-Combo Tic Tac Toe zu schreiben, zog sie sich aus dem Business zurück. Und überließ so das Feld Sabrina Setlur.

Die hatte 1995 auf 3p noch ihr Debütalbum *S ist soweit* mit dem *Bravo*-Hit »Ja klar« unter dem Namen Schwester S. veröffentlicht, sich von diesem aber bereits mit der nächsten Platte emanzipiert. Als Vorbote von *Die neue S-Klasse* erschien »Du liebst mich nicht«, mit dem die nun unter ihrem bürgerlichen Namen Firmierende als erste Deutschrapperin einen Nr.-1-Hit landete. 3p verloren sich im Größenwahn. *What goes up, must come down.* Und wem es nur um »Höha, schnella, weita«, so der Name zur Leadsingle ihres zweiten Albums *Zurück nach Rödel-*

Cora E. 1997

heim, geht, der kommt noch schneller wieder auf dem Boden der Tatsachen an. Im schweres Geschütz auffahrenden Clip dazu kreiste gar ein Hubschrauber mit RHP-Logo. Doch die anderen Pferde im Stall von 3p überholen die Hit-Hengste: Setlur, die bald mit den Fugees, Jay-Z und sogar Michael Jackson tourte, sowie insbesondere der Backgroundsänger von ihrem Stück »Reime«, Xavier Naidoo. Den Bonussong zu ihrem '97er-Album, »Freisein«, ließ Setlur in einem revolutionären Move bereits komplett von Naidoo einsingen, wirkte selbst nur im Video mit. Es war eine Art Staffelübergabe, Setlurs Karriere näherte sich dem Fade-out, Naidoo stieg zunächst zum Superstar auf, stürzte Ende der 00er Jahre aber als Superschwurbler ab. Auch 3p drifteten rasch in die Irrelevanz ab: Zuerst brach Pelham Viva-Moderator Stefan Raab 1997 die Nase, danach brach er mit Hofmann. Die Hintergründe des Zerwürfnisses sind bis heute nicht offenbart.

Nordisch by Nature:
Hip-Hop-Hauptstadt Hamburg

Ohnehin zeichnete sich der Anbruch einer neuen Ära ab, einhergehend mit dem Aufbau einer neuen Hochburg. Die wurde in der Stadt errichtet, die wegen ihres Meereszugangs zur großen weiten Welt seit jeher für interdisziplinäre Offenheit und dank ihrer Rotlichttradition synonym für exzessives Feiern stand und somit einen idealen Nährboden für Hip-Hop bildete. In Hamburg hatten sich die Schulfreunde Tobi Tobsen und Dokter Renz zur englischsprachigen Crew Poets of Peeze formiert. 1992 backten sie als deutschsprachige Ableger zusammen mit den MCs Schiffmeister und König Boris Fettes Brot. Den ursprünglichen Bandnamen Boris & die Callboys gab man schnell auf, nachdem Rapper Spax einen der ersten Auftritte der Gruppe als »fettes Brot« bezeichnet hatte. Der zurückhaltende Tobsen wollte seine Karriere eigentlich auf Englisch fortführen, lernte aber auf einem Cypress-Hill-Konzert den extrovertierten Rapper Das Bo von den Verschaoten kennen. Bereits zuvor hatte er dessen Reimimprovisationen in einer Performance im Offenen Kanal Hamburg bewundert. Tobsen gab das Englische auf, und zusammen wurde man Der Tobi & das Bo. Ihr aufwändiges Video im Stil der Augsburger Puppenkiste zu »Morgen geht die Bombe hoch« war ein Dauerbrenner auf Viva. Dort gab es seit Weihnachten 1993 eine eigene Hip-Hop-Sendung, *Freestyle*, moderiert vom Gralshüter Torch und dem Breakdancer Storm. Für die musikalische Untermalung sorgte DJ Stylewarz. Die drei repräsentierten harten, engagierten No-Bullshit-Hip-Hop. Mit Entsetzen reagierten sie auf den Auftritt von Der Tobi & das Bo, die dort ihr erstes Album *Genie und Wahnsinn liegen dicht beieinander* vorstellten. In ihrer Show stand ihr Maskottchen, die kleine Stoffpuppe DJ Konrad, an den Plattentellern. Einzig Schiffmeister, den die Sendeverantwortlichen zur inhaltlichen Aufmischung ins Host-Team geholt hatten, zeigte sich begeistert. Der Tobi & das Bo reagierten wie gewohnt mit Humor: Mit ihrem Beitrag zum

Sampler *Klasse von 95* machten sie sich den Hip-Hop-Begriff zu eigen und stellten ihn auf den Kopf: »poH piH« hieß der Song. 1998 ließen sie ihm, um die Gestalter Marcnesium und Produzent DJ Coolmann zum Quartett Fünf Sterne deluxe erweitert, den selbstironischen Song »Hip Hop Clowns & Party Rapper« folgen. Mit irrwitzigen Skits und bizarren Tracks wie »Auf der Yacht nach Dr. Hossa« entzog sich die Gruppe bald jedweden dogmatischen Vorstellungen. Zusammen mit den keinerlei Grenzen respektierenden Fischmob, denen der weltberühmte DJ Koze entspringen sollte, bildeten sie den Gipfel der ungezügelten Kreativität aus der Hansestadt.

Auch Fettes Brot wollten sich nicht vorschreiben lassen, was geht und was nicht, und spielten so mit den benachbarten Indie-Rockern Tocotronic den Bananarama-Klassiker »Robert De Niro's Waiting« neu ein als »Nicolette Krebitz wartet«. Davor war ihnen der Durchbruch gelungen mit Pop-Rap wie »Jein« (1996), das 10er-Jahre-Größen wie Cro maßgeblich beeinflussen sollte, und der Allstar-Nummer »Nordisch by Nature« (1995) – einem discotauglichen Posse-Cut, der demonstrierte, dass die Gruppe sehr wohl über ihre Kultur Bescheid wusste. Einer Kultur, in der Battle-Rap auch immer etwas mit gegenseitigem Respekt zu tun hat, in dem die Großen den Kleinen helfen. Und so ließen hier die bereits exponierten Brote Kollegen ins Rampenlicht, gaben ihre Mics an Nachwuchskünstler wie Gaze Matratze, Fischmob und Jan Eißfeldt weiter. Drei Jahre darauf sollte Letztgenannter zum Superstar des Genres avancieren.

Als Mitglied der 1991 gegründeten Absolute Beginner veröffentlichte er 1998 das Album *Bambule*, das mit einer bewusst auf Hits getrimmten Produktion zum wohl bedeutendsten Deutschrap-Album mindestens der 90er Jahre wurde. Die Single »Liebes Lied« wurde zum großen Charterfolg, was auch die Teenie-Presse auf den Plan rief. Die *Bravo* wollte die Beginner als Juroren für einen Rap-Contest gewinnen. Als die Band erfuhr, dass der Gewinner insgeheim schon längst feststand, zogen sie sich zurück und antworteten mit dem gewaltigsten aller Posse-Tracks: »K

Zwo« persiflierte den angeblichen Rapwettbewerb und ließ neben der Band die MCs Falk, Ferris MC, Dendemann (der 2015 eine Zweitkarriere als musikalischer Direktor für Jan Böhmermanns zeitgeistige Sendung *Neo Magazin Royale* lancierte), Illo, Das Bo und Samy Deluxe zu Wort kommen. Deluxe war damals noch Teil der Combo Dynamite Deluxe, legte aber bereits 2001 mit seinem Solodebüt ein Standardwerk des Genres vor und stand zuletzt 2023 mit seinem Album *Hochkultur 2* auf Platz 1 der Charts. Als Gigant der Szene überlebte er als einer von wenigen den sogenannten »Flash-Crash 2000«. Zur Jahrtausendwende war die alte Garde nach zahllosen Jams und Shows erschöpft, musikalisch etwas orientierungslos und vom Erfolg überwältigt. Eine Tendenz, die in der 2000er-Ausgabe des Flash-Festivals kulminierte.

Deutschrap war zu dem Zeitpunkt massenkompatibel geworden – 1997 ging die Szenezeitschrift *Juice* an den Markt und wurde bald zum Marktführer unter den Musikmagazinen. 1998 fand in Chemnitz erstmals das Splash!-Festival statt – der erste rein auf Hip-Hop und Reggae zugeschnittene Megaevent; 2022 wurde dort mit 50 000 Menschen ein neuer Publikumsrekord aufgestellt. 1999 folgte das Flash-Festival in Hamburg, 2000 die ersten Hip-Hop Open in Stuttgart. Die Industrie überschwemmte den Markt mit auf das Teen-Segment zugeschnittenen Rap-Klonen wie Spektacoolär, Der Wolf, Die 3. Generation und allen voran Tic Tac Toe, mehr dazu im Girl- und Boygroup-Kapitel. Der Jugendzentrums-Charme war dahin. Die Szene war über sich hinausgewachsen und drohte, ihre Identität zu verlieren. Die Beginner wollten sich eigentlich auf dem Flash-Festival 2000 auf der Bühne trennen – ein heruntergerolltes Plakat mit dem Aufdruck »Das war's, ihr Fotzen« hätte das Ende besiegeln sollen. Nach Intervention ihres DJs Mad konzentrierten sich die Bandmitglieder aber stattdessen auf Solokarrieren. Eißfeldt widmete sich auf seinen Platten als Jan Delay höchst erfolgreich je einem unterschiedlichen Genre – von Reggae über Discofunk bis Rock. 2015 kehrten die Beginner zwölf Jahre nach ihrem letzten gemeinsamen Album zurück. Mit dem Titel *Advanced Chemistry* bedankten sie sich für die Initialzündung durch die gleichnamige Crew und mit dem von der damals angesagten Hamburger Gangsta-Rap-Größe Gzuz getragenen »Ahnma« gelang ihnen ihr erfolgreichster Hit. Der in den 90ern begonnene Kreis war geschlossen. Parallel zur Hamburger Evolution hatte sich im südlichen Deutschrap-Zentrum der 90er ein weiterer Kreis geöffnet, der bis in den hohen Norden reichen sollte.

Beats aus Benztown: Freundeskreise von Nord bis Süd

Wie beschrieben gab es, anders als in Hamburg, in Stuttgart bereits ab Mitte der 90er Jahre reine Hip-Hop-Clubs, bedingt durch die in Stuttgart stationierte US-Heeresgarnison. Der US-amerikanische Einfluss zeigte sich deutlich bei der 1991 gegründeten Crew Massive Töne. Deren 1996er Debütalbum *Kopfnicker* trug seinen Namen zurecht – es war Musik, zu der man sich bewegen musste. Zuerst den Kopf, dann die Hüften. Zwei Tracks des Albums wurden Schlüsselsongs der Szene, in beiden kamen dazu die MCs Afrob und Max Herre zu Wort: In »Mutterstadt« bekannte sich die Truppe zu ihrer gerne als spießig verunglimpften Heimat der »Motorstadt am Neckar«, »Schoß der Kolchose« gab dem losen Verbund um Lokalhelden wie Die Krähen, Afrob, den Breakdancern der Unlimited Style Posse sowie den Southside Rockers, den Massiven und dem Freundeskreis einen Namen. Aus den Reihen Letzterer kam der Vorschlag, das Kollektiv nach den landwirtschaftlichen Produktionsgenossenschaften in der Sowjetunion zu benennen. Das Herz der Bewegung schlug offensichtlich links.

Dem aufmerksamen Auge mag aufgefallen sein, dass die Platzhirsche Die Fantastischen Vier nicht in dieser Auflistung vorkamen. Diese sorgten zwar für eine gewisse Aufmerksamkeit für die Schwabenmetropole, waren ihr aber so schnell entwachsen, dass sie kaum Kontakte zum weiteren Umfeld hatten. Die Ausnahme bildet Michi Beck, der als DJ viel auflegte und so mit der Szene im Gespräch blieb. So war er es, der Max Herre empfahl, sich an DJ Friction zu wenden. Zusammen mit Don Philippe sollten die beiden dann Freundeskreis gründen. 1997 erschien deren Album *Die Quadratur des Kreises* und schenkte Stuttgart eine völlig andere Facette. Statt Partynummern anzubieten, erzählte Herre in der Single »Leg dein Ohr auf die Schiene der Geschichte« vom Militärputsch in Chile, der von der CIA unterstützt wurde, vom Giftgasangriff auf die Kurden in Halabdscha, von Tschernobyl und Lichterketten gegen rechte Gewalt. Bereits mit der Nachfolgesingle, der zärtlichen Ballade »A-N-N-A«, erreichte die Gruppe Platz 6 der deutschen Charts. Inspiriert hatte Herre dazu das Dada-Gedicht »An Anna Blume«. Mit Herre zog so ein ungeahnter Intellekt in den Deutschrap ein – ähnlich wie der ebenso in Schwaben ansässige Reclam Verlag, in dem auch das vorliegende Buch erschienen ist, vermittelte er Weltwissen auf zugängliche Weise, hielt Geschichts- und Deutschkurse in Reimform ab.

Freundeskreis zählten zu den ersten Signings auf der 1996 von den Fantas lancierten Plattenfirma Four Music, was den Labelbossen erstmals Props aus der Szene gab. Sie nutzten ihren Reichtum und ihre Wirkkraft in der Industrie zur Nachwuchsförderung und nahmen so auch die Münchner Blumentopf unter ihre Fittiche. Mit dem Allstar-Track »Der Picknicker« feat. DJ Thomilla, mit dem Beck bald als Turntablerocker auf Electropfaden wandeln sollte, Afrob, MC Großmaul von Die Krähen und Massive Töne feierten sie ihr neues Familiengefühl. Auch nach Hamburg hatte man beste Beziehungen. Als die *Bravo* Herre im August 1999 als »Jesus von Benztown« bezeichnete, was dem Kollektivgedanken der Kolchose diametral gegenüberstand, zeigte man sich in der Hansestadt solidarisch und verweigerte der Teen-Gazette fortan jegliche Zusammenarbeit. Die Allianz manifestierte sich 1998 im Allstar-Track »Susanne zur Freiheit« der Hamburger Fischmob, auf dem neben Nordlicht

Dendemann auch Smudo und Michi Beck gastierten. Im Jahr darauf tat sich Afrob dann mit Wahlhamburger Ferris MC, früher bei der Freaks Association Bremen (F.A.B.), zusammen und entließ das »Reimemonster« in die Clubs. Als auf US-Niveau produzierter Bounce-Track ebnete er den bundesweiten Weg für den Berliner Tomasz Kuklicz alias DJ Tomekk und lenkte so zum Ende des Jahrzehnts den Fokus auf eine Stadt, die während des Deutschrap-Booms erstaunlich still geblieben war, zumindest in der Außenwahrnehmung. Das sollte sich nun dramatisch ändern.

From New York to Germany:
Höhepunkt und Crash

Tomekk hatte bereits 1991 mit 15 Jahren einen Plattenvertrag und begann zwei Jahre später mit der Moderation der Hip-Hop-Radiosendung *Boogie Down Berlin* auf Kiss FM. Wie schon im vorangegangenen Kapitel geschildert, freundete er sich im Rahmen eines Interviews mit Kurtis Blow mit der Raplegende an und begleitete ihn als DJ durch die USA, wo er Kontakte zu sämtlichen Größen der Szene knüpfte. 1999 gastierten so auf seiner Debütsingle als DJ Tomekk »1, 2, 3 ... Rhymes Galore (From New York to Germany)« Urgesteine wie Grandmaster Flash und Flava Flav von Public Enemy neben Afrob und MC Rene. Tomekk zäumte die Szene als Re-Import von hinten auf, was die Augenbrauen hochgehen ließ, aber eben auch die Hände des Partyvolks. Tomekks auf Hitmustern gebastelte Tracks etablierten in Deutschland das in den USA längst gängige Prinzip »Get rich or die tryin'«. Nach Tomekk war es nicht nur okay, Erfolg zu haben, sondern sogar Bedingung des Games. So fungierte er als Steigbügel der Gangsta-Rapper seiner Heimatstadt, denen es darum ging, vom Bordstein zur Skyline aufzusteigen. Und dabei möglichst viele Feinde und Frauen aufs Gröbste zu beleidigen. In seiner Jugend war Tomekk auch eng mit Sido befreundet, der das Stadtbild in den 00er Jahren prägen sollte. Sido war ab 1997 häufiger Gast auf Open-Mic-Sessions in der Kreuzberger Kellerkneipe Royal Bunker, aus deren Szene der 1992 von Stuttgart nach Berlin gezogene Hip-Hop-Aktivist Marcus Staiger Protagonisten für das gleichnamige Label rekrutierte. Zu denen zählte Kool Savas, der zwischen 1997 und 2000 zusammen mit Taktloss das wegweisende Duo Westberlin Maskulin bildete. Mit »LMS« veröffentlichte er einen der wohl frauenverachtendsten Tracks des Deutschrap und machte den familienfreundlichen Fun-Hip-Hop, den Hamburg, Stuttgart und München bis dahin geliefert hatten, unmöglich. Eine Zeitenwende stand an, gerade rechtzeitig zum besagten »Flash-Crash 2000«, ab dem die Held:innen der 90er ohnehin mehrheitlich andere Wege einschlugen.

Was all die Szenen und Ären des Deutschrap aber eint, ist ihre Multikultur: So ist Kool Savas Sohn eines Türken und einer Deutschen, DJ Tomekk Pole mit marokkanischem Vater, Samy Deluxe Sohn einer Deutschen und eines Sudanesen, Beginner-Denyos Vater ist Nigerianer, Afrobs Eltern stammen aus Eritrea, der Vater von Das Bo war aus Bosnien-Herzegowina eingewandert. Auch die Massiven Töne prägte ihr Migrationshintergrund: Wasi ist gebürtiger Grieche, Ju kommt aus Spanien, und Schowi ist wie sein Stuttgarter Kollege Don Philippe Halbfranzose. Es gibt unendlich viele weitere Beispiele. Fettes Brot widmeten dem Thema bereits auf ihrer Debüt-EP *Mitschnacker* den unmissverständlichen Song »Schwarzbrot-Weißbrot«: »Pizza, Tacco, Döner, Sandwich, Troc, oder Cräcker / Die schmecken alle lecker, denn uns backt derselbe Bäcker […] Weißbrot, Schwarzbrot – scheiß auf den Farbcode!« Abgesehen von den deutschtümelnden Provokationsgesten eines Fler hielt Rassismus nie großen Einzug in den Deutschrap. Zu divers war das Fundament der Bewegung. Menschenfeindlich wurde sie in ihrer Gangsta-Ausprägung dennoch. Doch die künstlerischen Niederungen waren von ungeahnten kommerziellen Höhen begleitet. Mit einem Marktanteil von 19,3 Prozent im Jahr 2022 entfiel fast ein

Fünftel des Umsatzes in der deutschen Musikindustrie auf Alben und Singles aus dem Bereich Hip-Hop. Seit 2010 hatte sich dieser Anteil nahezu konstant vergrößert.

Die Gangster waren gestern, hier kommen die Schwestern

»Wann platzt die Deutschrap-Blase?« Mit dieser Überschrift titelte das Fachmagazin *Juice* in seiner Ausgabe 192 vom April 2017. Tatsächlich sollte es noch etwa fünf Jahre – sowie schreibe und staune 22 Nr.-1-Hits von Capital Bra – dauern, bis sich ein derartiges Bersten, eigentlich eher ein Implodieren, ein In-sich-Zusammensacken des Deutschrap in seiner damaligen Form als Gangsta-Rap konstatieren ließ. In einer Zeit, in der ein Künstler wie Haftbefehl, der eben noch über seine Crackküche gerappt hatte, einem Reporterteam vom Klatschformat *RTL Exklusiv* von seinen »Dämonen« erzählt und sich für ein Verbot von Sprühsahne-Aufspritzern ausspricht, hat das Böse-Buben-Image seine Strahlkraft verloren. »Endgegner« Bushido führt mittlerweile mit seiner Gattin einen Eheberatungs-Podcast. Xatar, der 2009 durch einen Überfall auf einen Goldtransporter nationale Bekanntheit erlangte und sich in der Folge als einzig wahrer Krimineller in einer Liga von Unterweltdarstellern gerierte, tourte Ende 2023 mit den Heavytones, der Studioband der Comedysendung *TV Total*, durch die Republik. Und der Interpret des »Arschficksong« Sido nahm bereits 2008 neben Detlef »Dee!« Soost und Loona (»Bailando«) Platz in der Jury der Castingshow *Popstars*, hat ein *MTV Unplugged* sowie Featurings von Mainstreammonstern wie Peter Maffay, Andreas Bourani und Mark Forster hinter sich. Der Backlash in Form der Bewegung #deutschrapmetoo gegen die allgegenwärtigen misogynen, homophoben und teils auch grob antisemitischen Disses und Vergleiche der Gangsta-Lyrics erklärte ein gewisses Standardvokabular für nichtig. Cloud-Rapper wie Yung Hurn und Crack Ignaz haben mit ihrem Punk-artigen Verzicht auf raffinierte Flowtechniken und artikulierten Vortrag weiter dazu beigetragen, das Wettreimen ad absurdum zu führen. Auch der Gigant des Genres der frühen 20er Jahre, Apache 207, hat nicht nur mit seinen dominanten Einsätzen von Eurodance-Elementen, sondern auch mit lockerer, selbstironischer, nicht auf die Zerstörung imaginierter Gegner abzielender Attitüde Deutschrap wieder dahin gebracht, wo er in den 90ern schon einmal war: in den Pop, in die Kitas. Und dank überragender Charterfolge von Künstlerinnen wie Haiyti, Shirin David, Nina Chuba, Juju oder badmómzjay hat er nach Jahren der Muskelmachos am Steuer beste Aussichten, so vielseitig, offen und spannend wie nie zuvor zu werden.

15 Reimemonster – Dope Beats, Dope Rhymes, Dope Cuts aus Deutschland

1. Beginner: »K Zwo« (1999)
2. Advanced Chemistry: »Fremd im eigenen Land« (1992)
3. Freundeskreis: »A-N-N-A« (1997)
4. Fettes Brot: »Nordisch by Nature« (1995)
5. Schwester S: »Hier kommt die Schwester« (1995)
6. Fünf Sterne deluxe: »Dein Herz schlägt schneller« (1998)
7. Cora E.: »Schlüsselkind« (1997)
8. RAG: »Kopf Stein Pflaster« (1998)
9. Afrob feat. Ferris MC: »Reimemonster« (1999)
10. Die Fantastischen Vier: »Sie ist weg« (1995)
11. Samy Deluxe: »Pures Gift« (1997)
12. Fischmob Allstars: »Susanne zur Freiheit« (1997)
13. Rödelheim Hartreim Projekt: »Reime« (1994)
14. Eins Zwo: »Danke gut« (1999)
15. Blumentopf: »6 Meter 90« (1997)

»Mit deutschem Gangsta-Rap habe ich nichts zu tun«: Interview mit Tobi Tobsen (Fünf Sterne deluxe)

Tobias Schmidt aka Tobi Tobsen ist eine Schlüsselfigur im deutschen Hip-Hop: Bis 1992 bildete er zusammen mit seinem Bruder Oliver alias »Mighty« und Martin »Dokter Renz« Vandreier die englischsprachige Rap-Combo Poets of Peeze. Zusammen mit »König« Boris Lauterbach und Björn »Schiffmeister« Warns gründeten sie Fettes Brot, von denen sich die Schmidt-Brüder aber bald loslösten. Mit Mirko Bogojević firmierte Schmidt dann als Der Tobi & das Bo, aus deren zweitem Album das Debüt von Fünf Sterne deluxe hervorging. Nach der Jahrtausendwende konzentrierte Schmidt sich auf sein Electro-Duo Moonbootica, mit dem er die Technoclubs und -Festivals der Welt füllt.

In deiner Jugend standen Punk und Hip-Hop sich aufgrund ihrer nichtkommerziellen Haltung noch sehr nahe – beide Lager füllten die autonomen Jugendzentren fernab der etablierten Bühnen. Wie hast du diese Zeit erlebt?
Beides war damals totaler Underground – als Hip-Hop-Fan musstest du ja andere Menschen suchen, die das auch gehört haben; da gab's kaum Treffpunkte. Durch diesen Subkultur-Flavor hat das dann viel in linken Zentren stattgefunden. Inhaltlich war das noch nicht so Gangsta-lastig, Hip-Hop war durch seine Verwurzelung in der Black Community sehr sozialkritisch. Durch den Protest gab's da tierisch viele Überschneidungen. Aber auch musikalisch ging das gut einher: Wir haben 1998 auf der *Vans Warped*-Tour gespielt, da waren wir der einzige Rap-Act zwischen lauter Punkbands, das hat witzigerweise ganz gut funktioniert. Zu Beginn der 90er waren Punk und Hip-Hop reine Jugendhaus-Dinger, damit war kein Geld zu verdienen.

Was euch von den anderen deutschen Hip-Hop-Bands abgehoben hat, war euer Fokus auf die Visualität – man neh-

me nur den Comic-Clip zu »Stop Talking Bull« oder die Actionfigur-Packungen, aus denen ihr 2013 bei eurem Reunionkonzert auf die Bühne gesprungen seid. Was hat dazu den Ausschlag gegeben?

Das lag an unserer Formation. Zunächst waren wir ja Der Tobi & das Bo, in deren Endphase wir uns mit DJ Coolmann zusammengetan haben. Da begannen wir fünf Sterne hinter unseren Bandnamen zu zeichnen, das war die Übergangsphase. Dann haben wir viel mit dem Grafik-Designer Marcnesium aus dem Fischmob-Umfeld herumgehangen. Der hat uns zunächst fotografisch begleitet, dann auch die Artworks gestaltet. Als sich herausstellte – zu unserer wie zu seiner Überraschung –, dass er auch ein fähiger Musiker war, kam er auch auf die Bühne und war festes Bandmitglied. Durch seine starke Persönlichkeit wurde das visuelle Element immer wichtiger, so dass wir bald alles vom Bühnenlook bis zu den Coverbildern selbst in die Hand nahmen. Heutzutage ist das ja völlig normal, sich auch um die Außenwirkung zu kümmern. In den 90ern hat man sich darum keine Gedanken gemacht und das alles das Label machen lassen.

Bei den Poets of Peeze hast du noch englisch gerappt, bei Fettes Brot dann auf Deutsch, Das Bo wolltest du eigentlich nur produzieren, nachdem du ihn mit dessen Crew Verschaoten im Offenen Kanal Hamburg gesehen hattest. André Luth, der Gründer eurer späteren Plattenfirma Yo Mama, hat dich dann dazu überredet, doch gemeinsam mit ihm die MCs zu geben. Mit deinem Elektro-Outfit Moonbootica hast du dich dann schnell wieder vom Mikro wegbewegt. Welchen Stellenwert hat Rap für dich?

Ich sehe Rap, die Stimme, eher als Instrument. Flow war mir wichtiger als der Inhalt. Der Inhalt darf das Musikalische nicht blockieren. Da unterscheide ich mich, glaube ich, von vielen. Ich rappe sehr gerne, aber ich mag nicht gerne Texte schreiben. Das ist ein harter Prozess für mich, weil ich ja auch ein gewisses Level erreichen will. Beim Musikmachen habe ich mehr

Geduld. Für mich war das nicht so schwer, aufs Rappen zu verzichten.

Im Standardbuch *Könnt ihr uns hören?* von Davide Bortot und Jan Wehn sagst du: »Wir dachten, unsere Sachen sind so verschroben und anders, dass sie ohnehin keinerlei kommerziellen Standards gerecht werden. Wir haben das eher als alternativ gesehen und wollten aus reinem Gefühl unsere Version von Hip-Hop machen.«[1] Euer Erfolg – von euren ersten beiden Alben habt ihr zusammengezählt an die 300 000 Exemplare verkauft – muss euch sehr überrascht haben.

Im Falle unserer ersten Platte *Sillium* ist das nicht so ad hoc passiert; die ist die Charts langsam hochgeklettert – *Neo. Now* ist dann allerdings infolge des Erfolgs des Vorgängers direkt auf Platz 5 eingestiegen. Wir wurden also nicht über Nacht berühmt, wie das heute oft der Fall ist. Aber für uns, nach unseren Anfängen als Poets of Peeze, die noch auf englischsprachigen Jams gespielt und auf Tour privat übernachtet haben, war das dennoch heftig. Damals herrschte ja noch der Spirit: kein Sell-out. So was wie Die Fantastischen Vier fanden wir alle schlimm. Im deutschen Hip-Hop gab's damals auch einfach wenig, was cool war – ich würde uns selbst da auch als krasse Grenzgänger bezeichnen, wir waren ja auch bereit, mit unserem Humor und poppigen Refrains zu kokettieren. Aber unser Motto war auch immer: nichts tun, um den Erfolg künstlich zu generieren. Das hat allerdings auch nur in unserer Wahrnehmung funktioniert – von außen hat man uns natürlich Sell-out vorgeworfen. Der Hip-Hop-Entwurf war damals einfach viel enger. *Sillium* haben wir jedenfalls in völliger Naivität geschrieben, *Neo. Now* ist dann zu hundert Prozent eine Reflexion über den Erfolg oder zumindest die öffentliche Wahrnehmung.

Ich hab dich mal mit meinen Freunden am Münchner Hauptbahnhof gesehen, so um 1998, du hattest eine Plat-

tentasche mit FSD-Logo. **Wir konnten uns gar nicht vorstellen, dass jemand wie du noch ganz schnöde mit der Bahn fährt.**
Die Katalysatoren, die das damals so nach vorne gebracht haben, waren ja MTV und Viva; die Dauerrotation der Videos suggerierte eine Scheingröße. Ich wurde schon früh gefragt, ob ich jetzt ausgesorgt hätte *(lacht)*. Durchs Fernsehen wurde sogar Ferris MC zum Star, obwohl der gar nicht so viele Platten verkauft hat. Ohne das Musikfernsehen wäre Hip-Hop in Deutschland nie so schnell so groß geworden. Wenn man auf der Straße erkannt wird, fängt man natürlich an, sich Gedanken zu machen: Da schlendert man nicht mehr so *free* und *easy* durch die Gegend. Dann sind Leute auch auf einmal netter zu dir – das verändert dann auch deine Selbstwahrnehmung. Danach verschmilzt du entweder mit deiner Kunstfigur oder versuchst, sie ganz hart von deinem Privatleben zu trennen. Letzterer Ansatz war meiner, mich hat das eher genervt, erkannt zu werden.

Dachtest du dir angesichts des deutschen Gangsta-Raps der 00er Jahre auch mal: »Welches Monster habe ich da nur erschaffen?«
Nee, damit hatte ich nichts zu tun! Gangsta-Rap gab es in Deutschland ja auch schon früher, der hat nur wahnsinnig lange gebraucht, um Erfolg zu haben. Aber klar, wenn mein Sohn mal eine Nummer von Bonez MC gepfiffen hat, habe ich mir schon gedacht: »Die Nummer ist ja noch okay, aber da gibt's schon noch andere, von denen ich nicht will, dass er sie mitsingt.« Aber das hat sich ja auch erledigt, momentan dominiert ja dieser nette und harmlose Rave-Rap.

2014 haben Deine Freunde euch für ihr Muttertagsständchen »Deine Mudder« gesampelt. Deren DJ Markus »exel. Pauly« Pauli war zuletzt Live-DJ bei Fettes Brot – hier hat sich ein Kreis geschlossen.
Flo von Deine Freunde hat uns ganz nett angefragt, ob sie den

Song verwenden dürfen. Den kannten wir aber eh auch noch aus seiner Zeit als MC Jim Pansen. Da haben wir natürlich sofort Ja gesagt. Das hat uns auch sehr gefreut, aber sonst sind wir noch nicht sonderlich häufig gesampelt worden.

Wie hat auf dich als altem Schulfreund von Dokter Renz sowie als Gründungsmitglied – und Mikrophongast beim Klassiker »Nordisch by Nature« – das Ende von Fettes Brot gewirkt?
Ich war auf einem der beiden Abschiedskonzerte, das hat mich schon emotional mitgenommen. Ich fand's auch erstaunlich, dass die das so durchziehen. Das war ja zum Ende hin noch mal richtig erfolgreich. Ich kann mir nicht vorstellen, dass die nicht noch mal was zusammen machen.

Als es 2016/17 auf einmal neue Platten von den Beginnern und euch gab, schnupperte man schon den zweiten Frühling des hanseatischen 90s-Raps. Leider ist es bei einmaligen Comebacks geblieben – abgesehen von vereinzelten Singles von euch. Woran liegt's?
Eigentlich wird es jetzt mal wieder Zeit. Wir sind aber einfach ziemlich in Einzelprojekte eingespannt, vollgebucht: Bo hat sich eine Agentur aufgebaut, macht da kleine Veranstaltungen und Kunst-Happenings, ich bin viel mit Moonbootica unterwegs. Wir spielen als Fünf Sterne deluxe aber immer noch so zehn Konzerte pro Jahr, und da kommen dann auch alte Fans, die gar nicht mitbekommen haben, dass wir 2017 ein neues Album, *Flash*, releast haben – obwohl das auf Platz 11 in die Charts eingestiegen war, ein ordentlicher Erfolg. Die Welt ist einfach zu anders geworden, jeder lebt in seiner Bubble. Es ließe sich alles irgendwie arrangieren und miteinander vereinbaren, aber es müsste jemand einen dringenden Startschuss abgeben.

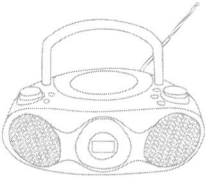

»The Age of Love«: Zu Techno tanzen wir durch die Zeitenwende

(1990–1999)

Techno war der Soundtrack zum Ende des Kalten Kriegs, der Klang ungezügelter Freiheit, in dem Grenzen zwischen Nationen, Geschlechtern und musikalischen Maßstäben überwunden wurden. Nach dem Motto »Move your ass and your mind will follow« tanzen Städte wie Berlin bis heute.

> »Around the world, around the world
> Around the world, around the world«
> **Daft Punk: »Around the World«, 1997**

Die Ära des 90er-Jahre-Techno lässt sich am Beispiel der Loveparade nachzeichnen. Eine Geschichte von Aufstieg und Fall, die das Jahrzehnt einrahmt. Hübsch präzise und ordnungsliebend also – Techno ist schließlich nicht umsonst zum Großteil ursächlich deutsche Musik.

Friede, Freude, Eierkuchen – der Megamikrokosmos Loveparade

Die erste Loveparade fand am 1. Juli 1989 statt. Ins Leben gerufen von Techno-DJ Matthias »Dr. Motte« Roeingh und seiner damaligen Lebensgefährtin, der Multimediakünstlerin Danielle de Picciotto, zogen etwa 150 Beteiligte hinter einem blauen VW-Bus mit großen Frontlautsprechern über den Berliner Kurfürstendamm. Erst sechs Wochen zuvor hatte Dr. Motte vor einem Kreuzberger Club die Idee zur Veranstaltung gehabt, die als Demo unter dem Leitspruch »Friede, Freude, Eierkuchen« angemeldet war. »Frieden« stand dabei für die Forderung nach Abrüstung auf allen militärischen wie sozialen Ebenen; »Freude« propagierte Tanz und Musik als Verständigungsmittel; »Eierkuchen« repräsentierte den Wunsch nach globaler Gerechtigkeit in Sachen Lebensmittelverteilung. Im Jahr darauf marschierten bereits 2000 Menschen mit. Die Teilnehmerzahl von 6000 wurde 1991 erreicht, da erstmals auch Fans aus ganz Deutschland zu einem Techno-Event angereist waren. Zum Ende der Dekade erreichte diese Entwicklung ihren Höhepunkt: 1999 wurde mit 1,5 Millionen Feierwütigen ein bis heute ungebrochener Rekord aufgestellt. Mit den wachsenden Massen stiegen auch die Beschwerden wegen Lärmbelästigung und Umweltverschmutzungen aus den betroffenen Stadtteilen. Dies führte ab 1996 zur Ausweichstrecke über die Siegessäule, was uns die ikonischsten Fotografien der Veranstaltungsreihe bescherte. Schnell war die Loveparade keine Kundgebung politisch motivierter, musikalisch puristischer Technoheads mehr, sie verwandelte sich zu einem Tourismusmagneten für Party People und Schaulustige aus aller Welt. Bald entwickelten sich auch internationale Ableger in zahlreichen Städten wie Buenos Aires, Tel Aviv, Wien und Mexiko-Stadt; ähnliche Umzüge wie der Münchner Union Move, der Generation Move in Hamburg oder die Züricher Street Parade schossen sozusagen wie (halluzinogene) Pilze aus dem Boden.

Der ursprüngliche nicht-kommerzielle Gedanke wich dabei unausweichlich rasch szenefernen Sponsorship-Deals, die Teilnahmegebühren für Wagen stiegen in astronomische Höhen, dazu gab es für jeden zugelassenen Wagen mehr als 100 Bewerbungen. MTV und RTL 2 übertrugen die »Demo« live im Fernsehen. Die einstigen moralischen Ambitionen wurden von den lauten Bässen übertönt. Als Sinnbild für diese Evolution steht die Teilnahme des in volkstümlichen Schlagerkreisen populären Chorleiters Gotthilf Fischer im Jahr 2000, dem schlagzeilenträchtig Ecstasy in den Bierbecher gekippt wurde. Bereits 1997 hatte sich als Gegenentwurf die Fuckparade etabliert, die mit den harten Subgenres Gabber und Hardcore-Techno deutlich aggressiver auftrat. Im Jahr 2001 wurde beiden Paraden der Status als Demonstration aberkannt, was bedeutete, dass die Veranstalter künftig selbst für die Sicherheit der Besucher:innen und die Reinigung der Strecke aufkommen mussten – angesichts der gewaltigen Menschenmengen annähernd ein Ding der Unmöglichkeit. 2004 fiel die Loveparade erstmals aus, 2005 wurde Insolvenz beantragt. 2006 kam es dank finanzieller Unterstützung des Hauptsponsors McFit, einer Fitnessstudiokette, zum Neustart. Gründervater Dr. Motte wechselte daraufhin die Seiten und unterstützte die Fuckparade mit einem Redebeitrag. 2007 zog die Loveparade schließlich ins Ruhrgebiet, wo es 2010 zur Katastrophe kam: Ein Gedränge im Eingangsbereich des Duisburger Veranstaltungsgeländes forderte 21 Todesopfer. Die Loveparade wurde nie wieder fortgesetzt. Zum Zeitpunkt ihres Endes hatte sie ihren Zenit längst überschritten, war über sich hinausgewachsen. Ähnliches lässt sich auch beim Techno-Genre als solchem konstatieren. Irgendwann wurde die Party einfach zu groß, kamen zu viele ungebetene Gäste. Und genau das ist die Krux.

Von Düsseldorf über Detroit und Chicago nach Berlin

Denn eines der Hauptcharakteristika des Techno ist das Zusammenkommen, das Entstehen eines Gemeinschaftsgefühls, das sich der Welt gegenüber offen zeigt. »Unity« ist ein häufig anzutreffendes Stichwort in Tracktiteln und Slogans. Wichtig ist hier vor allem das egalitäre Element. Anders als in den allermeisten anderen Sparten der U-Musik sollte hier kein Personenkult entstehen, zumindest verhielt es sich in den 90ern noch häufig so. Als DJ fungiert man als Medium, das hauptsächlich Musik weitergibt, die jemand anderes, in der Regel jemand unbekanntes, der nicht nach Verehrung giert, geschaffen hat. Nur die Musik ist der Star. Dementsprechend sind im Techno Live-Konzerte mit der tradierten Hierarchie von Bühne zu Publikum annähernd nicht-existent. Die Musik wird nicht reproduziert, sondern 1:1 aufgeführt, gegebenenfalls künstlerisch manipuliert, verlängert oder verkürzt. Dazu wird auf Gesang weitgehend verzichtet, was die Tracks von zugeschriebenen Bedeutungen befreit und so für unzählige Interpretationen öffnet. Wie bei tribalistischen Feiern von Urvölkern steht die Perkussion im Vordergrund, der monotone Beat im leicht verständlichen 4/4-Takt macht als größter gemeinsamer Nenner die Musik. *Rhythm is a Dancer.* Der Harmonielehre folgende Akkorde spielen im Techno eine untergeordnete Rolle im Verhältnis zu Synthie-Flächen und reinen Klängen jeglicher, gerne allerdings metalener Couleur.

Neben klassischen Avantgarde-Komponisten wie Karlheinz Stockhausen zählen vor allem die von ihm beeinflusste, 1970 gegründete Düsseldorfer Formation Kraftwerk zu den prägenden Wegbereitern, ebenso die wenige Jahre später auf den Plan tretenden Vertreter:innen des Industrial-Genres. Kraftwerk um Ralf Hütter und Florian Schneider erhoben die Entpersonalisierung zur Kunstform, nannten sich nicht Musiker, sondern »Musikarbeiter«, und lancierten 1978 Robotermodelle ihrer selbst, die in aktualisierter Form seit 1991 teilweise auch ihre Konzerte bestreiten. So kann die Band – als Konzept – theoretisch ewig leben. Aus dem Industrial um Gruppen wie Throbbing Gristle, die bewusst Störgeräusche oder Field-Recordings einsetzten, übernahm Techno die Bedeutung des Sounds – ohne dass dieser Tonfolgen oder ähnlichen Strukturprinzipien folgen musste. Techno ist so gesehen die notwendige Konsequenz auch aus Hip-Hop, der Unterricht in Gesang oder an Instrumenten obsolet gemacht hatte. Einzig die musikalische Idee zählte. Eine Vaterfigur wie Afrika Bambaataa, der für seinen bahnbrechenden 1982er-Titel »Planet Rock« eben keine Rockband, sondern Kraftwerks »Trans-Europe Express« sampelte, behandelte beide Genres wie siamesische Zwillinge.

Davon maßgeblich beeinflusst kam ab Mitte der 80er Jahre Detroit Techno auf. Dieser speiste sich aus dem Funk und zentraleuropäischen Einflüssen wie etwa den Synthie-Klängen Giorgio Moroders oder britischen Synthie-Pop-Bands wie Ultravox, The Human League und Depeche Mode. Zusätzlich verspürte man in Detroit den Wunsch, das Lovesong-Korsett des Motown-Labels abzulegen, das die Musikszene der Stadt seit Jahrzehnten dominiert hatte. Juan Atkins, Pionier des Detroit House, beschrieb den neuen Stil im *Dance Music Report* 1992 als »Musik, die nach Technologie klingt, und nicht Technologie, die nach Musik klingt. Das heißt: Die meiste Musik, die du hörst, ist sowieso mit Hilfe von Technologie entstanden, ob du's weißt oder nicht. Aber bei Techno-Musik weißt du's eben.« Parallel dazu war ab Ende der 70er Jahre 455 Kilometer weiter westlich der Chicago House entstanden, die Urform der heutigen House-Musik, benannt nach dem Chicagoer Szeneclub Warehouse. Einflüsse kamen neben Kraftwerk und P-Funk auch aus dem Philly-Soul und Disco. Techno und House sind nicht immer trennscharf voneinander zu unterscheiden, wobei Techno allgemein als härter und maschineller gilt, House setzt zudem auf etwas langsamere Tempi und je nach Spielart den Einsatz von Vocals.

Terminologie des Techno

Die wichtigsten Sub- und Nebengattungen des Genres im Überblick

Acid House verfügt im Vergleich zu → House über einen schrilleren Klangcharakter; die Melodien flirren und piepsen, die matschigen Bässe blubbern.

Balearic Trance stammt aus Ibiza und soll das dortige schöne Wetter mit Akustikgitarren, Meeres- und Tiergeräuschen widerspiegeln.

Dream House wurde mit dem Nr.-1-Erfolg von Robert Miles' Instrumental »Children« schlagartig berühmt; Merkmale sind langsame Tempi, einzeln gezupfte Gitarrensaiten und eine eher melancholische, verträumte Grundstimmung.

Gabber entstammt den Niederlanden, wo der Begriff »Gabber« umgangssprachlich für einen »harten Kerl« steht. Die Spielart erreicht bis zu 190 sog. Beats per Minute (BpM) und ist gekennzeichnet von grob verzerrten Bassdrums, die für eine anarchische Atmosphäre sorgen.

Happy Hardcore verfügt über hohe Tempi zwischen 160 und 180 BpM und wirkt betont, fast übertrieben fröhlich; die häufig mit weiblichem Gesang (oder hochgepitchtem männlichem) vorgetragenen Refrains sind oft bekannten Popsongs entliehen und werden von hektischer Pianobegleitung vorangetrieben. Populäre Beispiele sind: »Wonderfull [sic] Days« von Charly Lownoise & Mental Theo (1994) sowie Technoheads »I Wanna Be a Hippy« (1995).

House hat seine Wurzeln in der 70s-Disco, seinen Ursprung im Chicago der 80er Jahre und ist durch seine Rhythmen im

4/4-Takt mit der Bassdrum auf jeder Viertelnote Vorreiter für Techno, der allerdings kühler, maschineller klingt.

Minimal Techno ist eine stark auf Repetition setzende Variation mit Fokus auf Rhythmus und nicht auf Tonalität; der Back-to-Basics-Ansatz soll der Pop-Werdung des Genres entgegenwirken.

Schranz setzt auf verzerrte Geräusche und ebensolche perkussive Loops; der Gießener Genrevater DJ Chris Liebing bezeichnet das Klangbild als »krass, übersteuert und dreckig«.

Trance basiert im Gegensatz zum auf harte Rhythmen setzenden Techno auf Harmonien und Melodien, das Tempo pendelt sich zwischen anregenden 135 und 145 BpM ein. War Trance in den 90ern vor allem von langen, progressiven Stücken geprägt, traten in den 20er Jahren kompaktere, an Popformaten orientierte Tracks ihren Siegeszug an.

Ende der 80er wurden die so in den USA angereicherten Kraftwerk-Sounds nach Deutschland re-importiert. 1988 eröffnete das Ufo in Westberlin, ein illegaler Club, der sich auf Acid House spezialisierte, einer Untergattung, die statt Disco- auf die melodischen Elemente des Untergenres Trance setzt. Im Jahr darauf folgte die Turbine Rosenheim. In München fanden entsprechende Partys in der Negerhalle [sic] statt. Passend zur musikalischen Aufbruchsstimmung fiel die Berliner Mauer und bereitete Techno ungeahnte Spielwiesen. Die Freiheit der Musik, die Losgelöstheit von alten Konventionen, hätte von einer wiedervereinten Gesellschaft nicht dankbarer aufgenommen werden können. David Hasselhoff und die Scorpions in Ehren, aber Techno war der wahre Soundtrack zur Wende.

Durch die Massenmigration aus dem Osten entstand viel Leerstand auf dem Immobilienmarkt Ostberlins, der für zahllose spontan arrangierte Partys genutzt wurde. Viele prägende Clubs eröffneten in unmittelbarer Nähe zum alten Mauerstreifen, wie Tresor, Planet, Bunker und E-Werk. Die meisten dieser Namen gingen dabei auf die ehemaligen Nutzungen der verwaisten Hallen zurück. Auch das war typisch für eine Sprachkultur, die die Exaktheit von Begriffen wie »Lernentwicklungsgespräch« oder »Schwingspulendurchmesser« schätzt. Selbst ein naheliegender Clubname wie Berghain, zusammengesetzt aus Silben der Stadtteile Kreuzberg und Friedrichshain, in dessen Grenzgebiet sich der nach wie vor bedeutendste Techno-Club dieses Landes befindet, ist dagegen fast schon phantasievoll. Vor dem politischen Hintergrund, den neuen räumlichen Möglichkeiten und dem Nichtvorhandensein einer Sperrstunde konnte sich Berlin schnell als deutsche Techno-Hauptstadt einen guten Namen machen. 1991 fand in Berlin-Weißensee auch die erste Ausgabe der Veranstaltungsreihe *Mayday* mit einer Stilvielfalt ermöglichenden Vielzahl an DJs statt. Der Name griff das internationale Notrufsignal im Sprechfunk auf (übrigens eine Anglisierung des französischen »Venez m'aider«, zu Deutsch »Kommt mir helfen!«). Zweck des Events war es gewesen, den Radiosender DT64, das Jugendprogramm des DDR-Rundfunks, zu retten, der nach der deutschen Reunion vor dem Aus stand. DT64 war der erste deutsche Radiosender, der Techno ausstrahlte, zum Beispiel mit der wöchentlichen Show *Dancehall* von Marusha. Die Idee dazu hatten das Bruderpaar Fabian »DJ Dick« und Maximilian »WestBam« Lenz, Unterstützung kam von der ersten Szenezeitschrift *Frontpage* (aus der später das Technomagazin *De:bug* hervorgehen sollte). Obwohl der Sender letztlich abgeschaltet wurde, entwickelte sich die Benefiz-Party zum Fixpunkt der internationalen Szene. Aufgrund des großen Erfolgs gab es zwischen 1993 und 1997 sogar zwei jährliche Ausgaben. 1997 standen die Members of Mayday, ein Duo bestehend aus WestBam und dem Musikproduzenten Klaus Jankuhn, das seit 1991 die jährliche Hymne zum Event lieferte, mit »Sonic Empire« auf Platz 1 der deutschen Charts. Seit jenem Jahr hat die Reihe nach diversen

Locationwechseln bis heute in den Dortmunder Westfalenhallen ihr festes Zuhause.

Zwar entstand das Konzept der Afterhour 1990 im Babalu Club in München-Schwabing, um das dortige Sperrstundengesetz zu umgehen – was Nachtschwärmer aus ganz Bayern anzog. Doch erst in Berliner Läden wie dem Walfisch und dem Exit entwickelte sich daraus eine ganz eigene Chill-out-Kultur, die allerdings oft genug nur übergangsweise dem Herunterkommen nach einer durchfeierten Nacht diente und eine Brücke in die Folgenacht schlug. Monika Dietl moderierte damals die verdienstvolle Sendung SFBeat auf Radio SFB2, in der sie Acid-House-Platten spielte und durch die Blume Ausgehtipps zu illegalen Raves gab. Schnell etablierten sich aber auch weitere Hochburgen: So hatte DJ Talla 2XLC, der als Mitarbeiter des Frankfurter Plattenladens City Music bereits 1982 elektronisch geprägte Musik im Fach »Techno« anbot, 1984 die Veranstaltungsreihe *Technoclub* ins Leben gerufen. Von 1988 bis 1998 existierte in der Mainmetropole auch der legendäre Techno-Club Das Omen, während sich nebenan der Discotempel Dorian Gray ein Techno-Profil verpasste. In Hamburg eröffnete 1990 der Tunnel Club, Köln stand durch das renommierte Label Kompakt von Wolfgang Voigt für Minimal Techno, einer Art Rückbesinnung auf den schnörkellosen Detroit Techno.

Scooter und Schlümpfe – Techno wandert vom Club in die Kinderzimmer

Bizarre Früchte trug die Diversifizierung des Genres bereits früh in der Namensgebung: Schon 1989 gab es in Berlin die Partyreihe *Tekknozid* – das markante Doppel-K sollte für einen härteren Stil stehen. Schnell traten in der Folge zahlreiche Varianten wie »Tekkkno« und »Tekkkkno« usw. usf. in gegenseitigen Wettbewerb. »Harder, Better, Faster, Stronger«, um Daft Punk zu zitieren, auf die wir später noch eingehen – oder, um es mit einer

Band zu sagen, die es sich früh mit der Community verscherzte: Faster, Harder, Scooter. Das Hamburger Trio um den platinblonden »Shouter« H. P. Baxxter entstammte eigentlich der Synthie-Pop-Szene. Mit den Shout-outs an 30 Acts von WestBam über Marusha bis Gizmo aus dem Techno-Bereich wollten sie mit ihrer zweiten Single »Hyper Hyper« Fuß in der Szene fassen. Zwar erreichten sie damit Platz 2 der deutschen Charts, schufen die Blaupause für ihre zahlreichen weiteren Hits und zogen mit dem titelgebenden Nonsens-Schlachtruf in den deutschen Sprachgebrauch ein. Die Technowelt verschmähte die Gruppe allerdings, wertete die deklamierten Danksagungen als Anbiederungsversuch. Streaming-Tipp an dieser Stelle: In ihrem Dokumentarfilm *FCK 2020* macht Baxxter keinen Hehl aus seinen Synthie-Pop-Einflüssen, seinem gesanglichen Unvermögen, seinem unbedingten Wunsch nach Erfolg und Anerkennung, seinem Regiment und der Stumpfheit seiner »Texte«: Sie ergeben natürlich keinen tieferen Sinn, sagt er. Ein Witz müsse stets rein, ein Augenzwinkern, Dadaismus, Nonsens soll als etwas Bedeutsames rübergebracht werden. »Sag mir mal irgendein englisches Wort, Michael«, bittet Baxxter sodann seinen mittlerweile geschassten Bandkollegen Michael Simon während des Songwritings in einer Szene. »Sophisticated«, antwortet der, alle lachen auf der Stelle – und fertig ist der Text für einen neuen Scooter-Track. Auch nach schreibe und staune 21 Studioalben von Scooter – elf davon erreichten die deutschen Top Ten – verläuft ein tiefer Graben zwischen den Szeneclubs und Baxxters wechselnder Crew.

Dabei war Techno bereits Mitte der 90er im Mainstream angekommen, und zwar dort, wo dieser beginnt: im Kinderzimmer. 17 Jahre nach dem millionenfach verkauften »Schlumpfenlied« von Vader Abraham regierten die Schlümpfe wieder die Charts: *Tekkno ist cool – Vol. 1* hieß 1995 das Album, das ungeachtet seiner Schreibweise Kita-Hits wie »Schlumpfen Cowboy Joe« abwarf, sich mehr als ein Jahr in der Hitliste hielt und innerhalb von zehn Jahren ganze 16 Sequels nach sich zog. Teil des Prob-

Scooter 1995: Rick J. Jordan, H. P. Baxxter und Ferris Bueller

lems für die Kultur dabei war – neben der offensichtlichen musikalischen Trivialisierung: Mit dem Aufkommen des Eurodance – ein Retronym, damals hieß Techno-lastiger Pop mit weiblicher Hookline und männlichem Rap schlicht »Dance« – bekam das Genre auf einmal Gesichter. Auf Plakaten, auf Postern der Teenie-Presse, in Videos, siehe das Eurodance-Kapitel. Dabei war ja das Gegenteil der Anspruch: Anonymität. Von den 30 angesprochenen, eher: angeschrienen Künstler:innen in »Hyper Hyper« waren geschätzt nur zwei gesichtsbekannt: Der Frankfurter Sven Väth mit seinen auffälligen Frisuren und Haarfarben sowie die deutsch-griechische Marusha.

Mit ihrem Markenzeichen, den grün gefärbten Augenbrauen und einer Coverversion des Stücks »Somewhere over the Rainbow« aus dem Film-Soundtrack *Der Zauberer von Oz* aus dem Jahr 1939 erreichte sie 1994 Platz 3 der deutschen Charts und ebnete damit den Weg für weitere kommerziell erfolgreiche Technostücke. Dabei war sie nur der sichtbarste weibliche DJ – anders als in der Männer-zentrierten Rockmusik waren Frauen von Anfang an tonangebend im Techno. So war Monika Kruse richtungsweisend dafür, dass die Kultur im deutschen Süden aufkam: 1990 fing sie an, im Müchner Babalu Club zunächst Hip-Hop und Funk, bald schon Detroit Techno und Chicago House aufzulegen. Als Resident-DJ im Parkcafé der bayerischen Landeshauptstadt bestritt sie ihre Sets gerne an der Seite des späteren Chefredakteurs des SZ Magazins Ulf Poschardt. Als Mitglied der Ultraworld Crew eröffnete sie 1994 den Techno-Club Ultraschall, der bundesweite Bedeutung erlangen sollte. Daneben organisierte sie auch illegale Techno-Partys in leerstehenden Häusern und verlassenen Heizkraftwerken. Als weitere Pionierin muss Ellen Allien erwähnt werden. Die Westberlinerin begann ihre Karriere im legendären Fischbüro, einem maßgeblich vom späteren Labelgründer von Tresor Records, Dimitri Hegemann, betriebenen Kreuzberger Kunstraum, in dessen Keller der Ufo-Club angesiedelt war. Nach der Wende zog Allien in den Ostteil der Stadt, wo sie in allen wichtigen Clubs regelmäßig auflegte, bei Radio Kiss FM ihre eigene Sendung moderierte und mit Braincandy den Vorläufer des heute immer noch entscheidenden Labels BPitch Control gründete. Mit elektronischer Musik war sie erstmals 1988 während eines einjährigen Aufenthalts in London in Kontakt gekommen. Dort feierte man gerade mit geweiteten Pupillen den »Second Summer of Love«.

Rave-o-lution: der Second Summer of Love

Das sogar noch den Folgesommer umspannende Revival griff die friedliebenden, hedonistischen Inhalte der Hippie-Bewegung der späten 60er Jahre auf, setzte sie allerdings mit anderen Mitteln um. Nicht mehr Marihuana, sondern Ecstasy war die Droge der Stunde. Die Jingle-Jangle-Gitarrensounds aus San Francisco wichen schnellen DJ-Wechseln am Acid-House-Mischpult. Als Erkennungszeichen der Szene erlebte das altgediente Smiley-Symbol einen zweiten Frühling im zweiten Sommer. In Zentren wie der Fac 51 Haçienda in Manchester verschmolzen »Madchester«-Bands wie die Happy Mondays und die Stone Roses Indie-Gitarren mit House-Grooves. Der spanische Name des Clubs (obwohl »hacienda« eigentlich ohne die Tilde unter dem »c« geschrieben wird) diente dazu, die Atmosphäre der vor allem von britischen Feiertouris bevölkerten iberischen Party-Insel Ibiza zu evozieren.

Genesis P-Orridge, Kopf der bereits erwähnten Industrial-Band Throbbing Gristle, verwendete in einem Fernsehinterview zu dieser Zeit erstmals den Begriff des *Rave* in seiner heutigen Bedeutung. Als einer der Ersten – legalen – seiner Art gilt 1992 das britische Castlemorton Common Festival mit 30 000 Besucher:innen. Doch ihr Freiheitsdrang trieb die Raver schnell in den Untergrund, in stillgelegte Hallen oder hinaus in die Wälder, wo es sich ungezügelt gegen die mausgrauen Thatcher-Jahre antanzen ließ. Wie schon im ersten »Summer of Love« 1967 war der Obrigkeit das bunte Treiben ein Dorn im Auge. Die Verrohung der Jugend befürchtend, ging die Regierung entschlossen gegen die Raves vor, es kam zu zahllosen Razzien und Verboten. Schnell verschwand der Smiley von Mode-Artikeln, selbst Acid-House-Tracks aus den Top Ten spielten die Radios nicht mehr; die Szene wurde ausgetrocknet. Das 1994 erlassene Gesetz »Criminal Justice and Public Order Act« hatte gezielt Raves im Auge und führte zu deren weitreichender Zerschlagung. Mit ihrem 1994er-Album *Music for the Jilted Generation* reagierte die der Szene entstammende Gruppe The Prodigy auf den Kulturkampf: Das Booklet ziert die Illustration einer Kluft, zu deren Seiten sich ein düsterer Polizeistaat und ein sonniges Feiervolk unversöhnlich gegenüberstehen; ein Raver mit Jesus-Frisur präsentiert den Mittelfinger und macht sich mit einer Machete daran, die Verbindungsbrücke zu kappen.

Da ging es bei unseren französischen Nachbarn gesitteter zu: Dort entstand Mitte der 90er eine lokale Variante des House, mit Effekten garniert und durch Filter gejagt, um eine ortstypische Eleganz zu erzeugen – begrifflich allerdings eigentümlicherweise mit der englischen Bezeichnung French House versehen. Mitbegründer der Szene war Laurent Garnier, der seinen internationalen Durchbruch in der Haçienda erleben sollte. Als Geburtsjahr des Genres gilt 1995 – den Ausschlag gaben bahnbrechende Werke wie St Germains *Boulevard*, auf dem der DJ Ludovic Navarre stilvoll Acid-Jazz und Minimal House zusammenführte. 1997 übernahmen dann Daft Punk das Feld. Mit einer Kompilation ihrer bisherigen Singles auf Albumlänge legten Guy-Manuel de Homem-Christo und Thomas Bangalter eines der einflussreichsten Alben des Jahrzehnts vor. Die Platte *Homework* hieß nicht umsonst so: Der Track »Teachers« besteht aus einer Aufzählung prägender Figuren wie George Clinton, Brian Wilson, Dr. Dre und Armand van Helden. Auf einer Collage im Beilegeheftchen zollte das Duo dazu seinen Jugendhelden wie Chic und Kiss Tribut. Vor allem an den maskierten Glam-Metallern aus New York sollten sich Daft Punk optisch orientieren: Inspiriert von den tanzenden Robotern in ihrem Video zu »Around the World« versteckten sich die beiden seit 1999 selbst unter wandelnden Roboterhelmen, verschleierten ihre Identitäten bald vollumfänglich und erinnerten das Genre somit an sein ursprüngliches Gebot der Anonymität. Daft Punk sollten zu einer der bedeutendsten elektronischen Formationen der Popgeschichte werden. Dabei vereinten sie geschickt Nostalgie mit Fortschritt. Während ihre präzisen Produktionen die Messlatte beständig höher hingen, verneigten sie sich etwa 2013 auf ihrem bislang letzten Album mit dem retrotechnologischen Titel *Random Access Memories* vor der kalifornischen Musikszene der 60er und 70er Jahre und befeuerten den Release mit einer bewusst unangebrachten, gigantischen Werbekampagne, inklusive riesiger Billboard-Tafeln auf dem Sunset Strip von Los Angeles. Das waghalsige Unterfangen war erstaunlicherweise von Erfolg gekrönt: Die klassische Disconummer »Get Lucky« mit Szeneveteran Nile Rodgers an der Funk-Gitarre geriet als Leadsingle zu einer der erfolgreichsten Nummern der 10er Jahre, in denen der Retrokult insgesamt aufblühte. Schnell zurück in die nach vorne gerichteten 90er!

Beats & Buffalos: die Raving Society und die Grenzen einer Utopie

Denn Techno gilt mit Fug und Recht als die letzte große Innovationskultur im Pop-Bereich. Die meisten musikalischen Genres entstanden schließlich dank technischer Neuerungen wie der E-Gitarre oder Turntables und Sampler. Nirgends ist dies evidenter als im Techno, der dieses Merkmal stolz im Namen trägt. Daft Punks »Revolution 909« ist etwa eine Hommage an die 1983 lancierte Drum-Machine Roland TR-909, die neben ihrem noch weitaus bekannteren Vorgängermodell TR-808 als Standardinventar für Hip-Hop- und Techno-Schaffende gilt. Nach Jahrzehnten der Vergangenheitsverwaltung dürften demnächst KIs für weitgreifende Umwälzungen sorgen. Zu wünschen wäre in diesem Zuge, dass eine visionäre Popkultur endlich neue Moden mit sich bringt. Denn während das 21. Jahrhundert bislang gerne den Fummel von gestern und vorgestern miteinander kombiniert, brachte Techno auch neue Kleidungsstile mit sich: Zwar gab man sich, der Hippie-Bewegung spirituell verbunden, zunächst noch in Batikhemden und Schlaghosen, diese wichen jedoch hurtig greller Plastik-Ästhetik, neonfarbenen Jacken aus Flokati und Neopren, Federboas und enganliegenden Nylon-Hemden. Die bewusste Übernahme aus der Fetisch-Fashion wurde mit Accessoires aus der Kleinkindabteilung wie Schnuller, Trillerpfeifen und UV-Knicklichtern konterkariert. Medial gerne aufgegriffen wurden auch Party People in bedrohlich wirkenden Gas- und Atemschutzmasken. Die Plateauschuhe der 70er erfuhren ein Update als klobige Sneakers der Marke Buffalo mit faustdicken Sohlen. So omnipräsent war die Bewegung bald in Stadtbildern und den Medien, dass WestBam und *Frontpage*-Chefredakteur Jürgen Laarmann Mitte der 90er die Idee der *Raving Society* propagierten – ein von den Werten der Technokultur durchzogenes, all-inclusive Gesellschaftsmodell. Nach starker Kritik aus der Szene, wonach sich die beiden mit dem Schlagwort nur mehr Zielgruppen für ihre Veranstaltungen,

Platten und Magazine erschließen wollten, distanzierte sich selbst Laarmann Ende des Jahrzehnts in einem Interview mit der Zeitschrift *Groove* von dem Begriff. Spätestens dort war ohnehin klar, dass sich die Utopie nicht erfüllen würde.

Denn Ende des Jahrzehnts flaute der Boom stufenweise ab. Nachdem bereits seit 1994 selbst Schlager und volkstümliche Musik mit den Produktionsmitteln des Techno hergestellt wurden und ganz auf harte elektronische Bassschläge auf die Viertel setzten, hatte die Kunstform viel von ihrer Sprengkraft verloren. Große Konzerne sponsorten die Partys, zahlreiche Energydrinks bedienten die Nachfrage an »3 Tage wach«-Machern. Bereits seit etwa 1991 grenzten sich Electronica-Labels wie Warp in Sheffield mit den komplexen Sounds der sogenannten IDM (Intelligent Dance Music) vom klassischen Four-to-the-Floor-Bumm ab, vom Techno in seinen Inkarnationen als kindischem Eurodance und in Form der Komasaufkapellen, die mit Ballermann-Techno das mallorquinische S'Arenal beschallten.

Nach anfänglichen Vorurteilen und Ressentiments, wonach elektronische Musik nicht »echt« sei – im vermeintlichen Gegensatz zu einer E(!)-Gitarre –, hatte die ehemalige Avantgarde den kompletten Popmainstream rasch durchwurzelt. Missy Elliotts 2001er-Album *Miss E… So Addictive* ist nicht nur dank der titelgebenden Ecstasy-Anspielung ein Paradebeispiel für die zunehmende Kombination von elektronischer Musik und Hip-Hop, eine progressive Rückkehr zu Afrika Bambaataa. Dazu hatte Techno auch einen weiten Bogen um große Teile der Welt gemacht: In den USA kamen viele Menschen erst zu Beginn der 10er Jahre mit Arenenfüllern wie David Guetta, Skrillex und Deadmau5 auf den Geschmack elektronischer Musik; den Weg hatte der niederländische Starproduzent Tiësto geebnet, indem er 2004 den Einmarsch der Athlet:innen bei den Olympischen Sommerspielen in Athen mit Techno unterlegte. Doch in den 90ern zog selbst eine Ikone wie der Co-Gründer des einflussreichen Detroiter Techno-Projekts Underground Resistance, Jeff Mills, nach Berlin, weil er dort ein größeres Publikum fand. In

Die *Dream Dance* und die *Thunderdome*-Compilation in ihrer jeweils ersten Ausgabe

den arabischen Ländern, weiten Teilen Afrikas und Südasiens spielte Techno in den 90ern kaum eine Rolle. Und selbst in Deutschland ging die Begeisterung zurück und stagniert seit Jahren bei einer Zahl von etwa 15 Millionen Über-14-Jährigen, die angeben, gerne Techno und House zu hören. Entsprechend hat sich die Plattenindustrie angepasst: Während es in den 90ern quasi keine Werbeblocks auf MTV oder Viva gab, in denen nicht die neuesten *Dream Dance*-CD-Compilations mit kitschigen Eso-Delphin-Motiven oder – auf der anderen Seite des Spektrums – Einträge aus der Gabber-Reihe *Thunderdome* mit ihren Metaldesigns angepriesen wurden, erscheinen Techno-Tonträger heute vielfach auf nischigen Liebhaberlabels.

Ausnahmen bestätigen auch hier die Regel: So führten im Sommer 2023 gleich zwei Techno-Versionen bekannter Hits die deutschen Charts an: eine von Ski Aggu und Joost Klein erstellte Happy-Hardcore-Fassung des Otto-Waalkes-Klassikers »Friesenjung« und »Mädchen auf dem Pferd« aus dem 2014er Film *Bibi & Tina* in der Version von Luca-Dante Spadafora, Niklas Dee und Octavian. Ende Januar 2024 ergänzte dann Bennett den Reigen mit seinem Techno-Mix des Chorgesangs »Vois sur ton chemin« aus dem Film *Die Kinder des Monsieur Mathieu* von 2004.

Wahrnehmungsverzerrend wirkt ebenso ein Wochenende

im Berliner Nachtleben. Nach Abflauen des Indie-Rock-Comebacks in den 00ern gibt es praktisch nur noch Electro-Clubs in der Hauptstadt, die vor allem im Sommer auch von zahlreichen angemeldeten oder (meistens) nicht angemeldeten Open-Air-Raves in den Szenebezirken Kreuzberg und Neukölln geprägt wird. Das entspricht einem Genre, das musikalisch auf Endlosigkeit angelegt ist. Wo Stücke in Pop und Rock entweder an ihr komponiertes Ende oder im Fade-out versanden, sind Kompositionen aus House und Techno dahingehend formalisiert, dass man sie quasi nur auf dieselbe Anzahl an Beats per Minute bringen muss (*Beatmatching*), um sie bruchlos aneinanderzureihen, Enden und Anfänge miteinander zu vermählen. 2008 wurde der Spielfilm *Berlin Calling* zu einer Art *Trainspotting* für die Technokultur. Hauptdarsteller Paul Kalkbrenner wurde danach zum Superstar, seine Soundtracksingle »Sky and Sand« ist mit 129 Wochen nach »Last Christmas« von Wham! der am zweitlängsten notierte Titel in der Geschichte der deutschen Singlecharts. Seit 2015 ziehen erneut tausende Feierwütige im Zug der Liebe durch Berlin, der inoffizielle Nachfolger der Loveparade ist wieder als politische Großdemo zu verstehen und richtet sich so etwa gegen die AfD, Gentrifizierung und die europäische Flüchtlingspolitik. Seit 2022 fand auf Initiative Dr. Mottes die Loveparade ihr legitimes Sequel in Form des Umzugs Rave the Planet, dem pro Jahr um die 200 000 Menschen folgen. Clubs wie das 2004 aus dem Ostgut hervorgegangene Berghain und Areale wie die Bar 25, die nach ihrer Schließung 2010 zunächst als Kater Holzig und schließlich als Kater Blau ein Nachleben fand, atmen auch in ihrer sexuellen Freizügigkeit wieder den Geist der Urszene. Hier oder auf gigantischen, werbefreien, mehrtägigen Raves wie der erstmals 1997 abgehaltenen Fusion lässt es sich nach wie vor ohne Rücksicht auf Verluste und Sperrstunden vom Alltag ausklinken. Die Szene ist quicklebendig, aber fragmentierter als noch in den 90ern. Das von universeller Verfügbarkeit bestimmte 21. Jahrhundert lässt keine Massenphänomene mehr zu, ermöglicht so zahllose parallele Szenen, aber gewiss keinen Nährboden für eine *Raving Society*. Die ehedem so stark geforderte »Unity« kann allein schon daher unmöglich gesamtgesellschaftlich erreicht werden. Doch für eine durchtanzte Nacht – und womöglich einen Afterhour-Morgen, von dem es sich wiederum in eine weitere Clubnacht rutschen lässt – ist dieser Wert in einer zigfach gespaltenen Welt vielleicht bedeutsamer denn je.

Four to the Floor – 15 Klassiker aus Techno und House

1. Jeff Mills: »The Bells« (1996)
2. Dr. Motte & WestBam: »Sunshine« (1997)
3. Marusha: »It Takes Me Away« (1994)
4. Zombie Nation: »Kernkraft 400 (DJ Gius Mix)« (1999)
5. Daft Punk: »Da Funk« (1995)
6. Moby: »Feeling So Real« (1994)
7. Age of Love: »The Age of Love« (1990)
8. Paul van Dyk: »For an Angel« (1994)
9. Joey Beltram: »Energy Flash« (1990)
10. The Future Sound of London: »Papua New Guinea« (1992)
11. Laurent Garnier: »Crispy Bacon« (1997)
12. Sven Väth: »L'Esperanza« (1993)
13. Cassius: »Cassius 1999« (1999)
14. The Bucketheads: »The Bomb! (These Sounds Fall into My Mind)« (1995)
15. Members of Mayday: »Sonic Empire« (1997)

»Aus dem Bauch zu musizieren ist am tiefsten«: Interview mit Ellen Allien

Ellen Fraatz alias Ellen Allien ist die Urmutter der Berliner Technoszene. Noch vor ihrer Volljährigkeit lebte sie in Berlin in einem besetzten Haus und arbeitete in Dimitri Hegemanns wegweisendem Kunstraum Fischlabor. 1988 erlebte sie den »Second Summer of Love« während eines einjährigen Aufenthalts in London. Nach dem Mauerfall zog sie in den Ostteil Berlins und legte bald in allen wichtigen Technoclubs der Stadt auf. 1993 moderierte sie eine eigene Radiosendung bei Kiss FM, zwei Jahre darauf gründete sie ihre Plattenfirma namens Braincandy, aus der 1999 das nach wie vor tonangebende Label BPitch Control hervorging. Bis heute spielt sie weltweit auf den renommiertesten Partys.

In der Regel wird jeder Neuankömmling im Berliner Nachtleben eher früher als später von Alteingesessenen mit Variationen der Feststellung konfrontiert: »Früher war alles besser.« Gewiss waren etwa die Wendejahre für die Clubkultur von außerordentlicher historischer Bedeutung, aber es kann ja auch nicht ALLES besser gewesen sein, oder? Was war denn früher tatsächlich nicht so gut wie heute?
Die Clubkultur hat sich sehr aufregend entwickelt. Es gibt viele Independent-Plattformen, Streaming, Radios, Labels, sehr viele kleine Communitys, die Treffpunkte entwickeln. Früher war alles übersichtlicher und nicht sehr beweglich. Durch den Euro und preiswerte Flugpreise reiste dann alles durch die Welt, um Festivals und Clubs zu besuchen. Dadurch entwickelte sich oft ein Umzug in eine neue Stadt, in ein anderes Land. Das alles war wichtig für Berlin.

Und dennoch: Welche schmerzlich vermissten Aspekte sind unwiederbringlich verlorengegangen?
Verlorengegangen sind Locations und Mieten, die Künstler erbringen können. Clubs gibt es dennoch viele sehr wilde in Berlin mit bestem Design und Soundsystemen. Auch kleinere Locations, die sich im Underground bewegen.

Deine große Schwester hat dich zum ersten Mal in einen Club mitgenommen, als du gerade mal acht Jahre alt warst – eine Initialzündung. Woran kannst du dich da noch erinnern?
Für mich war das eine neue Welt. Besonders Breakdancers haben mich fasziniert. Tanz, Bewegung, glückliche Gesichter.

Anders als in den auf Starkult aufgebauten Bereichen der Rock- und Popmusik war Techno von Anfang an von Entpersonalisierung geprägt. Die Musik sollte im Mittelpunkt stehen. Dennoch bist du zum Superstar der Szene geworden. Wie gehst du damit um?
Die Musik verkörpert Freiheit und Frieden – ich fühle mich hier als weiblicher DJ als eine öffentliche Person, die Menschen Mut macht, ohne Angst ihren eigenen Weg zu gehen und durch Aktionen und Vernetzung zu überleben. Als Superstar sehe ich mich nicht, sondern eher als einzigartige Musikerin, als DJ mit Skills.

Kannst du dich mit der Idee eines Biopics über dein bewegtes Leben anfreunden? An deinem Werdegang könnte man ja die ganze Geschichte des Techno nacherzählen.
Es gibt viel zu erzählen – ja, warum nicht?

Pionierin sowohl eines Genres als auch für Frauen in einer Männerdomäne, Gründerin eines der maßgeblichen Labels für elektronische Musik, Verantwortliche für zahllose, lebensprägende Nächte – welche deiner Errungenschaften sind dir besonders wichtig?
Wichtig sind mir die Nächte, in denen wir uns der Musik hingeben, die uns Kraft geben und in denen Schweiß erlaubt ist. Und die Plattformen der Kreativen, auf denen wir uns austauschen und kreieren, was wir fühlen. Reisen und die Ortschaften beglücken mit dem Berlin-Sound, das ist meine Sucht. Dies verschafft mir auch Einblicke in die Situation, was in den Ländern wirklich los ist.

Kann es eigentlich auch mal nerven, ständig als »lebende Legende« bezeichnet zu werden, oder empfindest du das prinzipiell als Anerkennung?
Ich sehe das als Anerkennung. Das öffentliche Leben hat mich am Anfang sehr gestört, daran gewöhnte ich mich aber und sehe

es eher als Aufgabe, als Frau kraftvoll meine Leidenschaft Musik auszuleben.

Gibt es Phänomene in der elektronischen Musik des 21. Jahrhunderts, die dich überrascht haben?
Das Festival Grauzone in den Niederlanden – bestes Cold-Wave-Festival. Dort wurde ich für ein DJ-Set eingeladen und verbrachte drei Tage dort, um die großartigen Bands zu hören. Und die Entwicklung der DJs, mit denen wir arbeiten, Métaraph und Shaleen, mitzuerleben, ist großartig. Und die Events, die wir veranstalten, das sind große Community-Bangs.

Die meisten musikalischen Sparten sind künstlerisch irgendwann auserzählt, hatten ihre Epochen und führen ein Nachleben in Wiederaufführungen. Wie steht's um den Techno? Bemerkst du erste Alterserscheinungen im Genre? Welche Entwicklungen hältst du für möglich?
Es gibt viel frische Bewegung aus Brasilien und aus allen Ecken – nur die Musiker, die sich wiederholen, kommen mit diesen frischen Klängen nicht so klar. Das amüsiert mich sehr. Lasst euch nicht belehren! Aus dem Bauch zu musizieren ist am tiefsten.

Das Entstehen neuer Genres ist meist technischen Neuerungen geschuldet – ohne E-Gitarre kein Rock'n'Roll, ohne Turntables kein Hip-Hop, ohne Synthesizer und Sequenzer kein Techno. Stehen wir dank KI vor der nächsten großen musikalischen Revolution?
Die Millionen von Möglichkeiten, wie wir musizieren, hängen vom neugierigen Gehirn ab! Abrufen, was wir erlebt haben, ist ein Teil unserer Erinnerung. Die schön wiederzubeleben mit anderen Klangformen, die alles verändern, kann nur umgesetzt werden, wenn wir andere Geräte oder Softwares entwickeln.

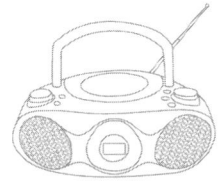

»Block Rockin' Beats«:
Jungle, Drum 'n' Bass, Trip-Hop und Big Beat durchbrechen die Grenzen zwischen Electro und Rock

(1991–1999)

Mit nur einem Schlagzeug und einem Bass im Gepäck ging es in den 90ern in den Dschungel, wo ein Feuer entfacht wurde. Die Souvenirs des Trips waren der Hop, bombastische Bubblegum-Beats, aber auch eine Melancholie, die seit den 10er Jahren den Mainstream prägt.

> *»Breathe the pressure*
> *Come play my game, I'll test ya*
> *Psychosomatic, addict, insane*
> *Breathe the pressure*
> *Come play my game, I'll test ya«*
> The Prodigy: »Breathe«, 1996

Bis zu den Erweiterungen der Einflusssphären in den 10er Jahren des 21. Jahrhunderts stellten die USA und das UK die tragenden Säulen westlicher Popkultur dar. Das reziproke Abhängigkeitsverhältnis führte zu einem hochkreativen Wettstreit: In den

50er Jahren ging das Vereinigte Königreich vor dem »King« Elvis Presley in die Knie, importierte das Konzept des Rockstars, schuf damit Ikonen wie Cliff Richard und verkaufte zu Beginn der 60er im Rahmen der »British Invasion« Rock'n'Roll in Form von Bands wie den Beatles, den Rolling Stones und The Who gewinnbringend an die Amerikaner:innen zurück – mit Zins und Zinseszins. In den 70ern griffen die britischen Sex Pistols den Punk-Sound der New Yorker Ramones auf, und in den 90ern war Britpop eine hoffnungsstiftende Antwort auf den depressiven Grunge. Was im Bereich der gitarrenbasierten Musik zu beobachten ist, hat auch seine Gültigkeit im Hip-Hop. Obwohl die Pop-Insel die fetten Beats und rhythmischen Sprechgesänge aus den Staaten von Anfang an umarmt hatte – »Rapper's Delight« von der Sugarhill Gang verkaufte annähernd eine halbe Million Einheiten im UK –, war man dort früh auch um eine eigene Ausprägung des Genres bemüht. So schuf Malcolm McLaren, Impresario und Manager der Sex Pistols, 1983 kurz nach dem Ende seiner Schützlinge mit dem Album *Duck Rock* einen Meilenstein des Hip-Hop. Die Singles »Buffalo Gals« und »Double Dutch« sind zigfach gesampelte Klassiker und gehören zum Standardinventar des Genres. Doch es sollten wie so oft vor allem Acts mit Migrationshintergrund sein, die die Fusion der Kulturen vorantrieben. Geburtshelfer von Jungle und dessen zahlreichen jüngeren Geschwistern von Drum'n'Bass und Trip-Hop bis zu Big Beat und Dubstep waren britische DJs mit jamaikanischen Wurzeln. Jungle war der wildgewordene Enkel der klassischen Reggae-Szene Kingstons.

Welcome to the Jungle: Die Ursuppe brodelt

Der 1991er Track »We Are I.E.« von Lennie De-Ice darf als Grundstein für Jungle betrachtet werden, verfügte er doch über die elementaren Bestandteile des Genres: ein dem Ragga entliehener Basslauf, irre Noise-Samples, verzerrte Stimmen, stark synkopierte Loops von Perkussionsaufnahmen und vor allem einen hochgepitchten »Amen Break« – musikalische Breaks, wie wir sie vor allem im Funk und in der Folge in Form von Breakbeats als Sample im Hip-Hop kennen, sind kurze, kadenzhafte Einschübe in einem Stück, in dem in der Regel alle Instrumente aussetzen und Raum für eine kurze, knackige Improvisation an den Drums schaffen. Eine vollständige Auflistung sämtlicher Einsätze des nur sieben Sekunden währenden Schlagzeugsolos der 1969er B-Seite »Amen, Brother« der Soulgruppe The Winstons aus Washington, D.C., in allen Bereichen der sogenannten Black Music würde Bibliotheken füllen. Kein Instrumentalpart wurde häufiger gesampelt als der von Drummer Gregory Coleman eingespielte Break; mindestens 6000 Samples sind bis heute gezählt. Das Tragische dabei: Die Winstons haben nie Tantiemen für das Sample erhalten, Coleman starb 2006 verarmt und obdachlos ohne jegliche Kenntnis seines Einflusses. In den Genres Jungle und Drum'n'Bass kommt das Sample zumindest in Versatzstücken in unzähligen Tracks vor, es ist Teil der vereinenden DNA der Spielarten.

Weithin von den Medien aufgegriffen, blieb Jungle letztlich ein Underground-Phänomen; Tonträger kursierten vor allem in eilig hergestellten White-Labels ohne grafischen Aufwand und vor allem ohne die Bemühungen, die dahinterstehenden Acts zu Stars zu machen. Jungle sollte auf dem (Tanz-)Boden bleiben, dem figurativen wie dem sozialen. Vor allem für Schwarze Jugendliche, die sich von der Thatcher-Regierung der 80er Jahre ignoriert gefühlt hatten, diente es als Sprachrohr. Im Gegensatz zum Smiley-Rave aus Sheffield und Manchester war Jungle düsterer Ausdruck der Lebensverhältnisse in der hektischen Metropole London – meisterhaft stimmungsvoll aufgegriffen in Goldies 1995er Jungle-Soul-Nummer »Inner City Life«. Mit dem weitgehenden Verzicht auf Melodien, wie sie die klassische westliche Popmusik bestimmte, und einem Fokus auf harte Rhythmen grenzte sich Jungle von der weißen Entertainment-Elite ab und gab sich eine eigene Identität. Das Crossover in den

Mainstream gelang nur sukzessive und in anderen Ausprägungen – einzig mit »Incredible« von M-Beat wurde ein waschechtes Jungle-Stück 1994 zum Top-Ten-Hit. Neben dem delphinartigen Kieksen, mit dem MC General Levy seine ultraschnell vorgetragenen Zeilen immer wieder unterbricht, wurde die zentrale Feststellung »Jungle is massive« zum Slogan des Genres. Als Ende 1994 mit Baby Ds »Let Me Be Your Fantasy« eine Art Jungle-Light-Track auf Platz 1 der UK-Charts stand, hatten sich schon längst andere Genres daraus entwickelt oder waren parallel artverwandte entstanden.

Massive Attacken aus Bristol und Portishead

Der direkte Nachfolger von Jungle war Drum'n'Bass. Die engen Bande zeigten sich schon in jamaikanischen Reggae-Nummern aus den 70er Jahren wie »The Now Generation (Drum & Bass Version)« von John Holt oder Peter Metros »Drum & Bass Style«. Seit etwa 1992 wird der Begriff als programmatische Genrebezeichnung für Musik bezeichnet, welche die hohe Beats-per-Minute-Frequenz des Jungle herunterfährt und auf einfachere Rhythmen und minimalistischere Strukturen setzt. Es ging um bessere Verständlichkeit, direkteren Anschluss. Verwirrende Samples wurden daher immer seltener verwendet, wodurch auch die fast humorvolle Hibbeligkeit des Jungle verschwand. Drum'n'Bass war dunkler, bedrohlicher. Allein der Name und das Totenkopflogo des maßgeblichen Genrelabels von Goldie sprach Bände: Metalheadz. Gleichzeitig entwickelte sich westlich von London ein noch entschleunigterer musikalischer Typus aus den Grundelementen Schlagzeug und Bass, der allerdings deutlich massenkompatibler ausfallen sollte.

So wie Seattle in den 90ern metonymisch für Grunge stand, wurde Bristol am Fluss Avon zum Inbegriff des Trip-Hop. An den Block Partys des frühen US-Hip-Hop geschult, fanden sich in der Stadt ab den späten 80er Jahren Soundsystems zusam-

Massive Attacks *Protection* (1994) und das Dub-Remixalbum *No Protection* von DJ Mad Professor (1995)

men, um Partys für unterprivilegierte Jugendliche in öffentlichen Räumen der Sozialbausiedlungen auszurichten. Auch dort schlug der jamaikanische Einfluss der Minderheitsbevölkerung voll durch – anders als im Hochgeschwindigkeits-Jungle ließ man es in Bristol allerdings ruhiger angehen, setzte auf tiefe Dub-Grooves und schwere, aber langsame Drums. Wenn man von Kiffersound spricht, ist das gar nicht mal so vorurteilsbeladen. Beäugt man die Soloalben von Adrian »Tricky« Thaws, einem Mitglied des zentralen Bristoler Soundsystems Wild Bunch, so blickt man dort häufig durch verdächtige Rauchschwaden. Zu den weiteren Mitgliedern des Wild Bunch gehörten Robert »3D« Del Naja, Andrew »Mushroom« Vowles und Grant »Daddy G« Marshall, die sich für ihr erstes Album in Massive Attack umbenannten. Die weiteren Mitstreiter wie Jonny Dollar und Nellee Hooper produzierten die Gruppe – Letzterer zeichnete 1993 auch für das *Debut* von Björk verantwortlich, die vor allem mit ihrem vierten Solo-Album *Homogenic* ein Glanzlicht des Trip-Hop kreierte.

Die mit dem Wild Bunch assoziierte schwedische Sängerin und Rapperin Neneh Cherry gab Massive Attack einen massiven Tritt in den manchmal allzu häufig herumsitzenden Allerwertesten, spornte sie zu ersten Aufnahmen an, die dann teilweise sogar in ihrem alten Kinderzimmer stattfanden. Die Aufnahmebedingungen waren einer alten Anekdote zufolge beschwerlich, denn eine antike, hinter einem Heizkörper versteckte Windel verbreitete einen unangenehmen Geruch. Aber die Mühe sollte sich lohnen: Gleich ihr erstes Album *Blue Lines* wurde ein gewaltiger Erfolg. Die zweite Single »Unfinished Sympathy« chartete weltweit – das One-Take-Video, in dem Gastsängerin Shara Nelson gedankenverloren durch Los Angeles wandert, wurde oftmals kopiert, am prominentesten von The Verve für deren ebenso legendären Clip zu »Bitter Sweet Symphony«. Mit ihrer Mischung aus 70s-Soul, Reggae, Dub und Electronica hatte das Gespann das erste Album eines Genres entworfen, das damals noch keinen richtigen Namen hatte: Die Behelfsbeschreibungen reichten von Downbeat bis Chill-out. Erst drei Jahre später erfand der britische Musikjournalist Andy Pemberton in einem *Mixmag*-Artikel über »In/Flux«, eine Single des US-amerikanischen Sample-Maestros DJ Shadow, den Begriff Trip-Hop. Ebenfalls 1994 legten Massive Attack mit *Protection* ihr nächstes Meisterwerk vor – das bei DJ Mad Professor in Auftrag gegebene Dub-Remixalbum *No Protection* wurde ähnlich erfolgreich und gehört bis heute zum Standard in jeder Plattensammlung von Marihuana-Fans.

Das gilt auch für das Projekt Nightmares on Wax des Produzenten George Evelyn aus Leeds: Mit Plattentiteln wie *Smokers Delight* (1995), einer offensichtlichen Anspielung auf einen der einflussreichsten Tracks auf Evelyns Karriere, »Rapper's Delight«, machte er keinen Hehl daraus, wer seine Zielgruppe ist. Ersten Pressungen seines Albums *Carboot Soul* lagen sogar Zigarettenpapier-Päckchen der Szenemarke Rizla im Design der Platte bei. Das streicherlastige Stück »Les Nuits« wurde zu einer Afterhour-Hymne.

Parallel zur Veröffentlichung von *Protection* trat 1994 eine Band auf den Plan, die das Genre auf Augenhöhe mit Massive Attack prägte: Portishead hatten sich nach der gleichnamigen Kleinstadt etwa 13 Kilometer westlich ihrer Heimatstadt Bristol

Die Wiener Lokalhelden der Sofa Surfers 1998

benannt und mit ihrem Debütalbum *Dummy* eine beeindruckende Brücke von der Vergangenheit in die Gegenwart geschlagen. Ihre Songs, die sie aus alten Soundtracks und Soulplatten montierten, nahmen sie zunächst digital auf, nur um sie anschließend auf Vinyl zu pressen, die Schallplatten dann bewusst zu zerkratzen »und wie Skateboards zu benutzen«, wie Mastermind Geoff Barrow sagt, um sie schließlich durch einen kaputten Verstärker aufgenommen wieder in den Computer einzuspeisen. Ihre Zugehörigkeit zur Bristoler Szene demonstrierten sie mit der Single »Glory Box«, die ebenso wie Tricky für die Single »Hell Is Round the Corner« aus seinem ersten Album von 1995, *Maxinquaye*, Isaac Hayes' zukunftsweisende 1971er Nummer »Ike's Rap II« sampelte. Für ihr nächstes Album, schlicht *Portishead* benannt, blieben die verstaubten Platten im Regal. Die Band setzte auf Live-Instrumente, was sich vor allem im Breitwandsound der Single »All Mine« niederschlug. Um ihre künstlerische Entwicklung weiter zu unterstreichen, veröffentlichten sie 1998 einen mit Orchestermusiker:innen eingespielten Konzertmitschnitt namens *Roseland NYC Live*. So berühmt wurden die öffentlichkeitsscheuen Portishead, dass sie sich ein Jahr später neben Big Names wie Robbie Williams und Simply Red auf Tom Jones' Allstar-Revue *Reload* wiederfanden, um dort gemeinsam mit dem Crooner das Traditional »Motherless Child« zu interpretieren. Kurz vor dem Overkill zogen sie die Handbremse und verschwanden von der Bildfläche. Erst 2008 sollte mit *Third* ein weiteres, von der Kritik innig geliebtes Album der Band folgen. Ein Nachfolger ist seitdem nicht in Sicht.

Portishead hatten die Zeichen der Zeit erkannt. Nach einem rückblickend sagenhaften Siegeszug für derart nischige Expertenmusik, die vor allem in Lateinamerika und in Österreich mit Acts wie DJ Marky und DJ Patife, bzw. Sofa Surfers und Kruder & Dorfmeister, deren Compilations *DJ-Kicks* und *The K&D Sessions* Ende der 90er aus keinem studentischen Café wegzudenken waren, eigene lokale Szenen hervorbrachte, drohte Trip-Hop zu verflachen.

Die entspannten Grooves trafen bei der Bewältigung der *Pre-Millennium Tension*, wie Trickys drittes Album von 1996 passenderweise heißt, einen Nerv und fanden so ein Massenpublikum. Das kaufte zu Zigtausenden *Café del Mar*-Compilations, die eine Art *Bravo Hits* für innerstädtische Trendcafés darstellten. Morcheeba stürmten mit einer radiofreundlichen Auslegung des Genres die Charts. Übrig blieben, wie so oft, nur die ganz großen Vertreter, allen voran Massive Attack, die nach ihrer letzten Großtat, dem düsteren *Mezzanine* von 1998, zwar künstlerisch nicht mehr viel zu sagen hatten, dafür aber politisch. Ihre immer noch in großen Hallen stattfindenden Konzerte nutzt die am linken Rand verortete Band vermehrt zur Kritik an Umwelt- und Einwanderungspolitik.

Wir starten jetzt die Feier: Die Gitarren und Granaten des Big Beat

Bis Drum'n'Bass – im weitesten Sinne – die ersten Superstars hervorbrachte, sollte das erste halbe Jahrzehnt der 90er vergehen. The Prodigy aus Essex feierten zwar bereits ab Beginn der 90er mit Ravetracks wie »Charly« und »Everybody in the Place« große Charterfolge, blieben aber weitgehend gesichtslos. Das sollte sich im März 1996 mit dem Release ihres »Firestarter« radikal ändern. Bereits zuvor hatte sich das Quartett um Mastermind Liam Howlett zusehends Elementen des Drum'n'Bass bedient – ihr »Out of Space« (1992) basierte auf dem 1976er Reggae-Klassiker »Chase the Devil« von Max Romeo, 1994 ließen sie es für »Voodoo People« neben der gesampelten E-Gitarre aus Nirvanas »Very Ape« mit verfremdeten Breakbeats krachen, die Nachfolge-Single »Poison« war gleichermaßen Hip-Hop wie Techno. Die Zeichen standen auf Revolution, das Feld dafür war bereitet. Die Erstausstrahlung des Videos zu »Firestarter« führte zu einem Aufschrei vergleichbar mit jenem, als 20 Jahre zuvor die Sex Pistols in schockierender Kluft wie einer Hakenkreuzbinde in der familienfreundlichen Fernsehsendung *Today* auftraten und das UK veränderten. Der gerade noch als grinsender Backgroundtänzer agierende Keith Flint tobte mit einer zu Teufelshörnern geformten Frisur, prominenten Gesichtspiercings und dem Kajalradius einer Single-CD durch einen stillgelegten Londoner U-Bahntunnel und kläffte den Song wie einst Johnny Rotten. »I'm the trouble starter, punkin' instigator / I'm the fear addicted, a danger illustrated«. Besorgte Eltern ließen die Telefonleitungen glühen, beschwerten sich bei den Sendeverantwortlichen, das Video würde ihre Kinder traumatisieren. Der erste Beat im Takt der verschachtelten Rockdrums kam einem Magenschwinger gleich, dazu kreischte die Wah-Wah-Gitarre aus dem Breeders-Instrumental »S.O.S.«. Der Song funktionierte wie Heavy Metal, erschloss elektronischer Musik damit ein neues Publikum und half wie kein anderer dabei, Mauern zwischen Fanlagern aufzuklopfen. Das neue Genre Big Beat wurde schlagartig – mit einem brutalen Schlag – zum Begriff. Die provokante Optik Flints machte ihn zum gefundenen Fressen für die Medien, mit diabolischer Visage streckte er uns von den Titelblättern der Welt die durchlöcherte Zunge heraus. Ausgerechnet ein in anonymen White-Labels grundiertes Genre sollte die neuen Rockstars hervorbringen. Mit der Nachfolgesingle »Breathe« verstärkten The Prodigy diesen Eindruck – der explosionsartige Refrain erinnerte stark an die »No Future«-Coda von »Anarchy in the U.K.« der offensichtlichen Referenzgröße Sex Pistols.

Als im Juni 1997 endlich das dazugehörige Album *The Fat of the Land* erschien, zementierte es die kommerzielle Kraft des Big Beat und debütierte in mehr als 30 Ländern auf Platz 1 der Charts. Doch nach zwei sensationellen Singles offenbarte die Platte auch die Grenzen der Truppe: Songs wie »Diesel Power« und »Serial Thrilla« waren tumbes Muskelspiel, Videospielmusik, wahrscheinlich gut geeignet als Soundtrack lebensmüder Autowettrennen. Für einen Skandal war die angezählte und fast auserzählte Band aber noch gut: Das um ein Vocalsample der Ultramagnetic MCs gebaute »Smack My Bitch Up« brachte die Gruppe nicht nur aufgrund der misogynen Lyrics wieder in die Schlagzeilen, sondern auch dank Jonas Åkerlunds kontroversem Video. Vermeintlich aus der Sicht eines Mannes zeichnet es die Ereignisse einer Nacht voller harter Drogen und hartem Sex nach, bevor es in der letzten Einstellung den Protagonisten als Frau offenbart. Trotz allen Testosteron-Technos zeigten The Prodigy hier, gerade vor dem Background des Titels, ein kreatives Händchen im Umgang mit Geschlechterrollen – als einzige Coverversion findet sich »Fuel My Fire« der All-Female-Grunge-Band L7 auf *The Fat of the Land*. Doch erst Ende 2023 änderten The Prodigy ihren Skandalsong ab, ersetzten den Titel mit einer simplen Wiederholung der vorhergehenden Zeile »Change my pitch up«. Was inmitten des medialen Trubels etwas verlorenging, war die Wertschätzung für das musikalische Gerüst des Songs. Das raffinierte Kontrastspiel der hypnotischen indisch

The Chemical Brothers,
Exit Planet Dust
(1995)

anmutenden Gesänge von Shahin Badar mit den gefährlich lauernden Rhythmen und dem einem Erbrechen nahekommenden Chorus hätte die Zukunft der Band sein können. Doch während The Prodigy fortan und bis heute in einem Sumpf aus Stumpfbeats waten, kümmerte sich um den Fortschritt des Big Beat ein Gespann, das bereits dessen Fundament gelegt hatte: The Chemical Brothers.

Tom Rowlands und Ed Simons hatten sich Anfang der 90er Jahre einen guten, wenn auch fragwürdigen Namen an den Turntables gemacht: So sehr bewunderten sie das kalifornische Produzentenduo The Dust Brothers (Beastie Boys, Beck, The Rolling Stones), dass sie sich einfach genauso nannten. Bis die Originale sie verklagten. Mit ihrem Debütalbum *Exit Planet Dust* markierte das jetzt unter The Chemical Brothers firmierende Projekt den Namenswechsel.

Die Coveroptik gab den Ton vor: Mit dem Hippiepärchen am Rande einer US-amerikanischen Straße wollten sich die Brüder im Geiste von Tonträgern aus dem Electrobereich abgrenzen, die meistens nur typografisch gestaltet waren. Dazu sprach der Look auch ein Rockpublikum an – neben den Gastbeiträgen von Char-

The Chemical Brothers 1997: Ed Simons und Tom Rowlands

latans-Sänger Tim Burgess und der Singer-Songwriterin Beth Orton. Die Gebrüder reicherten den Psychedelic Trance von Formationen wie Ozric Tentacles mit Oldschool-Hip-Hop-Beats, Drum'n'Bass-Grooves und Rock-Gitarren an und schufen so eine Formel, die bis heute ihre Gültigkeit hat. Keines ihrer zehn Alben bis 2023 verließ das Hochplateau des chemischen Schaffens.

Ihren Durchbruch sollten die beiden im Jahre von *The Fat of the Land* erleben: Ihr Zweitwerk *Dig Your Own Hole* setzte optisch wieder auf weibliche 70s-Ästhetik, warf mit »Setting Sun« und »Block Rockin' Beats« zwei Nr.-1-Hits im UK ab und sorgte für ein Stimmungsfeuerwerk in den Clubs. Wieder setzten sie auf Gäste: So verbriet ausgerechnet Noel Gallagher, dem man als Songwriter der retroseligen Oasis kompositorisches Talent, aber bestimmt keinen Innovationswillen zuschrieb, für das euphorische »Setting Sun« ein Demo, das er 19 Jahre später als »Lock All the Doors« beenden sollte, für die Melodie. Diese legte er über eine donnernde Fortentwicklung der Big-Beat-Pionierarbeit der Beatles, »Tomorrow Never Knows« von 1966. Dem nicht genug sollte Gallagher später im Jahr aggressive Gitarren zu Goldies Jungle-Raserei »Temper Temper« beisteuern. Auf *Dig Your Own Hole* erweiterten wiederum das Fingerpicking des Sonntagmorgenkater-Blues »Where Do I Begin« und die Rennfahrt durchs Unterbewusstsein, »The Private Psychedelic Reel«, die Anziehungskraft der Chem. Bros und trugen so zu einer Dreiviertelmillion verkaufter Platten auf dem immer noch von Rockmusik dominierten US-Markt bei.

Destroy 2000 Years of Culture: Die Abrissbirne des Digital Hardcore, Beats aus dem Häcksler und Happy-Stampf

Dort wurde man auch langsam auf eine neue Ausprägung der Big Beats aus Deutschland aufmerksam: Das Label der Beastie Boys, Grand Royal, hatte den knüppelharten Digital Hardcore der Berliner Atari Teenage Riot entdeckt und veröffentlichte für den US-Markt die Compilation *Burn, Berlin, Burn*. Deren Erfolg brachte die Gruppe um Alec Empire auf Touren mit Hochkarätern wie Rage Against the Machine, Nine Inch Nails und Wu-Tang Clan. Digital Hardcore verquirlte die Aggressivität von Punkrock mit High-Speed-Gabber-Beats, aufgemotzten Breakbeats und bewusster Übersteuerung bis zur Schmerzgrenze. Konzerte von Atari Teenage Riot waren Stroboskop-Infernos, in denen die Band ihre linksextreme Einstellung in Tracks wie »Hetzjagd auf Nazis« und »Deutschland (Has Gotta Die!)« über Megaphone mehr als verdeutlichte. Während ATR ihren Sound sukzessive abmilderten, mit »Revolution Action« sogar häufigen Einsatz im Programm von Viva Zwei fanden und 2011 mit »The Collapse of History« Discobeats über ein an Blurs »Song 2« angelehntes Gitarrenriff legten, agierte Empire auf seinen Soloplatten noch kompromissloser als im Ensemble. 1999 veröffentlichte er zum Ausgleich für das fast schon gefällige *60 Second Wipe Out* seiner Band das Soloalbum *Miss Black America*, dessen

Track »Black Sabbath« auraler Vergewaltigung gleichkommt. Als ultimatives Statement der Gruppe gilt das Livealbum *Live at Brixton Academy*, Mitschnitt einer Supportshow für die Nine Inch Nails, die nach dieser intensiven Reizüberflutung wie die Flippers gewirkt haben müssen.

Zu den prominenten Künstler:innen, die ebenso wenig zurückscheuten, Drum'n'Bass in abstrakte Gefilde zu überführen, zählen Squarepusher und ganz besonders Richard D. James alias Aphex Twin. Beide verzichten weitestgehend auf durchgängige Rhythmen, ganz zu schweigen von Songstrukturen. Beats werden in ihren Werken durch den Schredder gejagt, rekonstruiert, umgedreht, in Nullkommanichts ent-, dann wieder beschleunigt, es raubt einem den Atem. Zu wuselig sind die Tracks, die Namen tragen wie »Peek 824545201«, »Kladfvgbung Micshk« oder »fz pseudotimestretch+e+3«, um sie einem Genre zuzuordnen. Es ist eine radikale Mischung aus Jazz, Techno und Ambient. Vor allem Aphex Twins Debütalbum *Selected Ambient Works 85–92* zählt zu den Meilensteinen der letztgenannten Sparte. Sein 97er Track »Come to Daddy« wiederum ist wahlweise eine Parodie von »Firestarter« oder eine Lektion in Sachen Härte und Grausamkeit für The Prodigy. Der Horrorclip dazu mit den gewalttätigen Kindern, die alle James' manisch grinsendes Gesicht tragen, machte Regisseur Chris Cunningham zum Star, durfte nur nachts auf MTV laufen und wurde von der einflussreichen US-Plattform *Pitchfork* zum besten Video der 90er ernannt.

Ins andere Extrem entwickelte Fatboy Slim das Genre. Der Künstlername war nur der letzte in einer langen Reihe an Pseudonymen von Norman Cook. Bereits in den 80ern hatte er als Teil der Housemartins einen Nr.-1-Hit mit dem A-cappella-Cover »Caravan of Love«. Nach dem Split der Combo widmete er sich seiner eigentlichen Passion, elektronischer Musik. Mit Beats International gelang ihm ein weiterer Smash-Hit: »Dub Be Bood to Me«. Es folgten Inkarnationen als Acid-Jazz-Ensemble Freak Power, mit dem er den Hit »Turn on, Tune in, Cop out« für eine Levi's-Werbung schrieb, sowie als Mighty Dub Katz – der »A rin tin tin tin a rin tin tin«-Refrain aus »Magic Carpet Ride« hallt bis heute nach. Ab 1995 war er Resident-DJ der Genrename-gebenden Partyreihe *Big Beat Boutique* in seinem Heimatort Brighton. Als Fatboy Slim schuf er auf dem Album *Better Living Through Chemistry* 1996 einen Happy-Gegenentwurf zum Brachialgepolter von The Prodigy. Der 1998er Nachfolger *You've Come a Long Way, Baby* wurde ein weltweiter Erfolg, auch dank höchst unterschiedlicher Videos wie Spike Jonzes Amateur-Tanztruppen-Homerecording zu »Praise You« und der menschlichen Evolution im CGI-Zeitraffer zu »Right Here, Right Now«.

Bond und Bowie: Die Beats bringen den Mainstream zum Tanzen

Cineastisch sollte es weitergehen: Nachdem *Trainspotting* bereits 1996 die *big beats* von Leftfield, Bedrock und vor allem Underworld auf die große Leinwand gebracht hatte, ließen die Chemical Brothers zu »Hey Boy Hey Girl«, der Leadsingle ihres 1999er Albums *Surrender,* die computeranimierten Skelette tanzen. Drei Monate zuvor war der Soundtrack zur Sci-Fi-Revolte *The Matrix* erschienen. Das Album zum dystopischen Blockbuster versammelte Big-Beat-Acts wie The Prodigy, Rob D und Propellerheads und vergrößerte insbesondere die nordamerikanische Aufmerksamkeit für das Genre. Die Propellerheads standen bereits knietief in der Filmmusik, so verband ihr einziges Album *Decksandrumsandrockandroll* 1998 nicht nur eine Big-Beat-Version des Titelthemas zum sechsten 007-Film *James Bond 007 – Im Geheimdienst Ihrer Majestät* (im englischen Original: *On Her Majesty's Secret Service*), sondern auch eine Zusammenarbeit mit Shirley Bassey, Interpretin dreier Bondsongs, auf der Hitsingle »History Repeating«. Bereits im Jahr davor hatte sich der Technokünstler Moby dem Big Beat zugewandt und eine entsprechende Version des »James Bond Theme« veröffentlicht. 1999 agierte sogar Underground-König Goldie Seite an Seite mit

Pierce Brosnan in *James Bond 007 – Die Welt ist nicht genug*, dessen Titelsong von Garbage kam, ebenfalls eine Band mit Trip-Hop-Wurzeln (mehr zu ihnen im Alternative-Rock-Kapitel). Big Beat wurde also rasch Massenware, die Samples nach immer höherem Wiedererkennungswert ausgesucht. So landeten die Briten Apollo 440 Hits mit bekannten Riffs von Van Halen (»Ain't Talkin' 'bout Dub«) und Status Quo (»Stop the Rock«), selbst die deutsche Trash-Techno-Truppe Scooter arbeitete 1997 auf »Fire« mit E-Gitarren und coverte im Jahr darauf »I Was Made For Lovin' You« von Kiss. Schnell hatte der Trend auch das Establishment erreicht: David Bowie experimentierte 1997 zusammen mit Nine-Inch-Nails-Mastermind Trent Reznor auf *Earthling* erfolgreich mit den neuen Möglichkeiten. Sogar Herbert Grönemeyer packte 1998 für *Bleibt alles anders* die Beatkeule aus. Wenn Big Beat ein Feuerwerk zur die Neuzeit eröffnenden Silvesternacht war, dann fiel nun der Neujahrsschnee auf die verbliebenen Sprengkörper, verwässerte sie und machte sie so zum Fall für den Restmüll. Mit der Jahrtausendwende kam das Genre weitgehend zum Erliegen. Der kurzlebige Electroclash, musikalisch ein penibel präzises Reboot von 80er-Electro, bediente mit seiner an den trashigen Techno-Punks Sigue Sigue Sputnik geschulten Ästhetik zumindest in puncto Performance Rock-Klischees. Die Protagonisten der 90er wie etwa The Prodigy und The Chemical Brothers bespielen weiterhin die größten Festivals. Erstere verlassen sich dabei auf die alten Hits, Zweiteren ist die stetige künstlerische Fortentwicklung wichtiger: *Further* heißt nicht umsonst eines ihrer späten Alben.

History Repeating: Die Erben des Drum'n'Bass

Doch Drum'n'Bass war nicht tot. Er sollte sich nach all seinen farbenfrohen Ausprägungen nur wieder verpuppen und zu Beginn der 00er Jahre als Dubstep wiedergeboren werden – erneut in London. Seiner Erziehung nahmen sich diesmal Grime, eine neue, wirklichkeitsnahe, rohe Version britischen Hip-Hops mit jamaikanischen Ragga- und Dancehall-Einflüssen, sowie 2-Step, eine Unterform von Garage mit funkigen Breakbeats jenseits der 4/4-Rhythmen an. Legten britische Vertreter wie James Blake Wert auf nachdenkliche Texte und anspruchsvolle Produktionen, ballerten US-Adepten wie Skrillex mit bombastischen Drops und setzten auf Partytauglichkeit. Der aus dem Emo-Lager kommende Skrillex mit seiner Langhaarfrisur brachte so zehn Jahre nach dem Ende von Big Beat wieder Rockelemente in die elektronische Musik und machte sie für eine neue Generation, die nicht mehr primär mit Gitarrenmusik aufgewachsen war, aufregend. Diese war dagegen mit den elektronischen Sounds der 90er Jahre großgeworden. Der 1988 geborene Future-R'n'B-Star Sampha hatte Jungle quasi mit der Muttermilch aufgesogen. »Als ich vier war, hat mir mein Bruder Jungle-Platten gezeigt«, sagte er dem *Musikexpress* in dessen Novemberausgabe 2023. So scheint es nur folgerichtig zu sein, dass die verschachtelten Beats nun auch das Werk des Briten durchziehen. Auch seine Landsmänner Chase & Status entwickelten Jungle weiter, versahen ihn mit Popstrukturen und führten ihn Ende der 10er Jahre dann doch noch in die Arenen, die seit Jahren den vor allem im UK erfolgreichen, neuartigen Drum'n'Bass der australischen Combo Pendulum willkommen hießen. Spuren von Trip-Hop finden sich heute ebenfalls im Sound von Lana del Rey. Auch der Sound von FKA Twigs wurde als Update des Trip-Hop für eine neue Welt bezeichnet. In den nervösen Zeiten, aus denen es im aktuellen Jahrhundert kein Entkommen zu geben scheint, sind die sedierenden, nachdenklichen Vibes des Trip-Hop vielleicht wichtiger denn je. Zumindest für einen Moment an einem von Schreckensnachrichten dominierten Tag scheint in der Gegenwart ein Bedürfnis zu bestehen, nach dem Abschalten der Bildschirme tief durchzuatmen und sich in die von DJ Shadow skizzierte »Midnight in a Perfect World« hineinzuträumen. Wen stört es da, dass unsere musikalischen *Happy Places* denen von damals ähneln? Denn wie hieß es schon 1998 bei den Propellerheads? »The newspapers shout a new style is growing / But it don't know if it's coming or going / There is fashion, there is fad / Some is good, some is bad / And the joke rather sad / That it's all just a little bit of history repeating«.

> **Check it out now, the Funk Soul Brothers and Sisters –
> 15 Volltreffer aus Jungle, Drum'n'Bass, Trip-Hop und Big Beat**
>
> 1. The Chemical Brothers: »Setting Sun« (1996)
> 2. Massive Attack: »Risingson« (1997)
> 3. Goldie: »Inner City Life« (1994)
> 4. The Prodigy: »Firestarter« (1996)
> 5. Aphex Twin: »To Cure a Weakling Child« (1996)
> 6. Portishead: »Numb« (1994)
> 7. DJ Shadow: »Midnight in a Perfect World« (1996)
> 8. Fatboy Slim: »The Rockafeller Skank« (1998)
> 9. Tricky: »Black Steel« (1995)
> 10. Propellerheads: »History Repeating« (1997)
> 11. M-Beat feat. General Levy: »Incredible« (1994)
> 12. Atari Teenage Riot: »Deutschland (Has Gotta Die!)« (1996)
> 13. Rob D: »Clubbed to Death (Kurayamino Mix)« (1995)
> 14. Unkle: »Rabbit in Your Headlights« (1998)
> 15. Nightmares on Wax: »Les Nuits« (1999)

»Dieser Sound hat einfach gut zum Wiener Charakter gepasst, das war unser Groove«: Interview mit Sofa Surfers

Neben dem Vereinigten Königreich kamen Drum'n'Bass und damit verwandte Genres unter anderem aus Österreich. An der Spitze dieser Bewegung stand die Wiener Combo Sofa Surfers. Ihren Durchbruch hatte sie, nachdem ihr Landsmann Richard Dorfmeister ihr Stück »Sofa Rockers« 1998 auf die Tracklist seines ge-

meinsamen Albums mit Peter Kruder, des einflussreichen The K&D Sessions, *packte. Mittlerweile kennt man die Sofa Surfers vor allem für ihre Soundtracks zu den Wolf-Haas-Krimifilmen um den Privatdetektiv Simon Brenner, gespielt vom Kabarettisten Josef Hader. Wir sprachen mit den Gründungsmitgliedern und Multi-Instrumentalisten der Band, Markus Kienzl und Wolfgang Frisch.*

Mit Kruder & Dorfmeister und euch brachte das kleine Land Österreich gleich zwei Drum'n'Bass-Acts mit internationalen Karrieren hervor. Zwischen 2005 und 2008 gab es mit Resident **sogar eine eigene Szenezeitschrift. Wie kommt's?**
Markus Kienzl: Durch Künstler wie Patrick Pulsinger gab's bei uns davor bereits eine Szene für avantgardistischen Techno mit Jazz-Elementen. Drum'n'Bass oder Trip-Hop hatte also schon von Beginn an etwas sehr Authentisches, etwas in Wien – nicht unbedingt gleich in ganz Österreich – Verwurzeltes. Dieser Sound hat einfach gut zum Wiener Charakter gepasst, der sehr *laissez faire*, nicht so hektisch ist. Das entsprach uns, das war unser Groove. Gleichzeitig war es aufgrund seines weitgehenden Verzichts auf Gesang auch international anschlussfähig, so dass man auch im Ausland bald auf uns aufmerksam wurde.

Wie muss man sich diese Ursuppe damals vorstellen? Die Begegnungsstätte Kunstwerk in Wien-Ottakring hat eine große Rolle gespielt.
Wolfgang Frisch: Ja, vor allem, weil man dort auch viel mit bildenden Künstlern aus dem Feld der Angewandten Kunst in Berührung gekommen ist, da hat sich sozusagen gegenseitig viel befruchtet. Da hat man etwa ein Bild von jemandem gesehen und bekam direkt die Idee zu einem neuen Stück Musik.
M.K.: Der Club Flex war auch von großer Bedeutung. Da gab's ab 1995 montags immer den *Dub Club*, der diesen Sound zu einer richtigen Wiener Institution gemacht und auch viele Acts aus dem Ausland hergebracht hat. Das waren so die Treffpunkte, an denen man auf Gleichgesinnte gestoßen ist. Uns als Band hat zum

Beispiel eine gemeinsame Liebe für das Album *My Life in the Bush of Ghosts* von Brian Eno und David Byrne zusammengebracht.

Euer Sound war von Anfang an sehr divers – wie einigt man sich da? Hattet ihr Grundsätze oder eine Art Manifest, an denen ihr euch ausgerichtet habt?
W. F.: Das war alles sehr intuitiv. Wir waren halt jung, alle so Anfang 20, und voller Ideen und Tatendrang. Gerade unser erstes Album *Transit* deckt ja ein breites stilistisches Spektrum ab. Aber solange es sich für uns richtig angefühlt hat, alle glücklich damit waren, kam alles auf die Platte. Da gab es keine Grenzen.

Im Bereich der Filmmusik, in dem ihr auch früh schon aktiv wart, gibt es hingegen klare Vorgaben, die Musik muss ja zum Bild passen. Wie war für euch da die Umstellung?
M. K.: Wir waren da zumindest nicht ganz unerfahren: Schon vor den Wolf-Haas-Krimis haben wir immer wieder mal Songs für Filme beigesteuert, in der Hoffnung, dass der Cutter sie dann gut unterbringt. Das war ein fließender Übergang, kein großer Umbruch. Und durch die Vorgaben geht man natürlich auch über seine eigenen Grenzen hinaus, traut sich auf einmal ganz neue Sachen, wagt sich an andere Genres.

Eignet sich Drum'n'Bass besonders gut als Filmmusik?
W. F.: Ja, weil es einerseits sehr sphärisch, aber eben auch treibend sein und Spannung erzeugen kann.

In verwässerter Form war Drum'n'Bass schnell auch Soundtrack in Studentencafés und Lounge-Bars – diesem Trend habt ihr mit eurem düsteren zweiten Album *Cargo* 1999 bewusst entgegengesteuert. Wie fühlt sich das an, wenn die eigene Musik ein Eigenleben entwickelt – nicht mehr das tut, was man eigentlich wollte?
M. K.: Ja, das war dann nicht mehr unsere Welt. Wir wurden oft in diese Lounge-Ecke gedrängt und es kamen auch entsprechen-

de Anfragen, etwas in diese Richtung zu produzieren. Aber dazu wären wir gar nicht in der Lage gewesen, selbst wenn wir gewollt hätten. Das hat uns einfach nicht interessiert, das hätte uns nicht inspirieren können. Das ist was für Couch-Potatoes.

Ein Sofa Surfer ist semantisch gesehen ja das genaue Gegenteil einer Couch-Potato. Ein wichtiger Aspekt von elektronisch basierter Musik ist es, dass die Songs in der Regel im Vordergrund stehen. Fühlt ihr euch wohl damit, dass ihr als Personen keine Stars seid?
W. F.: Das ist eigentlich optimal. Du wirst in Ruhe gelassen und kannst dennoch mit deiner Musik die Menschen erreichen.
M. K.: Dazu kommt so eine Wiener Eigenart, dass dich hier sowieso keiner anspricht. Das höre ich von vielen internationalen Prominenten, dass sie sich auch deswegen hier gerne aufhalten. Woran das liegt? Vielleicht am Neid *(lacht)*.

Fernab des Rampenlichts lässt es sich doch bestimmt vergleichsweise gut altern, oder?
W. F.: Ja, vor allem, weil wir das Rampenlicht nicht unbedingt brauchen. Durch die Corona-Jahre haben wir zuletzt eh nicht viel live gespielt, aber es eint uns auch – was gar nicht so selbstverständlich ist –, dass wir nicht vom Applaus abhängig sind, obwohl wir ihn natürlich genießen. Für den Selbstzweck des Beklatschtwerdens würden wir nicht auf eine Bühne gehen. Drum'n'Bass ist ja in erster Linie Produzentenmusik, damit fühlen wir uns ganz wohl.

Kurz zu jemandem, der sehr oft vor sehr vielen Menschen im Rampenlicht steht: 2015 hat Drake auf seinem Song »Energy« den gemeinsam von Markus und Richard Dorfmeister erstellten Remix »The Stopper (Richard Dorfmeister Meets Markus Kienzl Vocal)« für den Reggae-Musiker Cutty Ranks gesampelt. Was ist da die Entstehungsgeschichte?

M. K.: Das ist eine bizarre Anekdote. Davon habe ich überhaupt erst Notiz genommen, nachdem ich eine SMS bekommen hatte, so: »Gratuliere zur Grammy-Nominierung!« Total absurd, wer verarscht mich da? Aber es war tatsächlich so. Ich wusste allerdings nichts von einem Sample, bis heute höre ich es nicht – vielleicht war da mal eins drin und es ist dann wieder rausgeflogen und sicherheitshalber haben sie mir halt einen Credit gegeben. Vielleicht ist da noch irgendwo der manipulierte Sound einer Snare-Drum von mir drin? Ich habe mich nicht mal getraut, diese Nominierung zu posten. Aber hin und wieder verwende ich diese Referenz für Jobs *(lacht)*. Wobei man da natürlich auch finanziell nichts herausschlagen konnte – wenn man noch nicht mal weiß, ob da überhaupt was von einem verwendet wurde.

Als Deutscher wird man den Eindruck nicht los, dass aus Österreich entscheidend oft die interessantere, aufbegehrendere, originellere Musik als aus Deutschland kommt. Teilt ihr diese Ansicht und habt vielleicht eine Erklärung?
M. K.: Dazu kann ich sagen, dass es uns ohne einen bundesweiten Radiosender mit alternativer Musik wie FM4 gar nicht erst gegeben hätte. In Deutschland gab's da nichts Vergleichbares. Aber ihr hattet ja immerhin TV-Stationen wie Viva Zwei, das hat uns auch sehr in die Karten gespielt. Heutzutage hat FM4 aber vermutlich nicht mehr die kulturprägende Kraft wie damals.
W. F.: Jede Zeit hat ihre Tools, für uns war es eben Radio. Aber gute Musik findet auch weiterhin ihre Kanäle.

Wie ist das, wenn man sich zum ersten Mal selbst im Radio hört?
M. K.: Bei mir war das ganz lustig, weil ich gerade auf dem Heimweg vom Kroatienurlaub im Auto saß und kurz nach der Grenze unser Song »Fiaker« hereingerauscht kam, der passenderweise den Untertitel »Driving Home to Hasenearl« hat. Der Sound war unterirdisch, aber gefreut hat's mich schon.

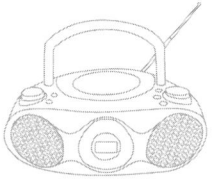

»There's a Party«:
Eurodance beschallt Kleinstadt-Kirmes und Großraumdiskotheken

(1992-1998)

Von »Pump Up the Jam« bis »How Much Is the Fish?«: Wie besonders in Deutschland Eurodance zur kommerziellen Fratze von Techno, House, Hip-Hop und Italo Disco mutierte – und was und wer davon übrigblieb.

> »Ya-ya-ya coco jamboo,
> Ya-ya yeah«
>
> Mr. President: »Coco Jamboo«, 1995

So unergründlich wie die Wege, die im ehemaligen Ostberlin zu all den illegalen Partys und Raves in leerstehenden Gebäuden führten, so zahlreich waren auch die Blüten, die Techno und House trieben. In Großbritannien mündeten sie in stilprägende Subgenres wie Big Beat, Jungle, Drum'n'Bass oder TripHop von The Prodigy über Massive Attack bis Portishead, siehe das vorherige Kapitel, in den Niederlanden in Thunderdome-Gabber und Hardcore-Techno – und in Deutschland für diejenigen, die aus der Techno- und House-Hochburg Detroit, aus den Manchester-Raves oder als Stationierte in US-Militärbasen im Großraum Frankfurt statt in Berlin landeten, im viel belächelten, aber sehr erfolgreichen Eurodance (der damals noch nicht so hieß) und, parallel sowie in dessen Folge, in Happy Hardcore.

Ein sogenannter Gamechanger mag »Pump Up the Jam« von Technotronic im Jahr 1989 gewesen sein; kommerziell gesehen ging der Hype mit Snaps »Rhythm Is a Dancer« 1992 los. Der nach »The Power« zweite Riesenhit des von Michael Münzing und Luca Anzilotti produzierten Duos aus Sängerin Thea Austin und Rapper Turbo B basierte auf dem Song »Auto-Man« der US-amerikanischen Electro-Gruppe Newcleus aus dem Jahr 1984, hielt sich 36 Wochen in den deutschen Charts, zehn davon auf Platz 1 und gewann einen Echo in der Kategorie »Rock/Pop national«. Geholfen hatte Münzing und Anzilotti dabei auch eine kleine Lüge mit großer Wirkung: Auf das Plattencover von »The Power« schrieben die Offenbacher »Hype Studios – London, Brixton« als Produktionsort – internationale Anfragen ließen nicht lange auf sich warten.

Pop-Autor Jens Balzer erklärt in seinem Buch *No Limit. Die Neunziger – Das Jahrzehnt der Freiheit* (2023), warum »No Limit«, der gleichnamige Song des niederländischen Duos 2 Unlimited, der erste war, der Techno bewusst von »Tekkno« abgrenzte: Ihre im September 1991 erschienene Debütsingle »Get Ready for This« soll der erste Verkaufsschlager gewesen sein, »der die Rhythmen und die Ästhetik der neuen elektronischen Clubmusik aus den Subkulturen der frühen 90er in den Massenmarkt« überführte, neue Freiheitsvorstellungen proklamierte und die spätere Erfolgsformel »Ma-ra-Fra-si«, dazu gleich mehr, die wiederum etwa auf Vorarbeiten von Technotronic basiere, etablierte. Mit »No Limit« und seinem Flipper-Musikvideo als Metapher für den musikwirtschaftlichen Kapitalismus aber sei »aus der Öffnung der politischen und territorialen Grenzen, die der frühe Techno-Underground etwa im wiedervereinigten Berlin gefeiert hat, auch eine Öffnung der wirtschaftlichen Grenzen geworden«.[2] Plötzlich konnte man mit dieser Musik und einem Schema sehr viel Geld verdienen.

Jürgen »Nosie« Katzmann – als Songwriter von Culture Beats »Mr. Vain« und prägender Zeitzeuge hinter den Kulissen einer, der es wissen muss – sieht die Anfänge dagegen früher: »›No Limit‹ war toll und zurecht einer der 30 erfolgreichsten Eurodance-Songs. Aber keiner der ersten«, erklärt er uns im Interview. An Leute, die auf der Tanzfläche wegen »Pump Up the Jam« vor Freude schrien, erinnert er sich auch. Er denkt bei der Frage nach dem ersten Eurodance-Song aber an »Vamos a la playa« von der italienischen Formation Righeira – aus dem Jahr 1983:

> Jedes Land hatte eine spezifische Art, mit Melodien umzugehen oder mit Genres. Die Italo-Popper haben sich in Melodieführung und Produktion völlig unterschieden von uns Deutschen oder den Amerikanern. Und aus Holland kam zum Beispiel von 2 Unlimited dieses harte High-Energy-Geballer. Manchmal haben sie Kinderreime darüber gesetzt – mit einer sehr ansprechenden Sängerin und einem Rapper.

Italo Music ist für Katzmann die Wurzel dessen, was später Eurodance heißen würde. Er erinnert sich:

> Das war Zeitgeist. Die Discomusik wurde variiert durch experimentierende Italiener und Österreicher. Mit dem Chicago-House-Sound wurde es internationaler. Und jeder Untergrund wird irgendwann von jemandem aufgegriffen, der daraus einen Mainstream-Hit macht.

Und so sollte es auch kommen.

Ma-ra-Fra-si zwischen Autoscooter und Großraumdisko

Ob nun 2 Unlimited, Snap!, Technotronic oder Righeira das so berühmte wie verpönte Genre lancierten: Einigkeit herrscht hingegen darüber, welcher Ort als deutsche Wiege des Eurodance gelten darf. In der Diskothek Dorian Gray am Frankfurter Flughafen wurde schon in den 80ern zu elektronischer Musik und dem international bekannten »Sound of Frankfurt« getanzt. Vorangetrieben wurde der unter anderem durch die vom Frankfurter Journalisten und Musiker Rainer Sauer seit 1984 moderierte hr3-Radiosendung *Sounds vom Synthesizer*, in der auch die deutsche Synthie-Pop-Band Camouflage (»The Great Commandment«, »Love Is a Shield«) entdeckt wurde. Zu den bekanntesten DJs gehörten Torsten Fenslau, Sven Väth und Mark Spoon. Im Dorian Gray hatte aber auch ein Duo seinen ersten Auftritt, dessen Name unabdingbar und auf Ewigkeit mit dem hier besprochenen Genre verbunden sein würde: Culture Beat. Ihr am 16. April 1993 veröffentlichtes »Mr. Vain« katapultierte sie an die Spitze der Charts in 16 europäischen Ländern, in Deutschland, Österreich, der Schweiz und dem UK auf Platz 1. Keine Single wurde in Europa in jenem Jahr öfter verkauft.

»Erfunden« hatte Culture Beat Torsten Fenslau vier Jahre zuvor, gemeinsam mit Jens Zimmermann und Peter Zweier, in einer anderen Besetzung und mit einer deutschsprachigen Single namens »Der Erdbeermund«, für dessen Text sie Klaus Kinski sampelten. Es folgten weitere Tracks und das Debütalbum *Horizon*, das noch kein Hit wurde. Für die zweite Platte *Serenity* wurden erneut Rapper Jay Supreme, dazu Sängerin Tania Evans engagiert. Geschrieben und teilweise komponiert wurden »Mr. Vain« und weitere Tracks wieder von Katzmann. Schon als 14-Jähriger schrieb er einen Song namens »More and More«, mit dem Jahre später das Captain Hollywood Project Dancefloor-Erfolge feiern würde. Katzmann war eigentlich ein in Darmstadt bekannter Rockmusiker und Singer-Songwriter und wurde eher zufällig zum Mitbegründer eines Popmusik-Phänomens:

Im Dorian Gray ging »Erdbeermund« sofort ab wie Schmitz' Katze. Von da an haben wir als Trio einen Hit nach dem anderen aufgenommen. Unsere Formel: Torsten wusste als DJ, was ankam. Jens war ein begnadeter Computerfreak. Und ich habe die passenden Songs auf ihre Beats geschrieben.

Das Rhein-Main-Gebiet spielte dabei eine tragende Rolle: House und Techno kamen hauptsächlich aus Detroit und Chicago, Hip-Hop ebenfalls aus den USA, aber über die Kasernen in der Umgebung sind Katzmann und die anderen Produzenten schnell in Kontakt mit Musikern gekommen, die diesem Sound bisher näher waren als sie selbst. Als Rapper wurden mal mehr, mal weniger talentierte Schwarze GIs gecastet. Langfristig geplant werden konnte deshalb nicht: Der erste Rapper von Culture Beat etwa sei noch während der Aufnahmen zur zweiten Single mit seiner Einheit nach Asien versetzt worden. Die von Katzmann und Fenslau national etablierte Formel »Ma-ra-Fra-si« – (Schwarzer) Mann rappt, Frau singt (und tanzt), beide oft austauschbar – versprach trotzdem Erfolg: Ähnlich aufgebaute und produzierte Acts wie Magic Affair, La Bouche, Capella und Real McCoy ließen spätestens nach »Mr. Vain« nicht lange auf sich warten.

So fand auch die Hip-Hop-Kultur ihren Weg in den Techno. Es entstand eine ureigene Form des Crossovers. Der Aufbau der Songs sah oft so ähnlich aus wie die Gesichter im Vordergrund: Sie begannen mit dem Refrain noch vor einer Gesangsstrophe, unmittelbar gefolgt vom ersten Sprechgesangspart. Dieses Erfolgsmodell des Rap-Einsatzes in einem eigentlichen Popsong wurde später sogar von genrefremden Acts wie den Backstreet Boys teilweise adaptiert. Für ihren Hit »Get Down« ließen sie nicht nur ihren Bad Boy AJ MacLean frivol auslegbare Zeilen rappen, sondern begrüßten den deutschen Eurorap-Produzenten Toni Cottura als Gaststar. Der wiederum war zu dem Zeitpunkt als Strippenzieher der Fun Factory (»Celebration«, »Do Wah Diddy«) bekannt, gründete später das Label Booya Music, nicht zu verwechseln mit dem kalifornischen Boo-Yaa T.R.I.B.E., bescherte darüber Acts wie Nana, Pappa Bear und A.K. Swift (Magic Affair) kurzlebige Karrieren – und sich selbst im Jahr 2002 mit

»Summer Jam« seines Projekts The Underdog Project ein weiteres One-Hit-Wonder.

Do you beliiiiieeeeeve in Auto-Tune?

Chers Welthit »Believe« gab 1998 Eurodance den Rest – und läutete das Zeitalter von Auto-Tune ein. Der robotische Stimmen-Sound, dessen Software den scheinbar perfekten Mainstream-Pop prägte, brachte durch seine Verbreitung im Hip-Hop mit Cloud Rap sogar ein neues Genre mit etlichen Karrieren hervor.

1998 war Eurodance in Deutschland endgültig zum Erliegen gekommen; ewig gleiche Formeln und triviale Singalongs schienen ausgereizt. Doch ausgerechnet eine 60er-Veteranin, die gerade noch Rockballaden geschmettert hatte, sollte dafür sorgen, dass Dance-Beats in den Charts blieben – und zwar ganz oben. »Believe« von Megastar Cher erreichte in 23 Ländern Platz 1 der Charts, verkaufte sich über elf Millionen Mal und reihte sich auf den Dancefloors und in den Kirmeszelten nahtlos nach Whigfield und vor ihren ersten Nutznießern Eiffel 65 (»Blue [Da Ba Dee]«) ein. Die an sich banale Disconummer wäre hier trotzdem nicht weiter der Rede wert, wenn sie neben Cher selbst nicht auch ein technisches Feature der Neuzeit ins Rampenlicht gerückt hätte: Dass ihre Stimme so seltsam robotisch und hochgepitcht, also anders, aber nicht ganz fremd klang, lag an einer bewussten Manipulation der Software Auto-Tune.

Diese automatische Tonhöhenkorrektur war zu diesem Zeitpunkt zwar Teil des Alltags in den Tonstudios geworden, die Hörerschaft hatte bislang aber nicht direkt davon mitbekommen: Dezent eingesetzt half das Tool dabei, Töne zielgenau zu treffen und Singstimmen zu verbessern. Das Publikum ahnte erst dann um ihren Einsatz, wenn ein Star live doch nicht ganz so *on point* klang wie auf Platte. Cher war die Erste, die derart offensiv und reichweitenstark damit umging: Ihr Produzent Mark Taylor stellte die Software so extrem ein, dass das Portamento, das für eine menschliche Stimme unabdingbare Gleiten zwischen zwei miteinander verbundenen Noten, entfiel. Chers Stimme sprang so übergangslos von einer Note zur nächsten, ähnlich einem Klavier. Mit dieser Übersteuerung prägten sie den Pop-Sound des bisherigen 21. Jahrhunderts und traten nicht weniger als einen Kulturwandel los. Seitdem wundert sich niemand mehr über schiefe Tonhöhen in Halbplaybacks oder beim Carpool Karaoke von James Corden, nahezu perfekte Sängerinnen wie Adele hingegen erfahren noch mehr Respekt, als sie ohnehin verdienen.

Eine Queer-Queen als Cloud-Rap-Pionierin: Cher 1999 bei den Brit Awards

Erfunden wurde Auto-Tune vom US-amerikanischen Elektroingenieur und Hobbymusiker Andy Hildebrand. In den 70ern hatte er für einen Ölkonzern eine Technik zur computerisierten Auswertung seismischer Daten entwickelt, um neue Quellen auszumachen. 20 Jahre später fanden seine Frau und er heraus, dass sich mit dieser Technologie auch

Tonhöhen in Audiodateien analysieren und modifizieren lassen. Im Frühjahr 1997 brachte seine US-Firma Antares Audio die Software auf den Markt. Angesprochen auf den Einfluss, den er damit auf die Musikindustrie nehmen würde, sagte Hildebrand einmal: »Ich habe nur das Auto gebaut, aber ich bin nicht der Geisterfahrer, der damit auf der falschen Straßenseite fährt.«

Nach Cher und Eiffel 65 waren es zuerst die House-Roboter Daft Punk mit »One More Time«, die Auto-Tune hochgradig prominent einsetzten. Großflächig populär wurde das Gimmick in den 00ern. Von Rihanna über Chris Brown bis Britney Spears, deren mutmaßlich heimliche Nutzung Jahre später noch skandalisiert werden würde, galt hörbarer Einsatz von Auto-Tune als en vogue. Folk-Songwriter Justin Vernon nutzte es für Bon Iver, im Hip-Hop und R'n'B fanden T-Pain, Future oder Jason Derulo daran Gefallen. Kanye West widmete der Software (und einer Drum Machine) mit *808s & Heartbreak* gleich ein ganzes Album und dankte Cher bei der Met Gala 2015 für deren Einführung in den Pop. Selbst der übermächtige Jay-Z konnte diesen Siegeszug mit seinem Track »D.O.A. (Death of Auto-Tune)« 2009 nicht beenden: So wie verstärkte Gitarren Rock'n'Roll nach sich zogen, Scratching und Sampling Hip-Hop und Synthesizer und Computer Techno, ist mit Auto-Tune auch aus einer technischen Entwicklung heraus eine neue Kultur entstanden. Ohne sie hätte es mit Cloud-Rap von US-Artists wie Lil B, A$AP Rocky, XXXTentacion, Lil Peep über den Schweden Yung Lean bis hin zu deutschsprachigen Dudes wie Yung Hurn, LGoony und Crack Ignaz ein ganzes Untergenre des Hip-Hop und viele Karrieren so nie gegeben. Und das ist dann, bei allem Respekt, auch schon ein bisschen lustig: dass die Existenzberechtigung und der Erfolg einer Schar mitunter homofeindlicher, sexistisch und gewalttätig auftretender Rapper auf die Gay-Ikone Cher zurückgeht. Dass ihr Riesenhit »Believe« auch in Deutschland derart einschlug, war übrigens noch aus einem anderen Grund nicht zu erwarten: Man hätte meinen können, dass nach dem Eurodance-Sampler *Tekkno ist cool – Vol. 1* von den Schlümpfen die Leute erstmal genug von verfremdeten Stimmen im Wegwerfpop gehabt haben würden.

Tekkno ist cool

Aber auch ohne Rap und »Ma-ra-Fra-si«-Casting trat der Eurodance einen Siegeszug an: Soloacts wie Dr. Alban, Haddaway, DJ Bobo, Scatman John und Whigfield waren für einen gewissen Zeitraum von *Bravo Hits*-Samplern, Feten und aus den deutschen Single-Charts nicht mehr wegzudenken. Die Auswüchse nahmen fortan Züge an, die nicht nur in der Retrospektive absurd erscheinen, sondern dies bereits zu Beginn ihrer Existenz taten: Produzenten und Marketing-Abteilungen diverser Labels von Italien bis Schweden erfanden, Themenacts wie Rednex, E-Rotic, Captain Jack, K2, Das Modul oder, etwas später, den Partybus der Vengaboys. Das in den deutschen Charts erfolgreichste Dancefloor-Album im Jahr 1995 war das bereits erwähnte *Tekkno ist cool – Vol. 1* »von« den Schlümpfen, dafür wurden Eurodance-Hits kinderfreundlich, nun ja, verschlumpft. Aus »Cotton Eye Joe« wurde »Schlumpfen Cowboy Joe«, aus »No Limit« »Keine Schule«, und so weiter. Veröffentlicht wurde, was kommerziellen Erfolg versprach. T-Seven, damals Sängerin und Tänzerin des ebenfalls sehr erfolgreichen »Ma-ra-Fra-si«-Trios Mr. President, erinnerte sich als Gast in unserem *Never Forget*-Podcast wie folgt an diese Zeit: »Als wir ›Coco Jamboo‹ zum ersten Mal hörten, dachten wir selbst: Alter, was soll das denn jetzt? Das ist nicht euer Ernst, oder?« Es war ihr Ernst: In den deutschen Single-Jahrescharts 1996 schaffte es »Coco Jamboo« nach Hits wie »Killing Me Softly«, »Macarena« und »Lemon Tree« auf Platz 8, 1997 gewann »Coco Jamboo« einen Echo in der Kategorie »Dance-Single des Jahres national«.

Was man Eurodance und seinen Hintermännern einerseits zugutehalten muss: Die Frauenquote bei erfolgreichen Acts auf der Bühne und im Studio war auffällig höher als in wohl jedem anderen Genre der 90er, um das es auf diesen Seiten geht. Andererseits dürfte auch diese Auffälligkeit keiner feministischen Motivation entsprungen sein: Auch aufschauende Mädchen sollten als Zielgruppe erreicht werden, während pubertierende Jungs und alkoholisierte junge Erwachsene bei den Musikvideos und Diskoauftritten gewiss auch nicht wegsahen, wenn eine der singenden Tänzerinnen oder tanzenden Sängerinnen nackte Haut zeigte. Der arg gewollte »Skandal«-Auftritt von Judith »T-Seven« Hildebrandt und Daniela »Lady Danii« Haak von Mr. President in der *Harald Schmidt Show* 1998, bei dem sie sich »oben ohne« mit abgeklebten Brustwarzen sowie mit blankem Po präsentierten, sich in Madonna-meets-Letterman-Manier beim Moderator auf den Schoss setzten und über Masturbation sprachen, dürfte ihnen und der damals neuen, eigentlich sehr kindertauglichen Single »Happy People« demnach nicht geschadet haben. Wie es dazu kam? Auf der Echo-Verleihung sorgten sie ein paar Monate vorher mit ähnlich freizügigen Outfits für geplante Schlagzeilen – Deutschland, so ihre An- und Absicht, fehlte es bis dahin an Skandalen, wie sie bei US-amerikanischen Award-Shows gang und gäbe gewesen seien. Die damals 21-jährige T-Seven hatte bereits ein Fotoshooting für einen *Playboy*-Titel hinter sich. »Bald würden eh alle wissen, wie ich nackt aussehe«, erklärte sie uns 2020 im Interview. Die Art ihres Auftritts in der *Harald Schmidt Show* sei trotzdem nicht ausschließlich ihre Entscheidung gewesen:

> Die Redaktion gab uns vor: Wir dürfen nur kommen, wenn wir uns mindestens so nackig wie beim Echo zeigen und Harald Schmidt seine Brustwarzen abkleben. Ganz ehrlich? Ich habe mir damals darüber überhaupt keine Gedanken gemacht. Ich fand das witzig und fühlte mich wohl.

Künstlerisch ernstgenommen wurden Eurodance-Acts trotz oder wegen der Verkaufserfolge nie. In die Sets der Berliner Techno-Clubs dürfte es kaum je eine dieser Chart-Nummern geschafft haben, in Großraumdiskotheken in Kleinstädten – denn tanzbar waren all diese Hits ja durchaus – und auf Autoscooterfahrten auf der Kirmes durften sie nicht fehlen. Den Eurodance-Machern dürfte das herzlich egal gewesen sein. Schließlich verfolgten sie hör- und spürbar kommerzielle Ziele, die schneller dann erreicht werden, wenn viele Käufer:innen – damals ging es noch um den Verkauf von Maxi-CDs – und Party People dafür gewonnen werden können. Und natürlich hat der schlechte Ruf ihrem Konto nicht geschadet: »Modern Talking haben auch Millionen von Schallplatten verkauft, und ich kenne niemanden, der zugibt, eine zu besitzen«, sagte Luca Anzilotti im Gespräch mit der *Hessenschau* anlässlich des 30. Jubiläums von Snaps »Rhythm Is a Dancer« im Jahr 2022. »Wir wollten den Riesenhit haben«, gibt auch Katzmann zu. Dafür, dass Eurodance oft belächelt wurde, hat er als Songwriter trotzdem kein Verständnis.

Herz an Herz mit Hardcore Vibes

Raves waren einst als hierarchiefreie, antikommerzielle, inklusive autonome Zonen entstanden, in der alle mitmachen konnten, egal was sie tagsüber so trieben – und damit als Gegenentwurf zu den sich voneinander abgrenzenden Subkulturen der 80er. Techno verkehrte sich aber nicht nur innerhalb der kommerziellen Eurodance-Auswüchse in sein Gegenteil. Auch die Türstehpolitik von Clubs in den 90ern und danach, durch die ja gerade nicht mehr alle mitfeiern durften, offiziell natürlich, um allen Gästen eine friedliche Party zu gewährleisten, sorgte für Exklusivität – und trug dadurch gleichzeitig zur eigenen Legendenbildung bei, nachzusehen etwa in dem Dokumentarfilm *Berlin Bouncer* aus dem Jahr 2019. Wäre der darin porträtierte Technoclub-Türsteher Smiley Baldwin nicht in Berlin, sondern in Südhessen stationiert gewesen, sein Anteil am Popkulturaspekt deutscher Einheitsgeschichte hätte womöglich anders ausgesehen.

Ein weiterer Auswuchs von Techno und Eurodance schimpfte sich Happy Hardcore. Während mit dem Begriff in England eine parallel zu Jungle entstehende Szenebewegung gemeint war, zählte auf dem europäischen Festland auch da der Kommerz. Typisch waren harte Four-to-the-Floor-Beats, hohe Geschwindigkeiten und ein fröhlicher Gesang. Deutschlands kurzzeitig schillerndste Vertreterin hieß Jasmin Wagner, besser bekannt als Blümchen. Für ihren ersten Hit »Herz an Herz« ließ sie den gleichnamigen, 1985 erschienenen Song des deutschen Synthie-Pop-Duos Paso Doble unter Strom und Speed setzen. Es folgten von anderen Vertreter:innen Samples und Zitate wie im Hip-Hop, den Technotronic und die ersten »Ma-ra-Fra-si«-Duos noch referenzierten, jetzt nur plumper, oft als Cover. »Tears Don't Lie« von Mark 'Oh etwa lag »Tränen lügen nicht« von Michael Holm zugrunde, was 1974 wiederum selbst dem italienischen Instrumental »Soleado« entsprang. Die niederländischen DJs Charly Lownoise und Mental Theo zogen sich für »Wonderful Days« Tony Ronalds »Help (Get Me Some Help)« aus dem Jahr 1971 durch die Nase. In »I Wanna Be a Hippy« von Technohead – dahinter steckte das britische Produzententeam Greater Than One, das dafür David Peels »I Like Marijuana« zitierte – wurde der Community-Gedanke der '68er durch die rosarote Brille des Happy Hardcore nostalgisiert und zumindest dessen Ursprung damit ad absurdum geführt. Schließlich hätten all die Eurodancers da draußen Neuzeit-Hippies werden können – Techno wollte in seinen Ursprüngen ja nichts anderes –, lieber aber verkaufte man Maxi-CDs. So ernst kann es Technohead mit dem fromm formulierten Wunsch also nicht gewesen sein. Und selbst die überschaubare wiederkehrende Ansage »Hardcore vibes that I run things aye« im Ballertrack »Hardcore Vibes« hatten Dune aus Münster sich nicht selbst ausgedacht, sondern dem Sampler *East West Sample City 1* entnommen.

»Ich fand mich nie an der falschen Stelle«: Interview mit DJ Bobo

Die wenigsten Acts können und konnten auf eine längerfristige Karriere zurückblicken. DJ Bobo war einer von ihnen. Seit seinem ersten Hit »Somebody Dance With Me« aus dem Jahr 1993 bringt der Schweizer beständig Alben heraus. Die meisten erreichen zwar keine relevanten Chartplatzierungen mehr, regelmäßige Tourneen mit stets aufwändiger Bühnenshow rechtfertigen sie dafür aber noch immer. 2022 ist sein 15. Album *Evolut3on* erschienen, 2023 ging der in Miami lebende Schweizer auf die gleichnamige Jubiläumstour, die 2024 in Südamerika und Osteuropa fortgeführt wurde. Grund für den anhaltenden Erfolg mag neben seiner gesunden Selbsteinschätzung, den schlichten Feelgood-Textzeilen und einem offenkundigen Durchhaltevermögen seine Erschließung jüngerer Zielgruppen sein: DJ Bobo ist immer wieder mal im deutschen Fernsehen anzutreffen, zum Beispiel in Shows wie *Dance Dance Dance*, *Sing meinen Song* und *Schlag den Star*. Er selbst führt die Beständigkeit seines Erfolgs vor allem aber auf den Eventcharakter seiner Konzerte zurück – und auf das Wissen um die Wahrnehmung seiner Person. Laut einer von seinem Team in Auftrag gegebenen Image-Studie der GfK (Gesellschaft für Konsumforschung) erwarten zwar 89 Prozent seiner Konzertbesucher:innen eine »große Show«, 70 Prozent »alle alten Hits« und immerhin 38 Prozent neue Musik – die allein trägt zu seiner Bekanntheit aber nicht allzu viel bei. Ein Großteil der Befragten hält ihn laut Imageprofil für »sympathisch« und »auf dem Boden geblieben«, nur 14 Prozent assoziieren mit ihm zuerst »gute Musik«. DJ Bobo soll schon Ende der 90er gerne mal gesagt haben: »Meine Auftritte sind nichts für die Ohren. Aber für die Augen!«[3] Schlagzeilen, laut denen ehemalige Sängerinnen seiner Songs ihm unter anderem vorwerfen, sie um Beteiligungen und Urheberrechte hintergangen zu haben, machten erst nach unserem folgenden Interview die Runde.

Wer an Popmusik in den 90ern denkt, denkt garantiert sehr schnell auch an DJ Bobo. Siehst du dich selbst als einen Hauptvertreter von Eurodance? Oder sprichst du lieber von Dancefloor oder Pop?
Der Begriff hat sich später ergeben. Ich dachte, ich bin ein DJ, der eine eigene Platte produzieren will. Wie so viele andere auch. Im Rückblick sieht es anders aus: Je nach Status wirst du als prägende Figur gesehen. Wer nur einen oder zwei Hits in den Charts hat, prägt nicht. Wenn du aber so viele Hits wie Snap! hattest, stehst du rückwirkend für die Zeit. Ich aber war nicht von Beginn an dabei, da gab es viele vor mir. Culture Beat zum Beispiel.

Deren Konzept wurde danach oft kopiert. Gab es im Eurodance einen musikalischen gemeinsamen Nenner?
In der Region Frankfurt waren etliche Soldaten stationiert. Daraus entstanden Top-40-Bands mit guten, amerikanischen Sänger:innen, oft auch Soldat:innen. Jeder Rapper, der nicht bei drei auf dem Baum war, wurde für ein Eurodance-Projekt gebucht. Prägend war trotzdem nicht in erster Linie die Formel »Rapper plus Sängerin«. Es waren die süßen europäischen Melodien. Die Mischung von technoiden, knüppelharten Beats, die die Amerikaner nicht kannten, mit fast schon schlageresken Italo-Disco-Melodien und monotonen Raps.

Deine Singles trugen stets eine fast banale Leichtigkeit und gute Laune in sich. Welche Bausteine machten einen erfolgreichen DJ-Bobo-Song aus?
Wenn ich es wüsste, würde ich es sofort wieder genauso machen! Ich habe als DJ einen Zeitgeist erwischt. Es gab kein Internet. Ich wusste: Was auf der Tanzfläche funktioniert, kann auch kommerziell erfolgreich werden. Vor meinem ersten Hit hatte ich drei Flops. Ich probierte sie aus, die Leute liefen weg. Da hätte auch keine Werbung geholfen.

Everybody Move Your Feet / To the Rhythm of this Beat: DJ Bobo 1999

Hast du dich umgeschaut bei anderen erfolgreichen Produzenten und Acts?
Natürlich, zum Beispiel bei Culture Beat, Fenslau und Katzmann. Gleichzeitig ging meine Gedankenwelt nur vom Plattenspieler bis zur Tanzfläche. Die Charts erschienen mir unerreichbar. Wenn du in der Diskothek einen Hit haben wolltest, musste der mindestens so gut sein wie die anderen, die du selbst auflegst. Es folgte das leidige Thema: »Mist, wir brauchen noch einen Refrain und einen Text.« Der Refrain von »Somebody Dance With Me« war im Grunde der von Rockwells »Somebody's Watching Me«. Von rechtlichen Fragen hatte ich keine Ahnung. Ich war bloß ein DJ, der selbst Musik produzieren und auf die Tanzfläche bringen wollte.

Du hast neben dem DJing auch Breakdance gemacht. Du hättest auch in einer Boygroup landen können, oder?
(lacht) Nee! Ich war ein überzeugter DJ, das war meine Lebensphilosophie und Boygroups nie ein Thema. In der Schweiz war niemand auf Musikexporte aus. Größer wurde es bei mir viel-

leicht auch deshalb, weil ich weiß war. Für die Jugendlichen, die diesen Trend in die Charts brachten, war ich unverwechselbarer, auch wegen meiner langen Haare. Ich sah anders aus als viele andere Eurodance-Acts.

Im Rückblick der öffentlichen Wahrnehmung ging bei dir alles wahnsinnig schnell. »Somebody Dance With Me« landete prompt in den Charts und der Teenie-Presse. Es folgten Konzerte mit Haddaway und Culture Beat, zwei Alben innerhalb eines Jahres und eigene Shows, bei denen 1995 die Backstreet Boys und 1996 NSync deine Vorgruppen waren, Auftritte bei *Wetten, dass..?* und eine Osteuropa-Tour mit Michael Jackson. Konntest du in dieser Zeit fassen, was da gerade alles passiert?
Dass ein Konzert mit Michael Jackson ein wegweisender und historischer Punkt in meiner Karriere sein würde, den ich nicht mehr toppen kann, begriff ich sofort. 45 Minuten Vorprogramm bei seiner *HIStory*-Tour, und das sogar deshalb, weil wir von seinem Team angefragt wurden! Dass das Konzert in Prag auch sein größtes werden würde, wussten wir im Vorfeld genau so wenig, wie dass es seine letzte Tour werden würde.

Hast du verstanden, warum du dafür gebucht wurdest?
Erstens sind wir in Osteuropa von Anfang an ähnlich groß wie in Deutschland gewesen, und das ohne Major-Plattenfirma. In jedem Land hatten wir ein kleines Label, auch ohne Maschine im Hintergrund fand die Musik ihren Weg. Zweitens machten wir Tanzmusik, Michael Jackson auch. Die Veranstalter wussten: Wenn der große Musikgott der vergangenen Dekade und der aktuelle Star des Moments zusammenkommen, kann eins plus eins drei ergeben. Es passiert nur sehr selten, dass du durch solche Symbiosen nicht nur beide Lager, sondern noch weitere erreichst. Planbar ist das nicht. So wurde Michael jünger gemacht. Wie heute bei Helene Fischer als Grande Dame und Shirin David als der neue Shit.

Hat es dich trotz des kommerziellen Erfolgs manchmal gewurmt, dass Eurodance künstlerisch nie ernstgenommen wurde?
Der Eindruck entstand zurecht. Wir waren keine Komponisten, wie es Nosie Katzmann war. Wir waren Tüftler, die Sounds revolutioniert hatten. Wenn du dann noch irgendwoher eine gute Melodie und einen eingängigen Text bekommen hast, konnte das Ergebnis durch die Decke gehen. Wir haben aktiv darauf geachtet, dass die Lyrics nachvollziehbar, simpel und mitsingbar waren. Ich habe nie versucht, meine Geschichten möglichst poetisch zu verpacken. Es ging um eingängige Phrasen, vielleicht auch als Folge des ersten Samplings. Wir repetierten. Auch Acid House bestand aus Fragmenten. Ich habe mich anfangs nie als Songwriter oder Komponist gesehen, sondern als DJ, der Musik produziert. Und ich fand mich nie an der falschen Stelle.

Das Ziel lautete, dass die Musik funktioniert.
Ich habe nie an irgendwelche Kritiker gedacht. Es war nichts Hochstehendes. Aber ein erfolgreiches Stück Zeitgeist, der durch die 90er weiter transportiert wurde.

Warum gibt es dich als Act immer noch, während andere in der Geschichte versanken?
Wir sind live unglaublich gut. Für unsere Bühnenshows karren wir 19 Sattelschlepper an, um ein Erlebnis zu garantieren, bei dem das Preis-Leistungs-Verhältnis lohnt. Wir machen das, weil wir es können. Und wir können es, weil wir uns rechtzeitig während des Abebbens der Eurodance-Welle live etabliert hatten. Es war und ist immer noch ein Event, zu einer Show von DJ Bobo zu kommen.

Deine Touren haben tatsächlich ständig wechselnden Las-Vegas-Charakter. Weil Nostalgie allein nicht trägt? Bei anderen Acts reicht es dem Publikum ja oft, noch einmal den alten Hit zu hören.

Das ist mittlerweile ungleich gewichtet. Es wäre unfair, Acts zu vergleichen, nur weil sie aus der gleichen Musikrichtung kommen. Whigfield hat nicht unsere Mittel. Wir haben den Arena-Standard erreicht und dadurch alle paar Jahre das Geld, um wieder Millionen in eine neue Produktion zu investieren. Das hätte vielleicht jeder gekonnt, aber du musst es auch wollen. Nostalgie reicht aus für eine schöne 90er-Party für 39 Euro, bei der 15 Acts auftreten und vier Lieder performen. Wir aber spielen zweieinhalb Stunden, ein Ticket kostet zwischen 50 und 150 Euro.

Doppeltes Glück für dich und dein Team, weil Charts und Plattenverkäufe seit Jahren marginaler werden.
Dass Eurodance nur ein Trend ist, haben wir früh erkannt. Das sah eigentlich auch ein Blinder mit einem Krückstock. Als DJs waren wir in der Prä-Internet-Ära immer der Zeit voraus. Die Welle brach 1997 oder 1998 weg, andere Trends wie die Spice Girls, Boybands und deren Pop übernahmen.

Du erreichst durch TV-Auftritte auch neue, jüngere Zielgruppen. Kennen dich heutige Kinder oder Teenies noch als Musiker, vielleicht durch ihre Eltern, oder lernen sie dich durch die Shows erst kennen?
Es gibt GfK-Studien über meinen Bekanntheitsgrad. Der liegt in Deutschland bei über 94 Prozent. Ich glaube: Unter 20-Jährige kennen mich nicht mehr. Aber die 20- bis 70-Jährigen kennen mich. Übrigens lernen mich junge Leute gerade nicht über TV-Auftritte kennen, weil nur die Älteren noch fernsehen. Menschen unter 30 schauen Netflix oder auf ihr Handy. Die Studien helfen uns, nicht am Ziel vorbeizuschießen. Bei *Sing meinen Song* etwa ging es mir nicht um Zielgruppen. Ich bin Fan des Konzepts.

Deine Musik war schon immer auch sehr kindertauglich. Du könntest damit eine neue Generation erreichen, so wie 2005 nach dem Kinofilm *Madagascar* in Kindergärten und

Grundschulen alle wieder Reel 2 Reals »I Like to Move it« sangen.
Wir erlebten das nach dem Hollywood-Film *Beverly Hills Chihuahua*, der 2008 unseren Song »Chihuahua« aus dem Jahr 2003 als Theme verwendete. So wie bei »I Like to Move it« danach trotzdem niemand den Interpreten kannte oder dachte, der Löwe war es, so war es bei mir der Hund. Dem Song hilft das, der Marke nicht. Auch bei den heutigen Remakes von Haddaways »What Is Love« oder David Guettas Version von »Blue« von Eiffel 65 weiß die neue Generation nicht, dass es diese Songs schon gab und von wem das Original stammt. Heutzutage kennt eh niemand die Künstler:innen mehr, nur die Tracks. Markenaufbau für eine neue Generation fällt schwer, weil sie zu schnell weiterswipen.

Hörst du darüber hinaus Einflüsse von Eurodance heute irgendwo heraus?
Nicht direkt. Was mit Guetta und Co. gerade passiert, ist aber erst der Anfang. Das wird extremer, wenn noch mehr Leute auf die 90er zurückgreifen. Der Re-Hype fängt gerade an. Immer dann, wenn die Ersten denken, etwas gehe vorbei, dauert es mindestens fünf Jahre, bis es wirklich so kommt.

In deiner Karriere hast du mindestens 32 Gold-, 14 Platin- und eine Diamantauszeichnung allein in Deutschland sowie zahlreiche *Bravo*-Ottos und andere Preise eingeheimst. Hast du alles erreicht?
Es gibt auf meiner Liste noch ein paar Länder, in denen ich gerne ein Konzert geben würde. Weil ich weiß, dass wir dort früh eine große Aufmerksamkeit genossen: Iran und Nordkorea.

Schwierig.
Chancenlos. Dafür traten wir zum Beispiel in der Mongolei auf. Charts haben für mich längst kein Gewicht mehr. Meine Währung sind Konzerttickets, für die meisten anderen Acts vermutlich auch. Das Ziel sollte lauten, in den Köpfen der Menschen zu

sein, ohne täglich in den Medien stattzufinden. Ich habe immer versucht, über meine Arbeit präsent zu sein.

Es stimmt, es gibt keine riesigen Skandale von oder mit DJ Bobo, diesem netten Kerl.
Ich hoffe, das bleibt so. Johannes Oerding zum Beispiel schafft das auch. Du kannst ein Leben und einen Job haben. Ich will mich nicht exponieren wie ein Robbie Williams. Das wäre mir zu anstrengend.

Ein anderer späterer Superstar wurde nur einer, weil ihm der Absprung rechtzeitig glückte: 1994 schaffte es in Deutschland ein gewisser Marky Mark, der sich zuvor mit seiner Hip-Hop-Gruppe The Funky Bunch und als Unterhosenmodell in den USA einen Namen machte, feat. Reggae-Musiker Prince Ital Joe in die Charts. In seinem Heimatland wollte zumindest von dieser Musik, produziert von Alex »U96« Christensen, niemand etwas wissen – obwohl er der kleine Bruder von Danny Wahlberg, Mitglied der Boygroup New Kids on the Block, war. Keine zehn Jahre später galt Mark Wahlberg unter anderem dank *Boogie Nights* (1997), *Planet der Affen* (2001) und *The Italian Job* (2003) als einer der erfolgreichsten Schauspieler Hollywoods. Und dann war da noch Melanie Thornton, berühmt durch La Bouche und deren »Be My Lover« und »Sweet Dreams«, produziert unter anderem von Frank Farian, einem der kommerziell erfolgreichsten deutschen Produzenten (Boney M, Milli Vanilli). Mit »How You Love Me« und »Wonderful Dream« startete sie eine aussichtsreiche Solokarriere. 2001 starb sie bei einem Flugzeugabsturz. Ein Schicksal, das im selben Jahr R'n'B-Shootingstar Aaliyah ganz ähnlich widerfahren war.

Wo und wie die Eurodance-90er bis heute nachwirken

Viele der damals schon nicht künstlerisch ernstgenommenen vordergründigen Acts fristen ein wahlweise trauriges oder halbwegs ertragreiches Schattendasein als Namen auf den seit Jahren anhaltenden 90er-Partys. Manche bringen sogar neue Musik heraus, E-Rotic etwa im Sommer 2023 die Single »My Heart Is Ticking Like a Bomb«, nach diversen Personalwechseln wieder mit der Originalsängerin Lyane Leigh und, anstelle des damaligen Rappers Raz-Ma-Taz, James Allan. Doch auch wenn vielen der Acts selbst keine lange Halbwertzeit beschert wurde, wirkt ihre Musik bis heute nach: Junge Rapperinnen wie Domiziana beziehen sich mit ihrer Version von Hyperpop hörbar auf die 90er, mit Blümchen brachte sie 2023 gleich die gemeinsame Single »SOS« inklusive »Herz an Herz«-Hommage heraus. Klar handelte es sich auch um einen Marketingversuch des gegenseitigen Abgreifens von Followern und Zielgruppen, so wie es international im Rap längst Usus ist und damals sogar – wie gerade gehört – bei DJ Bobo und Michael Jackson war. Der Wiener Deutschrapper RAF Camora bediente sich für einige seiner Tracks bei 90s-Hits wie »Be My Lover« von La Bouche, »Blue« von Eiffel 65 (wie auch David Guetta) und »Mr. Vain« von Culture Beat sowie, abseits des Eurodance, auch bei »Freestyler« der Bomfunk MCs, Robert Miles' »Children«, »Join Me (in Death)« von HIM und Stings »Shape of My Heart«. Die Black Eyed Peas nutzten Coronas »Rhythm of the Night«. Kim Petras und Nicki Minaj setzten »Better Off Alone« von Alice Deejay neu in Szene, der umstrittene Wiener Gen-Z-Rapper Yung Hurn ebenfalls. Romy Madley Croft von der britischen Indie-Electronica-Band The xx beamt sich auf ihrem Solodebüt in jedem zweiten Track auf die 90s-Dancefloors zurück. Aquas »Barbie Girl« wurde dank Verwendung in Greta Gerwigs antipatriarchalem Kinokassenschlager *Barbie*, ebenfalls featuring Nicki Minaj, 2023 nochmal ein Hit. Der House-Track »Show Me Love« der US-amerikanischen Sängerin Robin S. aus dem Jahr 1990 wiederum, der 1993 im Zuge der Eurodancewelle mit seiner eingängigen Korg-M1-Synthesizer-Bassline auch die deutschen Charts erreichte, wurde seitdem dutzendfach gecovert, gesampelt oder in Mash-ups verwendet, zum Beispiel von Jason Derulo, Kid Ink feat. Chris Brown, dem deutschen DJ-Duo Michael Mind Project, Clean Bandit, Hardwell, den DJs Steve Angello und Laidback Luke, Sam Feldt und, natürlich, David Guetta. Die Liste ließe sich endlos fortführen und dürfte sich auch weiterhin verlängern. »Hyper Hyper«, Hyperpop und Hypertext: Schon durch diese Querverweise, Zitate und Neuverbindungen bilden die 90er bis heute das ab, was sie auch technisch von anderen Jahrzehnten unterschied – Gleichzeitigkeit war dank HTML und Hyperlinks plötzlich möglich. Und bis heute nicht mehr wegzudenken.

Und die Strippenzieher? Michael Münzing und Luca Anzilotti wurden nie wieder so erfolgreich wie mit Snap!, haben es wirtschaftlich gesehen aber auch nie nötig gehabt. Allein »The Power« als einer der meistlizensierten Songs der Welt und den damit einhergehenden Werbeeinnahmen »kann unsere Familien bis ans Lebensende ernähren. Und wahrscheinlich auch die Familien unserer Enkel und Urenkel«, sagte Münzing in einem Interview mit der *Süddeutschen Zeitung* 2009. »Im Jahr kriegen wir hundert Angebote, aber nur bei dreißig kommt es zum Vertragsabschluss, denn das Stück ist teuer. Geben wir nämlich die Rechte für ein Land her, kann in den nächsten Jahren kein anderes Produkt mehr mit dem Stück werben.« Warum die Nummer damals so erfolgreich wurde? »Die am Computer arrangierte Kombination aus Hip-Hop, House und Dance funktionierte. Den ersten Live-Auftritt mit Snap! hatten wir dann am 7. November 1989, zwei Tage vor der Wende, in Ostberlin. Als wir zurückkamen, war die Mauer offen: Alles rund um dieses Stück ist einfach magisch.«

Felix Gauder war einer der beiden E-Rotic-Erfinder. Heute produziert er Musik von und für Andrea Berg, Maite Kelly, Nino de Angelo, Semino Rossi und DJ Bobo. Die Spuren von Eurodance, dessen Songaufbau und der Ansatz leichter Unterhaltung, all das lässt sich heute vorrangig im Schlager wiedererkennen. Torsten Fenslau, der 1994 postum einen Echo in der Kategorie »Produzent/in des Jahres national« gewann, starb bereits 1993 bei einem Autounfall im Anschluss an eine Promoreise mit Culture Beat. Sein Bruder Frank übernahm das Management und tritt bis heute als Keyboarder auf 90er-Partys mit Culture Beat an der Seite der 2001 besetzten Sängerin Jacky Sangster auf. Und Katzmann? Macht immer noch Musik. Aber nicht, weil er muss, sondern weil er kann. Seine Hits aus den 90ern, allen voran »Mr. Vain« und dessen anhaltende Airplays und Neuauflagen, zahlen auch ihm weiterhin mehr als nur die Miete. Obwohl es zumindest ihm bei Eurodance nie allein um die Kohle ging.

15 Dancefloor-Hits, die besser sind als der Ruf ihrer Zeit

1. Snap!: »Rhythm Is a Dancer« (1992)
2. Culture Beat: »Mr. Vain« (1993)
3. 2 Unlimited: »No Limit« (1993)
4. Technotronic: »Pump Up the Jam« (1989)
5. Rozalla: »Everybody's Free (to Feel Good)« (1991)
6. Nightcrawlers: »Push the Feeling on« (1992)
7. Robin S: »Show Me Love« (1990)
8. Alice DeeJay: »Better Off Alone« (1999)
9. Urban Cookie Collective: »The Key, the Secret« (1993)
10. Corona: »The Rhythm of the Night« (1993)
11. N-Trance: »Set You Free« (1992)
12. M People: »One Night in Heaven« (1993)
13. Real McCoy: »Another Night« (1993)
14. C & C Music Factory: »Gonna Make You Sweat (Everybody Dance Now)« (1990)
15. The KLF: »What Time Is Love?« (Live at Trancentral-Remix) (1990)

»Ich werde nicht zugeben, dass Eurodance scheiße war – weil das nicht stimmt«: Interview mit Nosie Katzmann

Niemand kennt seinen Namen, jedes Kind der 90er seine Lieder: Jürgen »Nosie« Katzmann aus Darmstadt schrieb »Mr. Vain« von Culture Beat, »More and More« vom Captain Hollywood Project und dutzende weitere Eurodance-Nummern. Ein Gespräch mit dem heute 64-jährigen Songwriter über Italo Music und Innovation, Klone und Klischees, Ausnahme-Act Scooter, das Erbe eines Genres und dessen Renaissance.

Woran denkst du als Erstes, wenn du an die 90er zurückdenkst?
Daran, dass die 80er zum Glück vorbeigegangen waren. Die 90er haben mich finanziell unabhängig gemacht. Auch die Musik wurde wieder reicher.

Inwiefern?
Sound und Qualität haben sich verändert. Ich fand die 80er furchtbar. Diese Synthies, die in Hallschlachten ertränkt wurden! Diese Linn-Drums! Sogar viele Helden der 70er schlossen sich an. Es gab wenige Bands, die mir gefallen haben. Tears for Fears, Depeche Mode, Human League. In den 90ern kam der Spirit der 70er wieder zurück. Durch Grunge, Indie und Alternative und Bands, die keinen Bock mehr auf Kommerzpopkram hatten. Die 80er bestanden aus Posen. Die 90er wieder aus Musik.

Sie waren auch dein großes Jahrzehnt. Du giltst als einer der Urväter des Eurodance.
Zu Recht. Zwar hatten Snap! und zwei, drei andere Acts schon Hits. Aber ich habe das Genre maßgeblich beeinflusst, indem ich auf eine neue Art von Klangteppich klassische Songs schrieb, Gesangsmelodieführungen auf Dance Music legte.

Für einen, der bis dahin als Rockmusiker unterwegs war, muss das eine fremde Welt gewesen sein.
Dance Music war für mich ein spannendes neues Feld. Auf der akustischen Gitarre schreibt man gefühlt immer denselben Song. Der Text macht den Unterschied. Mit Techno und House eröffnete sich mir Ende der 80er eine neue Welt.

Wie hast du diese neuen Genres entdeckt?
Ich bin durch den großartigen Produzenten Conny Plank auf mir bis dahin verschlossene Genres gestoßen. Zum Beispiel auf Italo Music, eine Urwurzel davon, was später Eurodance heißen würde. Das war Zeitgeist. Die Discomusik wurde variiert durch experimentierende Italiener und Österreicher. Mit dem Chicago-House-Sound wurde es internationaler. Und jeder Untergrund wird irgendwann von jemandem aufgegriffen, der daraus einen Mainstream-Hit macht.

Eurodance hieß damals noch nicht so.
Eurodance ist eine Phrase, die ein Journalist erfunden hat, um ein Genre zu benennen. Die Deutschen machten damals etwas international Erfolgreiches. Es folgen die, die bedienen, was aktuell angesagt ist. In Europa war das eine bestimmte Form von Dance als bestimmendes Element in einer Clubszene. Und deswegen ist Eurodance nichts weiter als europäischer Tanz.

Er wurde später oft als Eurotrash abgetan.
So wurde über Rock'n'Roll am Anfang auch gesprochen.

Konntest du verstehen, dass eure Musik oft belächelt wurde?
Wenn sich ein 30-Jähriger über die Musik aufregt, die Zehnjährige toll finden, oder ein 40-Jähriger über die Musik 20-Jähriger, dann hat er etwas nicht verstanden.

Zu Eurodance zählten später von DJ Bobo über Scatman John bis Whigfield und Ace of Base so viele mehr als nur

der drölfte »Ma-ra-Fra-si«-Act. Hat dich diese Verwässerung gestört?
Wir haben versucht, uns nicht selbst zu kopieren, den Sound ständig verändert. Nicht wir selbst, sondern andere haben die Formel aufgegriffen, mit der wir gerade einen Monsterhit landeten.

Siehst du dich als Eurodance-Songschreiber?
Ich war der erfolgreichste, habe mich aber nicht als einer gesehen. Ich habe auch sehr viele unkommerzielle Sachen gemacht, auch Hardcore-Techno. Ich habe mal ein Interview abgebrochen, weil das Einzige, was die Dame von mir wissen wollte, war, dass ich zugebe, dass Eurodance scheiße ist. Das werde ich nicht tun, weil es nicht stimmt. Ich finde viel Schlechtes im Eurodance, aber auch im Grunge finde ich 80 Prozent furchtbar.

Bei vielen Konzept-Acts im Eurodance lag der Eindruck trotzdem nahe, dass da jemand nicht mehr als eine schnelle Mark verdienen will.
So funktionierte das nicht. Ich habe noch nie jemanden gesehen, der gesagt hat, ich setze mich jetzt hin, schreibe einen Hit, gehe zu einer Plattenfirma – und dann wird es ein Hit.

Du hast »Mr. Vain« solo mit Mundharmonika und einer Pedal-Steel-Gitarre aufgenommen. Culture Beats »Inside Out« klingt in deiner Version teilweise wie ein Country-Stück. Und erst als Travis damals »... Baby One More Time« von Britney Spears coverten, merkten viele vorher naserümpfende Leute: Na huch, ist ja eigentlich ein guter Song. Könnte umgekehrt jeder Song auch als Eurodance-Song aufgenommen werden?
Ja. Du kannst auch aus jedem Song einen Prince-Song machen. Alles eine Frage der Arrangements. Country ist nicht weit weg von Techno. Es ist einfach ein Basedrum-Schlag weniger oder mehr.

Du kannst bis heute gut vom Eurodance leben.
Ja. Ich verdiene weiterhin mit Musik mein Geld, vor allem mit drei bis vier Klassikern, und vergrößere meinen Katalog ständig. Ich hatte meine Hochzeit und habe danach zehn Jahre gar nichts gemacht. Ich freue mich, dass Scooter noch so erfolgreich sind und dass Eurodance ständig eine Renaissance erlebt. Ich bin sogar sicher, dass jemand wie Drake irgendwann mal »Mr. Vain« covert.

Was ist das Erbe des Eurodance?
In Amerika zum Beispiel basieren viele Mainstream-Hits von jungen DJs und Produzenten auf Dance Music. In Deutschland ist der Sound ein alter Hut. Hier wird dafür Schlager immer mehr zum Eurodance. Viele Songs klingen wie Playbacks von früher mit Schlagermelodien. Eurodance ist jetzt quasi Schlager. Andrea Berg oder Vanessa Mai singen für mich auf Eurodance-Playbacks. Ist auch kein Wunder: Hinter Andrea Berg steht unter anderem Felix Gauder. Einer der damaligen E-Rotic-Produzenten.

Als Produzent und Songschreiber warst du nie das Gesicht der Acts. Warum wurde vielen von denen keine langlebigere Karriere beschert?
Scooter bilden eine ähnliche Ausnahme wie die Beatles. Die meisten Bands halten keine zwei, drei Jahre aus. Auch wegen der Konsumenten: Ein Zehnjähriger hört andere Musik als ein 20-Jähriger. Durch den technologischen Fortschritt wurde alles noch viel, viel schneller. Heute hören schon die Zwölfjährigen ganz andere Sachen als die Zehnjährigen. Deswegen ist meine heutige Lieblingsband es in zwei Jahren nicht mehr. Scooter bedienen noch immer Zwölf-, aber auch 16-Jährige. Sie haben wie Status Quo eine Formel gefunden.

Wie lautet die?
Bei Status Quo klang ein Lied wie das andere. Bei AC/DC auch. Und deren Fans wollen genau dieses Immergleiche hören. Ande-

ren Bands wirft man vor, dass sie immer das Gleiche spielen. Scooter haben sich eine Marke aufgebaut – und das Glück, eine Klientel anzusprechen, die nachwächst, und dabei die alten Fans immer wieder abzuholen.

Müsste es nicht unter Kindern längst eine Renaissance des Eurodance geben?
Würden die Songs im Fernsehen laufen, würde das so kommen, ja. Eine Freundin erzählte ihrer zehnjährigen Tochter neulich, dass ich mit DJ Bobo zusammengearbeitet habe. Ich sagte, dass ich auch mit Scooter arbeite. »Wer?«, fragte sie. »Die kennt doch kein Mensch!« Ein paar Tage später erfuhr ich, dass sie auf Spotify nur noch DJ Bobo hört. Ich merkte: Aha, es geht also nur darum, dass du eine visuelle Präsenz bei einer gewissen Altersgruppe hast. Und demnach kann auch Eurodance unter heutigen Kindern zurückkommen, ja.

Sogar ohne *Tekkno ist cool*-Schlumpfsampler. Die erfolgreichste Eurodance-Veröffentlichung des Jahres 1995.
Ich weiß, einige Songs darauf sind von mir.

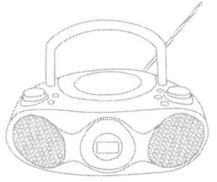

»Wind of Change«: Das letzte Aufbäumen des Classic Rock

(1991-1993)

Mit den 90ern endete die Ära des klassischen, langhaarigen, maskulinen Rock'n'Roll. Nach Jahrzehnten der Regentschaft wurde ihm letztlich sein eigener Größenwahn zum Verhängnis. Doch kurz vor seinem Sturz reichte er das Zepter weiter – an Frauen, die heute die Rockmusik bestimmen.

> »Faith, you know you're gonna live through the rain,
> Lord you got to keep the faith«
> **Bon Jovi: »Keep The Faith«, 1992**

1991 darf aus vielerlei Hinsicht als das letzte bedeutende Jahr der klassischen Rockmusik gelten. Zwar verkaufen bis heute institutionalisierte Bands des Genres die geräumigsten Fußballstadien aus und führen die besucherstärksten Festivals als Headliner an. Doch locken vor allem deren ruhmreiche Back-Kataloge, warten Erinnerungen auf Wiederbelebung. Trotz all der neuen Alben und anhaltenden Ambitionen ist Rock'n'Roll allein aufgrund der Publikumserwartung unweigerlich zu einer rein reproduktiven Revue geworden. Der Rock'n'Roll, der tatsächlich noch etwas zu sagen, sein Publikum bewegt und die Kultur geprägt, ja als Zeltstange den ganzen Pop-Zirkus aufrechterhalten hatte, existierte zuletzt in den 90ern, und dort auch nur für kurze Zeit – ein letztes, aber gewaltiges Aufflackern.

Der Beginn vom Ende lässt sich induktiv an einem Einzelfall ausmachen: Am 14. Januar erschien die Leadsingle des letzten Queen-Albums zu Lebzeiten Freddie Mercurys. Begleitet von zahlreichen Skandalberichten und Gerüchten um die Gesundheit des einst so extrovertierten Sängers, der sich, seine Aidserkrankung vor der Öffentlichkeit geheim haltend, ins Privatleben zurückgezogen hatte, schnellte der Titelsong der Platte auf Platz 1 im UK: Mit dramatischen Drums und sich wie bedrohliche Wellen aufbäumenden Akkorden kündete der komplex strukturierte Song – sein Titel »Innuendo« lässt sich passend mit »Anspielung« übersetzen – von einem nahen Umbruch. Mercury starb schließlich am 24. November desselben Jahres. Mit dem Tod eines der größten Frontmänner der Musikgeschichte ging auch der der gesamten Spielart einher. Einen Monat danach stand Mercury zu Weihnachten wieder auf Platz 1 – mit einer Wiederveröffentlichung des ertragreichsten britischen Hits der 70er Jahre, eines Musterbeispiels an Classic Rock: seinem Opus magnum »Bohemian Rhapsody«. Sehen wir uns näher an, was zwischen diesen beiden Nr.-1-Erfolgen im Jahr 1991 geschehen ist.

Türen zum Osten, Pforten der Wahrnehmung

Nur eine Woche nach dem dystopischen »Innuendo« erschien der Hoffnungsträger »Wind of Change«, die Hymne zur deutschen Wende der Scorpions. Die gepfiffene Melodie von Sänger Klaus Meine brannte sich ins kollektive Gedächtnis ein. Bis heute gilt die Single weltweit als erfolgreichste aus deutscher Produktion. Die Idee zum Song ist Meine laut einem Interview mit dem Fachblatt *Classic Rock* »in der UdSSR gekommen, als ich in einer Sommernacht im Gorky Park Center saß und auf die Moskwa geblickt habe«. Der Song greift die zeitbestimmenden Themen Glasnost und Perestroika auf und ruft zu Versöhnung und Verständigung auf. Der damalige Staats- und Parteichef Michail Gorbatschow empfing die Gruppe im Dezember 1991 im Kreml. Seit dem russischen Überfallskrieg auf die Ukraine 31 Jahre später wandelt Meine den Text ab. Um Russland nicht zu romantisieren, heißt es dort fortan zu Beginn: »Now listen to my heart / It says Ukraine, waiting for the wind to change.« Ein kleiner Reminder, dass der Song einst Musik zur Zeit war.

Am 1. März kam das Biopic *The Doors* in die US-amerikanischen Kinos. Obwohl oder gerade weil Regisseur Oliver Stone sich wenig um Faktentreue scherte, erschloss der Film dem poetisch-psychedelischen Hardrock des ihm zugrundeliegenden Objekts ein neues, junges Publikum. Poster des bereits 1971 gestorbenen Sängers Jim Morrison in Jesus-Christus-Pose zierten wieder die WG-Zimmer. Anders als im Film, in dem Hauptdarsteller Val Kilmer singt, verfügt der Soundtrack über Originalsongs der Band und entwickelte sich zum Millionenseller. Eilig wurde mit *In Concert* auch ein Live-Album der Kalifornier nachgeschoben. Der wie von kaum einem anderen als Morrison konsequenter zelebrierte Mythos von Sex, Drugs und Rock'n'Roll erlebte eine Auferstehung. Kurz darauf sollte der sich stets schüchtern und besonnen gebende Michael Stipe ein alternatives Frontmann-Modell – sowie generell ein neues Männerbild – Morrison entgegensetzen, ein letztlich allerdings auch nicht minder verehrtes.

College-Rock in den Charts: R.E.M. verlieren ihre Religion und gewinnen die Herzen

Nachdem ihr Vorgängeralbum *Green* mit Hits wie »Orange Crush« und »Stand« 1988 noch knapp an den US-Top-Ten vorbeigeschrammt war, brachen die ehemaligen Studentenrocker R.E.M. nach mehr als zehn mehrheitlich in Indie-Kreisen verbrachten Jahren Mitte März 1991 mit *Out of Time* endgültig in den Mainstream durch. Befeuert vom Evergreen »Losing My Religion« und dessen Mandolinenmotiv als Alleinstellungsmerkmal im Formatradio, erreichte das Album Platz 1 in den USA; im UK und in Deutschland immerhin Rang zwei der Charts. Obwohl der titelgebende Ausdruck der Single in der Südstaaten-Lingo der Band aus Athens, Georgia, eher einen Zustand der Verzweiflung beschreibt, wurde er weltweit wörtlich ausgelegt und als Absage an Religionen missverstanden. R.E.M. fanden sich ungewollt an zentraler Stelle einer zeitgeistigen Debatte wieder. Die Thematik strukturellen sexuellen Missbrauchs in der römisch-katholischen Kirche sollte schließlich in den 90er Jahren erstmals größere öffentliche Aufmerksamkeit erregen. Mit ihrer nächsten Single glätteten R.E.M. die Wogen – der Tralala-Singalong »Shiny Happy People« war bewusst blauäugig und entsprechend massenkompatibel. R.E.M. hatten ihren Weg zum Erfolg geebnet, bereits im Jahr darauf sollten sie ihn zementieren. Der 18-Millionen-Seller *Automatic for the People* ließ den Stern der nie auf Glanz und Gloria ausgerichteten Band in die größten Stadien abstrahlen.

Denn abseits der Leinwände und Aufnahmestudios fand Rock'n'Roll seit jeher natürlich auf den Brettern, die die Welt bedeuten, statt. Die wurden 1991 auch von damals gigantischen Bands bevölkert, die heute in Vergessenheit geraten sind. Allen voran: die Australier INXS um ihren Sänger Michael Hutchence, dessen Lockenpracht der stilistisch andersartigen Band häufig Vergleiche mit den Doors einbrachte. Nach zwei sehr erfolgreichen Platten voller Radio-Hits führte die Gruppe im Sommer 1991 das Line-up des größten deutschen Musikfestivals, Rock am Ring, an und gastierte im prestigeträchtigen Londoner Wembley-Stadion, was Ende des Jahres im Mitschnitt *Live Baby Live* mündete. Musikalisch eher an Funkrock und 80s-Pop geschult – und somit eine Art Blaupause für die wirkmächtige 10er-Jahre-Combo The 1975 –, bediente sich Hutchence der Animationsgesten seiner Vorfahren, ließ zu Balladen wie »Never Tear Us

Apart« die Feuerzeuge (damals ja noch nicht die Handy-Displays) schwenken und beherrschte dank Romanzen mit Topstars wie Kylie Minogue, Belinda Carlisle, Helena Christensen und Paula Yates die Boulevardpresse. Trotz Anpassungsversuchen überlebten auch INXS die Grungewelle nicht, so dass Hutchence bereits 1996 von Oasis' Noel Gallagher gerügt wurde, als er diesem bei den Brit Awards einen Preis überreichte: »Has-beens shouldn't present awards to gonna-be's.« Sieben Wochen nach INXS fegte eine andere Band von noch weitaus gewaltigerem Kaliber durch das Wembley-Stadion.

Guns N' Roses im Größenwahn, Bono in Berlin

Guns N' Roses zementierten ihren Status als größte Rockband der Welt bei jeder sich anbietenden Gelegenheit. So gastierte allein Gitarrist Slash 1991 auf Alben von Rock-Royalties wie Alice Cooper und Lenny Kravitz und spielte auf Michael Jacksons »Black or White« – allerdings anders als gerne behauptet nicht das tragende Riff, sondern die exemplarische Rockgitarre im Skit-artigen Intro. Vier Jahre nachdem die Hardrock-Revivalisten mit dem 30 Millionen Einheiten absetzenden *Appetite for Destruction* das erfolgreichste Debütalbum der Musikgeschichte vorgelegt hatten, begannen sie am 24. Mai 1991 eine Mammut-Tour, die sie für mehr als zwei Jahre um die Welt reisen und schließlich auslaugen sollte. Da spätes Erscheinen Tradition bei der Band hatte – Leadsänger Axl Rose ließ sein Publikum teils mehr als zwei Stunden bis zum Auftritt warten –, kamen die Alben, welche die Tour bewerben sollten, erst vier Monate nach deren Beginn auf den Markt. Und ja, richtig gelesen: Dem Größenwahn von 209 anberaumten (und letztlich 194 absolvierten) Konzerten gerecht werdend, veröffentlichte die Band am 17. September gleich zwei Platten: *Use Your Illusion I* und *II*. Im Rennen um Platz 1 der USA hatte Letzteres die Nase vorn, da sich darauf die Leadsingle aus dem Soundtrack zum Film des Jahres befand:

»You Could Be Mine« aus dem James-Cameron-Blockbuster *Terminator 2 – Judgment Day*, der Arnold Schwarzenegger zum bestbezahlten *Leading Man* der Filmbranche machen und mit bahnbrechenden CGI-Effekten das Kino revolutionieren sollte.

Sich ihrer Entertainment-Heimat bewusst – das Personal der Gruppe speiste sich aus Mitgliedern der Bands L.A. Guns und Hollywood Rose –, gerieten auch die Videos der »Gunners« zusehends cineastischer. Herzstück dieser Entwicklung ist die Trilogie der Clips zu »Don't Cry«, »November Rain« und »Estranged«. Allesamt mit hohen Budgets ausgestattet, sind es regelrechte Kurzfilme, die bis heute Fragen aufwerfen: Warum musste die von Roses damaliger Freundin Stephanie Seymour gespielte Braut in »November Rain« sterben? Weshalb stürzte sich im vor der Beerdigungsszene einsetzenden Platzregen einer der Gäste ausgerechnet in die Hochzeitstorte? Und welches Geheimnis teilen sich Rose und der am Ende von »Estranged« neben ihm »hockende« Delphin? Zwar wurde das Internet am 6. August 1991 weltweit verfügbar gemacht, doch die Ära des Netzes als digitales Äquivalent zum allen Fragen standhaltenden »Schlauen Büchlein« von Tick, Trick und Tracks Pfadfinderorganisation Fähnlein Fieselschweif war noch längst nicht angebrochen. Damals konnten Rock und Pop noch rätselhaft sein und für stundenlange Pausenhofdiskussionen sorgen.

Mysteriös wurden 1991 auch die bis dahin nur mit wenigen Fragezeichen versehenen 80er-Rocker U2 – they moved sozusagen in »Mysterious Ways«. Zwar hatte man deren auf Authentizität pochenden Sänger Bono schon längst Schauspielerei unterstellt – spätestens ab der erzwungenen Beteiligung eines unbedarften weiblichen Fans beim »Live Aid«-Auftritt der Band 1985 und allerspätestens als die Iren mit ihrem Album/Film-Hybriden *Rattle and Hum* 1988 für einen Backlash gesorgt hatten, nachdem ihnen die Annährung an uramerikanischen Bluesrock und Gospel als kulturelle Aneignung ausgelegt worden war. Dem entgegenwirkend traten U2 Ende Oktober 1991 die Flucht nach vorne an. In der gleichnamigen Leadsingle aus ihrem in Ber-

»The most Dangerous Band in the World«: Guns N' Roses 1992 im Olympiastadion Berlin

lin aufgenommenen Album *Achtung Baby* führte Bono sein neues Alter Ego »The Fly« ein. Diesem sollte er auf der begleitenden *Zoo TV*-Tour Bühnenfiguren wie »MacPhisto« und den »Mirror Ball Man« folgen lassen. Die Tour war als gigantische Mediensatire konzipiert und hatte Reizüberflutung zum Thema. Wie die vielen Bildschirme auf der Bühne, die alle verschiedene und im Nanosekundentakt geschaltete Bilder und Filmschnipsel auf das Publikum abfeuerten, wechselten sich auch die musikalischen Stile auf der Platte ab. Zum Pathosrock der Band (»One«) gesellten sich Sounds aus dem Alternative- und Industrial-Rock sowie der elektronischen Musik. Die Band sollte auf dem eingeschlagenen Weg mit dem kompromisslosen Nachfolgewerk *Zooropa* (1993) ekstatisch tänzelnd vorankommen, bis sie auf *Pop* (1997) stolperten und auf *All That You Can't Leave Behind* (2000) pünktlich zum Beginn des Retrojahrzehnts der 00er Jahre reumütig und höchst erfolgreich in die Arme des Classic Rock zurückkehrte. Da war die Saat von *Achtung Baby* längst aufgegangen. Der Mischmasch der Genres sollte den Siegeszug von

Electro-Rock von Acts wie The Prodigy ermöglichen und sogar Herbert Grönemeyer mit seinem Remixalbum *Cosmic Chaos* (1993) und den Big-Beat-Experimenten von *Bleibt alles anders* (1998) in den Club führen.

Werbeclips und *MTV Unplugged*: Rockstars aus der Röhre(njeans)

Eine weitere altgediente Rockband, die sich zur Jahreswende 1991/92 ebenso überraschend an Konsumkritik übte, waren Genesis – eine Gruppe, die nach dem Fortgang ihres einstigen Kreativkopfs Peter Gabriel mit Schlagzeuger-turned-Sänger Phil Collins seit Ende der 70er Jahre offensichtlich vorrangig kommerzielle Absichten verfolgte. Am 30. Dezember 1991 veröffentlichten sie »I Can't Dance« aus ihrem fast gleichnamigen Album *We Can't Dance* und nahmen in dem Song die Jeans-Werbungen aus dem Hause Levi's auf die Schippe. Das minimalistische Gitarrenriff darin sollte ganz gezielt an »Should I Stay or Should I Go« von The Clash erinnern, das Ende 1990 einen Reklameclip des führenden Denim-Herstellers untermalte und kurz darauf erneut zum Single-Hit wurde. Das Video zu »I Can't Dance« etablierte nicht nur den motorischen Nicht-Tanz mit den abwechselnd wie zum Gruß ausgestreckten Handflächen, das künftige Erkennungszeichen der Band, sondern parodierte im Outro auch die Dance-Moves Michael Jacksons am Ende von dessen erst im Vormonat erschienenen »Black or White«-Video. Vor allem in Deutschland war das Album ein durchschlagender Erfolg und verbrachte 24 Wochen auf Platz 1. Parallel zu U2 sollten auch diese Mainstreammonolithen 1997 ins Straucheln geraten. Mit dem neuem Sänger Ray Wilson, der ironischerweise drei Jahre zuvor mit dem für eine Levi's-Werbung komponierten »Inside« im Rahmen seiner eilig gecasteten Combo Stiltskin einen europaweiten Hit gelandet hatte, fuhren sie ihre Jahrzehnte überdauernde Karriere gegen die Wand. Eine US-Tour musste wegen

Zumindest modisch schlecht gealtert: Pearl Jam 1991

R.E.M. 1991: Mike Mills, Bill Berry, Michael Stipe und Peter Buck

Express yourself: Madonna live auf ihrer
»Blond Ambition World Tour« 1990

Take That 1992: Robbie Williams,
Howard Donald, Mark Owen,
Gary Barlow und Jason Orange

Bono von U2 beim Konzert in Gent, 1992

Sock my dick: Flea und Anthony Kiedis von den Red Hot Chili Peppers, 1992

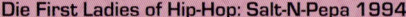

»2 More Days of Peace and Music«: Woodstock '94

Die First Ladies of Hip-Hop: Salt-N-Pepa 1994

Einer der TV-Momente der 90er: Michael Jackson und Thomas Gottschalk 1995 bei *Wetten, dass..?*

Love Parade 1995: Techno am Kurfürstendamm

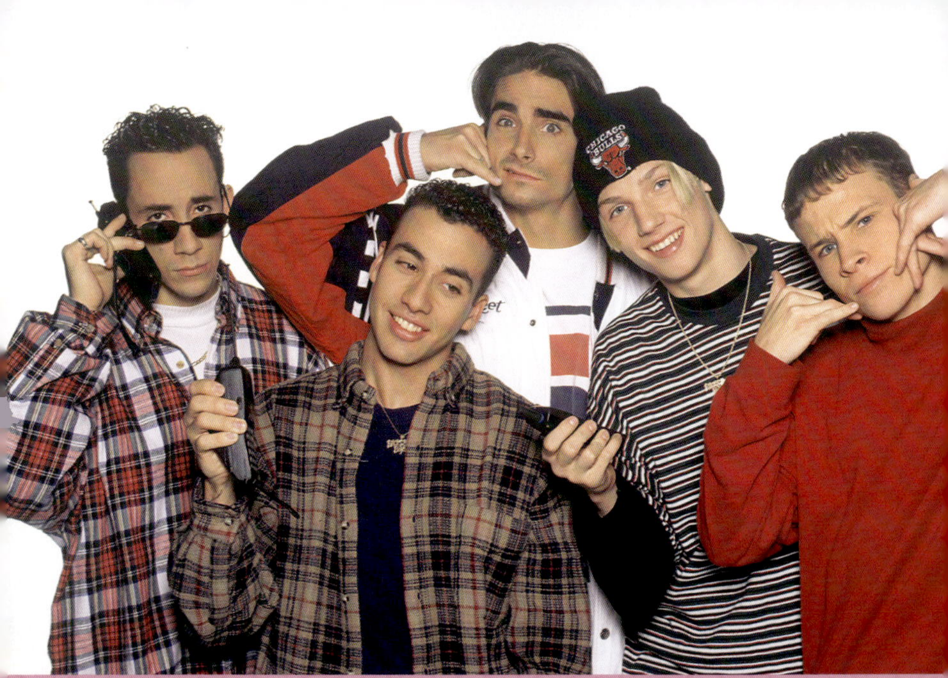
CHICAGO
BULLS

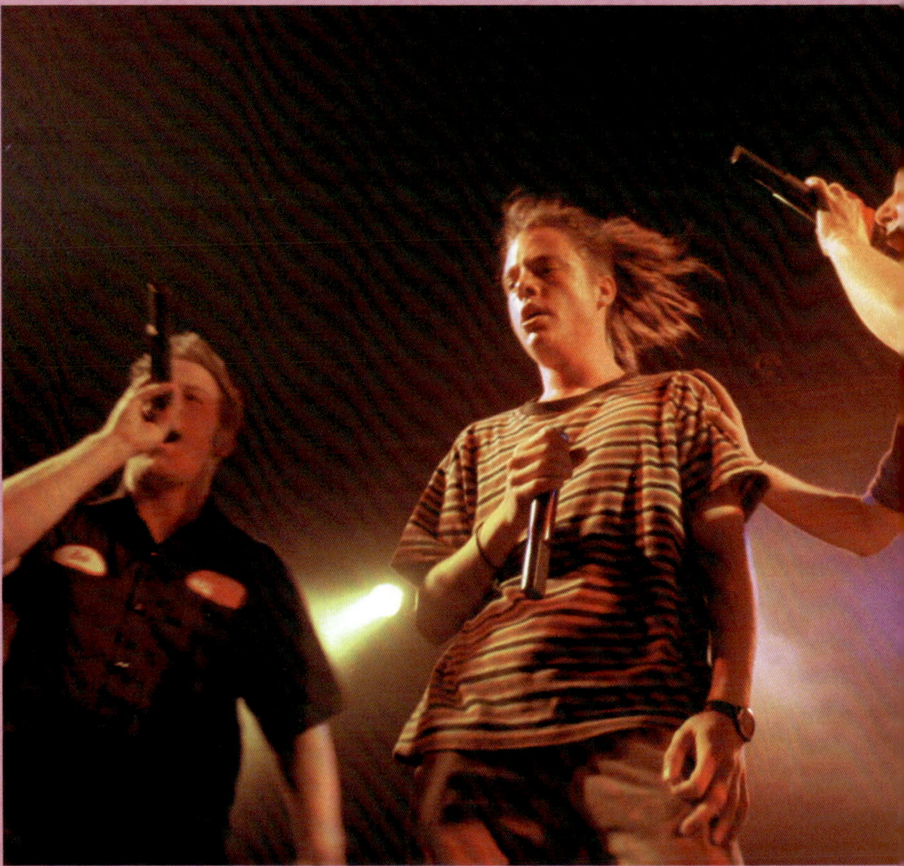

Ruf! Mich! An!:
Backstreet Boys 1995

Feeling supersonic:
Noel Gallagher von Oasis live, 1996

Die Definition von fett:
Fettes Brot 1996 live im Huxley's Berlin

Spice up your Life – Spice Girls 1997 bei den Brit Awards:
Mel C (Sporty Spice), Emma Bunton (Baby Spice), Mel B (Scary Spice),
Geri Halliwell (Ginger Spice), Victoria Adams (Posh Spice)

Firestarter Keith Flint
von The Prodigy beim
V97-Festival in England

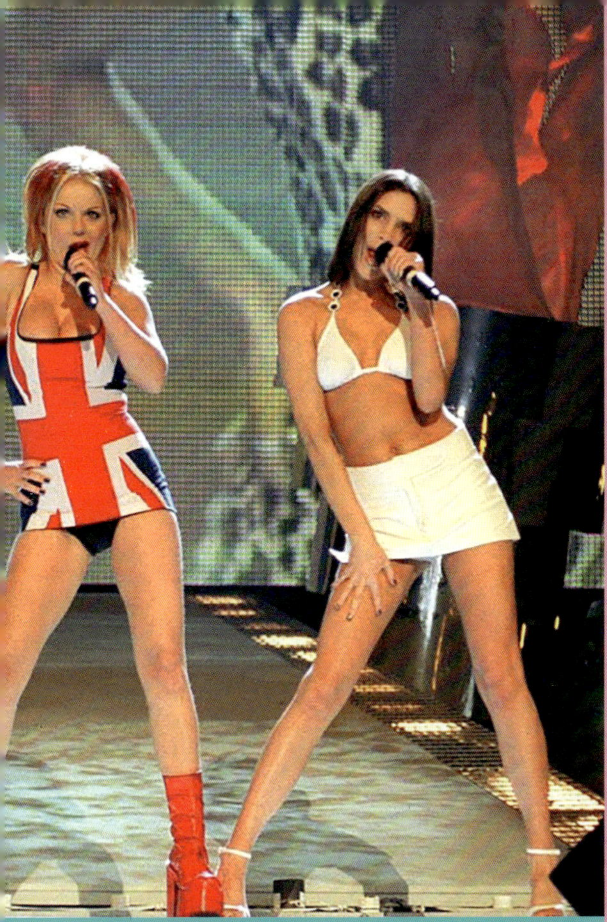

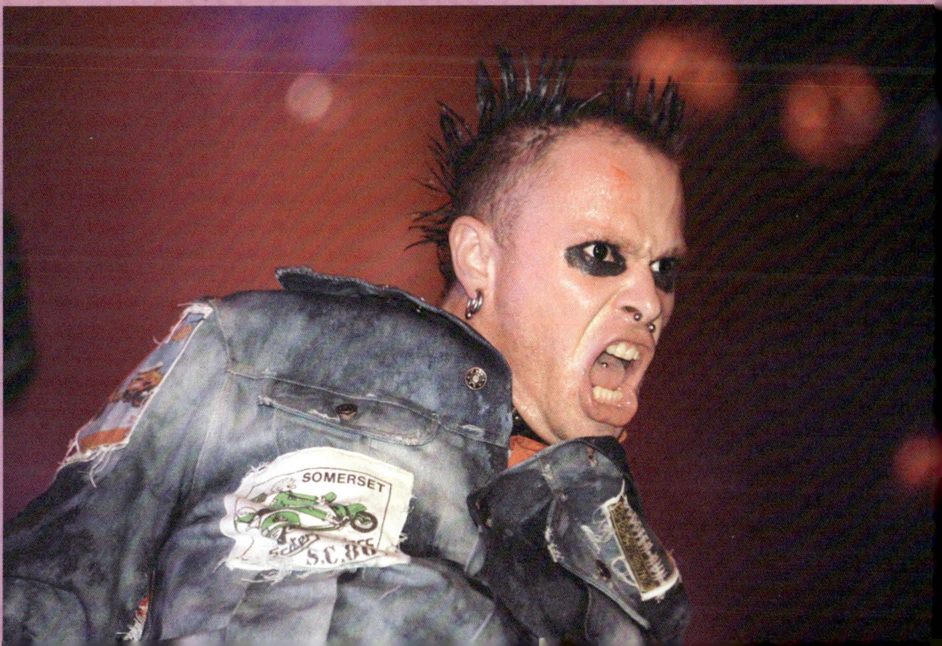
SOMERSET
S.C.86

Lords of the boards: Sandra Nasić
mit den Guano Apes 1997

Pionierinnen vor ihrer legendären
Pressekonferenz: Tic Tac Toe 1997

Wie ein Boomerang kommt sie immer wieder bei uns an: Jasmin Wagner aka Blümchen 1997

Maskierte Nu-Metal-Heads:
Slipknot 1998

Endloser Einfluss: Aaliyah 1997

Mr. President 1999: Lady Danii,
T-Seven und Lazy Dee

Bitte fügt Euren Lieblingswitz aus jener Zeit hier selbst ein: The Kelly Family 1999

Rage Against the Machine 1999: Brad Wilk, Tom Morello, Zack de la Rocha und Tim Commerford

Er tat es alles für den Nookie: Limp-Bizkit-Sprechsänger Fred Durst, hier 2000 in Hamburg

mangelnden Interesses komplett abgesagt werden. Entscheidende Wechsel in der Besetzung oder der Zielsetzung waren selbst in den grenzsprengenden 90ern nicht ausschließlich von Erfolg gekrönt.

Da Kultur nicht linear voranschreitet, schlug das Pendel der Rockmusik 1991 auch in die entgegengesetzte Richtung zum neuen *Anything goes*-Ansatz aus. Bereits Ende März war der vierjährige Sohn von 70er-Bluesrocklegende Eric Clapton, Conor, beim Sturz aus dem 49. Stockwerk eines New Yorker Hochhauses ums Leben gekommen, was seinen Vater zur berührenden Akustikballade »Tears in Heaven« inspirierte. Im Jahr darauf verewigte Clapton diese auf seinem *Unplugged*-Album, das mit 26 Millionen Verkäufen nicht nur zu seinem erfolgreichsten, sondern auch zum meistverkauften Live-Album überhaupt avancieren sowie den das Jahrzehnt durchziehenden Unplugged-Trend auslösen sollte. Den Weg dafür hatten zuvor zwei Singles geebnet: Im Frühling gingen die Funk-Metaller von Extreme ein Risiko ein, veröffentlichten die nur von Nuno Bettencourts gezupfter Akustikgitarre getragene Ballade »More Than Words« und landeten damit weltweit auf vorderen Chartplätzen. Im November wandten die Retrorocker von Mr. Big dieselbe Erfolgsformel an und platzierten ihre Lagerfeuerhymne »To Be with You« auf Platz 1 der US-Charts sowie fast aller europäischen Hitlisten.

Dazwischen dominierte der in Schnulzen schon etwas geübtere Kanadier Bryan Adams die Radios: Unterstützt vom Einsatz im Kevin-Costner-Kinokassenschlager *Robin Hood – König der Diebe* stand seine Powerballade »(Everything I Do) I Do It for You« von Sommer bis Herbst 1991 für 16 Wochen an der britischen Chartspitze und für sieben Wochen in den USA.

Eine andere Rockballade, die die Dekaden überdauern sollte, brachte sich derweil schon in Position – auf Platz 11 der Tracklist des im September erschienenen *Blood Sugar Sex Magik* der Kalifornier Red Hot Chili Peppers. Unschlüssig, was nach dem zackigen »Give It Away« als zweite Single ausgewählt worden war, schickte das Label Warner Mitarbeiter auf ein Konzert der Band.

Mr. Big: Paul Gilbert, Pat Torpey, Eric Martin und Billy Sheehan

Als Sänger Anthony Kiedis seinen Einsatz bei »Under the Bridge« verpasste und stattdessen der ganze Saal trällerte, erkannte die Plattenfirma das Potential des Songs. Im März 1992 als Single veröffentlicht, erreichte der Abgesang an Kiedis' Drogensucht Platz 2 in den USA und ließ so rückwirkend 1991 zum entscheidenden Jahr für die FKK-Anhänger der Chili Peps werden. Ihre fünfte Platte machte ihren Funk-Rock allerorts bekannt, trug maßgeblich zur Explosion des Alternative Rock zu Beginn der 90er bei und garantiert ihnen bis heute Top-Billings auf den Festivals der Welt. Ähnlich wie bei Metallica, die im Vormonat August mit dem reduzierten Einsatz harter Gitarren und kompakteren Songstrukturen Heavy Metal zu den Massen brachten, waren es auch hier die konsumfreundliche Simplifizierung des Klangbilds, die ohrenschmeichelnden Harmoniegesänge – gerne eben in Form von: Balladen. Wer dank über die Stränge schlagender Schmachtfetzen wie »Total Eclipse of the Heart«, »Eternal Flame« oder »I Want to Know What Love Is« die Powerballade fest in den 80ern verortet, dem sei die weitere Entwicklung der klassischen Rockmusik in den 90ern ins Gedächtnis gerufen.

Nirvanas *Nevermind* und Guns N' Roses' *Use Your Illusion I* (beide 1991)

Als kulturvorantreibende Kraft endete sie mit der Ankunft von Nirvanas *Nevermind* 1991. Dabei war die Band aus Aberdeen, Washington, letztlich eine Art logische Weiterführung von Guns N' Roses, obwohl die Frontmänner Kurt Cobain und Axl Rose einander jahrelang in den Medien anfeindeten. Doch bereits GN'R waren angetreten, um dem grell geschminkten, überkandidelten, mit dem Retronym Hair-Metal versehenen Hardrock der 80er Jahre ein Ende zu bereiten. Zwar hatten sie sich gleich auf dem Titelbild ihres Debütalbums als Comicfiguren verewigt, hält Gitarrist Slash bis heute an seinem zu Karikaturen einladenden Zylinder-Gimmick fest. Doch im Vergleich zu auftoupierten Acts wie Bon Jovi, Van Halen, Poison und den programmatisch benannten Cinderella stellten Guns N' Roses zähe, schmutzige Gossentypen dar. Um weitere Facetten wie Fragilität, den Verzicht auf zur Schau gestellte männliche Potenz und feministische Forderungen bereichert, näherten sich Nirvana dem neuen Gebot der Authentizität weiter an. Als weitere Parallele sind die Schriftarten in den klassischen Logos beider Bands einander zum Verwechseln ähnlich. Doch *Nevermind* erschien genau eine Woche nach den beiden *Use Your Illusions* und stellte symbolisch die Zukunft dar. Eine Zukunft, in der sich Classic Rock noch ein paar Mal aufbäumen durfte – zuvorderst in

Form einer Band, die sowohl Rose als auch Cobain zu ihren Fans zählen. Die Rede ist vom wohl sensationellsten Comeback der Rockgeschichte und dabei, eben, erneut von Balladen. Dazu verlassen wir unser Stammterritorium 1991 für einen Augenblick.

Rock-Opas erobern die Jugend: Das Mega-Comeback von Aerosmith

Mit tatkräftiger Unterstützung professioneller Songwriter:innen zog sich die neben Kiss größte US-amerikanische Hardrockband der 70er Jahre nach Jahren im Drogensumpf ab 1987 wieder nach oben, ja sogar nach ganz oben, und schoss dabei über jedes anvisierte Ziel hinaus. Ihre aufwändigen, sich an erfolgversprechenden Spielfilmgenres orientierenden Videos wie »Janie's Got a Gun« (Crime; Regisseur David Fincher sollte später für 90er-Klassiker wie *Sieben* und *Fight Club* verantwortlich zeichnen) und »Dude (Looks Like a Lady)« (Screwball-Komödie) waren Dauergast in den Heavy-Rotations von MTV der späten 80er. Mit der Herzschmerznummer »Angel« stand die Band 1987 hoch wie nie zuvor auf Platz 3 der US-Charts – ein Erfolg, den sie 1998 mit der von Dianne Warren geschriebenen Ballade »I Don't Want To Miss a Thing« toppen sollten. Die Ultraschnulze wurde, befeuert vom Einsatz im Bruce-Willis-Katastrophenfilm *Armageddon*, in dem auch Liv Tyler, die Tochter von Aerosmith-Sänger Steven Tyler, als Schauspielerin glänzte, zu ihrem einzigen Nr.-1-Hit. Bereits davor hatte Tyler Jr. im letzten Teil einer Video-Trilogie von Aerosmith mitgewirkt: Die Clips zu den Balladen »Cryin'« (1993), »Amazing« (1993) und »Crazy« (1994) machten nicht nur sie berühmt, sondern vor allem Hauptdarstellerin Alicia Silverstone für eine Saison zum It-Girl. Überdies wurde in einer Schlüsselszene von »Cryin'« – zusammen mit dem perforierten Kuheuter auf dem Cover des Bezugsalbums *Get a Grip* – eine der Modeerscheinungen der 90er im Mainstream verankert: Piercings. Im Finale des Videos verortete Regisseur Marty Callner die End-40er von Aerosmith noch näher am Zeitgeist: Einen Suizid vortäuschend, stürzt Silverstone sich vor den Augen ihres Freundes, gespielt von 90er-Herzensbrecher Stephen Dorff, den sie zuvor beim Fremdgehen erwischt hat, von einer Autobahnbrücke, nur um im Fallen eine Bungee-Vorrichtung über ihrem soeben gepiercten Bauchnabel zu offenbaren und ihrem schockierten Boyfriend per Mittelfinger den Laufpass zu geben. Female Empowerment – dazu in Levi's-zeitgemäßen Blue Jeans und einem Hemd mit grungigem Flanellmuster. Seine ungezügelte Wucht und die Welten aus den Angeln hebende Dringlichkeit mag Nirvanas »Smells Like Teen Spirit« zum definitiven Musikvideo der 90er machen, aber »Cryin'« kommt an unmittelbar nächster Stelle – gefolgt von Michael Jacksons »Black or White«, das zentrale Jahrzehnt-Phänomene wie Macaulay »Kevin« Culkin, die Simpsons, Rap und Rassismus vereint.

Nur konsequent, dass Aerosmith 1993 auch in der Fortsetzung des Films mitspielten, der im Jahr zuvor geholfen hatte, Hardrock ins neue Jahrzehnt zu retten: Im Intro zu *Wayne's World* headbangten fünf Hardrock-Kumpel zu Queens »Bohemian Rhapsody«, im Sequel überzeugt Jim Morrison die Hauptfigur Wayne Campbell im Traum von dessen Lebensmission, ein Rockfestival mit Aerosmith und Pearl Jam zu organisieren: »Waynestock«. Im August 1994 waren Aerosmith dann die große Schlussnummer bei der Neuauflage anlässlich des 25. Jubiläums von Woodstock – Tyler und Gitarrist Joe Perry hatten das Original als Heranwachsende besucht. Mit seinen schillernden Bühnenklamotten und zahlreichen um den Mikroständer geschlungenen Schals fügte sich Tyler perfekt in das farbenfrohe Hippie-Bild ein, das man mit der Marke assoziierte. Woodstock '94 darf als die letzte Großveranstaltung gelten, bei der Classic Rock maßgebend war – auch dank der Beteiligung von Veteranen der Vorlage wie Joe Cocker, Santana, John Sebastian und Country Joe McDonald. Das in Schutt und Asche gelegte Woodstock '99 (siehe S. 306) stand fünf Jahre später im Zeichen des Nu Metal – mit Vertretern wie Korn, Limp Bizkit und Kid Rock.

Balladen, Bombast und eine Bat out of Hell

Inmitten des Aerosmith-Jahres 1993 feierte eine weitere Urgewalt einen für unmöglich gehaltenen zweiten Frühling: 16 Jahre nach seinem Welterfolg *Bat Out of Hell* rettete sich Meat Loaf vor seiner brachliegenden Karriere. Wie die gigantische Fledermaus auf der Spitze des Empire State Buildings auf dem Artwork zum Sequel *Bat Out of Hell II: Back into Hell* stürmte er an die Chartsgipfel. Sein Comeback-Hit »I'd Do Anything for Love (But I Won't Do That)« erreichte die Nr. 1 in 28 Ländern und machte den spritzigen »Eddie«-Darsteller aus der *Rocky Horror Picture Show* (1975) zum gern gesehenen Dauergast auf der *Wetten, dass..?*-Couch. Auch hier haben wir es mit einer beinahe ins Groteske gezogenen Ballade zu tun. In die gleiche Kerbe schlugen Bon Jovi, die sich nach euphorischen Lebensbejahern wie »Livin' On a Prayer« und »You Give Love a Bad Name« in den 80ern nun mit Anbeginn der 90er vor allem mit ruhigen Nummern einen Namen machten – vor allem einen sicheren auf den Playlisten der Formatradios. Von »Bed of Roses« über »Always« bis hin zum paradox betitelten »This Ain't a Love Song« war die Band um Posterboy Jon Bon Jovi die quintessentielle 90s-Band für die bestsellenden *Kuschelrock*-Sampler. 1995 schlossen sich die ähnlich designten Def Leppard an, kehrten Stadionrockern wie »Pour Some Sugar on Me« den Rücken und schmachteten mit großen Gesten »When Love & Hate Collide«. »The Boss« of Rock, Bruce Springsteen, konnte in den gesamten 90ern dagegen nur mit einer Ballade einen wirklichen Hit erzielen: Das fragile, fast gemurmelt vorgetragene »Streets of Philadelphia« aus dem Soundtrack zum Aidsdrama *Philadelphia* (1993) verhalf queeren Menschen zu mehr Akzeptanz und trug dazu bei, Aids als gesamtgesellschaftliches Problem zu begreifen.

All diese ruhigen Stücke ebneten den Weg für die zumindest in Europa gewaltigste Rockballade des Jahrzehnts. Bislang mit eher seichtem Yuppie-Pop aufgefallen, ließen die Schotten von Wet Wet Wet mit den ersten Takten ihres Troggs-Covers »Love

Is All Around« im Sommer 1994 keine Missverständnisse zu: Hier wird gerockt! Der Beitrag zur britischen Rom-Com mit Hugh Grant und Andie MacDowell in den Hauptrollen, *Vier Hochzeiten und ein Todesfall*, führte für 15 Wochen die britischen Charts an und gab die Spitzenposition nur deshalb auf, weil die Band den Song vom Markt nehmen ließ. Nach monatelanger Dauerbeschallung hatte die Gruppe um den dauergrinsenden Marti Pellow die Befürchtung, er könne den Menschen auf die Nerven gehen. Ein eigenartiger Akt der Bevormundung, der die Gruppe zudem davon abgehalten hat, einen geschichtsträchtigen Rekord einzuheimsen, der möglicherweise bis heute ungebrochen geblieben wäre. Die Band konnte ihren Erfolg selbstverständlich nie auch nur ansatzweise wiederholen und löste sich bereits 1997 auf.

You Oughta Know:
Frauen übernehmen das Rock-Ruder

Eine Künstlerin, die ihren Mitte der 90er erklommenen Zenit ebenfalls kein weiteres Mal erreichen konnte, ist Alanis Morissette. Mehr als 33 Millionen Kopien ihres 1995er Albums *Jagged Little Pill* setzte sie damals ab, dessen Megasingle »Ironic« wurde zum Radio-Dauerbrenner und erlebte in den 10er Jahren ein unfreiwilliges Comeback, als in zahllosen Memes darauf aufmerksam gemacht wurde, dass die meisten der im Song beschriebenen Fälle nicht auf Ironie, sondern schlicht auf Pech basierten. 2005 veröffentlichte die Kanadierin eine Unplugged-Ausgabe des Albums, 2018 feierte eine Musicalversion Premiere. Obwohl keines ihrer weiteren Alben auch nur annähernd diesen Einfluss erreichte, hat Morissette mit nur einem Album mehr erreicht als die allermeisten ihrer Kolleg:innen – sie hatte die Wahrnehmung dessen verändert, was Rock'n'Roll zu sein und vor allem: wie er auszusehen hat. Morissettes kultureller Einschlag zeigte sich schon bei den Grammys 1996: Zwar holte sie die Trophäe in der erwartbaren Kategorie »Best Female Rock Vocal Performance«, aber eben auch in den geschlechtsübergreifenden Sparten »Best Rock Song«, »Best Rock Album« und sogar »Album of the Year«. In der Folge pushte die Industrie Rocksängerinnen wie Tracy Bonham und Meredith Brooks, aber aus dem Trend sollte eine Revolution werden. Superstars des 21. Jahrhunderts wie Pink, Avril Lavigne, Shakira und Katy Perry bezeichnen Morissette als Wegbereiterin für weibliche Stimmen im Rock. Nach einem letzten nostalgischen Aufbäumen des Vier-weiße-Jungs-Rockbandformats in den 00er Jahren ist die tonangebende, Impulse setzende Rockmusik heute tatsächlich weiblich geworden. Gruppen wie The Last Dinner Party oder Boygenius und Künstlerinnen wie Courtney Barnett, Mitski oder Florence Welch treiben das Genre voran. Eine Entwicklung, die Kurt Cobain übrigens bereits 1993 prophezeit hatte. Über das letzte Studioalbum Nirvanas, *In Utero*, sagte er dem Magazin *Spin*: »Vielleicht wird es Frauen dazu inspirieren, eine Gitarre in die Hand zu nehmen und eine Band zu gründen. Denn das ist die einzige Zukunft für den Rock'n'Roll. Der männliche Rock'n'Roll ist erschöpft.«

Willkommen im Jurassic Park: Rock'n'Roll can never die

Der klassisch maskulin geprägte Rock'n'Roll war Ende der 90er also weitgehend auserzählt und findet in unserem Retro-Jahrhundert nur noch in musealisierter Form statt. Sogar Mick Jagger stellte 2023 die Möglichkeit in den Raum, dass die Rolling Stones eines fernen Tages nach dem Vorbild der »ABBAtare« in Hologramm-Form als Marke weiterexistieren könnten. Denn Jahrhundert-Acts wie die Rolling Stones, die Beatles, Pink Floyd und Queen transzendieren Zeit. So konnten ihrer Strahlkraft auch die 90er nichts anhaben. Die Stones hatten sich nach ihren künstlerisch mauen, personell vom Duell Jagger vs. Keith Richards gezeichneten 80er Jahren mit ihrer im August 1990 endenden *Steel Wheels / Urban Jungle*-Tour als stadionfüllendes Live-Phänomen etabliert. Ihre Alben dienten vorrangig als Argument für weitere Konzert(zeit)reisen, die von immer gewaltigeren Sponsoren querfinanziert wurden. So zierten von 1995 an die Stones-Editionen des VW Golf den Straßenverkehr, wie es im Vorjahr bereits mit Pink Floyd anlässlich deren Tour zur Platte *The Division Bell* der Fall gewesen war. Da auch dort das ausschlaggebende Album eher durchwachsen aufgenommen wurde, entschlossen sich die Art-Rock-Pioniere, das Live-Album zu ihrer Tour zur Hälfte mit einem Mitschnitt ihres populärsten Werks, *The Dark Side of the Moon* von 1973, zu bespielen. Auch die Beatles ließen noch mal mit ihrer Vergangenheit die Kassen klingeln. Ihre Dokuserie *The Beatles Anthology* wurde 1995 zum Straßenfeger, die dazugehörigen Doppelalben mit bisher unveröffentlichten Demo-, Live- und Alternativaufnahmen sowie Interviews dominierten die Charts. Als Sensation galten die beiden »neuen« Stücke, die John-Lennon-Skizzen »Free as a Bird« und »Real Love«, die Paul McCartney, George Harrison und Ringo Starr vollendeten. Parallel dazu bretzelten auch Queen die letzten Gesangsaufnahmen Freddie Mercurys auf und recycelten einige seiner funky Solonummern als bombastrockende Songs im Sound der Band. Das so entstandene, arg auf die Tränendrüse drückende Album *Made in Heaven* wurde zum ertragreichsten der Gruppe. Und so beherrschen nur zwei Jahre, nachdem Steven Spielberg 1993 die Velociraptoren im *Jurassic Park* wieder zum Leben erweckt hatte, auch die Rockdinos wieder die Welt. Ein Trend, der sich bis heute fortsetzt. 27 Jahre nach der letzten Beatles-Single vollendete McCartney 2023 mit Hilfe einer KI auch noch die allerletzte: »Now And Then« führte Ende 2023 die britischen und deutschen Charts an. Wie sang Neil Young bereits 1979: »Hey hey, my my / Rock and Roll can never die«. Er sieht jetzt einfach nur anders aus als noch 1991, wobei die langen Haare meist geblieben sind.

»Living on the Edge« – die 15 letzten Classics des Classic Rock

1. Guns N' Roses: »November Rain« (1991)
2. Red Hot Chili Peppers: »Under the Bridge« (1991)
3. Bruce Springsteen: »Streets of Philadelphia« (1994)
4. Spin Doctors: »Two Princes« (1992)
5. Meat Loaf: »I'd Do Anything for Love (But I Won't Do That)« (1993)
6. Mr. Big: »To Be with You« (1991)
7. Scorpions: »Wind of Change« (1990)
8. Bon Jovi: »In These Arms« (1992)
9. Extreme: »More Than Words« (1991)
10. U2: »Hold Me, Thrill Me, Kiss Me, Kill Me« (1995)
11. Genesis: »I Can't Dance« (1991)
12. Aerosmith: »Cryin'« (1993)
13. Eric Clapton: »Tears in Heaven« (1992)
14. Wet Wet Wet: »Love Is All Around« (1994)
15. Lenny Kravitz: »Are You Gonna Go My Way?« (1993)

»Jetzt kaufe ich mir ein Handy!«:
Interview mit Eric Martin (Mr. Big)

Als im März 1991 das zweite Album der Hardrock-Supergroup Mr. Big (alle vier Mitglieder waren zuvor in etablierten Rockbands gewesen, Bassist Billy Sheehan wiederholt zum weltbesten seiner Zunft gewählt worden), Lean into It, erschien, standen Nirvanas Nevermind und Soundgardens Badmotorfinger schon in den Startlöchern – bereit, den klassischen Rock zu überholen. Tatsächlich schenkte man Mr. Big damals nur wenig Aufmerksamkeit – bis Ende des Jahres als dritte Single aus der Platte die untypische Akustiknummer »To Be with You« ausgekoppelt wurde. Im Februar 1992 stand sie für drei Wochen auf Platz 1 der USA, führte die Hitlisten in einem Dutzend Länder an, darunter Deutschland, entwickelte sich zur Lagerfeuerhymne und bereitete dem Unplugged-Boom den Boden. *Kurz vor Beginn ihrer Abschiedstour »The Big Finish« 2024 sprechen wir Sänger Eric Martin zu Hause in Kalifornien.*

Was ist deine erste Assoziation bei Nennung des Jahres 1992?
Der Moment, in dem wir erfahren haben, dass »To Be with You« Nr. 1 in den USA ist. Dabei war der Song nie als Single geplant. Wir standen damals am Abgrund: Nach zwei gefloppten Singles war unsere Plattenfirma drauf und dran, uns zu droppen. Aber unser Manager Herbie Herbert liebte den Song und hatte die entsprechende Vision. Wir waren auf Tour, drehten irgendwo das Video zum Song, hatten das schnell vergessen und kamen gerade für ein Konzert in einer Kneipe direkt am Daytona Beach von Florida an. Alles war nass, überall lagen Erdnussschalen. Wir hatten damals nur eine Crew von zwei Leuten, also bauten wir alles selbst auf. Während die anderen ihren Soundcheck machten, stand ich gelangweilt am Flipperautomaten, als es aus dem Fernseher im Eck schallte: »Und hier kommt unsere Nr. 1 – das populärste Video auf MTV zurzeit kommt von Mr. Big«, mir fiel die Kinnlade herunter. Doch dem nicht genug, der Typ sprach weiter: »Ihre neue Single ist außerdem Nr. 1 der Single-Charts in den USA!« Ich rannte also zu den Jungs und überbrachte die Nachricht – in derselben Reihenfolge wie der Moderator. Und unser Schlagzeuger sagte nur: »Wieso hast du uns nicht zuerst gesagt, dass wir Nr. 1 in den Singles-Charts sind?« Als wir den Schock einigermaßen verarbeitet hatten, war mein erster Gedanke: Jetzt kaufe ich mir ein Handy! *(Zieht einen Schuh aus und hält ihn sich ans Ohr.)* Damals waren das noch so Riesendinger. Am meisten haben wir übrigens verdient, als der Song nicht mehr Nr. 1 war – er hat ewig gebraucht, um nach oben zu kommen, aber noch länger, um wieder abzusteigen. In der Zeit kletterte schon die nächste Single, »Just Take My Heart«, die Charts hoch – *that's when you make your big Deutsch-Marks (lacht)!*

Du warst damals schon seit 14 Jahren im Musikbusiness – meistens eher unter dem Radar. Wie ist das, wenn man nach all der Zeit auf einmal von Titelseiten der Teenie-Blätter grinst?
Toll! Ich wollte den Ruhm. Wir waren zwar nicht in der Liga von Bon Jovi, aber wir hatten auf einmal zwei Tourbusse – einen davon nur für die Band. Für uns war das Luxus. Dazu konnten wir mit all diesen Riesenbands wie Rush und Aerosmith um die Welt reisen, hatten bald unsere eigenen Welttouren als Headliner. Aber wir haben uns das echt erarbeitet.

Dazu standest du ja davor schon zweimal kurz vor dem großen Durchbruch.
Genau, 1985 hatte ich mein Solodebüt draußen: *Eric Martin*, daran waren lauter Big Names beteiligt: Steve Lukather von Toto, Paul Shaffer, der Bandleader von David Letterman – letztlich die ganze Begleitband von Den Henley, der damals im Studio nebenan sein supererfolgreiches Album *Building the Perfect Beast* aufgenommen hatte. Eddie Van Halen bekam meine Platte, die sehr poppig geraten war, zwischen die Finger, rief mich an und sagte: »Ich hasse deine Platte. Aber ich mag deine Stimme. Was machst du denn da? Du bist doch ein Rocksänger!« Obwohl ich die Platte liebte, stimmte ich ihm zu: »Ja, die Platte ist Mist!« Ich meine, das war Eddie Van Halen! Er lud mich dann zu einem Vorsingen ein – David Lee Roth war gerade nach einem großen Streit als Sänger bei Van Halen ausgestiegen. Mir wäre das aber eigentlich zu groß gewesen. Mit kalten Füßen flog ich zum Casting nach L.A. Doch schon am Flughafen begegnete ich dort Sammy Hagar, der mir erzählte, dass er den Job schon in der Tasche habe. Sammy ist auch mit dem entsprechenden Ego und der Zuversicht ausgestattet, so eine gigantische Band anzuführen. Dabei fällt mir ein: Vor ein paar Jahren waren Mr. Big gemeinsam auf Tour mit Extreme ...

... auch so eine Hardrockband, die 1991/92 mit einer Ballade einen Megahit landete.
Exakt, das passte also gut. Deren Sänger Gary Cherone war in den mittleren 90ern dann ja ebenfalls kurzzeitig Sänger bei Van Halen, was durchwachsen aufgenommen wurde. Aber ich habe ihm dazu gratuliert, dass er den Mut hatte. Ich fand auch, dass er einen guten Job gemacht hat. Fast parallel zum Jobangebot von Van Halen wurde ich damals gefragt, ob ich bei Toto einsteigen möchte. Und das wollte ich unbedingt! Aber ich war noch zu grün hinter den Ohren, die waren irrsinnig professionell. Mein sarkastischer Humor war auch nicht deren Fall. Einmal waren wir zusammen aus, und ich hatte vielleicht zu viel Wein und muss zu einem aus dem Toto-Lager was gesagt haben, was dem nicht gepasst hat. Das war's dann. Mein Labelboss wollte mich danach zum nächsten Michael Bolton aufbauen – ich hätte alles gemacht, um nicht mehr auf der Couch meines Vaters pennen zu müssen. Aber kurz darauf rief mich Billy Sheehan an und schlug die Gründung von Mr. Big vor. Es hat wohl so kommen müssen – und ich musste mich nie verbiegen.

Kurz nach eurem großen Erfolg begann sich der Wind aber zu drehen – Grunge war das neue Ding.
Ja, obwohl das musikalisch gar nicht so großartig anders war. Gut, mehr Mollakkorde, und die Texte waren halt introspektiver, aber sonst? Die hatten ja auch endlose Gitarrensoli. Da war die Punkrevolution in den 70ern schon radikaler. Aber ja, wir waren dann auch ganz schnell wieder abgeschrieben. Einfach, weil Radio damals noch die dominante Macht war. Und die setzten voll auf Alternative Rock. Meine ganzen Freunde von Glam-Metal-Bands wie Cinderella und Winger mussten auf einmal umschulen und fingen an, Häuser zu streichen. Aber Japan und Südostasien haben uns gerettet. Dort wurden wir immer noch größer. Das war schon bizarr: Da spielst du vor 12 000 kreischenden Fans im Budokan in Tokio, wo dich davor Hunderte Fans am Flughafen begrüßt haben, und zu Hause traten wir in Idaho in

einem Laden namens Lollapotato auf. 500 Leute, die ihre Babys schaukeln, applaudieren, während sie ihre Baguettes mampfen und uns erst erkennen, wenn »To Be with You« kommt. Die Bühne war vielleicht fünf Zentimeter hoch.

Wie bist du mit dieser Diskrepanz umgegangen?
Ich fand das okay – so konnten wir unseren Erfolg in Japan auch wieder schätzen und nicht als selbstverständlich hinnehmen. Aber es führte schon auch zu peinlichen Situationen: Meine Mutter rief sogar beim Radio an und beschwerte sich, dass sie die Musik ihres Sohns nicht mehr spielen. Und der Moderator kommentierte das sogar: »Hey, wir haben hier die Mama von dem ›To Be with You‹-Typen dran!« Einmal war ich mit meinen kleinen Zwillingssöhnen und meiner Mutter unterwegs, da hält neben uns ein Van, und aus einer riesigen Rauchwolke steigt irgendeine Rockband aus. Meine Mutter geht schnurstracks auf die zu und zischt: »Der da, mein Sohn, ... ›To Be with You‹«. Ich wollte mir fast Stricknadeln in die Augen stechen.

2024 geht ihr auf große Abschiedstour. 2002 habt ihr das schon mal gemacht, seid dann 2009 wieder zusammengekommen. Wie fühlt sich das jetzt an?
Damals kamen Billy und ich nicht so richtig miteinander klar, unser Gitarrist Paul Gilbert war davor schon ausgestiegen, unsere letzte Platte hat uns nicht richtig repräsentiert. Jetzt hingegen kommen wir alle super miteinander aus. Aber unser Ur-Drummer Pat Torpey ist 2018 verstorben, und wir werden auch nicht jünger, haben nicht mehr den gleichen Drive. Keine Ahnung, wie die Stones das machen. Aber die haben natürlich auch krass viel mehr Hits, die haben ganz andere Anreize, auf die Bühne zu gehen. Aber ich will weiterhin unterwegs sein, mit anderen Projekten. Was soll ich denn sonst machen? Meine Kinder sind ausgezogen – ich kann ja schlecht den ganzen Tag zu Hause auf meine Platinplatten aus den 90ern starren.

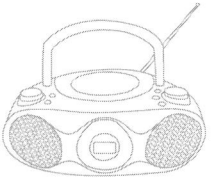

»Everybody Hurts«: Alternative Rock macht aus Schwächen Stärken

(1991–2000)

Von R.E.M. über Rancid bis Radiohead: Die 90er waren auch das Jahrzehnt, in dem die Außenseiter plötzlich Hauptrollen spielten – und sich in so verschiedenen Spielarten wie Indie, Emo und Pop-Punk austoben oder wahlweise -weinen konnten.[4]

> *»Despite all my rage, I am still just a rat in a cage«*
> Smashing Pumpkins: »Bullet with Butterfly Wings«, 1995

Im Oktober 2023 machten Schlagzeilen die Runde, dass Francis Bean Cobain, die mittlerweile 31-jährige Tochter von Grunge-Legende Kurt Cobain und Hole-Sängerin Courtney Love, Riley Hawk heiraten würde, den mittlerweile 30-jährigen Sohn von Skateboard-Legende Tony Hawk. Beide Väter schrieben in den 90ern Geschichte: Der eine durch, na, Ihr wisst schon, *Nevermind*. Der andere durch, na ja, Skateboarding, die Erfindung von über 85 neuen Tricks, darunter den legendären »900« im Jahr 1999, sowie die kommerzielle Vermarktung dieser ursprünglichen Underground-Bewegung. Und als ob das nicht schon genug 90er-Crossover wäre: Francis' und Rileys Trauungszeremonie vollzog Michael Stipe, Sänger von R.E.M., langjähriger Freund der Familie Love/Cobain und Patenonkel der Braut. *It's the end (and beginning) of the world as we know it.*

Den Alternative Rock *as we know it* der 90er prägten alle drei dieser Herren ungemein. Cobain machte ihn unfreiwillig zum neuen Mainstream, Hawk profitierte davon: Seine eigene Videospiel-Reihe blieb auch dank ihrer ikonischen Begleit-Soundtracks in Erinnerung. Schon mit *Tony Hawk's Pro Skater 1* daddelten Kids zu Skate-Punk und Crossover von unter anderem Goldfinger, Primus, Millencollin, Lagwagon, The Vandals und Rage Against the Machine. Und Stipe lieferte mit seiner schon 1980 in Athens, Georgia, gegründeten Band gleich mehrere Songs, die wie kaum andere für den Alternative Rock der 90er stehen: Nach dem Grammy-Gewinn für *Out of Time* als »Best Alternative Album« inklusive der Leadsingle »Losing My Religion« schrieben sie für den Nachfolger *Automatic for the People* mit dem angeblich von Nazareths »Love Hurts«-Cover inspirierten Anti-Suizid-Song »Everybody Hurts« sowie »Drive« melancholisch-großspurige Balladen für die Ewigkeit. Dass sie damit nicht mehr wie die Folkband klingen würden, als die sie in den 80ern antraten, war ihnen bewusst. Gitarrist Peter Buck wird in David Buckleys Buch *R.E.M. Fiction – An Alternative Biography* 2002 mit folgenden Worten zitiert: »Die Welt, in die wir involviert waren, war verschwunden. Hüsker Dü, The Replacements, alle weg. Diese Neufindung fand musikalisch und textlich den Weg auf das Album.«

Das Ende der Fönfrisuren

Wie so oft bei der Benennung pop- und rockmusikalischer Genres, Strömungen, Hypes und Trends geht die Entstehung der Begrifflichkeit deutlich weiter zurück als ihre dann oft schlagartige Verbreitung. Die Ursprünge des Alternative Rock liegen in der sogenannten Independent Music, also von Majorlabels unabhängiger Musik der späten 70er sowie 80er Jahre. College Rock grassierte in den USA schon früh als Beschreibung der Herkunft bestimmter Bands oder des Ansatzes der jeweiligen DJs, Alternativen zu den Angeboten der großen Radiosender zu entdecken und zu spielen. »Indie« entwickelte sich parallel als eine Genrebeschreibung, die über den simplen Fakt und gemeinsamen Nenner der Distribution bestimmter Platten über kleine, eben unabhängige Labels hinausging. Die Genese ist so einfach wie logisch: So wie Bands in fast jedem Genre irgendwann müde werden, die gleiche Musik wie die ihrer Vorgänger zu spielen, wurden auch Fans müde, den immergleichen Hard- und Glamrock, der den Mainstream-Rock der 80er dominierte, vorgesetzt zu kriegen. Alternative Rock etablierte sich dadurch unter seinen Hörer:innen als Dachmarke für jedweden Gegenentwurf zu kommerziellen Heavy-Metal-Balladen, wehenden Fönfrisuren und hautengen Latex-Leggings-Peniskneifern. Auch die oft kolportierte Fehde zwischen Nirvana und Guns N' Roses, deren vorläufiger Höhepunkt erreicht war, als Kurt Cobain 1992 Axl Roses Angebot ausschlug, in deren Vorprogramm aufzutreten, fußt in diesem Generationskonflikt sowie der ausgesprochen unterschiedlichen Publikumsansprache und politischen Ausrichtung der beiden Bands.

Die Plattenfirmenriesen erkennen das Indie-Potential – Music for the new masses

Als einflussreiche Vorläufer etlicher unter »Alternative Rock« firmierender Bands zählen bereits The Velvet Underground und ihr minimalistischer Avantgarde-Rock in den späten 60ern, die DIY- und Anti-Attitüde in den 70ern und 80ern antretender Punk- und Hardcorebands, die sich, wie etwa Hüsker Dü und The Replacements, auch vor Melodien nicht scheuten, der Jangle Pop der frühen R.E.M. oder den Violent Femmes, ganz maßgeblich der frühe Indierock der Pixies, der Breeders, von Sonic Youth und Dinosaur Jr., natürlich der Seattle-Grunge seit 1987 sowie, in England, Joy Division und The Smiths. Was den Begriff und seinen Durchbruch angeht, ging von 1991 an dann alles ganz schnell. Es würde neben dem letzten großen Jahr des Classic Rock, siehe das vorangehende Kapitel, als »the year that punk broke«, wie Sonic Youth einen ihrer Konzertfilme nannten, in die Rockgeschichte eingehen. Innerhalb weniger Monate erschienen unter anderem R.E.M.s *Out of Time*, Nirvanas *Nevermind*, Pearl Jams *Ten*, *Blood Sugar Sex Magik* von den Red Hot Chili Peppers, Soundgardens *Badmotorfinger*, Metallicas *Black Album*, das Smashing-Pumpkins-Debüt *Gish*, *Trompe le Monde* von den Pixies, Teenage Fanclubs *Bandwagonesque*, My Bloody Valentines *Loveless* und Blurs Debüt *Leisure*. Das Ende der Superstars der 80er schien eingeläutet. Fortan ging es um *Music for the new masses*.

Für die erste Ausgabe der Lollapalooza-Festival-Tour im selben Jahr warb Gründer und Jane's-Addiction-Sänger Perry Farrell mit »disparaten Elementen aus der Alternative-Rock-Community« und entsprechenden Acts wie Nine Inch Nails, Siouxsie and the Banshees, Ice-T, Henry Rollins, den Butthole Surfers und seiner eigenen so einflussreichen Band. Im selben Sommer prägte Farrell den Begriff Alternative Nation, MTV nannte 1992 eine Sendung so. Der damalige Nirvana-Drummer Dave Grohl sagte über diese Zeit in einem Interview mit *TimeOut* 2011: »Es fühlte sich an, als beginnt hier gerade etwas Neues. Die Lollapalooza-Tour veränderte die Mentalitäten in der Musikindustrie, in Radiosendern und bei MTV. Ohne Perry Farrell wären wir heute alle nicht da, wo wir sind.« Shirley Manson, die Sängerin von Garbage, hält genau diesen Wendepunkt ebenfalls für entscheidend dafür, dass die 90er bis heute eine so faszinierende Besonderheit darstellen, siehe unser Interview zum Kapitelende. Bis dahin wurde zumindest von den Majorlabels nur vertrieben, was sich garantiert verkaufte, was die breite Masse also abnickte. Durch den Lollapalooza-Zustrom und den Wahnsinns-Erfolg von Nirvanas *Nevermind* erkannte auch die

Industrie: Verdammt, mit unserem Ansatz haben wir ja jahrelang ganz schön viele Zielgruppen sträflich ignoriert!

Auch die Festival-Landschaft veränderte sich: So wie die ursprüngliche Lollapalooza-Idee vom um die Welt tourenden 80er-Giganten Monsters of Rock inspiriert war, orientierte sich in Australien der Big Day Out am Lollapalooza-Erfolg (und fand zu einem jähen Ende, als 2001 eine junge Frau im Limp-Bizkit-Moshpit starb). Der ursprüngliche, von Woodstock inspirierte Kunst-, Kultur- und Community-Gedanke blieb bei den europäischen Giganten in Reading, Leeds und Roskilde zwar erhalten. Die Headliner hießen aber nicht mehr (nur) Bob Dylan und Co., sondern Rage Against the Machine, Oasis und Radiohead. Beim Glastonbury-Festival stellte sich 1994 vor der sogenannten Pyramid Stage, der in ihrer Form einer Pyramide nachempfundenen Hauptbühne, ein bis heute ungebrochener Rekord von 300 000 Besucher:innen ein – während eines Konzerts der hierzulande eher unbekannten keltischen Folkrock- und Punkband Levellers aus Brighton. Das niederländische Pinkpop mauserte sich zur buchstäblichen Alternative zu den in Deutschland zeitgleich an Pfingsten stattfindenden Rock am Ring und Rock im Park. Als nationale Alternative dazu und wegen des Erfolgs des Bizarre-Festivals, Deutschlands in den 90ern wohl erster und beliebtester Live-Anlaufstelle für Alternative Rock, erfand die Konzertagentur FKP Scorpio 1997 das Hurricane Festival und 1999 dessen süddeutsche Schwester Southside. Die Gründung des Coachella-Festivals im kalifornischen Indio, bei dessen Debüt 1999 unter anderem Beck, Tool, Rage Against the Machine und The Chemical Brothers auftraten und das heute durch Social Media Hipster-Hochburg Nr. 1 ist, geht zurück auf ein Konzert von Pearl Jam, das sie dort 1993 gaben, um Veranstaltungsorte zu boykottieren, die von Konzertkartenmonopolist Ticketmaster kontrolliert wurden. Seitdem war klar, dass das Gelände geeignet ist. Zu einem Desaster wurde dagegen die bereits erwähnte Woodstock-Neuauflage Woodstock '99, für die als größte Publikumsmagneten zu jener Zeit angesagte Nu-Metal-Acts gebucht wurden. Der Event, bei dessen Planung die kommerziellen Absichten konträr zum friedlichen Hippie-Spirit des Originals im Mittelpunkt standen, wurde von Gewalt, Vergewaltigungen und dem verantwortungslosen Handeln der Veranstalter überschattet.

Orgeln und One-Hit-Wonder

Der abdankende Hard-, Blues- und Glamrock hinterließ auch im Alternative Rock seine Spuren: In ihren frühen Outfits etwa waren Pearl Jam Bon Jovi, Mötley Crüe und Def Leppard näher als den Punkvorbildern, auf die sie sich ebenfalls bezogen. Die schon bei The Doors und weiteren Bands der 70er gehörten Hammond- und Wurlitzer-Orgeln, die im weiteren Verlauf ihrer bis heute anhaltenden Karriere zu festen Bestandteilen ihrer Liveshows werden würden, fanden sich auch anderswo wieder. Zum Beispiel in Aerosmiths »Cryin'«, bekannt aus unseren Kapiteln zu Classic Rock und Crossover. Bei den Black Crowes. Vor allem aber auch bei den Counting Crows, dieser Erdkundelehrerband, die mit ihrer Debütsingle »Mr. Jones« 1993 ins Schwarze von Radioplaylists, Charts und Mädchenherzen traf. Eigentlich spielten die Counting Crows zeitlosen Rootsrock, der aber oft im Gewand des gefühligen Dadrocks daherkam, vielleicht auch, weil der Dreadlocks tragende Adam Duritz und seine Freunde als Posterboys nicht taugten. Anders als die ebenfalls orgelnden Soul Asylum (»Runaway Train«), deren Platte *Grave Dancer's Union* dreifach US-Platin einstrich. Das Nachfolgealbum *Let Your Dim Light Shine* wurde zudem von Butch Vig produziert (der schon für Nirvana und die Smashing Pumpkins an den Reglern gesessen hatte), und ihr Sänger Dave Pirner, so viel Gossip und 90s-Flashback darf sein, war auf dem Höhepunkt ihrer zumindest im Rampenlicht kurzen Karriere drei Jahre mit der Schauspielerin Winona Ryder zusammen. Ihr Ex-Freund Johnny Depp, der nach seinem Durchbruch in der Serie *21 Jump Street* zu einem der bekanntesten Schauspieler der 90er (und einem der bekanntesten Piraten der 00er) avancieren würde, sorgte schon damals nicht nur durch seine Arbeit für Schlagzeilen: Sein Schulter-Tattoo »Winona Forever« ließ er nach der Trennung in »Wino Forever« umstechen und sagte damit nicht nur seine zeitweilige Alkoholsucht voraus, sondern schuf eine fragwürdige Tradition: Nach dem Aus seiner Ehe mit Amber Heard, dem medienträchtige Gerichtsprozesse wegen gegenseitigen Vorwürfen von Gewalt folgten, änderte er sein Handknöchel-Tattoo »SLIM«, angeblich Heards Kosename, in »SCUM«, also Abschaum. Doch wir schweifen ab.

Mit dem Boom des Alternative Rock gingen etliche weitere, darunter wenige lange und viele kurze Karrieren einher: Von gefühlten bis tatsächlichen One-Hit-Wondern wie den Crash Test Dummies (»Mmm Mmm Mmm Mmm«), The Connells (»74–75«) oder den 4 Non Blondes (»What's Up«), deren Sängerin Linda Perry später als Songwriterin für Pink, Christina Aguilera, Adele, Alicia Keys und sogar Courtney Love Weltkarriere machen würde – alle witterten sie das *next big thing*, das es zumindest langfristig häufig doch nicht wurde.

Breite Beine und Beautiful Freaks

Zwar löste der oft introvertiertere Alternative Rock der 90er die extrovertierten Posen der 80er ab, aber verschwunden war die Breitbeinigkeit natürlich nicht: Erstens war Classic Rock immer noch da, zweitens bahnte sich das Testosteron im Crossover weiter seinen Weg, und drittens hatten selbst der Pathos von R.E.M.-Trittbrettfahrern wie Live, der Bizeps und der freie Oberkörper von Henry Rollins in den Musikvideos der Rollins Band oder auch Tools Alternative-Metalkunststücke im Nachhinein doch etwas sehr Machohaftes an sich. Auch der von Grunge, Metal, Krautrock und Punk inspirierte, manchmal etwas muckerige Stoner oder Desert Rock konnte sich davon nicht freisprechen. Er brachte von Kalifornien bis Seattle Bands wie Kyuss und Queens of the Stone Age hervor, selbst Soundgarden trugen zu ihm bei, aber auch Monster Magnet aus New Jersey.

Aber: So wie Kurt Cobain als Anti-Rockstar dafür stand, dass plötzlich Depressionen statt nur dicke Eier ein Thema sein könnten, dass Schwäche eine Stärke ist, so sorgte der mit ihm losgetretene Alternative-Rock-Aufschwung auch dafür, dass die Nerds im Mittelpunkt stehen und die Welt übernehmen, mindestens aber doch mitbestimmen, prägen und verändern konnten – ungefähr so wie im 1993 erschienenen Computerspiel-Klassiker *Day of the Tentacle*. Eels verpassten dem Phänomen mit dem Titel ihres Debüts *Beautiful Freak* (1996) einen treffenden Namen, denn wie sollte man es denn auch anders benennen, wenn ein Schrat wie Eels-Mastermind Mark Oliver »E« Everett so schöne Lieder wie »Novocaine for the Soul« sang? Zwei weitere Beispiele: 1. Das 1994 beim Majorlabel Geffen erschienene *Blue Album* der hornbebrillten Weezer aus Los Angeles gilt als, nun ja, Blaupause des 90er-Power-Pops und eines der einflussreichsten Alben der Dekade. Der kommerziell gefloppte Nachfolger »Pinkerton« genießt dagegen besonders unter Emobands Kultstatus. Sänger und Gitarrist Rivers Cuomo sang von Buddy Holly und Postern seiner Lieblings-Metalband Kiss, die in der Garage hingen, in der er als uncooler Teenager ungestört seinem eventuell ja noch dilettantischen, aber leidenschaftlichen Hobby des Musikmachens frönen konnte – und plötzlich sangen alle mit. 2. Mit ihrem Majordebüt *Dookie* legten drei spätpubertierende Rotzbengel namens Green Day 1994 nicht nur den Grundstein für ihre bis heute andauernde Karriere, sondern gemeinsam mit Bands wie The Offspring und Rancid auch für *a whole lot of Pop-Punk and Punkrock to come* – und damit auch für die Pimmelparadisten und Fäkalhumoristen von Blink-182. Neben den Foo Fighters, der von Ex-Nirvana-Drummer Dave Grohl ursprünglich als Ein-Mann-Projekt gegründeten Lebensaufgabe, stehen Green Day als ewige Festival-Headliner heute wie kaum eine andere Band dafür, wie sehr Alternative Rock Einzug in den Mainstream halten konnte.

Als die Außenseiter plötzlich in der Mitte standen

Den offenbaren Widerspruch zwischen Alternative und Mainstream und ihre Annäherung hat kaum eine Band in den 90ern vereinender vertont als Nada Surf aus New York. In nahezu depressiver Slacker-Monotonie sang Matthew Caws 1996 in dem Indie-Anti-Hit »Popular« in der ersten Person über vermeintliche Highschool-Helden, Football-Stars, Cheerleader und die Coolen von der Schule, die um ihre Beliebtheit wissen, diese aber nicht spüren, sondern verzweifeln, weil der Preis für ihren Ruf so hoch ist. »Popular« war ein sarkastischer Kommentar über Konformität auf Kosten von Individualität, über Oberflächlichkeit, die wie ferngesteuerte Erfüllung externer Erwartungshaltungen, ein »I feel you«-Zuspruch an einen bis dahin nicht gesehenen Teil einer im Hedonismus umherirrenden Generation – und damit die musikalische und inhaltliche Gegenthese zum ersten Teil der *American Pie*-Filmkomödienreihe, der 1999 das Jahrzehnt beschloss. Hier ging es zwar auch um Footballstars und Außenseiter, vor allem aber schenkelklopfend bis vulgär um erste sexuelle Geh- und Stehversuche, ohne aber hinter die Fassaden der Figuren blicken zu lassen. Ein »Eis am Stiel 2.0«, dessen Soundtrack immerhin den Status quo des Powerpops und Pop-Punks festhielt und in dieser Kombination wohl oder übel die Spannweite einer Dekade einfing. Irgendwo dazwischen entstand übrigens auch Alternative Pop. Neben dem von Semisonic (»Closing Time«, 1998) allen voran der von Ben Folds Five, deren Sänger und Pianist Ben Folds später auch solo seinem Ruf als Elton John für *sophisticated* Indiekids alle Ehre machen würde. Seit den 80ern existierende Bands wie They Might Be Giants und Camper Van Beethoven ebneten diesen so abseitig wirkenden Mittelweg.

Durch die wie eine Socke im Kinderzimmer auf links gedrehten Machtverhältnisse und Interessenverschiebungen entstanden in den 90ern neue Labels, die in ihren jeweiligen Nischen führend wurden und sich abseits der Majorfirmen, die sie oft auch schluckten, etablieren konnten. Den Alternative Rock der 90er bestimmten sie auf ihre Art und Weise mit: Fat Wreck Chords etwa, 1990 gegründet von NOFX' Fat Mike und dessen Frau, hielt zum Beispiel mit Descendents, Lagwagon, No Use For a Name und Rise Against die Skatepunk- und Punkrockflagge hoch, wie es Epitaph Records von Bad-Religion-Gitarrist Brett Gurewitz schon eine Dekade lang vorgemacht hatte. Mit Wizo stand bei Fat Wreck zeitweise sogar eine deutsche Band unter Vertrag. In Omaha entstand 1993 parallel mit Saddle Creek Records eine Szene rund um Conor Oberst und seine Band Bright Eyes, aus der eine Vielzahl an Folk- und Indiebands und -Songwritern hervorging. Secretly Canadian und Jagjaguwar aus Bloomington setzten sich, seit 1999 gemeinsam, für eine ähnliche Liebhabermusik tief unter dem Mainstream-Radar ein. Vagrant Records aus Los Angeles und Fueled by Ramen aus New York stießen vor dem Jahrtausendwechsel und danach die dritte Emowelle an. Sub Pop widmete sich nach Grunge zunehmend Indie, Folk und Electronica, so wie es auch das 1998 ebenfalls in Seattle gegründete Label Barsuk tat, das allen voran dank der 00er-Indie-Darlings Death Cab for Cutie den neueren Sound dieser Stadt sowie der US-Ostküste von Seattle bis nach Portland wiedergeben würde. In England entstanden zum Beispiel Bella Union und Ninja Tune, in Deutschland Kitty-Yo, Four Music und City Slang. Apropos: Das von Christof Ellinghaus 1990 gegründete Indielabel vertrieb in Europa neben Yo La Tengo, Sebadoh und Tortoise auch die in den USA von Barsuk vertretenen Nada Surf. »I'm head of the class / I'm popular / I'm a quarterback / I'm popular«, Ihr erinnert euch.

Männer können seine Gefühle doch zeigen[5]

Maßgeblich verantwortlich für den damals nicht abzusehenden Erfolg der Alternative-Rock-Ausprägung Emo in allen ihren Wellen war ebenfalls ein Plattenlabel: 1980 rief Minor-Threat-Sänger Ian MacKaye in Washington, D.C., gemeinsam mit seinem Drummer Jeff Nelson Dischord Records ins Leben, um befreundeten Hardcore- und Punkbands ein Zuhause zu geben. 1986 gründete er mit Fugazi die wohl einflussreichste Post-Hardcore-Band aller bisherigen Zeiten. Von Refused bis Red Hot Chili Peppers, alle waren sie Fans. Majorlabel-Angebote schlugen Fugazi stets aus, sie blieben ihrem eigenen Label treu. Sie selbst hielten nie etwas von dem Emo-Etikett, das man ihnen später wegen ihrer, nun ja, emotionaleren, nahbareren Herangehensweise an Post-Hardcore anheftete, so wie auch Grunge-Gruppen diese Schublade nicht verstanden, dennoch: Auf Dischord beheimatete Bands wie Embrace und Rites of Spring wurden im Nachhinein durch ihre dezente Hinwendung zu Melodien und persönlichen Texten als Emo-Wegbereiter eingestuft. Auch, weil sich viele von ihnen auf die Ursuppe aus Washington, D.C., beriefen, gelten Anfang bis Mitte der 90er Sub Pops Sunny Day Real Estate (von denen zwei Mitglieder danach bei Grohls Foo Fighters anheuerten), die Jahre später im Powerpop-Himmel angekommenen Jimmy Eat World sowie The Get Up Kids zu den Pionieren der zweiten, oft »Midwestern« genannten Emowelle. Die dritte Welle nach dem Jahrtausendwechsel – am populärsten geworden durch Screamo-Celebrities wie The Used, akustische Herzerwärmungen und Handreichungen von Dashboard Confessional, Chartkompatibles von Panic! at the Disco und den Kajal-Bombast von My Chemical Romance – sorgte für den schlechten Ruf, den Emo oftmals innehat. Wer den Begriff heute hört, denkt unweigerlich an schwarzgefärbte Seitenscheitel, Lippenpiercings und »Black 8 Ball«-Tattoos trauriger Teenager – und verkennt damit einerseits die Herkunft des Begriffs sowie den Einfluss, den er auch über das Klischee hinaus hat: In den 10er Jahren des neuen Jahrtausends bezogen sich unter dem Label Emo-Rap neue Stars wie Lil Peep und Juice Wrld auf die Musik der alten Schule. Auch Casper, um dessen Sound es im Crossover-Kapitel nochmals gehen wird, hatte nichts gegen den für ihn erstmals in Deutschland herangezogenen Begriff einzuwenden. Er freute sich sogar.

Verloren zwischen Emo, Grunge, Lo-Fi, Folk, Nerdiness und Außenseitertum, suchte sich einer und fand sich nie: Elliott Smith galt als vielversprechendster und in der Indieszene einflussreichster Singer-Songwriter der 90er. Ebenfalls als Verehrer von Fugazi gründete er die Band Heatmiser und schrieb parallel eigene Lieder. Weit weg von Pop und Optimismus, strotzten sie vor Selbstzweifeln und Indifferenz. Leise, fragil bis kaputt, nahbar – im Grunde war Elliott Smiths Musik die logische Konsequenz von Nirvanas Unplugged-Auftritt. Seine Person war es leider auch: Smith, wie Cobain ein Anti-Rockstar, litt unter Depressionen, war hochgradig abhängig von Alkohol, Drogen und Medikamenten, sprach von Suizid und versuchte ihn mindestens einmal. 1998 fand sich Smith, dieses scheue und Rampenlicht meidende Wesen, nicht ganz freiwillig auf einer sehr großen Bühne wieder: Bei der Verleihung der Oscars »performte« er leidlich deplatziert »Miss Misery«, der als Teil des Soundtracks von Gus Van Sants *Good Will Hunting* als »Best Original Song« nominiert war. Die Trophäe gewann schließlich Céline Dions *Titanic*-Titel »My Heart Will Go on«. Nein, in diesen Mainstream gehörte Smith wirklich nicht.

2003 fand seine Freundin ihn nach einem Streit mit zwei Messerstichen in der gemeinsamen Wohnung und eine Notiz mit den Worten: »I'm so sorry – love, Elliott. God forgive me.« Im offiziellen Autopsiebericht wurde ein Mord dennoch nicht ausgeschlossen. Smith wurde 34 Jahre alt.

Zeremonienmeister und Großmaul Corgan

Der ungekrönte König des Alternative Rock aber war einer, der diesen Titel durchaus selbst für sich beansprucht haben dürfte: Mit den Smashing Pumpkins herrschte Mastermind Billy Corgan aus Chicago heraus über mindestens drei Alben hinweg über und zwischen den musikalischen Reichen. Ihr zweites Album *Siamese Dream* war 1993 ein erhabenes, verzerrtes Meisterwerk aus Metal, Fuzz, Noise, Grunge, wie Nirvanas *Nevermind* von Butch Vig produziert und vielleicht danach das Alternative-Rock-Album schlechthin. Und dann folgte 1995 *Mellon Collie and the Infinite Sadness*, Zeitdokument von Corgans damals noch berechtigtem Größenwahn, ein Doppelalbum-Monolith, das *The Wall* der 90er, voll von Klavieren, Streichern, Bombast, Hardrock, mit »1979« auch Pop, aber auch ganz viel *Distortion* – sowie Wut darüber, trotz lautstarken Protests ein Rädchen im System zu bleiben: »Despite all my rage I am still just a rat in cage«, beklagte Corgan in der Leadsingle »Bullet with Butterfly Wings«, einem der ikonischsten Rocksongs des Jahrzehnts. Ein derartiges Opus magnum legte keine Band mehr hin, bis My Chemical Romance 2006 mit *The Black Parade* durch die dritte Emowelle bis an ihre Spitze durchmarschierten.

1991 datete Corgan übrigens Courtney Love für ein paar Wochen, die Bande in den Grunge und an den Rest der Ostküste hielten auch darüber hinaus: Die zweite Bassistin von Loves Band Hole, Melissa auf der Maur, heuerte Ende des Jahrzehnts kurzzeitig bei den Smashing Pumpkins an. Sie ersetzte Vorgängerin D'arcy Wretzky, die die Band im Streit mit dem egozentrischen Corgan verließ und bis heute das einzige Gründungsmitglied bleiben würde, das nicht früher oder später zu Corgans Band, die etliche Mitglieder kommen und gehen sah, zurückgefunden haben würde. Bis 2024 haben The Smashing Pumpkins insgesamt zwölf (teilweise sehr egale) Studioalben veröffentlicht, Corgan dazu noch vier Soloalben – und er fand sogar Zeit, in Wrestling-Ligen zu investieren und als Promoter zu agieren.

The Smashing Pumpkins: *Mellon Collie and the Infinite Sadness* (1995)

Als Metalfan, Mucker und Gitarrist sagte er im Gespräch mit Ex-Scorpions-Gitarrist Uli Jon Roth für die Arte-Reihe *Durch die Nacht mit...* 2008 über die 90er: »Mein Problem mit Alternative oder Independent Music war immer: Das Instrument nicht richtig zu beherrschen, wurde als Ästhetik verkauft. Dieses Unvermögen sollte auch das Fehlen einer Idee rechtfertigen.« Roth, laut Corgan einer der fünf besten Gitarristen der Welt, ergänzte: »Das war auch im Grunge am Anfang so. Oder im Punk.« Corgan, der laut eigener Aussage in einem Umfeld heranwuchs, in dem musikalisches Können noch geschätzt wurde, führt diese technischen Differenzen sodann als großen Streitpunkt der klassischen Besetzung der Smashing Pumpkins Anfang der 90er an: Zwei der Bandmitglieder – er meint mutmaßlich Gitarrist James Iha und Bassistin D'arcy Wretzky – seien als Musiker:innen nicht gut genug gewesen. Ihr Produzent habe das ebenfalls erkannt und Corgan gebeten, im Studio alle Instrumente eigenhändig einzuspielen. Für den Rest der Band sei das cool gewesen, solange sie mit auf Tour gehen und mitverdienen konnten. Problematisch wurde es jedoch, als herauskam, dass sie auf der Platte gar nicht mehr zu hören sind und Corgan dafür an den Pranger stellten, obwohl diese Entscheidung nicht seine war. Seinen Ruf als Egozentriker habe er demnach zu Unrecht erhalten. So oder so: Corgan ist ein Original, wie es nur die 90er hervorbringen konnten, in denen Großmäuler wie er oder die Gallaghers es nicht trotz, sondern auch wegen ihrer freien Schnauze zu Ruhm und Ehre brachten.

Alternative Rock diesseits des Atlantiks

Machen wir uns nichts vor: Mindestens die interessanteste *europäische* Rock- und Popmusik kommt seit 60 Jahren aus England. Das war im Alternative Rock der 90er mit Ausnahme der bezaubernden Cardigans aus Schweden, die auch durch den Soundtrack zu Baz Luhrmanns *Romeo + Julia* (1996) Aufwind erfuhren, nicht anders. Der wohl berühmteste britische Künstler dieser Gattung ist eigentlich Australier: Sänger, Songschreiber, Dichter, Autor und Schauspieler Nick Cave lebte nach Stationen in Berlin, London und São Paulo viele Jahre in Brighton. Nach dem Tod seines Sohnes Arthur 2015 zog er mit seiner Frau nach Los Angeles und residiert nun wieder mehrheitlich in der Nähe von London. Mit seiner Band The Bad Seeds veröffentlichte er allein in den 90ern fünf Alben, darunter mit *Murder Ballads* und *The Boatman's Call* seine vielleicht stärksten. In jener Zeit kam Cave dem Mainstream näher als jemals davor oder wieder danach: Sein Duett mit der australischen Popsängerin Kylie Minogue »Where the Wild Roses Grow« sollte die kommerziell erfolgreichste Single in der mittlerweile über 40-jährigen Karriere seiner Band werden. In Deutschland erreichte sie 1996 Goldstatus und fand sich auf Samplern wie MTV *Fresh* neben PJ Harvey, Björk und so illustren Namen wie Héroes del Silencio, The Bates und Selig wieder. Das dazugehörige ikonische Musikvideo, ein Kunstwerk als Reminiszenz an William Shakespeares Figur der Ophelia und John Everett Millais' gleichnamiges Gemälde, schaffte es in die Dauerrotation des Musikfernsehens.

Neben Ausnahmekünstlern wie Cave, den Trip-Hop-Legenden Portishead und Massive Attack oder den großen Britpop-Bands sind es Radiohead, die unbedingte Erwähnung verdienen. Ihr künstlerischer Wandel und Fortschritt sucht bis heute seinesgleichen: Spielten Thom Yorke und Co. auf ihrem Debüt *Pablo Honey* 1993 noch ihre eigene, aber nicht ausnahmslos eigenständige Version von Britpop und Rockmusik, angeführt von der Smash-Single »Creep«, kam 1995 schon *The Bends* mit Klassikern wie »Fake Plastic Trees« und einer Tracklist, die ausnahmslos aus Singlekandidaten bestand, als beeindruckendes Dokument künstlerischer Einzigartigkeit daher. Mit OK *Computer*, seiner verstörenden und von »Happiness Is a Warm Gun« und »Bohemian Rhapsody« inspirierten Progrock-Leadsingle »Paranoid Android« und der Killerballade »Karma Police« gelang ihnen 1997 ein avantgardistisches Meisterwerk, das in den Listen der besten Alben aller Zeiten regelmäßig weit oben rangiert. Den Impact von OK *Computer* dekonstruierten Radiohead aber zum Jahrtausendwechsel nicht nur, sondern rissen ihn regelrecht ein: Mit *Kid A* begrub die Gitarrenband Radiohead sich selbst und damit auch Britrock und -pop und erfand sich als Electronica-Synthesizer-Art-Pop-Ensemble neu. Eine solch spektakuläre Neu-Auslotung der eigenen Möglichkeiten und Ambitionen auf Weltklasseniveau hat die Rockwelt seitdem nicht wieder gesehen. Obwohl sich gerade in England zur selben Zeit noch eine andere, damals behütenswert kleine Band aufmachte, auf ihre Art und Weise eines Tages zu den ganz Großen zu gehören.

Das im Sommer 2000 erschienene und ein Jahr zuvor aufgenommene Debüt *Parachutes* einer 1997 in London gegründeten Post-Britpop-Band namens Coldplay kam dank akustischer Kleinode wie »Yellow« und »Don't Panic« genauso unschuldig und schüchtern daher wie ihr Sänger Chris Martin und seine gesichtslosen Freunde. In den folgenden 20 Jahren mutierten sie zu einer der verkaufsstärksten Bands der Welt und tauschten ihr intimes Songwriting gegen belanglose, aber bombastische EDM-

Produktionen aus. Wer Ende der 90er Viva Zwei sah, erinnert sich zum Glück auch an andere britische Songs dieser Zeit, die für dreieinhalb Minuten eine Welt bedeuten konnten. An »Not Up to You« der Stereophonics aus Wales zum Beispiel. Und, vielleicht gar mit Tränen in den Augen, an »Driftwood«, »Writing To Reach You« und »Why Does It Always Rain On Me?« von Travis aus Glasgow. Chris Martin soll einmal gesagt haben, dass es Coldplay ohne Travis wahrscheinlich nie gegeben hätte.

Aber schon parallel zu den Heydays des Britpop existierten im Vereinigten Königreich Alternative-Rock-Bands mit Ausnahmestatus: Die wichtigste von ihnen ist zweifellos Placebo, weil Brian Molko und sein von David Bowie, The Cure und Depeche Mode inspirierter Glamrock und Postpunk mehr noch als Suedes Brett Anderson einen androgynen Gegenentwurf zu den viel zu oft immer noch vorherrschenden Rockismen vortrug und Geschlechterrollen infrage stellte. Ein bisschen so wie Michael Stipe, der sich 1994 als queer outete und während der Tour zu R.E.M.s verzerrtem Rockalbum *Monster*, das sie Kurt Cobain und dem an einer Überdosis verstorbenem River Phoenix widmeten, fortan Make-up auflegte. Mit dem Unterschied, dass Molko, diese kleine Person mit der hohen und prägnanten Stimme, wie aus dem Nichts auftauchte und so selbstverständlich über Sex, Drogen und mentale Gesundheit sang, als wäre es immer schon das Natürlichste der Welt gewesen – und dank ihm wurde es immerhin ein wenig normalisiert. Kein Wunder, dass sich 1998 eine kurzzeitige Fehde zwischen Placebo und Limp Bizkit entspann: In puncto Attitüde und Zielgruppe dürften kaum zwei Alternative-Rock-Hauptdarsteller in den 90ern weiter voneinander entfernt gewesen sein als Brian Molko und Fred Durst. Nach »Nancy Boy« schafften Placebo es mit »Pure Morning« und dem zweiten Album *Without You I'm Nothing* in die Charts und Rotationen, die 90er prägen sie aber vor allem mit »Every You Every Me«. Der Song wurde Teil des Soundtracks des Kult gewordenen Teenager-Dramas *Eiskalte Engel* mit Ryan Phillippe, Sarah Michelle Gellar und Reese Witherspoon und war dort an der Seite von etwa The Verves »Bittersweet Symphony«, Counting Crows' »Colorblind« sowie »Secretly« von Skunk Anansie zu hören, einer anderen maßgeblichen und sehr lauten britischen Alternative-Rock-Band dieser Zeit, die wie Placebo in ihren Songs Sexualität und Selbstbestimmung thematisierten. Über intersektionalen Feminismus wurde damals noch nicht in einer breiteren Öffentlichkeit diskutiert. Die als Deborah Anne Dyer in London von jamaikanischen Eltern geborene Sängerin Skin zwang sie durch ihre schiere Präsenz als offen bisexuelle, inmitten einer Männerwelt austeilende Schwarze Rocksängerin förmlich dazu. Die dringliche Art, mit der sie zu einem Amalgam aus Metal, Punkrock und balladesken Verschnaufpausen Protestlyrics über Politik und Religion spittete, war bis dahin unerhört; so plötzlich präsent war zu jener Zeit sonst nur noch der schon erwähnte teuflische Tänzer Keith Flint in The Prodigys »Firestarter«. Skunk Ansies Karriere überstand die 90er nur leidlich. Skin selbst aber wurde im Februar 2023 für ihre Dienste an der britischen Musik von König Charles der Ritterorden verliehen.

Als mindestens kurzzeitig erfolgreiche aka wahrgenommene Alternative-Rock-Band galt, wer entweder mit einem Beitrag auf einem der *Crossing All Over!*-Sampler landete oder mit einem Video auf MTV. Aus dem UK wären da zum Beispiel noch die nordirische Rock-, Metal- und Punkrockband Therapy? und ihr Album *Troublegum* sowie The Cranberries zu nennen, deren Riesenhit »Zombie« 1995 vom Nordirlandkonflikt handelte. Sängerin Dolores O'Riordan starb im Januar 2018 in einem Hotelzimmer in London. Sie wurde 46 Jahre alt.

Doch gab es in den 90ern auch maßgebenden Alternative Rock, der aus Deutschland kam?

Alternative Rock in Deutschland

Über deutsche Crossoverbands oder solche, die vom Grunge inspiriert waren, schreiben wir in den entsprechenden Kapiteln. Salopp formuliert ging daneben alles als Alternative Rock durch, was Gitarre spielte und nicht Herbert Grönemeyer oder Marius Müller-Westernhagen hieß. Und damit zuerst fast ebenso große Namen, nämlich Die Ärzte und Die Toten Hosen. Über beide Bands wurden zurecht Podcasts produziert, Dokus gedreht und Bücher verfasst.

Ein in Deutschland erscheinendes Buch über die Musik der 90er darf auch den Rechtsrock nicht ignorieren. Einschlägige Bands wie Landser, Störkraft oder Skrewdriver, die durch die rechtsextremen Anschläge in Solingen und Mölln, die Ausschreitungen in Rostock-Lichtenhagen und Hoyerswerda an Zulauf gewannen und mitzündelten. Aber auch mutmaßlich geläuterte wie die in den 80ern zweifelsfrei rassistisch eingestellten Böhsen Onkelz, die es mit ihrem zwölften Album *Viva los Tioz* 1998 erstmals auf Platz 1 der deutschen Charts schafften. Wir wollen ihnen hier dennoch keinen Platz einräumen und lieber die Gegenreaktionen auf den Rechtsrock in den Mittelpunkt stellen: »Schrei nach Liebe«, die »Arschloch!«-Rufe salonfähig machende Comeback-Single von Die Ärzte 1993, oder »Sascha ... ein aufrechter Deutscher« und »Willkommen in Deutschland« von den Toten Hosen aus demselben Jahr. Wir erlebten die teilweise Repolitisierung von Punkrockbands, die vorher (und nachher) oft zuerst für Quatsch oder Sauflieder standen, die, und das ist das Entscheidende, auch in den Charts goutiert wurden.

Gleich in der zweiten Reihe nach Die Ärzte und den Toten Hosen traten Selig an, deutschsprachiger Rockmusik ein anderes Gesicht zu geben. Nach dem Achtungserfolg ihrer Debütsingle »Sie hat geschrien« sollen sich der in London ansässige Europa-Ableger von MTV sowie der in Deutschland noch taufrische Sender Viva förmlich um die Rechte an »Wenn ich wollte« geprügelt haben. Sänger Jan Plewka – so sagte er im nach einer seiner Textzeilen benannten Buch MTViva liebt dich (2023) von Markus Kavka und Elmar Giglinger[6] – ist sich bis heute im Klaren: »Ohne Viva wären Selig nicht das geworden, was sie wurden.« Die Clubs waren plötzlich ausverkauft, die Platten in den Charts. Im nationalen Gedächtnis blieben Selig – neben ihrem Liebeslied »Ohne dich« – aber, wie so viele Bands eines Jahrzehnts, in dem Filmmusik noch prägend war, durch einen Soundtrack-Beitrag: Für Til Schweigers Roadmovie Knockin' on Heaven's Door coverten sie 1997 den Titelsong, im Original von Bob Dylan, dessen Version von Guns N' Roses sechs Jahre vorher schon einmal die 90er beschallt hatte.

Nationalgalerie, Cucumber Men, Miles, Readymade, The Notwist – es gab durchaus noch weitere Bands, die sich zumindest zeitweise etablierten. Mit Liquido gab es sogar eine, die mit ihrem Synthie-Ohrwurm »Narcotic« 1998 und 1999 Musikfernseh- und Radiorotationen, Verkaufscharts und Tanzflächen gleichermaßen im Sturm eroberte – und das sogar weltweit. Geblieben sind die wenigsten. Oft auch deshalb, weil die internationale Konkurrenz groß war und weil die wenigsten deutschen Bands auch international langfristig reüssieren konnten. Fury in the Slaughterhouse aus Hannover hatten in Deutschland in den späten 80ern Kultstatus erreicht und versuchten nun durch so U2-eske Songs wie »Won't Forget These Days«, »Radio Orchid« und »Time to Wonder« mit einer Clubtour 1995 vergeblich in den USA Fuß zu fassen. Seligs Ausflug zum texanischen South-by-Southwest-Festival blieb ebenfalls eine Ausnahme. Die Hosen freuten sich über Viva, um bei aller Liebe für Campinos zweites Heimatland nicht ständig bei MTV in London vorsprechen zu müssen. Und Die Ärzte, Spaßvögel wie eh und je, versauten sich 1994 bewusst jede Chance auf internationale Anerkennung, indem sie während eines Auftritts bei Ray Cokes' MTV Most Wanted nicht zuerst einen ihrer Hits mit Ohrwurmchance, sondern eine schlecht übersetzte Version von »Anneliese Schmitz«, »Annaliza Smith« genannt, zum Besten beziehungsweise Schlechtesten gaben. Sie wurden nie wieder eingeladen.

Dennoch war und blieb es das Musikfernsehen, das vor allem in den späten 90ern Alternative Rock nach Deutschland brachte: Wer sich damals für mehr als nur *Bravo Hits* und Boygroups interessierte, kam um den Liebhabersender Viva Zwei, Vivas kleine Indieschwester, und dortige Formate wie *2 Rock* und *Fast Forward* nicht herum, wurde für wenige Jahre statt von Mitschüler:innen und Musikzeitschriften von Charlotte Roche und Markus Kavka sozialisiert und konnte von Glück im Unglück reden, dass sich nach dem Ende dieses aus Unternehmenssicht unprofitablen Senders das Internet als Informationsquelle etablierte. »Viva Zwei musste verglühen«, sagt Moderator Simon Gosejohann in der ARD-Doku *Die VIVA-Story – zu geil für diese Welt!* (2023). Der Sender habe spezielle Interessen, auf Dauer aber zu viel Spezielles bedient – und damit eine Zeitlang ein Lebensgefühl verkörpert.

Und apropos Indie: Auch das dominierende Gitarrengenre der 00er Jahre, nämlich die britische Class of 2005 mit Bands wie Arctic Monkeys, Libertines, Bloc Party, Franz Ferdinand, Maxïmo Park und Co., der Indiedisco-Soundtrack der nächsten Dekade, The White Stripes' »Seven Nation Army« in den Sportstadien dieser Welt, all das hätte es ohne die Entwicklung von Alternative Rock in den 90ern hinein in den Mainstream so nie gegeben. Gitarrenmusik mag es im Jahr 2024 schwerer als im Jahr 1994 haben. »Alternative Music« aber wird es immer geben, sie ist dank Streamingdiensten sogar leichter zu entdecken als vor 30 Jahren. Wo Kultur, da auch Gegenkultur. Und wo Mainstream, da auch Underground.

R.E.M. übrigens lösten sich 2011 nach 15 gemeinsamen Alben auf. Michael Stipe wurde zwar keine derartige Ikone wie Kurt Cobain, und das nicht nur deshalb, weil er noch lebt und das sogar gesund. Sondern auch wegen seiner geerdeten Aura, wie Shirley Manson im folgenden Interview mutmaßt. Aber mit wem auch immer man über Alternative Rock und dessen prägende Vertreter spricht: Stipe ist der ungekrönte Godfather einer Alternative Nation, in der sich Außenseiter wiederfanden und die seit 35 Jahren neben dem bewährten Massengeschmack friedlich koexistiert.

> **»That's me in the spotlight« – 15 der besten Alternative-Rock-Songs der 90er**
>
> 1. Foo Fighters: »Everlong« (1997)
> 2. R.E.M.: »Losing My Religion« (1991)
> 3. Blind Melon: »No Rain« (1993)
> 4. Beck: »Loser« (1993)
> 5. The Breeders: »Cannonball« (1993)
> 6. Green Day: »Basket Case« (1994)
> 7. Weezer: »My Name Is Jonas« (1994)
> 8. No Doubt: »Don't Speak« (1996)
> 9. Placebo: »Every You Every Me« (1998)
> 10. Nada Surf: »Popular« (1996)
> 11. Skunk Anansie: »Weak« (1996)
> 12. Garbage: »Stupid Girl« (1995)
> 13. Radiohead: »Paranoid Android« (1997)
> 14. Jimmy Eat World: »Lucky Denver Mint« (1998)
> 15. Blink-182: »What's My Age Again?« (1999)
>
> Honorable Mention:
>
> Pixies – »Where Is My Mind« (erschienen 1988, Kult geworden durch den Einsatz im *Fight Club*-Finale 1999)

»Karrieresorgen wegen Canceling gab es in den 90ern nicht«: Interview mit Shirley Manson (Garbage)

Heavy Rotation von »Stupid Girl«, »Milk« und »Only Happy When It Rains« auf MTV *und Viva, Tourneen mit U2, Smashing Pumpkins und Alanis Morissette, ein Bond-Song zu* The World Is

Not Enough *und ein Schlagzeuger im Rücken, der Nirvanas Nevermind produzierte: Garbage-Sängerin Shirley Manson gilt, auch wegen ihrer Flamboyanz und Eleganz, fraglos als eine der ikonischsten Persönlichkeiten der Rockmusik der 90er Jahre.*
Während der Aufnahmen zu ihren ersten Alben, darunter das Debüt Garbage *und der Nachfolger* Version 2.0, *pendelte Manson zwischen ihrer schottischen Heimat Edinburgh und Butch Vigs Studio in Madison, Wisconsin, hin und her. Erst 2005 verlegte sie ihren Hauptwohnsitz nach Los Angeles. Dort erreichen wir die Musikerin und Schauspielerin am Telefon, um mit ihr über den Begriff des Alternative Rock, die Unterschiede zwischen Kurt Cobain und Michael Stipe, von Medien und Männern unsichtbar gemachte Frauen in der Musikgeschichte, vermisste Großmäuler, Garbages anhaltende Karriere und darüber zu sprechen, wieso in den 90ern auch weniger privilegierte Kids Bands mit Gitarren gründen konnten.*

Was kommt dir zuerst in den Sinn, wenn du an die 90er denkst?
Ich denke sofort an den Beginn meiner Karriere mit Garbage. Als ich mich das erste Mal mit meiner späteren Band traf, war ich ziemlich pleite. Ich war vielleicht 27, wohnte in einem Fischerdorf in der Nähe von Edinburgh, mein damaliger Ehemann war Hausmeister. Ich reiste mit dem Zug zum Treffen in einem Hotel in London und trug dabei einen schwarzen Fellmantel, den ich vom Wohlfahrtsgeschäft gegenüber unseres kleinen Hauses kaufte, sowie schwarze Stiefel. Das war der Anfang vom Rest meines Lebens.

Deine späteren Bandmitglieder entdeckten dich in einem Video deiner vorherigen Band Angelfish auf MTV. Butch Vig war bereits Teil der Rockgeschichte. Ihr wurdet für diverse Grammys nominiert, wart Teil des *Romeo + Julia*-Soundtracks. Du hast für Calvin Klein gemodelt und, zwar erst 2008, in einer *Terminator*-Serie mitgespielt. Ikonischer

kann man die 90er nicht durchgespielt haben. Seid ihr euch dieser Größe bewusst gewesen?
Mir ist zumindest bewusst, dass ich überlebt habe. Das allein ist ein Triumph. Je mehr Zeit verstreicht, desto klarer wird mir, wie bedeutsam unsere Band war. Ich glaube aber nicht, dass damals irgendjemand daran glaubte, dass wir eine bis heute anhaltende Karriere haben würden.

Wenn dich heutzutage junge Menschen fragen, was Garbage für eine Band war, würdest du mit der Beschreibung »Alternative Rock« antworten?
Ich wurde noch nie in meinem Leben von Unter-Vierzigjährigen nach meiner Karriere gefragt. Aber ja, ich würde Garbage als Alternative Rock beschreiben.

Warum passt der Begriff?
Er grenzt uns von Rock ab. Auch wir benutzen Gitarren, passen aber keineswegs in den traditionellen Begriff von Rockmusik hinein, wie er in den 70ern und 80ern verstanden wurde. Auch die Rolling Stones waren eine Rockband. Aber während der Glam- und Heavy-Metal-Phase in den 80ern wurde Rock immer negativer konnotiert. Alternative Rock entstand als Reaktion darauf.

Und wurde danach in Windeseile zum neuen Mainstream.
Dank Nirvana wurde der von ihnen eingeführte Alternative Rock zum größten »It«-Genre der damaligen Zeit.

Waren nicht aber Szenelieblinge wie Hüsker Dü, Pixies, Dinosaur Jr. oder R.E.M. die ursprünglicheren Alternative-Rock-Bands?
Keine Frage: Besonders R.E.M. waren ebenfalls extrem einflussreich. Aber Nirvana schossen den Vogel ab. Sie sind bis heute die mit Abstand weltweit bekannteste dieser Bands. Im Vergleich dazu gerieten R.E.M. beinahe in Vergessenheit. Wegen der seit-

Auch in Schwarz-Weiß eine Erscheinung: Shirley Manson und ihre Band Garbage 1996

dem vergangenen Zeit vielleicht. Aus mir unbekannten Gründen aber wurde Michael Stipe nie zu der Ikone, die Kurt Cobain wurde. Cobain ist der Jimi Hendrix seiner Zeit.

Ein naheliegender Grund könnte der sein, dass Michael Stipe noch lebt.
Wir wissen nicht, wie ikonisch Cobain geworden wäre, wenn sein Leben nicht so geendet wäre. Natürlich hat sein damaliger Status und Einfluss geholfen, seinen Ruf zu zementieren. Aber er war jemand, von dem sich jeder angezogen fühlte. Alle liebten ihn, und das bereits, bevor er starb. Ihn umgab das Ikonische schon zu Lebzeiten. Er hatte etwas Zartes, Entrücktes an sich. Für mich schien er wie von einer anderen Welt. Der von mir hochgeschätzte Michael Stipe erschien der Erde näher und verbundener.

Warum wurde Alternative Rock so erfolgreich in den 90ern?
Alle waren eines gewissen Sounds müde. Das war in der Menschheitsgeschichte schon immer so und nicht nur in puncto Musik: Leute verlieben sich in etwas, nutzen es, missbrauchen es, lang-

weilen sich eines Tages und werfen es weg. So funktionieren Kreisläufe. Alternative Rock war eine Reaktion auf vorher Dagewesenes. Die Leute waren von Glamrock gelangweilt, später langweilte sie Grunge.

Welchen Nerv haben Garbage getroffen?
Wir hatten es auf unserem Debüt als eine der ersten Bands geschafft, Rockmusik mit elektronischen Elementen und computergenerierten Geräuschen zu verbinden. Wir schufen einen spezifischen Sound, den die Leute so bis dahin nicht gehört hatten. Das höre ich auf »Stupid Girl« heute noch.

Dazu kamst du als strahlende Persönlichkeit.
Ich passte gut in die damalige Zeit. Nicht nur meine Art der Kommunikation mit der Presse spielte eine Rolle, sondern auch die Art, wie ich aussah und mich anzog. Bis dahin kleidete sich jede Frau, die in einer Rockband wahr- und ernstgenommen werden wollte, androgyner. Ich hingegen trug Lippenstift, Augen-Make-up, perfekte Frisuren, hohe Stiefel und Neon-Outfits, die von der Dance-Kultur beeinflusst waren. Ich erhielt entsprechend Aufmerksamkeit – und die zu erreichen, muss als Band in jedem Genre und jeder Dekade Teil deiner Rolle sein.

Damals waren es vor allem Musikvideos, die plötzlich mindestens so wichtig wie die Musik selbst wurden.
Sie hatten oberste Priorität. Es ist heutzutage unglaublich schwer, als Künstler:in über Nacht einen Durchbruch zu schaffen. Wenn du damals zu den ganz wenigen Glücklichen gehörtest, die einen Sendeplatz auf MTV oder Viva ergatterten, sahen Millionen Menschen dein Video. Anders als heute wurden durch Fernseheinsätze und -auftritte in den 90ern Karrieren bestimmt.

Gibt es einen konkreten Moment, in dem dir die Größe von Garbage bewusst wurde?
Eines Tages fuhren Butch und ich mit dem Auto von Madison,

Wisconsin, nach Chicago, um uns ein Konzert von R.E.M. anzusehen. Die Show war magisch, wir schauten danach kurz im Backstage vorbei. Danach stiegen wir ins Auto, fuhren wieder los, schalteten das Radio an und hörten plötzlich »Voe«, unsere erste Single. Mein Kopf explodierte förmlich. Wir fuhren den Highway entlang, ich fühlte mich so frei wie noch nie. So ein großartiges Gefühl kannte ich bis dahin nicht.

Warum gab es damals neben dir und zum Beispiel Courtney Love, Skin von Skunk Anansie, Gwen Stefani von No Doubt oder Alanis Morissette so wenige weibliche Rockstars?
In einem von Männern erschaffenen System ist klar, wer sich darin voll entfalten und Erfolge feiern kann. Um in den Medien stattzufinden, brauchst du Journalisten, die dich hochhalten. In den 90ern gab es fast ausschließlich männliche Journalisten. Und Männer sind es nicht gewohnt, Frauen zu preisen. Es ist ihnen nahezu unangenehm. Mit männlichen Künstlern hatten sie da nie Probleme, wie ein Blick in die Geschichte beweist. Der Erfolg von Frauen wurde stets kleingeredet, Männer aufs Podest gestellt. Deshalb wurden so viele weibliche Künstlerinnen vergessen.

Musikjournalismus spielte eine entscheidendere Rolle als heute. Derartige Gatekeeper gibt es nicht mehr, dafür zunehmend weibliche Popstars.
Das Spiel ist heute ein ganz anderes als in den 90ern, und das macht dieses Jahrzehnt ja so besonders. Es gab damals ein paar Jahre, in denen du Probleme hattest, in den Charts zu landen, wenn du nicht »alternative« warst. Es fiel schwer, gehört zu werden und Venues vollzukriegen. »Alternative« war das Genre schlechthin, und dies passierte damals zum allerersten Mal in der Geschichte der Musik. Davor und oft danach ging es stets darum, wer der oder die Erfolgreichste ist. Und das war und ist immer die Person, die den größten Reiz auf ein größtmögliches Publi-

kum ausübt. Heute beobachten wir eine schiere Flut an weiblichen Popstars. Sie dürfen aber eine bestimmte Linie nicht überschreiten, müssen ein Spiel mitspielen, freundlich und gefällig sein. Sind sie das nicht, leidet ihre Karriere. Sie laufen Gefahr, gecancelt zu werden. Diese Sorgen gab es in den 90ern nicht. Je offener und provokativer du warst, desto besser. Nur deshalb brachte dieses Jahrzehnt solche Persönlichkeiten hervor.

Persönlichkeiten wie die Gallagher-Brüder.
Oasis, Gott segne sie! Oder nimm Courtney Love: Im heutigen Klima würde sie nicht über ihren ersten Social-Media-Post hinauskommen. Schrecklich. Wir brauchen solche Stimmen. Jeder sagt mal dumme Sachen. Wir leben aber in so harmonisierten Zeiten, dass alles Gesagte in bestimmten Parametern stattfinden muss. Unter solchen Regeln leidet Kultur. Und Rockstars wie Noel Gallagher gibt es kaum noch. Ein Großteil heutiger Künstler besteht aus Kindern aus reichem Hause. Instrumente, Verstärker, Monitore, all das kostet. Auch auf Tour gehen ist teuer. Daraus entwickelt sich ein exklusiver Kreis aus Kids, deren Hintergrund sie auffangen wird, wenn sie fallen. Die Musikbranche bringt zudem heute so viele DJs hervor, weil es für Plattenfirmen günstiger ist, solche Künstler zu halten und zu promoten.

Gitarren haben in den 90ern aber ebenfalls Geld gekostet.
Na klar, aber dafür konntest du auch Merchandise verkaufen und selbst bei lokalen Auftritten eine okaye Gage verdienen. Heute wollen die Venues viel höhere Anteile abhaben. Mit 10 000 verkauften Platten konnten wir unsere Jahresrechnungen bezahlen. Das wäre heute undenkbar. Allein seit Covid haben sich die Kosten für Vanmiete, Benzin und so weiter verdreifacht. Seit den 90ern um noch viel mehr.

Davon abgesehen haben Teenager heute mit Gitarrenmusik nicht mehr viel am Hut. Viele 15-Jährige werden noch nie von Kurt Cobain gehört haben.

Daraus kannst du ihnen keinen Vorwurf machen. Es ist keine Sünde, nicht zu wissen, was vorher war.

Haben heutige Kids denn einen Bezug zu den 90ern, der über Hoodies mit Nirvana- und Metallica-Aufdruck, die in Fast-Fashion-Ketten verkauft werden, hinausgeht?
In einem Video von Olivia Rodrigo trägt jemand ein T-Shirt von Garbage! Die 90er umweht eine gewisse mystische Aura, die anhält. Auch junge Künstler:innen verstehen, dass dies eine heilige Periode gewesen sein muss, in der vielen esoterischen Sounds Raum gegeben wurde. In den 90ern hieß das Motto: »Anything goes.« Das macht sie so magisch. Der Zauber rührt auch daher, dass es nicht allzu viel historisches Material aus dieser Zeit gibt. Es gibt von uns zum Beispiel kaum Filmaufnahmen, nur Musikvideos. Es gab kein Social Media. Das reizt junge Menschen, weil in ihren Leben alles Content ist und sein soll und theoretisch von tausenden Followern gesehen werden kann. Sie romantisieren den Frieden, den wir damals genossen.

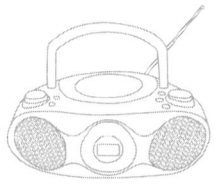

»You Are Not Alone«: Das große Finale des Mainstream-Pop

(1990–1999)

Taylor Swift beherrscht die Popwelt der Gegenwart. Vielen gilt sie als Letzte ihrer Art. Dabei stellt sie einen völlig neuen Typus Megastar dar: einen, den man nicht kennen muss. Die 90er waren das finale Jahrzehnt, in dem Popstars noch Music for the Masses und nicht für sauber voneinander abgegrenzte Bubbles machten.

> »Hello, you fool, I love you
> C'mon join the joyride«
> Roxette: »Joyride«, 1991

Die 90er Jahre waren das letzte Jahrzehnt, in dem es Weltstars gab, auf die dieser Begriff tatsächlich zutrifft – zumindest weitgehend. Denn natürlich hörte nicht jeder Mensch, und schon gar nicht in Bhutan, Gabun und Nordkorea bei der Radiopremiere eines neuen Songs von Céline Dion zu und rannte danach begeistert und kaufkräftig in den Plattenladen. Wir sprechen bei dieser Betrachtung vor allem von unserer westlichen Warte aus. Und diese hat sich mit Anbeginn des neuen Jahrtausends grundlegend verändert. Als am 4. April 1964 die Beatles die ersten fünf

Plätze der US-Charts belegten, waren das Hits, an denen es bis heute kein Vorbeikommen gibt: »Can't Buy Me Love«, »Twist and Shout«, »She Loves You«, »I Want to Hold Your Hand« und »Please Please Me« haben sich ins kollektive Gedächtnis eingebrannt wie Volkslieder vom Schlage eines »Hänschen klein«. Der Rekord hielt über Jahrzehnte. In den 20er Jahren wurde er dann kurz nacheinander gleich zweifach gebrochen: In der Chartwoche vom 18. September 2021 platzierte der kanadische R'n'B-Star Drake neun Songs unter den oberen zehn, darunter die Top 5. Am 31. Oktober 2022 füllte die allmächtige Taylor Swift dann die kompletten Top Ten als Alleinherrscherin. Der Unterschied: Der Bekanntheitsgrad von Stücken wie »Girls Want Girls« (Drake) oder »Maroon« (Swift) ist in einer bestimmten Zielgruppe gigantisch, darüber hinaus aber verschwindend gering. Zufällig auf der Straße angesprochene Menschen jenseits der 30 dürften ihre liebe Not haben, Swifts »Lavender Haze« zu pfeifen, während sie »She Loves You« wohl annähernd wortgetreu mitsingen könnten.

Es ist alles eine Frage des Ausgesetztseins: Ein Auftritt bei Sendungen wie *Top of the Pops* im UK, bei *American Bandstand* in den USA oder hierzulande im *Beat-Club* in den 60ern, bei *Formel Eins* in den 80ern oder bei *Hit-Clip* mit Kangolmützen-Fan Thomas Germann in den 90ern sorgte einst für flächendeckende Bekanntheit. In Ermangelung an Alternativen waren die Einschaltquoten enorm. Es in die Heavy Rotations eines populären Radiosenders zu schaffen, bedeutete den Durchbruch. Und eine Auszeichnung als »Platte des Monats« in einem Musikmagazin garantierte quasi den Charts-Einstieg auf den vorderen Rängen. Heute versorgen uns die Algorithmen der Streaminganbieter und Videoplattformen mit Songs und Playlists, die unseren Präferenzen entsprechen. Musikfernsehen ist passé, die Wirkkraft der Musikpresse marginal. Die Zeit der Allgemeinversorger ist vorbei. Deine Playlist ist nicht meine Playlist. Deine Hymnen kenne ich nicht, meine Stars sind kein Begriff in deiner Welt. Dass sich das in den 90ern noch sehr anders verhielt, soll zunächst und am eindringlichsten das Beispiel Michael Jacksons – wer läge als erfolgreichster Entertainer der Popkultur näher? – illustrieren.

Black and White: Michael Jackson vereint sie alle ... noch

Am 31. Januar 1993 erfand Michael Jackson die moderne Halbzeitpause beim Super Bowl und machte sie zu dem, was sie seitdem ist: die größte Bühne der Welt. Hatten bis dahin vor allem Marschkapellen und Tanzensembles den Weg zur Toilette oder dem Hot-Dog-Bauchladen begleitet – 1991 durften New Kids on the Block immerhin kurz mit Micky Maus tanzen –, ließ man sich für die 27. Ausgabe des Megaevents etwas Besonderes einfallen: »an unprecedented Super Bowl spectacular starring Michael Jackson«, wie die Stimme von Darth Vader, die des Jahrhundertschauspielers James Earl Jones, über die Stadionlautsprecher verkündete. Nachdem zwei Jacko-Doubles auf gigantischen Videobildschirmen aufgetaucht waren, sprang der King of Pop himself aus einem Loch in die Aufmerksamkeit der Weltöffentlichkeit und machte erst mal: nichts. Für die gefühlte Ewigkeit einer Minute ließ er sich nur in eine Richtung starrend (vermutlich, so genau weiß man das dank der obligatorischen Sonnenbrille nicht) von den Massen bejubeln, bis er, ekstatische Schreie auslösend, seinen Kopf nach links wandte. Erst nach etwa drei Minuten begann der erste Song, »Jam«, der Opener seines 1991er-Albums *Dangerous*, dessen Verkäufe nach dem Auftritt um 83 Prozent anwuchsen. Zum ersten Mal in der Geschichte des Sportereignisses stiegen auch die Einschaltquoten zwischen den Spielhälften. Seither ist ein Slot beim Super Bowl der begehrteste der Musikwelt und nur für absolute Megastars wie die Rolling Stones, Beyoncé und Prince reserviert. Letzterer verbrachte die 90er Jahre, übrigens ebenso wie Jacksons anderer ernsthafter Konkurrent aus den 80ern, George Michael, zu großen Teilen mit zermürbenden, juristischen Klagen gegen seine Plattenfirma.

Doch wer so weit wie Jackson in die Höhe schießt, muss unweigerlich abstürzen, wie es ein altes Industrie-Gesetz besagt. Noch im selben Jahr brachten Vorwürfe sexuellen Kindesmissbrauchs Jackson zu Fall. Obwohl sein Image als familienfreundlicher Allrounder ruiniert war, wagte er 1995 ein Comeback – mit Unterstützung seiner Schwester Janet. Das Duett »Scream« – veröffentlicht mit einem ausgerechnet »Childhood« genannten Song als Doppel-A-Seite – war eine Abrechnung mit der medialen Berichterstattung im Zusammenhang mit den gegenüber Jackson erhobenen Vorwürfen, verfügte mit einem Clip, der mit revolutionären Computereffekten aufwartete, über das bis heute teuerste Musikvideo überhaupt (Produktionskosten: sieben Million US-Dollar) und stieg so hoch wie kein Song davor in die US-Charts ein: auf Platz 5. Bereits im August sollte Jackson diesen Rekord toppen: Die von R. Kelly – einem wegen systematischen sexuellen Missbrauchs Minderjähriger im Juni 2022 schuldig gesprochenen R'n'B-Titanen – geschriebene Ballade »You Are Not Alone« debütierte auf Rang eins. Beide entstammten Jacksons an Gigantomanie kaum zu überbietendem Album *HIStory: Past, Present and Future, Book I* (ein *Book II* sollte, wie so oft in vergleichbaren Fällen, nie folgen), bestehend aus 15 Greatest Hits und 15 neuen Songs, das Jackson auf seinem Cover als überdimensionale Statue zeigt. Zu Werbezwecken ließ die Plattenfirma Epic zehn Nachbildungen dieses Denkmals aus Stahl und Glasfaser, je etwa neun Meter groß und neun Tonnen schwer, an zehn Locations in aller Welt platzieren, darunter dem Berliner Alexanderplatz und auf der Themse in London. Da Jacksons Ruf in den USA irreparabel beschädigt war, die Plattenverkäufe trotz der Rekorde hinter den Erwartungen zurückgeblieben waren, verlegte er seinen Fokus auf andere Märkte. So eröffnete er die begleitende Tour in Prag, trat zum ersten Mal in der arabischen Welt und in Afrika auf, aber nur zweimal auf US-amerikanischem Boden – symbolträchtig auf Hawaii, 3700 Kilometer vom Festland entfernt.

In Deutschland sorgte er für den TV-Moment des Jahres, als er erstmals bei *Wetten, dass..?* auftrat. Am 5. November 1995 performte er vor einem Gospelchor und Rekordpublikum von 18 Millionen Zuschauer:innen seinen »Earth Song«, oben ohne und mit dramatischem Körpereinsatz auf einem Hebekran. Die aufwändige Inszenierung kostete rund eine Million D-Mark. So unfassbar war die Situation einer Ikone solchen Kalibers im heimischen TV, dass schnell Verschwörungstheorien die Runde machten, wonach Jackson gar nicht in der Sendung gewesen wäre. Man hätte ihn nur mit allerhand Techniktricks hineinmontiert. Weiter an seinem absteigenden Ast sägend, erschien er dann 1999 nochmals in der Show und setzte sich diesmal sogar zu Gottschalk aufs rote Sofa. War sein erster Besuch noch *Talk of the Town, talk of all German towns*, wirkte sein zweiter fast inflationär. Seine Karriere sollte erst zehn Jahre später anlässlich seines Todes wieder in Fahrt kommen.

You Must Love Me:
Madonnas Jahrzehnt der Extreme

Andersherum verlief die Karriere der König*in* des Pop in den 90ern: Madonna hatte die 80er begleitet vom Filmflop *Who's That Girl* verlassen und vom Blasphemie-Skandal um ihr Video zu »Like a Prayer«, in dem sie mit katholischen Symbolen wie Stigmata spielte und vor einem brennenden Kreuz tanzte. Als sogar der Vatikan einschritt, beendete der Limonadenriese Pepsi den Sponsoringvertrag mit der Sängerin. 1990 ging sie mit ihrer Greatest-Hits-Sammlung auf Nummer sicher: *The Immaculate Collection*, wofür sie sich immerhin keck das Wortspiel um die »Immaculate Conception«, also die Unbefleckte Empfängnis, erlaubte, setzte mehr als 30 Millionen Stück ab und wurde zum meistverkauften Best-of eines Solo-Acts. Nachdem sie auch ihren Ruf als Schauspielerin mit der Comicverfilmung *Dick Tracy* (1990) sowie mit dem Blockbuster *Eine Klasse für sich* (1992) wiederherstellen konnte, setzte sie erneut voll auf Risiko: 1992 gründete sie die multimediale Entertainment-Firma Maverick, bei der 1996 der Megaseller *Jagged Little Pill* von Alanis Morissette erscheinen sollte. Madonna wurde so zu einer der ersten Frauen, die ihre eigene Plattenfirma führen – eine hoch erfolgreiche dazu. Doch zunächst sah es danach nicht aus: Als erste Maverick-Veröffentlichungen erschienen das Madonna-Album *Erotica* und am Tag darauf ihr Coffeetable-Buch *Sex*, das sie in zahlreichen Softporno-Posen zeigte. Der Backlash war enorm: Obwohl das stolze 50 US-Dollar teure Buch schnell anderthalb Millionen Exemplare verkaufte – im Prä-Internetzeitalter galt eben noch: *Sex sells* –, fiel die Kritik in beiden Fällen vernichtend aus. Der Konsens war, Madonna habe den Bogen überspannt. Auch als sie während ihrer *Girlie Show*-Tour 1993, bei der sie als peitschenschwingende Dominatrix auftrat, in Puerto Rico die Landesflagge zwischen ihren Beinen rieb, kam es zum Aufschrei. Als sie im Jahr darauf David Letterman in dessen Late-Night-Show mit Obszönitäten provozierte und ihm eine Unterhose reichte mit der Aufforderung, daran zu riechen, wandten sich die Massenmedien von ihr ab.

Reumütig zeigte sie sich auf ihrem folgenden Album *Bedtime Stories* (1994) von ihrer ruhigeren Seite, die Balladensammlung *Something to Remember* (1995) setzte das neue, reifere Image fort. Ihre darauf enthaltene Zusammenarbeit mit Massive Attack, das Marvin-Gaye-Cover »I Want You«, unterstrich ihre gestiegenen künstlerischen Ambitionen. Im Jahr darauf wurde ihre Hauptrolle im Musical *Evita* über die »Primera Dama« Argentiniens, Evita Péron, ihre schauspielerische Meisterleistung. Der Soundtrack geriet zum Bestseller, die Single »Don't Cry for Me Argentina« führte vor allem in Europa die Charts an. Um ihren neuen Status als Elder Stateswoman des Pop zu untermauern, präsentierte sie sich im aufsehenerregend düsteren Video zu »Frozen« 1998 als schwarzhaarige, mit Henna-Tattoos – womit sie einen weiteren Trend setzte – verzierte mystische Figur in der Wüste, die sich mal in einen Schwarm Vögel, mal in einen schwarzen Hund verwandelt. Regie führte Chris Cunningham, der zuvor mit Clips für Avantgarde-Künstler wie Aphex Twin und Squarepusher geschockt hatte. Als Produzent ihres neuen, stark von jüdischer Mystik beeinflussten Albums *Ray of Light* diente der Vorwärtsdenker William Orbit, der bald darauf für Blurs experimentelles *13* an den Reglern saß.

Die Entwicklungen der vergangenen Jahre hatten einen geraden Pfad gezeichnet: weg vom Tanzboden, Schluss mit den Skandalen, hin zu einem seriösen Alterswerk. Doch Madonna wäre nicht Madonna gewesen, hätte sie nicht sofort wilde Haken geschlagen, sobald man sie als vorhersehbar betrachtet. Bereits im nächsten Video, dem Up-Beat-Titelstück, präsentierte sie sich wie ausgewechselt: Eine Goldlockenmähne schüttelnd fegte sie wild durch einen Club. Die Frage, ob man sich als mittlerweile 40-Jährige noch so ungezügelt geben dürfte, wurde in den noch stark von Ageismus geprägten Medien öfter gestellt, als man das heute vermuten würde. Was die Moralist:innen damals freilich noch nicht ahnen konnten: Was da noch alles auf sie zukommen würde. Mit der ABBA sampelnden Disconummer »Hung Up« sollte Madonna 2005 gar noch alle ihrer zahlreichen Megahits übertreffen, 2012 nannte sie ein Album in Anspielung an die Partydroge MDMA *MDNA*, und 2015 lieferte sie mit dem EDM-Knaller »Bitch I'm Madonna« ihr Manifest der Selbstlegitimation ab. Mittlerweile zieht Madonna zwar eher mit tief in ihre Optik eingreifenden OPs als mit ihrer Musik die Aufmerksamkeit auf sich. Aber ihre Aufstiegsgeschichte vom Mädchen mit Migrationshintergrund in einer Detroiter Vorstadt, das im Alter von fünf Jahren seine Mutter an Krebs verlor, hin zur erfolgreichsten Sängerin der Popgeschichte, deren Karriere nun schon fünf Jahrzehnte überspannt – wohlgemerkt in einer Industrie, die Frauen jenseits der 40 kaum Chancen gibt –, inspiriert bis heute mindestens jeden weiblichen Popstar nach ihr. Allerhöchste Zeit wird es, ihrem Leben ein Biopic zu widmen. Es dürfte sich hier allerdings nur um eine Terminfrage halten, denn die Regisseurin steht theoretisch bereits fest: Madonna. Wer schließlich, fragte sie, könne ihr Leben besser nacherzählen als sie selbst? In jedem Falle wäre es wünschenswert, den großen Spielfilmproduktionen über männliche Popstars wie Elvis Presley, Freddie Mercury, Mötley Crüe oder Elton John etwas entgegenzusetzen.

Damen, Dramen und Balladen

»Rocket Man« Elton John sollte in den 90ern zwar seinen größten Hit landen, zum Feiern war ihm allerdings nicht zumute, ganz im Gegenteil. Am 31. August 1997 hatte er eine seiner besten Freundinnen verloren: Prinzessin Diana war bei einem Autounfall in Paris ums Leben gekommen. John hatte sich bereits im Vormonat von einem engen Freund verabschieden müssen: Der Modedesigner Gianni Versace war vor seiner Villa in Miami ermordet worden; Lady Di hatte John noch während dessen Beerdigung Halt gegeben. Medienmogul Richard Branson machte John dann darauf aufmerksam, dass sich auffallend viele Zitate aus dessen eigentlich Marilyn Monroe gewidmetem Song »Candle in The Wind« von 1973 auf den Seiten des für Diana im königlichen Schloss St James's Palace ausgelegten Kondolenzbuchs wiederfanden, und ermutigte ihn dazu, eine neue Version seiner Ballade anzufertigen. Eigentlich hatte John vorgehabt, Dianas All-Time-Favoriten »Your Song« bei ihrer Trauerfeier zu spielen, ließ sich aber umstimmen und bat seinen Texter Bernie Taupin, die Lyrics anzupassen. John führte die neue Version nur ein einziges Mal während des von 2,5 Milliarden Menschen an den Bildschirmen verfolgten Begräbnisses auf. Der zusammen mit »Something About the Way You Look Tonight« als Doppel-A-Seite veröffentlichte Song schoss in allen erdenklichen Ländern der Welt auf Platz 1 der Charts; in Spitzenzeiten wurden pro Sekunde sechs Kopien verkauft. Je nach Lesart gelten heute diese Veröffentlichung oder Bing Crosbys Fassung von »White Christmas« als erfolgreichste Single aller Zeiten.

Die andere große Ballade des Jahres 1997 war Céline Dions »My Heart Will Go on«, das »Love Theme from *Titanic*«. Mit dem Drama um die tödliche Jungfernfahrt des größten Schiffs der damaligen Welt traf Regisseur James Cameron einen Nerv. Der mit Produktionskosten in Höhe von 200 Millionen US-Dollar bis dahin teuerste Film der Geschichte entwickelte sich zu einem Phänomen: 20 Prozent aller Kinobesucher:innen sahen sich den Film mehrfach an – die Durchschnittsquote bei Blockbustern liegt bei fünf Prozent. So brach der Film nicht nur schnell den Rekord von *Jurassic Park* 1993 als kommerziell erfolgreichstem Film, sondern wurde auch zum ersten, der mehr als eine Milliarde US-Dollar einspielte. Der im Setzkastenprinzip wie eine klassische 80s-Bombastballade gebaute Song dazu wurde zwangsläufig mitgezerrt, geriet zum Dauersoundtrack auf Hochzeiten und Beisetzungen und nach Whitney Houstons Dolly-Parton-Cover »I Will Always Love You« zur zweiterfolgreichsten Single einer Frau überhaupt. Ursprünglich wollte Dion den Tränenzieher allerdings gar nicht einsingen: Die offizielle Begründung lautete damals, sie wolle nach ihren bisherigen drei Filmsongs nicht auf die Rolle einer Soundtrack-Künstlerin reduziert werden – und so etwa zum Kenny Loggins der 90er, der in den 80ern Spielfilme wie *Footloose*, *Top Gun* und *Caddyshack* mit Hits befeuerte. Außerdem stand angesichts der gewaltigen Filmkosten auch ein Flop von *Titanic* als realistische Option im Raum. Erst später gestand sie, nicht sonderlich von dem Song angetan gewesen zu sein.

Auch Sinéad O'Connor, verantwortlich für eine andere Megaballade der 90er, dem beinahe pünktlich zum Beginn des Jahrzehnts am 8. Januar 1990 veröffentlichten »Nothing Compares 2 U«, hatte ein gespaltenes Verhältnis zu ihrem größten Hit. Der stammte aus der Feder von Prince, der nicht sonderlich vom kontroversen Auftreten der irischen Sängerin angetan war, die gerne öffentlich fluchte. Bei einem Besuch in Prince' Anwesen soll es laut O'Connor sogar zu Handgreiflichkeiten gekommen sein. Angeblich habe er sie auch per Auto verfolgt, nachdem sie sein

Haus verlassen hatte. Die beiden Tränen im ikonischen Video zum Song waren übrigens echt, allerdings nicht beabsichtigt. Die Sängerin musste während des Drehs an ihre Mutter denken, von der sie oft misshandelt worden war und die bei einem Autounfall ums Leben kam, als Sinéad 18 Jahre alt war. O'Connors Karriere kam vor allem in den USA zum Erliegen, nachdem die Sängerin 1992 in der Comedyshow *Saturday Night Live* mit den Worten »Fight the real enemy« ein Bild von Papst Johannes Paul II. zerrissen hatte. Der Schauspieler Joe Pesci forderte danach sogar, man hätte sie dafür ohrfeigen müssen. O'Connors Protestverhalten war im »Land of the free«, den prüden USA, inakzeptabel.

Yee-Haw! Country dominiert die US-Charts

Dabei darf nicht vergessen werden, dass dort trotz der Popularität neuer Spielarten wie Hip-Hop und Grunge die traditionellsten Genres immer noch die höchsten Absatzzahlen garantierten. So wurde das *Greatest Hits* von Roots-Rocker Bob Seger mit neun Millionen Verkäufen das erfolgreichste Album mit Bestandsmaterial der gesamten Dekade – es sollte letztlich sogar mehr Käufer:innen finden als *1* (2000) von den Beatles und Michael Jacksons *Number Ones* (2003). Der heimliche US-Superstar der 90er war zudem Country-Sänger Garth Brooks, der in dem Jahrzehnt sechs Alben mit Diamant-Auszeichnung, die es in den USA für Verkäufe ab zehn Millionen Einheiten gibt, veröffentlichte – bei seinen restlichen Platten musste er sich je mit dem Multiplatin-Status begnügen, wobei die Platinauszeichnung hier für eine Million verkaufte Einheiten verliehen wird. Country-Star Shania Twain verkaufte von ihrem 1997er Album sogar mehr als 40 Millionen Stück, in den USA gab es dafür sagenhafte zwei Doppeldiamanten. *Come on Over* avancierte so zum erfolgreichsten Album einer Frau der Musikgeschichte. Erstaunlicherweise kamen sowohl Brooks' als auch Twains Karriere mit dem neuen Jahrtausend zum Erliegen. Brooks ging 2000 in den Ruhestand, um sich auf seine Familie zu konzentrieren, Twain widmete sich der Erziehung ihres Sohnes und litt wegen einer 2003 diagnostizierten Lyme-Borreliose-Erkrankung unter langwierigem Stimmverlust. Doch ihre Spuren waren nicht zu übersehen: Twain ermöglichte mit ihrem Mix aus romantischen Songs und feministischen, mit Humor gewürzten Selbstermächtigungsstücken den beispiellosen Siegeszug von Taylor Swift seit den mittleren ooer Jahren.

Zwar hatte Swift ihren Kurswechsel von Country zum Pop spätestens 2014 mit ihrem Album *1989* abgeschlossen – und ihren Fankreis damit in ungeahntem Ausmaß erweitert. Doch die Popularität der Country Music in den USA bleibt ungebrochen. Dazu wird das Genre immer mehr zum Politikum. 2024 nannte etwa *Variety*-Autor Chris Willman Beyoncés Welterfolg *Cowboy Carter*, auf dem die Sängerin die afroamerikanischen Wurzeln von Country erforscht, das »meistdiskutierte Album des 21. Jahrhunderts«. Beyoncé löste einen Trend aus, auch Stars wie Ed Sheeran, Lana del Rey und Lily Allen haben vor, Country in ihren Sound einfließen zu lassen. Bei Druckabgabe dieses Buchs befindet sich dazu das 2021er-Album des kontroversen Morgan Wallen, *Dangerous: The Double Album*, seit 179 Wochen in den vorderen Rängen der US-Charts, 19 davon stand es auf Platz 1. Bizarrerweise hat es Wallen geholfen, dass er zwischenzeitlich gecancelt wurde. Nach einer rassistischen Schimpftirade wurde er umgehend von den Playlists verbannt, was aber zur Solidarisierung seiner Fans führte. Nach zahlreichen Entschuldigungen scheint ihm nun landesweit vergeben worden zu sein. Die USA können eben nicht genug bekommen von der sich ewig wiederholenden Geschichte des aufstrebenden Helden, der tief fällt und eine zweite Chance erhält. Währenddessen mischt Countrysänger Oliver Anthony die Singles auf und stieg mit »Rich Men North of Richmond« direkt auf Platz 1 der Charts ein – noch nie zuvor war das mit einer Debütveröffentlichung geglückt. Auch hier ist der Erfolg darauf zurückzuführen, dass das sich gegen »die da oben« richtende Stück vor allem von der Alt-Right-

Bewegung umarmt wurde. Ein zerfetzter Papst würde auch heute noch die USA erschüttern. Doch es werden auch andere starke Akzente gesetzt: So verbrachte im Jahr 2019 das Stück »Old Town Road« 19 Wochen auf Platz 1 der USA, mehr als jeder andere Song davor oder danach. Der Hybrid aus Country und Hip-Hop stammte vom offen schwulen Rapper Lil Nas X und dem Vater des exzentrischen Pop-Superstars Miley Cyrus, Country-Haudegen Billy Ray Cyrus. Sogar ein konservatives Genre wie Country ist in der Lage, sich zu öffnen und mit der Zeit zu gehen. Frau Twain darf sich dafür auf die Schulter klopfen.

Ich wär' so gerne Millionär: Deutschpop feiert Riesenerfolge

Was den USA ihr Country, ist den Deutschen ihr ... na, was eigentlich? Schlager? Auch der trieb in den 90ern wunderliche Blüten, oder besser, um im Biobild zu bleiben: schlug kräftige Wurzeln. Angefangen von den 16 Wochen, in denen Matthias Reim mit »Verdammt, ich lieb dich« praktisch den ganzen Sommer 1990 über die Charts anführte (ein bis 2017 ungebrochener Rekord) – bis hin zu den Parallelparodisten Guildo Horn und Dieter Thomas Kuhn. Mehr als 20 Jahre hatte auch Wolfgang Petry seine Karriere aufgebaut, bis er 1998 mit *Einfach geil!* auf Platz 1 stand. Endlos wurde sein von Vokuhila, Schnauzbart und bestimmt bakterienreicher Freundschaftskettensammlung am linken Unterarm dominierter Pottkumpel-Look persifliert. Doch seinem durchschlage(r)nden Erfolg sollten wir den Siegeszug von Künstlern wie DJ Ötzi, dessen Cover von »Anton aus Tirol« der Gruppe Walter & die bunten Vögel zur erfolgreichsten Single des Jahres 2000 wurde, oder den Amigos verdanken, die seit 2007 stramme 15 Platten auf eins brachten. Auch ermöglichten seine Partyhits, dass Ballermänner und -frauen wie »Layla« von DJ Robin & Schürze Anfang der 20er Jahre noch immer salonfähig waren. In diesem Kapitel wollen wir uns aber lieber dem großen Pop mit ebensolchen Gesten widmen. Zu den schönsten Ereignissen zählte wohl der imposante Erfolg der Band Die Prinzen.

Unter der Regie der 80er-Legende Annette Humpe (Ideal) etablierte sich die aus dem Leipziger Thomanerchor hervorgegangene Gruppe mit den Harmoniegesängen ihres Debütalbums *Das Leben ist grausam* aus dem Stand als populärste Band des nur elf Monate davor wiedervereinten Landes. Im Osten wie im Westen besangen Jung und Alt die Abenteuer von »Gabi und Klaus« und vom zweideutigen »Mann im Mond«. Mit prägnant gefärbten Haaren waren Blondschopf Tobias Künzel und Sebastian Krumbiegel mit seinem roten Igel auf dem Kopf die optischen Fixpunkte und zierten unzählige Poster in der Jugendpresse. Die Hitmaschine lief auf vollen Touren, und die Ergebnisse wirken nach: »Küssen verboten« wird heute an Schulen zur Selbstermächtigung und Prävention sexueller Übergriffe eingesetzt, »Alles nur geklaut« zog in einer Neuauflage von Deine Freunde in die Jugendzimmer der Kinder ein, deren Eltern schon das Original mitgesungen hatten. Die Zeilen »Ich wär' so gerne Millionär / Dann wär' mein Konto niemals leer / Ich wär' so gerne Millionär / Millionenschwer« versprühten augenzwinkernden Aufbruchsgeist angesichts der finanziellen Probleme, die die Integration der Neuen Bundesländer mit sich brachte. Aber die Band reagierte auch auf den unmittelbar nach der Reunion Deutschlands einsetzenden Rechtsruck: »Schmierst du an die Wand eine hohle Naziparole / Dann möchte ich / Wenn du einen ›Kanacke‹ nennst / Weil du seine Sprache nicht kennst […] // Ja, dann möchte ich 'ne Bombe sein / Und einfach explodieren«, heißt es in »Bombe«.

Die Prinzen halfen so mit Kinderliedern und sozialkritischen Stücken mit, Deutsch als Popsprache zu etablieren, die alles ausdrücken konnte. Tatkräftig unterstützt wurden sie dabei von Echt, die ab 1997 die Teenie-Medien dominierten. Auf ihren anhaltenden Einfluss angesprochen, sagte Sänger Kim Frank im Dezember 2023 dem *Musikexpress*: »Es ist normal, dass Musi-

Ganz oben: Die Prinzen 1991 mit Henri Schmidt, Sebastian Krumbiegel, Tobias Künzel, Wolfgang Lenk und Jan Sembdner

ker:innen in unserem Alter und darunter, unabhängig vom Genre, irgendeine Geschichte mit Echt haben. Für manche waren wir sogar Teil der Entscheidung, auf Deutsch singen zu wollen.« Deutsch hatte sich so weit durchgesetzt, dass damit sogar erstmals für die Länge ganzer Touren Stadien beschallt werden konnten. Dauerbrenner Herbert Grönemeyer hatte sich zwar bereits 1984 mit *Bochum* auf den Deutschpop-Thron gesetzt – erst 2023 sollte ein Studioalbum von ihm seitdem nicht auf Platz 1 einsteigen –, aber mit Beginn der 90er holte auch der als ewige Nr. 2 geltende Marius Müller-Westernhagen auf. Seine von der Französischen Revolution inspirierte Klavierballade »Freiheit« wurde unbeabsichtigt zu einer der Hymnen der Wiedervereinigung und machte den Düsseldorfer Kneipenkameraden zum Megastar in Armani-Maßanzügen. Für sein 1994er Album *Affentheater* lagen 700 000 Vorbestellungen vor; es sollte schließlich noch eine Million Mal mehr verkauft werden. Die zugehörige, 15 Konzerte umfassende Tour führte ihn ausschließlich durch Stadien und wurde vom legendären Dokumentarfilmer D. A.

Pennebaker (unter anderem: Bob Dylans *Dont Look Back*, David Bowies *Ziggy Stardust and the Spiders from Mars*, *101* von Depeche Mode) mitgeschnitten. Mit den Lyrics aus »Es geht mir gut«: »Michael Jackson geht mit kleinen Jungs ins Bett / Und ich kann übers Wasser gehen« emanzipierte er sich in puncto Moral und Wirkkraft von der Hegemonie der USA. Doch mit der neugefundenen Größe setzte auch bald der damit einhergehende Wahn ein – sein erstes Album nach den 90ern sollte passend *In den Wahnsinn* heißen und sich deutlich schlechter als die unmittelbaren Vorgänger verkaufen. In der öffentlichen Wahrnehmung beschritt Westernhagen einen kurzen Weg vom Affen- ins Lackaffentheater. Sein Verdienst ist es vor allem, gezeigt zu haben, dass die Champions League des Pop mehr Platz hat als angenommen. Unter Umständen wären Großveranstaltungen wie die Konzerte Rammsteins ohne seine Vorarbeit heute nicht möglich.

Den erfolgreichsten deutschen Pop-Act stellten allerdings – wie schon im Jahrzehnt davor – Dieter Bohlen und Thomas Anders. Zwölf Jahre nach ihrer Trennung feierten sie 1998 ein überwältigend profitables Comeback als Modern Talking: Auf ihrem nur drei Jahre nach der gleichnamigen Single von Take That *Back for Good* betitelten Album noch vorrangig mit Remakes alter Songs, bis zu ihrem endgültigen Split 2003 dann mit neuem Material – obwohl die Unterschiede ihrer Stücke dank der penetrant wiederholten Hitformel ohnehin marginal sind. Während Bohlen in der Folge zum Dauergast im deutschen Casting-TV wurde und Anders vor allem den osteuropäischen Raum mit seinen Oldies beehrt, verschwand der in zahlreichen Songs des zweiten Bandkapitels eingesetzte Rapper Eric Singleton in der Versenkung.

Mief!

Nachdem die 1987 von Jürgen von der Lippe mit »Guten Morgen« begrüßten lieben (und sehr westdeutschen) Sorgen zu-

nehmend verflogen waren, machte sich in den 90ern anderer Quatsch breit: Wer zum Lachen nicht länger in den Keller gehen wollte, hätte das mit all der aufkommenden **Comedy-Musik** *lieber trotzdem mal gemacht.*

In den 90ern rochen nicht nur die holzvertäfelten Partykeller streng, in denen all die wohlstandssituierten Jugendlichen ihre ersten Alkoholerfahrungen machten, die noch in keine Kneipe und auf keine Scheunenfete durften. Die Musik, die aus ihnen, von Kegelbahnen oder dem Privatfernsehprogramm des elterlichen Wohnzimmers schallte und sich von dort aus in die Charts und auf die *Bravo-Hits* verirrte, glich oft diesem Mief, dessen inoffizielle Hymne ebenso hieß. Die Rede ist von sogenannten Comedy-Songs, deren Trend wie auch die Bildschirmübernahme vieler neuer TV-Komiker:innen durch das gelöste Lebensgefühl der 90er zu erklären war: Nach dem Kalten Krieg und dem Mauerfall wollte und durfte endlich wieder einfach mal gekichert werden. Bloß: Die Comedy-Hits sind nicht nur schlecht gealtert, sie müffelten oft schon auf der Stelle.

Das Jahrzehnt der unlustigen Liedchen fing so unlustig gar nicht an: In einem Fernsehstreich neppte Komiker und Schauspieler Hape Kerkeling 1991 ein verstörtes Konzert-Publikum, das klassische Musik erwartete und stattdessen auf Kerkeling als unkenntlich verkleideten polnischen Tenor traf, der Verse wie »Der Wolf ... das Lamm ... auf der grünen Wiese. Das Lamm ... schreit ... Hurz!« sang. Ein Jahr später wurde der Gag als Single veröffentlicht. Fast zur selben Zeit erklärte Diether Krebs mit Vokuhila und Wollpulli: »Ich bin der Martin, ne ...?!« Von dort an ging es mit den Erben von Karl Dalls, Gottlieb Wendehals' und Dieter Hallervordens und Helga Feddersens Blödelschlager stetig bergab: Während ihrer Ausstrahlung von 1993 bis 1998 galt die Fernsehsendung RTL *Samstag Nacht* all jenen als Aushängeschild fortschrittlicher deutscher Comedy, denen Hugo Egon Balders und Hella von Sinnens Tortenschleuder *Alles nichts oder?!* zu anarchisch daherkam. Im Rückblick schlafen einem mit Ausnahme der »Nachrichten«, »Neues vom Sport« und »Zwei Stühle, eine Meinung« bei vielen Sketchen die Füße ein. Olli Dittrich und Wigald Boning waren es denn auch, die sich als Blödel-Duo Die Doofen mit ihrer Single »Mief (Nimm mich jetzt auch wenn ich stinke)« (die Nilz Bokelbergs Comedy-Grunge-Duo Fritten & Bier mit »Mundgeruch« ein Jahr zuvor bereits vorwegnahm) und dem selbsterkenntlich betitelten Album *Lieder, die die Welt nicht braucht* auf Platz 1 der deutschen Charts klamaukten. Witzischkeit kannte hier zwar längst, anders als von Kerkeling und Heinz Schenk in der Komödie *Kein Pardon* behauptet, Grenzen. Durch ihre seitherige Omnipräsenz im Mainstream war davon bloß leider nichts zu spüren.

Vivas erstes Enfant terrible Stefan Raab stürmte zur Fußball-WM 1994 mit »Böörti Böörti Vogts« die Hitparaden, tat sich danach mit Bürger Lars Dietrich und Jürgen Drews zusammen und wollte es fortan erst recht wissen: 1998 schickte er Schlagerbarde Guildo Horn mit seiner Komposition »Guildo hat euch lieb« zum Eurovision Song Contest. Ein Jahr später machte er mit dem vor *Bullyparade* und *Quatsch Comedy Club* in den späten 90ern erfolgreichsten Comedy-Fernsehformat *TV Total* und dortigen Einspielern aus Fernsehausschnitten den nach unten tretenden Witz leider auch musikalisch salonfähig: Auf Sample-Kompositionen wie »Ö La Palöma Blanca« und »Maschendrahtzaun« sollten noch weitere Verballhornungen unschuldiger Zivilist:innen, immerhin auch aber von Politikern folgen. Zu weiteren Lachnummern gehörten Peter Steiners »It's Cool Man«, auf dessen Mist auch DJ Ötzi wachsen konnte, von all den Karnevals-Busengrabscher-Deliriums-Begleitohrwürmern, die stets so unlustig wie Büttenreden waren, ganz zu schweigen. Nää, watt haben wir jelacht!

Jazzmusiker und Improvisations-Komiker Helge Schneider führte der Comedy-Trend schon 1993 mit »Katzeklo« zu seinem bis heute kommerziell erfolgreichsten Lied. Otto Waalkes, durch seine bis dahin fünfteilige Filmreihe und Songparodien wie »Dänen lügen nicht« zu dieser Zeit bereits seit über 20 Jahren ein nicht wegzudenkender, kicher, kicher, Elefant des deutschen Humors, trat mit seiner Band Otto & Die Friesenjungs 1995 bei Rock am Ring auf (und das hessische Komikerduo Badesalz schon 1992) und machte dadurch den 20 Jahre später zum Programm gehörenden ironischen Gastauftritten beim Wacken Open Air von Acts wie Scooter, Heino und Blümchen die Bühne frei. Man muss Loriot, dank *Pappa ante portas* auch in den 90ern Deutschlands feinsinnigster Humorist und Parodist der deutschen Spießer-Seele, unbedingt zugutehalten, dass er bis auf Ausnahmen in den 70ern wie »Ich wünsch' mir 'ne kleine Miezekatze« von seinem Zeichentrickhund Wum stets die Finger von (unernster) Musik ließ.

Humor gibt es in der deutschsprachigen Musik immer noch, auch wenn die Weltlage seiner Leichtig- bis Bräsigkeit nicht unbedingt in die Hände spielt. Im Suff geht auch abseits von Après-Ski, Ballermann und Wies'n-Hits noch immer vieles durch: 2023 hat Otto Waalkes mit dem Partyrapper Ski Aggu zur altbekannten Sting-Melodie seinen »Friesenjung« über Eurodance-Beats neu aufgenommen. Aber: Dass Stefan Raab keine Leute mehr vorführt, ein so Guter wie Olli Dittrich mit »Dittsche« relevant blieb und die eventuell ja immer noch existierenden Supa Richies dieser Tage aus dem Privatradio-Comedy-Sektor nicht mehr zu uns gefliegt kommen, all das muss dann doch als entmuffter Fortschritt anerkannt werden.

La vida loca: Die Spanische Revolution

Dass sich die Vormachtstellung der USA und des UK auf dem Feld des globalen Pop im 21. Jahrhundert aufweichen sollte, wurde Ende der 90er nicht nur im deutschsprachigen Raum offenbar. Der Latin-Pop-Boom brachte neuen Schwung und heiße Rhythmen in die Charts. Doch der Revolución ging eine Tragödie voraus. Am 31. März 1995 wurde die mexikanische Sängerin Selena, die Königin des Tex-Mex genannt, von der ehemaligen Präsidentin ihres Fanclubs erschossen. Diese hatte ihre Position erst kurz davor verloren, nachdem sie Geld veruntreut hatte. Der Fall sorgte vor allem in den USA für Schlagzeilen, wo Selenas postumes Album *Dreaming of You* im Juli als erstes mehrheitlich spanischsprachiges die Charts auf Platz 1 enterte. Der Erfolg ließ die Industrie nach Süden spähen, wo sie zahlreiche südamerikanische Superstars fand und von dort aus in die USA importierte, wo sie dann aber vor allem auf Englisch zu singen hatten. Doch das Kalkül ging auf: Nachdem der puerto-ricanische Ex-Kinderstar bei der Gruppe Menudo, Ricky Martin, bereits 1995 einen europaweiten Hit mit »María« hatte, wurde er 1998 auserkoren, den offiziellen Song zur Fußball-WM in Frankreich beizusteuern. »The Cup of Life« / »La copa de la vida« verschaffte ihm sogar in den USA einen Achtungserfolg, in denen man Fußball eher achselzuckend gegenübersteht. Im Jahr darauf sollte er das Land mit seinem ersten englischsprachigen Album *Ricky Martin* und dessen Leadsingle »Livin' la vida loca« im Sturm erobern. Im selben Jahr veröffentlichten Julio Iglesias' Sohn Enrique aus Spanien sowie Jennifer Lopez und ihr zukünftiger Mann Marc Anthony, beide geboren in New York, erste Alben auf Englisch und verkauften davon Millionen. Disney-Star Christina Aguilera, Tochter eines Ecuadorianers, wiederum brachte 2000 ein Album auf Spanisch, *Mi reflejo* heraus. Nachdem die Spice Girls, wohlgemerkt in einer weit weniger von Diskussionen um kulturelle Aneignung geprägten Zeit, sich für die Leadsingle ihres zweiten Albums, »Spice Up Your Life«, von einem Auftritt in einer mexikanischen TV-Sendung inspirieren ließen und stark mit Elementen des Salsa und Samba arbeiteten, gelang Geri Halliwell nach ihrem Ausstieg aus der Girlgroup nach einer gefloppten Single erst mit dem Spanisch angehauchten »Mi chico latino« ein Nr.-1-Smash-Hit.

Crossover-Acts hatte es natürlich immer schon gegeben: Der Kubaner Pérez Prado hatte 1949 einen weltweiten Hit mit »Mambo No. 5« gelandet – den exakt 50 Jahre später der Münchner Lou Bega mit einer aufgepoppten – und etwas sexistischen – Version zu noch unvergleichlich größerem Erfolg führen sollte. 1958 geriet das mexikanische Volkslied »La Bamba« in der Rockversion von Richie Valens zum Riesenhit. 1989 löste die französisch-brasilianische Truppe Kaoma mit ihrem »Lambada« eine Tanzwelle aus wie sieben Jahre später ein Dance-Remix des Los-del-Rio-Songs »Macarena«. Der Mexikaner und Woodstock-Veteran Carlos Santana galt seit Jahrzehnten als Rock-Ikone, bevor er, ebenfalls 1999, mit dem Allstar-Album *Supernatural* alle bisherigen Erfolge weit in den Schatten stellen sollte. Doch was die weitreichende Latin-Explosion der späten 90er neben den Weltkarrieren des 21. Jahrhunderts von Künstler:innen wie Shakira, Pitbull und Bad Bunny bewirken sollte, war der künstlerisch wie finanziell profitable Blick über den Tellerrand. Das lukrative Erschließen bis dahin als ›exotisch‹ gewähnter Kulturkreise bereitete nicht zuletzt das Feld für die weltweiten Triumphe des J- und vor allem des K-Pop sowie des Afrobeats.

Nothing Compares 2 the 90s – 15 Melodien für Millionen

1. Depeche Mode: »Enjoy the Silence« (1990)
2. George Michael: »Freedom! '90« (1990)
3. Madonna: »Frozen« (1998)
4. Deee-Lite: »Groove Is in the Heart« (1990)
5. Sinéad O'Connor: »Nothing Compares 2 U« (1990)

6. The Rembrandts: »I'll Be There for You« (1995)
7. Roxette: »Joyride« (1991)
8. Echt: »Du trägst keine Liebe in dir« (1999)
9. Olive: »You're Not Alone« (1996)
10. Adamski: »Killer« (1990)
11. Shaggy: »Boombastic« (1995)
12. The Artist Formerly Known as Prince: »The Most Beautiful Girl in the World« (1994)
13. Ace of Base: »The Sign« (1993)
14. Snow: »Informer« (1992)
15. Ricky Martin: »Livin' la vida loca« (1999)

»Ich habe mich nicht wie ein Popstar gefühlt«:
Interview mit Echt

Ende der 90er Jahre gab es kein Vorbeikommen an der Band Echt. Teenie-Medien wie Viva und Bravo hatten die Flensburger Schülerband im deutschsprachigen Raum in höchste Höhen der Popularität katapultiert. Befeuert von Hits aus der Feder des Songwriters Michel van Dyke erreichte das Debütalbum 1998 Platz 5 in Deutschland. Zum Zeitpunkt der Veröffentlichung ihres Nachfolgers Freischwimmer *im Jahr darauf war die Gruppe schon so beliebt, dass nur ein Einstieg auf Platz 1 der Charts möglich war. Ob man nun wollte oder nicht – Echt waren dank des schmissigen Kammerpop-Chansons »Du trägst keine Liebe in dir« oder großer Balladen wie »Wo bist du jetzt?« und »Weinst du« allgegenwärtig. Dann war alles ganz schnell vorbei. Bye, bye, Junimond: Das erste vollständig selbstverfasste Album* Recorder *floppte, die Band trennte sich 2002. Sänger Kim Frank dreht mittlerweile Musikvideos für so unterschiedliche Größen wie Udo Lindenberg und Jochen Distelmeyer. Drummer und Texter Florian Sump nutzte seine Zeit als Kita-Erzieher, um die Jugend zu erforschen, sowie seine Inkarnation als Rapper Jim Pansen, um seine Reim-Skills zu verfeinern. Beide Wege führten zur supererfolgreichen Kinderband*

Deine Freunde. Für uns haben Frank und Sump zurückgeschaut auf ihre Jugend in »Echt-Zeit«.

Wofür stehen die 90er für euch als popkulturelles Jahrzehnt?

Florian Sump: Für mich persönlich waren die 90er die (in meinem Kosmos) komplette Übernahme von Deutschrap. Ich erinnere mich noch sehr genau daran, wie Kai (*Fischer, Echt-Gitarrist; Anm.*) und ich damals die ersten Alben von Fettes Brot, Absolute Beginner, Eins Zwo, Deichkind, Der Tobi & das Bo, Freundeskreis und so weiter in Dauerschleife gehört haben und gerne auch so cool sein wollten wie diese Typen. Parallel dazu ging es los mit weiten Hosen und generell dem Baggy-Style. Dafür hab ich mir die Arbeitsklamotten der Deutschen Bahn meines Vaters aus seinem Schrank gezockt und bin dann mit übergroßen DB-Hemden in die Schule gegangen. Ich hatte das erste Mal das Gefühl, einer Kultur zu begegnen, die mir aus dem Herzen spricht und alles verkörpert, was ich cool finde und sein möchte.

Kim Frank: Die 90er bedeuten trotz all der Neuanfänge für mich auch das Ende von ganz vielen Dingen: Plattenverkäufe brachen nach den 90ern ein, ein gerade eben noch sehr wichtiges Format wie das Musikvideo – selbst Low-Budget-Clips begannen bei 60 000 D-Mark Produktionskosten – verlor an Relevanz, Musik im Fernsehen begann zu verschwinden. Auch die Idee des Popstars, der unsere Träume für uns ausleben soll, war nach dem 11. September, glaub ich, irgendwie vorbei. Deutsche Musiker:innen sollten jetzt nahbar sein. In den 90ern war der Markt für Labels auch oft noch planbar. Wenn du bei *Top of the Pops* warst, bist du danach sowas wie fünf Plätze in den Charts gestiegen, wenn du bei *Wetten, dass..?* aufgetreten bist, standest du danach in den Top Ten. Und sogar als Indie-Künstler konntest du noch von Plattenverkäufen und Konzerten leben – auch als Teil einer Band. Heute, hab ich das Gefühl, weiß keiner mehr, wie man eine Platte am besten releasen soll. Auf der positiven Seite hab ich aber den Eindruck, dass sich der Wert von Musik verlagert hat, ins Livegeschäft. Heute spielen Acts mit durchschnittlichen Plattenverkäufen schon in großen Hallen – Echt hatten nur ein einziges eigenes Konzert mit einem Publikum von 9000. Aber bei einem CD-Preis von 35 Mark war es bestimmt auch schwer, sich noch ein Konzertticket zu leisten.

Wann war euch klar, dass ihr jetzt amtliche Popstars seid – gab es da den einen Moment, von dem an es kein Zurück mehr gab?
F. S.: Das war für mich bei der You-Messe in Dortmund 1998. Wir hatten in der Woche davor unseren allerersten *Bravo*-Artikel und ein Video, das in der Nachmittagsrotation auf Viva lief. Unser Konzert bestand aus einem einzigen Playback-Song, und ich hab damals meine Schlagzeugsticks vergessen, so dass ich stattdessen mit zwei Stangen spielte, die wir vorher aus einem Mülleimer gebrochen hatten. Vor der Bühne standen tausende kreischende Mädchen, die im Anschluss unser Auto gejagt haben. Dabei sind wir versehentlich sogar einem jungen Fan über den Fuß gefahren, der aber Gott sei Dank nicht gebrochen war und gut versorgt wurde. Wir saßen im Auto, haben überhaupt nicht gecheckt, was hier eigentlich los ist, aber wussten, dass gerade etwas Großes mit uns passiert.
K. F.: In der »Echt-Zeit« habe ich mich gar nicht wie ein Popstar gefühlt – diese Zuschreibung habe ich erst danach akzeptiert. Für mich war das damals einfach mein Leben. Natürlich war das schon komisch, auf einmal im Fernsehen zu sein – einhergehend mit der Enttäuschung, dass es hinterm Fernseher nicht so schön ist wie vorm Fernseher: wie sich die Künstler:innen backstage so verhalten, wenn sie nicht performen müssen, wenn das Catering nur aus Kartoffelsalat und ein paar Würstchen besteht. Dann rennen auf einmal gestresste Showpalast-Tänzerinnen an dir vorbei, die sich zum nächsten Kostümwechsel abhetzen. Wenn du siehst, wie Dieter Thomas Heck – ein superlieber Typ übrigens –, sobald ein Musik-Act läuft, hinter der Bühne von seiner Frau ein frisch gezapftes Bier und eine angezündete Zigarette be-

Alles wird sich ändern: Echt 1999 mit Kai Fischer, Andreas Puffpaff, Florian Sump, Kim Frank und Gunnar Astrup

kommt, dann werden aus diesen Figuren Menschen. Da geht die Magie verloren.

Wie fühlt sich's an, wenn das Jahr 2010 nun auch schon wieder 14 Jahre her ist?
F. S.: Die Zeile »Meine Zeit wird kommen im Jahr 2010« aus unserem Song »2010« hat sich zwar nicht für uns als gesamte Band bewahrheitet, für mich persönlich aber schon, denn 2010 habe ich meine Freundin kennengelernt, mit der ich mittlerweile verheiratet bin und zwei tolle Kinder habe.
K. F.: Ich weiß das gar nicht so genau, denn ich rechne immer in Sieben-Jahres-Schritten, bin da ein bisschen abergläubisch. Ich hatte in der Regel immer sieben gute und dann sieben schlechte Jahre. Meine ersten sieben waren mega, die zweiten scheiße wegen Schule, die dritten, die »Echt-Zeit«, waren super, danach war's erst mal durchwachsen. 2010 stand ich am Ende einer schwierigen Phase; da begann meine Karriere als Filmemacher, fürs Filmstudium bin ich allerdings abgelehnt worden. Parallel

hatte ich an meinem ersten Roman geschrieben, musste aber noch warten, bis das Geld reinkommt, und hatte Probleme, die Miete zu bezahlen. Davor, zur Zeit meines Soloalbums, war ich ja auch wegen Steuerhinterziehung angeklagt – wegen einer falschen Steuererklärung, die mein Steuerberater eingereicht hatte, als ich 17 Jahre alt war – die Erklärung durfte ich noch nicht mal selbst unterschreiben. Ich habe nie etwas absichtlich hinterzogen. Dennoch hatte ich damals manchmal nur noch 1,50 Euro in der Tasche und musste mir überlegen, was ich mir davon am Abend koche. Einmal hatte man mir einen falschen Zug gebucht, dann wurde ich bei schlechtem Wetter in der Nacht irgendwo auf dem Dorf aus dem Zug geworfen. Ich hatte nur 20 Euro, die mir mein Manager davor noch zugesteckt hatte. Davon konnte ich mir immerhin in einer Kneipe ein Bier und eine Gulaschsuppe holen. Aber ich war voller Hoffnung und hab's geschafft, wieder auf die Beine zu kommen.

Wie wurde euch damals von Kolleg:innen aus der Szene begegnet?
K. F.: Ich möchte da vor allem Jasmin Wagner, Blümchen, hervorheben. Die war wie eine große Schwester für mich, sie hatte ja auch ein paar Jahre Vorsprung in der Branche. Als ich 13 Jahre alt war, hing ein Poster von ihr in unserem Klassenzimmer, und ein paar Jahre später saß ich im Nightliner und habe stundenlang mit ihr telefoniert, wenn ich Rat brauchte. Dafür bin ich ihr nach wie vor sehr dankbar.
F. S.: Die Begegnungen waren eigentlich immer sehr nett, meist aber natürlich oberflächlich und nur von kurzer Dauer. Außerdem haben wir extrem viel Indie-Mucke gehört, deren Schöpfer uns eher selten über den Weg gelaufen sind. Wir haben ja eher Tic Tac Toe oder Captain Jack bei der *Bravo Super Show* getroffen.

Auf welche eurer Songs seid ihr besonders stolz – und gibt es vielleicht welche, die ihr nicht mehr hören könnt?

F. S.: Auch wenn ich das Wort »stolz« nicht besonders mag, verbinde ich bis heute ähnliche Gefühle mit unserer allerletzten Single »Stehengeblieben«. Der Song berührt mich immer noch und bringt für mich das Gefühl auf den Punkt, das uns in den letzten Monaten unserer Bandgeschichte begleitet hat. Auch wenn's ein bisschen traurig ist.

K. F.: Am meisten bin ich stolz auf unsere Shows – leider gibt's bei YouTube, glaub ich, kein zusammenhängendes Konzert von uns. Zu den Songs: Wir haben superlange »Du trägst keine Liebe in dir« nicht mehr live gespielt, was, finde ich, gar nicht geht. Erst hatten wir die Single aus den Läden genommen, als der Song für uns zu groß wurde, um zu vermeiden, dass wir nur noch mit dem einen Lied in Verbindung gebracht werden. Das hatten wir uns bei Fettes Brot abgeguckt, die hatten das bei »Nordisch by Nature« auch so gemacht. Aber dann spielen wir ihn nicht mal mehr live. Das war bestimmt sehr enttäuschend für unser Publikum. Aber ich muss sagen: Das ist für mich einer der schönsten deutschen Songs, den Michel van Dyke da geschrieben hat, und ich bin super dankbar, dass ich ihn singen durfte. Seine Demoversion war auch sehr nah an der finalen Fassung – sogar das »Woo-Hoo« haben wir vom Demo übernommen. Aber die Hits spielen für mich persönlich irgendwie eine kleinere Rolle. Etwas eher Unbekanntes wie »In dieser Gegend« finde ich wahnsinnig gut.

Wärt ihr heute Coaches von jungen Acts – was würdet ihr denen mit auf den Weg geben? Welche Lektionen habt ihr aus eurer »Echt-Zeit« gezogen?

F. S.: Gebt dem Spaß und der Freude am Musikmachen einen Stellenwert, der auf Augenhöhe ist mit dem Willen, erfolgreich zu sein. Ansonsten macht euer Ding und verliert nicht aus dem Blick, was euch daran wirklich begeistert.

Mit deinem Kollegen Lukas Nimscheck von Deine Freunde hast du als Juror der Castingshow *The Voice Kids* schon entsprechende Erfahrungen gesammelt, Flo. Wie sieht das bei

dir aus, Kim? Man sieht dich sehr selten vor der Kamera. Du bist doch bestimmt auch schon für diverse Celebrity-Formate im TV angefragt worden, oder?

K. F.: Ich wurde über die Jahre wiederholt zu Promi-Reality-Formaten eingeladen, was ich sehr persönlich genommen hab und was mich manchmal sogar verletzt hat. Ich hab das Gefühl, ich hatte nie auch nur annähernd etwas gemacht, was denen suggerieren könnte, dass mir Sendungen entsprechen, die rein der Unterhaltung dienen und in denen es nur um mich als Person geht. Ich war in meinem Verständnis nie ein Promi, ich habe mein Privatleben immer für mich behalten. Ich habe nie etwas wegen *Fame* oder Geld gemacht. Ich habe einfach nur mit meiner Band Musik gemacht, die zum Glück viele Leute berührt hat.

»Step by step, ooh baby!«: Girl- und Boygroups
(1990–2000)

Von NKOTB über Take That, Backstreet Boys und deren Klone bis zu den Spice Girls und Tic Tac Toe: Die 90er waren auch das Jahrzehnt, in dem sich wie fast nie mehr danach kreischende Teenies mit eigentlich austauschbaren Mitgliedern von Girl- und Boygroups identifizieren konnten. Wo kamen sie her, wo gingen sie hin?

> »So tell me what you want, what you really, really want
> I wanna, (ha) I wanna, (ha) I wanna, (ha) I wanna, (ha)
> I wanna really, really, really wanna zigazig ah«
> **Spice Girls: »Wannabe«, 1996**

Am 17. Juli 1995 ging für Hunderttausende Teenager eine Welt unter: Nach diversen Schlagzeilen über ausufernde Partys, berufliche Dysfunktionalitäten und andere Exzesse gab der 21-jährige Robbie Williams bekannt, dass er Take That, die zu dieser Zeit erfolgreichste britische Band seit den Beatles und die beliebteste Boygroup des Planeten, verlässt. Bei Radiosendern riefen Mädchen an, die berichteten, dass Freundinnen an Suizid dächten. Vor dem Berliner Hilton Hotel, in dem Take That während

Hauptstadtbesuchen stets gastierten, versammelten sich Fans, um in ihrer Trauer nicht allein zu sein. Sie weinten, lagen sich in den Armen, konnten den Verlust ihres Idols nicht fassen. Nottelefone wurden eingerichtet. Selbst die 20-Uhr-Nachrichten berichteten. Die Geschichte der Girl- und Boygroups begann aber nicht mit der Gründung Take Thats 1990 und endete mit ihrer vorläufigen Trennung 1996, Monate nach Williams' Ausstieg, oder dem dreijährigen Folge-Fame der Spice Girls; lediglich die Begrifflichkeit und eine gewisse Formel etablierte sich in den 90ern. Und die behält bis in die Gegenwart hinein Gültigkeit.

Als Boygroup respektive Girlgroup ist in der Regel eine aus einem Casting-Prozess heraus entstandene Popband mit nur männlichen respektive weiblichen Mitgliedern im Teenager- und Twen-Alter gemeint, die oft auch synchron zum Gesang tanzen. Nicht unter diesen Begriff fallen rein männliche oder weibliche Bands, deren Mitglieder Instrumente spielen und ihre Songs und Texte ausnahmslos selbst schreiben. Obwohl sie das Phänomen kreischender Teenies vorwegnahmen, waren die Beatles also keine Boygroup. Die erste weltbekannt gewordene Girlgroup waren The Andrews Sisters (»Rum and Coca-Cola«), sie kamen aus dem US-amerikanischen Jazz und Swing der 30er Jahre. The Chordettes überführten das Prinzip mit Hits wie »Mister Sandman« und »Lollipop« in den 50ern in Pop und Rock. Im aufkommenden Motown der 60er Jahre blühten auch Girlgroups wie The Marvelettes, The Supremes und Martha & the Vandellas auf. Es folgten unter anderem die von Phil Spector – der 2009 wegen Totschlags inhaftiert wurde und 2021 starb – produzierten The Ronettes (»Be My Baby«), die Shangri-Las (»Leader of the Pack«), The Shirelles (»Will You Still Love Me Tomorrow«) und The Flirtations. In den 70ern sorgten die Pointer Sisters für Aufsehen, in den 80ern Bananarama. Und damit Vorhang auf für die 90er. Für den R'n'B und Hip-Hop von Salt-N-Pepa, TLC, En Vogue, Destiny's Child und den Pussycat Dolls aus den USA. Für den Pop von All Saints, B*Witched und

Atomic Kitten aus England – und für einen knallbunten Gamechanger namens Spice Girls. Zu ihnen später mehr.

Vom Barbershop über die Beatles bis zu den Backstreet Boys

Die Entwicklung der Boygroups begann mit Barbershop-Quartetten. Schon vor der Erfindung des Radios, im späten 19. Jahrhundert, verbreiteten reisende Vaudeville-Ensembles im Süden der USA eigene oder überlieferte Lieder. Die männlichen Zuschauer ihrer Aufführungen griffen die gehörten Songs oft am nächsten Tag auf, um sich die Wartezeit beim Barbier zu verkürzen: Einer summte die Melodie, einer ersann eine Basslinie darunter, eine hohe Stimme sang Terzen über der Melodie, und schließlich füllte ein harmonisches Genie den Sound mit Quintakkordierung, der Bariton. Andere Ortsbewohner hörten zu und machten mit. So entstand die Barbershop-Musik, die Kindern der 90er übrigens auch durch die Zeichentrickserie *The Simpsons* nähergebracht wurde: In der Folge »Homer's Barbershop Quartet« gründet Homer Simpson zusammen mit Rector Skinner, Apu und Barney die Band The B-Sharps, deren Hitsingle »Baby on Board« hieß und deren Gesangsstimmen vom real existierenden Barbershop-Quartett The Dapper Dans gesungen wurden. George Harrison und David Crosby traten als Comic-Versionen ihrer selbst auf. Apropos Harrison: Die Beatles waren es, die mit der sogenannten Beatlemania ein nahezu obsessives Fantum lostraten, das sich in dieser Form in Großbritannien erst bei Take That wiederholen würde. Sie beeinflussen zudem die weitere Genese von Boygroups: Eindeutig von den Beatles inspiriert zeigte sich etwa die Produktion der US-amerikanischen Fernsehserie *The Monkees* über eine gecastete Beatgruppe, die nicht nur fiktionale, sondern mit dem vom Neil Diamond geschriebenen »I'm a Believer« tatsächliche Hits landen würde.

In der Tradition harmonischer Popgesänge stehen auch die

Familienunternehmen The Jackson Five und The Osmonds, die offensiv mit schwulen Klischees spielenden Village People, die schottischen Bay City Rollers, die puerto-ricanische Boygroup Menudo, in der Ricky Martin seine Karriere startete, Ende der 80er Boyz II Men aus Philadelphia und vor allen Dingen die schon 1978 in Boston gegründete R'n'B-Gruppe New Edition. Ihr gehörte Whitney Houstons späterer Ex-Mann Bobby Brown an, entdeckt wurde sie von Maurice Starr. Nachdem sich ihre Wege sowie die des Produzenten und Songwriters trennten, suchte Starr 1984 nach einem weißen Pendant. Er fand den 15-jährigen Rapper Donnie Wahlberg, dessen jüngeren Bruder Mark, der Monate später wieder ging, aber Jahre später im Rap, im Eurodance und in Hollywood Karriere machen würde (siehe das Eurodance-Kapitel), Donnies Schulfreunde Jordan Knight und Danny Wood, Jordans Bruder Jonathan und, weil noch ein kindlicher Sänger wie Michael Jackson gebraucht wurde, den 12-jährigen Joey McIntyre. New Kids on the Block und damit die Blaupause aller folgenden Boygroups war geboren.

Mit ihrem Debüt und Kaugummipop-Singles namens »Stop It Girl« und »Be My Girl« landeten Starr und seine Schützlinge 1986 noch einen Flop. Ihr zweites Album *Hangin' Tough* warf 1988 nach mühsamem Start die Single »Please Don't Go Girl« ab – thematisch war spätestens jetzt ein gewisser Schwerpunkt zu erkennen. Sie wurde ein Hit, die Karriere der New Kids on the Block von dort an ebenfalls. »You Got It (The Right Stuff)« schaffte es in die Heavy Rotation auf MTV, *Hangin' Tough* wurde in den USA achtmal mit Platin ausgezeichnet. Ihr nächstes Album *Step by Step* markierte ihren kommerziellen Höhepunkt, die gleichnamige Leadsingle, von Starr ursprünglich 1986 für The Superiors geschrieben und mit ihnen bereits aufgenommen, wurde ihr größter Hit. 1991 traten die New Kids on the Block als erster Popact überhaupt in der Halbzeitshow des Super Bowl auf. Auch dank Merchandise und gigantischen Touren verdienten sie in jenem Jahr mehr als Madonna, Prince oder Bill Cosby. Weil es damals noch kein Instagram, geschweige denn Internet gab, organisierten sich Fans in Fanclubs und suchten abseits von Konzerten und Hausbelagerungen anderweitig Kontakt zu ihren Idolen oder Infos über sie: Unter der offiziellen NKOTB-Hotline mit der US-Nummer 1-900-909-5KIDS sollen damals rund 100 000 Anrufe pro Woche eingegangen sein. 1993 trennte sich die Gruppe von ihrem Produzenten Maurice Starr und löste sich im Jahr darauf ganz auf. 14 Jahre später feierten NKOTB jedoch ihre Reunion. Ihr Erfolg blieb aber auch von anderen geschäftstüchtigen Männern im Rest der USA sowie in Europa nicht unbemerkt. Einer von ihnen hieß Lou Pearlman. Doch seine Geschichte ging nicht gut für ihn und schlecht für viele andere aus.

Hinter jeder erfolgreichen Boy- oder Girlgroup stand ein geschäftstüchtiger Mann – außer bei Tic Tac Toe

Den New Yorker Geschäftsmann als Boygroup-Mogul zu beschreiben, ist keine Übertreibung. Schon als Teenager versuchte sich der Cousin von Art Garfunkel, wohl auch wegen dessen Einfluss, bereits am Bandmanagement. Als sich dort kein Erfolg einstellte, widmete er sich der Flugindustrie, insbesondere der Luftschifffahrt, und ließ sich dazu unter anderem in Deutschland ausbilden. Seine erste Firma scheiterte, mit seiner zweiten zog er nach Orlando, Florida. Nachdem dort drei Luftschiffe abgestürzt waren, war auch sein Unternehmen Geschichte. Aber Lou Pearlman witterte längst ein ganz anderes Geschäft. Von den New Kids on the Block und ihrem kommerziellen Höhenflug, um in den Sprachbildern seines Kerngeschäfts zu bleiben, war er wirtschaftlich derart fasziniert, dass er mit Trans Continental Records ein eigenes Label gründete, um exakt dieses Vorbild zu kopieren. Im *Orlando Sentinel* schaltete er 1992 eine Anzeige mit dem Aufruf, dass er eine Gesangsgruppe zusammenstellen wolle mit einem Look wie die New Kids on the Block und einem Sound wie Boyz II Men. Dieses Ziel sollte er bald eindrucksvoll erreicht haben: Nach einem drei Millionen US-Dollar teuren Casting stellte er ein Jahr darauf die Backstreet Boys, benannt nach einem Flohmarkt in Orlando, auf dem Teenager oft abhingen, zusammen – und damit die bis heute weltweit erfolgreichste Boygroup aller Zeiten. Ihr unter anderem mit Hilfe des Superhit-Songwriters Max Martin (Britney Spears, Usher, Pink) geschriebenes Debüt *Backstreet Boys* erschien 1996. Die erste Single »We've Got It Goin' on« nahm in den USA zwar noch kaum jemand wahr – in ihrem kommenden Hauptabsatzmarkt Deutschland und anderen europäischen Ländern aber stieg sie im Herbst 1995 prompt in die Top 5 ein und zog ein jahrelanges Abo auf *Bravo*-Titelstorys, -Poster, *Goldene Ottos* und Auftritte bei der *Super Show* des mit zeitweise bis zu 1,5 Millionen verkauften Exemplaren noch weit vor *Popcorn* und *Pop Rocky* auflagenstärksten Jugendmagazins Deutschlands nach sich.

Kein Wunder, dass Pearlman diesen Erfolg abermals klonen wollte. Bereits 1994 nahm er die ebenfalls in Orlando entstehende Boygroup *NSync unter seine Fittiche. Die wusste anfangs genau so wenig von seiner Strippenziehertätigkeit bei den konkurrierenden Backstreet Boys wie umgekehrt. Big Poppa, wie seine Schützlinge ihn stets nannten und auch nennen sollten, erklärte dem Autor des *New Yorker* John Seabrook für dessen Buch *The Song Machine – Inside The Hit Factory* 2014: »Ich dachte mir: Wo es *McDonald's* gibt, gibt es *Burger King*, wo es *Coca-Cola* gibt, gibt es *Pepsi*. Und wo es die Backstreet Boys gibt, wird es jemand anderen geben. Irgendwer wird dafür sorgen. Warum nicht wir selbst?« *NSyncs Debüt – übrigens teilweise in der Villa des damaligen Basketball-Superstars Shaquille O'Neal und schließlich in Schweden bei Max Martin aufgenommen – inklusive der Hitsingles »I Want You Back« und »Tearin' Up My Heart« brachte Pearlman bei der Plattenfirma Ariola in München unter und folgerichtig zuerst in Deutschland auf den Markt, obwohl ihre Mitglieder in den USA keine Unbekannten waren: Joshua »JC« Chasez etwa oder ein gewisser Justin Timberlake standen als Kinder bereits im *Mickey Mouse Club* vor der Kamera, und damit unter anderem neben Britney Spears, Christina Aguilera und Ryan Gosling, deren Karrieren ebenfalls dort ihren Anfang nahmen. Einen deutschen Ableger der Show gab es unter dem Namen *Disney Club* derweil auch. Popstars warf dieser keine ab, dafür viele Zeichentrickserien. Trivia: Der holprige Bandname *NSYNC in Versalien steht nicht nur für »in sync«, also synchronen Gesang und Tanz, sondern auch für die jeweils letzten Buchstaben der Vornamen aller Gründungsmitglieder: JustiN, ChriS, JoeY, JasoN und JC. Jason Galasso war der Vorgänger von Lance Bass.

Blender und Betrüger

Fortan war Pearlman also ein Popmogul sondergleichen. Er war sich sicher: »Solange Gott weiter kleine Mädchen erschafft, wird es immer Boygroups geben.« Ein Satz, den er gegenüber *Orlando Weekly* und in vielen anderen Interviews gerne sagte. Auch die mehr oder weniger erfolgreichen Karrieren von O-Town, LFO, Natural, US5 und Aaron Carter gehen auf seine Kappe – und sein Konto. 2002 schrieb er mit Wes Smith *Bands, Brands and Billions: My Top 10 Rules for Making Any Business Go Platinum.*[7] Ein Buch, das nicht nur den bei ihm unter Vertrag stehenden Acts im Rückblick einem Schlag ins Gesicht geglichen haben muss: Pearlmans kommerzieller Erfolg kam nicht allein durch das richtige musikalische Trendgespür zustande, sondern durch Betrug in sehr großem Stil. Backstreet Boy Brian Littrell klagte zuerst gegen seinen Entdecker: Der soll sich, wie schon 1998 herauskam, als sechstes Bandmitglied in Millionenhöhe fürstlich ausbezahlt haben, während die Musiker selbst vergleichsweise wenig erhielten. Die Rede ist von 300 000 US-Dollar für ein Jahr – für alle zusammen. Es folgten Klagen von fast allen seiner Bands, doch dies war nur die Spitze des Eisbergs: Pearlman hatte unter anderem ein riesiges sogenanntes Ponzi-Scheme aufgebaut, ein Schneeballsystem, das wir in der Grundschule noch unschuldig

Lou Pearlman (m.) gemeinsam mit der Boygroup O-Town, 2000

Kettenbrief nannten. Sein angeblich wieder florierendes Charter-Unternehmen, für das er Geld von Investoren einsammelte, um andere damit auszubezahlen, existierte in Wahrheit längst nicht mehr: Bei den Fotos seiner Flugzeugflotte soll es sich um nichts weiter als um gut ins Bild gesetzte Miniatur-Modelle gehandelt haben. Auch hier werden unweigerlich Erinnerungen an *The Simpsons* wach, nämlich an den verrückt gewordenen Montgomery Burns, der einst seinen Assistenten Waylon Smithers unter Waffenandrohung dazu zwingen wollte, in ein Holzspielflugzeug zu steigen und damit zum Atomkraftwerk zu fliegen.

2007 wurde Pearlman schließlich auf Bali festgenommen. Seit 2008 saß er in Haft wegen Verschwörung, Geldwäsche und Falschaussagen während eines Insolvenzverfahrens. 2016 starb Pearlman im Alter von 62 Jahren in einem Gefängnis in Miami. Gerüchten, denen zufolge er sich des sexuellen Missbrauchs an vielen der hübschen jungen Männer schuldig gemacht haben soll, konnte auch mangels eindeutiger Aussagen mutmaßlicher Opfer nie juristisch nachgegangen werden. Es sei aber ein offenes Geheimnis gewesen, dass mindestens ein Typ pro Band als

Preis für den Erfolg mit ihm intim werden musste, sagte Pearlmans Assistent Steve Mooney 2007 im Gespräch mit der *Vanity Fair*. Nachzusehen ist Pearlmans Geschichte aus Perspektive der Belastungszeugen unter anderem in der von *NSync-Mitglied Lance Bass produzierten 2019er-Doku *The Boy Band Con: The Lou Pearlman Story*; nachzuhören in zwei Folgen des deutschen Podcasts Skandal Skandal namens »Der Boyband-Betrüger«. Auch abgesehen von den Vorwürfen des sexuellen Missbrauchs: Der tragische Tod des einstigen Kinderstars Aaron Carter, dem jüngeren Bruder von Backstreet Boy Nick Carter, bewies 2022, dass Pearlmans System des Celebrity-Aufbaus nicht nur den Konten seiner Klienten schadete, sondern mitunter auch ihrer mentalen Gesundheit. Ein Thema, über das Ende der 90er und Anfang der 00er Jahre noch viel zu wenig öffentlich gesprochen wurde und das auch bei Britney Spears, teilweise bei Robbie Williams und bis in unsere Pop-Gegenwart hinein etwa bei Avicii fatal ignoriert wurde und wird.

Was geht'n in Schweden?

Happy Nation: In den 90ern etablierte sich Schweden neben dem UK als zweitgrößter europäischer Pop-Player.

Der Erfolg der Cover-EP *Abba-esque* der britischen Synthie-Popper Erasure hatte im Sommer 1992 die anhaltende Popularität der Titanen des 70s-Pop demonstriert. 20 Jahre nach deren Gründung als Björn & Benny, Agnetha & Anni-Frid erschien dann im September *ABBA Gold*. Die ausschließlich mit längst verfügbarem Material bestückte Compilation entwickelte sich schnell zu einem der meistverkauften Alben der Geschichte, mehr als 30 Millionen Stück wurden bisher abgesetzt, und entfachte ein neues ABBA-Fieber. 1999 folgte das Musical *Mamma Mia!* sowie die schwedische Popgruppe A-Teens, die auf ihrem Debütalbum *The ABBA Generation* ausschließlich ihre Idole coverte.

Auf Rang zwei der erfolgreichsten Pop-Exporte Schwedens platzierten sich in den 90ern Roxette, die nach der Eroberung des europäischen Markts mit ihrem zweiten Album *Look Sharp!* Ende der 80er nun auch die USA knacken sollten: Die Singles »It Must Have Been Love« (1990) aus dem *Pretty Woman*-Soundtrack und »Joyride« (1991) erreichten dort sogar Platz 1. Im Jahr darauf gesellten sich Ace of Base auf das Siegertreppchen und wurden dank des Stücks »All That She Wants« zur Nr. 3 der bestverkaufenden Schweden-Acts. Jonas Berggren und Ulf Ekberg, die Masterminds des Quartetts, hatten den Song zuvor basierend auf dem Stück »Another Mother« der Schwedin Kayo geschrieben und dessen Produzenten, Dag Krister Volle alias Denniz Pop, um Hilfe gebeten. Pop hatte zuvor schon Hits wie Dr. Albans »Hello Afrika« produziert und war gerade dabei, die berühmten Cheiron-Studios aufzubauen. Er verpasste Ace of Base ihren typischen Dub-Reggae-Pop-Sound und sollte ihr mehr als 25 Millionen Stück verkaufendes Debütalbum *Happy Nation* co-produzieren. Im Jahr darauf nahm die Glam-Metalband It's Alive ihre zweite Platte bei ihm auf. Vom Songwritingtalent ihres Sängers Karl Martin Sandberg beeindruckt, holte Pop ihn in sein Produktionsteam – und verpasste ihm den Künstlernamen Max Martin. Ihre erste Zusammenarbeit, die Ballade »Wish You Were Here« von Rednex führte im Sommer 1995 sechs Wochen die deutschen Charts an. Die Hitschmiede brachte in der Folge Hits für Acts wie Britney Spears, Robyn, 5ive, die Backstreet Boys und *NSync hervor. Letztere beiden testete man überdies zunächst auf dem deutschen Markt. Erst nach dem dortigen großen Erfolg stellte man die Gruppen in ihrer US-Heimat vor.

Die schwedische Muttersprache der Produzenten sollte bei all dem hilfreich sein: So wurde die Single »It's Gonna Be Me« von *NSync im Meme-Zeitalter zigfach parodiert, da Justin Timberlake in der Titelzeile eben nicht »me«, sondern »may« singt. 2023 anlässlich ihrer Reunion auf den seltsamen

Schlenker angesprochen, gab Timberlake Pop und Martin die Verantwortung. Diese hätten argumentiert, dass »may« schlicht besser im Sinne der Melodie funktioniere. Auch das von Martin für die Backstreet Boys geschriebene »I Want It That Way« wurde zunächst vom Label zurückgewiesen, da der Text »nicht hundertprozentig Sinn ergebe«, wie Bandmitglied Kevin Richardson 2016 dem Portal *Elle.com* sagte. Eine aktualisierte, inhaltlich nachvollziehbare Version wurde dann aber von der Band verschmäht. Man könne diese einfach nicht so gut singen wie die unlogische. Function follows form, sozusagen, auch der Eurodance folgte diesem Leitsatz. Ähnlich wie bei Modern Talking, bei denen es ja auch nie vorrangig um grammatische Korrektheit ging, konnte das Team befreit von den Zwängen des Englischen ganz anders komponieren.

Pop starb 1998 an Magenkrebs, was auch zum Ende der Firma Cheiron führte. Martin belebte das Studio 2001 als Maratone wieder und wurde seither als Mitverfasser und (Co-)Produzent von Megahits wie Taylor Swifts »Shake It Off« und »Blinding Lights« von The Weeknd hinter Lennon/McCartney der Songschreiber mit den meisten Nr.-1-Hits in den USA. Kaum zu glauben, dass das in den 90ern gerade mal neun Millionen Einwohner:innen zählende Schweden damals noch viele weitere Superstars hervorbrachte – zählen wir nur die schräge Army of Lovers (»Crucified«), den Jazz-Rap von Stakka Bo (»Here We Go Again«) oder die Indie-Popper Cardigans auf, deren Single »Lovefool« auf dem Rücken des *Romeo + Julia*-Soundtracks weltweit in die Charts ritt. 80er-Größe Neneh Cherry landete weiterhin große Hits wie das sozialkritische »7 Seconds« mit Youssou N'Dour, ihrem Halbbruder Eagle-Eye Cherry gelang der Radio-Evergreen »Save Tonight«. Dazu kamen Gruppen wie Refused, die mit *The Shape of Punk to Come* 1998 einen Meilenstein des Hardcore-Punks legten. Die Single »New Noise« wurde zur Genrehymne und in den frühen 20er Jahren dank ihres häufigen Einsatzes in der Hitserie *The Bear* einem neuen Publikum vorgestellt. Die Retrorocker The Hives ebneten mit ihrem Debütalbum *Barely Legal* den Weg für das Garagenrock-Revival der ooer Jahre um die sogenannten The-Bands aus den USA, dem UK und Australien wie The Strokes, The Vines und The Libertines, aber auch für ihre Landsmänner Mando Diao, die vor allem im deutschsprachigen Raum größte Hallen füllen würden. Schweden ist in den 90ern zur internationalen Pop-Großmacht aufgestiegen, und spätestens seit ABBA in Hologramm-Form als »ABBAtare« in London Publikumsrekorde brechen – und dies theoretisch bis in alle Ewigkeit fortsetzen können –, ist klar, dass dies keine Trenderscheinung war. Die *Happy Nation* Schweden *won't be fading like a flower, so we say thank you for the music.*

Nehmt das, feiert und singt: »Neeever forget where you've come here from«

Apropos Robbie Williams: Der Mann diesseits des Atlantiks, der auch aus wirtschaftlichen Gründen von den New Kids on the Block angetan war und frühzeitig eine Cash Cow witterte, hieß Nigel Martin-Smith. Der britische Musikmanager castete im Jahr 1989 in Manchester – und damit der Stadt, die musikalisch bis dahin vor allem für den Postpunk von Joy Division, The Smiths, den Buzzcocks und Madchester Raves, aber eben auch für die Bee Gees, Stone Roses und später Oasis berühmt wurde – fünf junge Menschen um den 19-jährigen Songschreiber, Pianisten und Sänger Gary Barlow zusammen. Der 22-jährige Howard Donald jobbte zuvor als Autolackierer und DJ, der 21-jährige Jason Orange trat als Breakdancer bereits im Fernsehen auf, der 18-jährige Fußballer Mark Owen arbeitete als Bankangestellter. Der Jüngste von ihnen hieß Robbie Williams, war 16 Jahre alt und stieß aus der eine Stunde südlich liegenden Stadt Stoke-on-Trent dazu.

Ihr Debüt *Take That & Party* erschien 1992 und schaffte es in den britischen Charts auf Platz 2 und in Deutschland auf Platz 28. Ein Füllhorn aus beliebig wirkenden Schnulzen, Eurodancebeats – in »Satisfied« gibt es sogar einen typisch dürftigen Rap-Part –, frühen Hits wie »Could It Be Magic« (geschrieben von Barry Manilow) und »It Only Takes a Minute« (ein Tavares-Cover) sowie Balladen wie »Why Can't I Wake Up with You«, anhand derer zu hören war, dass diese Band, mindestens aber Gary Barlow, zu Größerem bestimmt sein würde. Allzu wilde Jungs waren sie nicht und wurden mittel- und langfristig auch nie so vermarktet – mit Ausnahme des eigentlich sympathischen Gruppen-Nacktfotos, auf dem die fünf sehr jungen und natürlich nicht untrainierten Männer Genitalbereich und Po mit Schildern grinsend verdeckt hielten. Für einen empörten Hingucker im Kinderzimmer reichte es trotzdem. Es dürfte Robbie Williams' schon früh steigender Beliebtheit geschuldet gewesen sein, dass der Titelsong von *Everything Changes* von ihm gesungen und das Album, das Take Thats großer Durchbruch werden würde, damit eröffnet wurde. Der parallel wachsenden Rivalität zwischen ihm als gesanglich unterlegenem, aber lustigem Strolch sowie Songwriter, Vollblutmusiker und vergleichsweise steifem Leadsänger Gary Barlow, der nie zu dem nächsten Elton John wurde, der womöglich in ihm schlummerte, hat das nicht geholfen. Williams mochte ihn nicht und wollte nahezu rachsüchtig die Karriere machen, die Barlow vorausgesagt wurde. Ihr drittes, bis 2010 letztes gemeinsames und unter Alleinregie von Barlow produziertes Album *Nobody Else* erschien im Mai 1995. Mit der zweiten Single, ihrem bis heute größten Hit »Back for Good« und dessen Musikvideo im Regen, brannten Take That sich derart ins kollektive Popgedächtnis der 90er ein, dass rund drei Jahrzehnte später noch ein Buch danach benannt wird. Der Song schaffte es als einziger in ihrer Karriere sogar in die Top Ten der US-Charts. »Never Forget« wiederum avancierte erst zum Soundtrack von Williams' Ausstieg und dann zum Party-Singalong.

Lifes Thru a Lens

Es war nicht nur der Streit mit Barlow, der eskalierte. Künstlerische Selbstfindungsschwierigkeiten, eine wachsende Vorliebe für Rap und Hip-Hop statt für Popballaden, mediale Dauerpräsenz, ständiges Funktionieren und weibliche Fans, die ihnen auf Schritt und Tritt in Scharen folgten, taten ihr Übriges: Der gerade einmal 21-jährige Williams konnte die Rollen nicht erfüllen, die von ihm erwartet wurden, und flüchtete sich in Drogen. »Ich hasste unsere Musik und am Ende auch mich selbst«, sagte er über diese Zeit. Er trank täglich schon vor Feierabend eine Flasche Wodka, nahm Ecstasy und Kokain, ging in Clubs statt ins Bett und zum Glastonbury-Festival statt zur Bandprobe. Aussprachen verweigerte er. Gary, Howard, Jason und Mark wollten ihm vorschlagen, zum Wohle aller Beteiligten die bevorstehende Tournee, nach der er ohnehin aussteigen wollte, möglicherweise lieber schon jetzt zu viert zu absolvieren. Es soll seine Entscheidung gewesen sein, Take That daraufhin sofort zu verlassen. Verkündet wurde dies zunächst nur indirekt: Als Take That bei einem *Top of the Pops*-Auftritt zu viert erschienen, schien die Sache aber klar zu sein. Williams bestätigte – und warf sich danach erst recht in den Exzess. Selbst beim Fußballspielen mit Liam Gallagher dürfte er kaum nüchtern gewesen sein. Ihre *Nobody Else*-Tour beendeten Take That tatsächlich zu viert und erklärten ihre Auflösung in einer Pressekonferenz am 13. Februar 1996 – Williams' 22. Geburtstag.

Damit, dass Robbie Williams die neben Justin Timberlake erfolgreichste und anhaltendste Solokarriere eines ehemaligen Boygroup-Mitglieds hinlegen würde, war anfangs nicht zu rechnen: Die Verkäufe seiner dritten Single »Lazy Days«, im Grunde ein Britpop-Song, erfüllten nicht die Erwartungen seiner Plattenfirma. Er selbst kokste und soff noch immer, der Titel seines Songs »Old Before I Die« stand zeitweise für eine schwindende Hoffnung. Erst die Veröffentlichung der fünften Single sorgte für einen Durchbruch sondergleichen: Die dramatische Ballade

Take-That-Fans demonstrieren 1995 in Hannover

»Angels« wurde kommerziell und emotional sein größter Hit, bei den Brit-Awards 2005 zum besten Song der vergangenen 25 Jahre gekürt und gewinnt bis heute regelmäßig Umfragen darüber, welches Lied Brit:innen am liebsten auf ihrer Beerdigung gespielt haben wollen. Im kollektiven Popgedächtnis ist »Angels« ebenso fest verankert wie Take Thats »Back for Good«. Bevor sich ihre Wege trennten, nahm Williams mit Songschreiber, Produzent und Buddy Guy Chambers vier weitere Platten auf und erreichte zeitweise das, was ihm mit Take That verwehrt blieb: Er sang die Songs, die er wollte, und wurde dafür sogar ernstgenommen. Im Vereinigten Königreich nahm er für eine jüngere Generation zumindest teilweise den Platz als *charming* Entertainer ein, der für die Elterngeneration noch mit George Michael besetzt war. 2010 raufte Williams sich für ihr sechstes Album *Progress* – 2006 hatte seine Ex-Band ohne ihn das Reunion-Album *Beautiful World* und zwei Jahre darauf *The Circus* herausgebracht – wieder mit Take That im Allgemeinen und offensichtlich Gary Barlow im Besonderen zusammen. Seitdem machen Barlow, Mark Owen und Howard Donald als Trio wei-

Caught in the Act 1996 beim Schülerferienfest in Saarbrücken

ter – Jason Orange ist seit 2014 auf eigenen Wunsch aus dem Licht der Öffentlichkeit verschwunden.

Die größte europäische Boygroup der 90er wurde mit Williams' Ausstieg vorerst Geschichte. Für andere markierte dies den Anfang. So wie die Backstreet Boys und *NSync eine Reißbrettkopie der New Kids on the Block waren, zogen sie und Take That wiederum eine Welle von weiteren Nachahmern nach sich. Da waren zum Beispiel Caught in the Act aus den Niederlanden (»Love Is Everywhere«), die in Deutschland durch Gastauftritte in der RTL-Daily-Soap *Gute Zeiten, schlechte Zeiten* berühmt wurden, die schnulzigen Boyzone aus Irland (»No Matter What«, »Father & Son«), deren Sänger Ronan Keating auch Westlife (»Uptown Girl«) protegierte, Worlds Apart, deren Co-Sänger Nathan Moore im England der 80er bereits Erfolge mit Brother Beyond feierte, 5ive (»Slam Dunk (Da Funk)«) und East 17 (»House of Love«, »It's Alright«, »Stay Another Day«), die mit ihren Baggy-Pants, Daunenjacken und Caps in England schon 1993 als ruppigere Rivalen zu Take That, als Straßenköter, inklusive Rap-Parts und The-KLF-Verweisen, zeitweise sehr erfolgreich ins Rennen geschickt wurden.

Das System Boygroup war nun in noch prägenderer Weise etabliert, als im Eurodance nach Snap! und Culture Beat diverse Acts die Ma-ra-Fra-si-Formel adaptierten. Ihre Zusammenstellungen folgten stets einer bestimmten, klassischen Typologie von manchmal austauschbaren Pseudo-Individuen, die immer dann Probleme kriegten, wenn sie mehr als Marionetten sein wollten: Es gab den Songwriter, den Spaßvogel, den Coolen, das Babyface, den eventuell Schwulen und den, dessen Name immer vergessen wird. Sie trugen Poposcheitel-Topfschnitt und in den Musikvideos gerne offene Hemden und Sixpacks im Windkanal, während sie Liebeslieder singend die Hand zur Faust ballten, dazu sehnsüchtig bis prophetisch gen Horizont blickten. Die Parodierbarkeit sprach immerhin für einen Wiedererkennungswert. Sixpackträger Peter André (»Mysterious Girl«) war, obwohl ein Soloact, eigentlich der Inbegriff eines Boygroup-Mitglieds in den 90ern.

Das von Pearlman etablierte Erfolgsprinzip hatte bloß einen Haken. Es würde maximal die halbe Wahrheit sein, weil es in seiner Kalkulation übersah, dass ihm der Feminismus und ein gesellschaftlicher Wandel in die Quere kommen könnte: Was, wenn den Mädchen jemand sagt, dass sie gar keine Jungs anhimmeln müssen? Was, wenn sie sich im Laufe ihrer Pubertät zunehmend lieber mit selbstbewussten Frauen identifizieren wollen? Und damit herzlich Willkommen zur Geburtsstunde der Spice Girls.

»If you wanna be my lover, you gotta get with my friends«

1994 machten sich Vater und Sohn Bob und Chris Herbert mit ihrer Firma Heart Management via Casting in London auf die Suche nach »five strikingly different girls«, um einen weiblichen

Gegenentwurf zu den damals dominierenden Boygroups zu erschaffen. Es sollte ihnen gelingen, wenngleich nicht zu ihrem eigenen Vorteil: Touch, wie die Spice Girls in ihren Anfangstagen hießen, waren mit vielen für sie geschriebenen Songs, ihrem mangelnden Mitspracherecht und der anvisierten sehr jungen Zielgruppe unzufrieden. Im März 1995 trennten sie sich von Heart Management, stahlen bereits aufgenommene Mastertapes, schrieben weitere Songs mit Eliot Kennedy (Lulu, Take That), nahmen ein Demo auf – und fanden damit zu ihrem seitdem als Schöpfer angesehenen Simon Fuller. Ihn den Dieter Bohlen des Vereinigten Königreichs zu nennen, wäre eine Untertreibung und eine Beleidigung zugleich. Fuller war damals schon millionenschwerer Musikmanager, Produzent und Investor. Er würde später S Club 7 und mit *Pop Idol* die britische Originalvorlage von *Deutschland sucht den Superstar* erfinden, Annie Lennox, Steven Tyler, Amy Winehouse und die Beckhams managen und von *Time* zu einem der 100 einflussreichsten Menschen der Welt gewählt werden. Er machte aus den Spice Girls nicht nur die seither kommerziell erfolgreichste Girlgroup, sondern auch die fünf berühmtesten weiblichen Popikonen der 90er.

Schon mit ihren Künstlernamen wurden Emma Bunton, Victoria Adams, Geri Halliwell, Melanie Chisholm und Melanie Brown zu ihren eigenen Actionfiguren. Der *Rolling Stone*-Journalist und Spice-Girls-Biograph David Sinclair befand einst: »Scary Spice, Baby Spice, Ginger Spice, Posh Spice und Sporty Spice waren die weltweit anerkannteste Gruppe von Individuen seit John, Paul, George und Ringo.«[8] Und es stimmt: Das unter Casting-Acts oft nur vorgeheuchelte Versprechen, man habe es hier mit echten Persönlichkeiten zu tun, entsprach bei den Spice Girls doch eher der Wahrheit als bei vielen Boygroup-Wellenreitern vor ihnen. Ihre Karriere war so kurz wie knallig: Ihre Debütsingle »Wannabe«, als Hymne auf die Freundinnen und den Feminismus eine Art Themesong der Band, erschien am 26. Juni 1996. In ihrem Musikvideo crashten die Spice Girls eine Party, trugen keine BHs unter ihren Tanktops und verhehlten darin weder Klassismus, als sie sich über Obdachlose lustig machen, noch den eigenen Patriotismus, der ihnen zum derart durchschlagenden Erfolg verhalf: Sie erreichte als eine der meistverkauften Debütsingles aller Zeiten im UK, in Deutschland und in 35 anderen Ländern Platz 1 der Charts. Ihr im November folgendes Debütalbum *Spice* wurde das meistverkaufte Album einer ausschließlich aus Frauen bestehenden Band in der Geschichte der Popmusik. Ihre letzte wichtige Single erschien im Dezember 1998 und hieß passenderweise »Goodbye«, danach galten sie als abgeschrieben, nach ihrem dritten und bis heute letzten Album *Forever* legten die Spice Girls im Dezember 2000 »eine Pause auf unbestimmte Zeit« ein, um sich ihren Solokarrieren zu widmen. Aber die Zwischenzeit hatte es in sich.

Selbst wenn Viva-Moderatorin Heike Makatsch schon drei Jahre zuvor »Girl Power« proklamierte und sich den Bauchnabel piercen ließ: Der Segen der Spice Girls war nicht nur der, zur richtigen Zeit mit der richtigen Botschaft aufzukreuzen, sondern, anders als zum Beispiel die (kommerziell langfristig noch erfolgreicheren) Backstreet Boys und anders als damals viele andere weibliche Acts, auch von der Kritik (und den oft männlichen Kritikern) abgefeiert zu werden. Als Reaktion auf ihr erstes Interview etwa schrieb die britische *Music Week* 1996:

> Gerade jetzt, wo Jungs mit Gitarren das Popleben zu beherrschen drohen – Damon ist auf jeder Seite von *Smash Hits* zu sehen, Ash sind groß in *Big!* und Liam kann sich vor lauter Klatsch und Tratsch nicht mehr rühren – ist eine reine Mädchen-Popgruppe aufgetaucht, die so frech ist, dass sie die Rocker-Blase platzen lassen könnte.

Die 90er waren auch das Jahrzehnt der Celebrity-Kultur. Das berühmteste Spice Girl in dieser Zeit wurde Victoria Adams, nachdem sie 1999 den britischen Fußball-Star David Beckham heiratete und »die Beckhams« sich als berühmtestes Promi-Paar fortan selbst vermarkteten. Als Geri Halliwell 1998 die Band verließ, wurde diese Nachricht sogar auf den Bühnen bei *Rock im Park* durchgesagt. Für Schlagzeilen sorgte sie auch zwei Jahre später, als sie Robbie Williams datete, ihr Solodebüt *Schizophonic* erreichte 1999 weniger Menschen. Die erfolgreichste (musikalische) Solokarriere legte mit Abstand Mel C hin. Die Spice Girls fanden 2007 für eine große *Return of the Spice Girls*-Tour durch Europa und Nordamerika zusammen, danach aus verschiedenen Anlässen immer wieder mal ohne Victoria Beckham. Schade, dass sich nach diversen Comeback-Ankündigungen oder One-off-Events niemand mehr so recht für ihren Status interessierte. Ihre Legacy ist trotzdem ungebrochen. Die britische Post Royal Mail widmete ihnen Anfang 2024 eine eigene Briefmarkenauswahl. Musikjournalistin Annett Scheffel war zehn Jahre jung, als »Wannabe« erschien, und auf der Stelle Fan. Im Interview erklärt sie uns den bahnbrechenden Erfolg der Spice Girls wie folgt:

> Sie haben es geschafft, Feminismus eine Slogan-hafte Verpackung zu verpassen. Der Kern der Message war stets da und dabei einfach zu verdauen: Deine Freundinnen sind wichtig! Lass Dir von Typen nix gefallen! All das war drin, bloß nicht von Ideologien geprägt. Das passte gut zum Pop und jungen Menschen.

»Ich find dich sch-sch-sch-sch-sch-scheiße«

Die wohl erste, definitiv aber legendärste Girlgroup in Deutschland hieß Tic Tac Toe. Jazzy, Lee und Ricky traten im November 1995 und damit Monate vor den Spice Girls mit ihrer Platin-Debütsingle »Ich find dich scheiße« auf die Bildschirme und in die Schlagzeilen. Dass ein zu dieser Zeit unmöglicher Titel wie dieser nicht ihr letzter »Skandal« sein würde, ahnte damals noch niemand. Mit nur zwei Alben und weiteren Singles namens »Verpiss dich«, »Leck mich am A, B, Zeh« und »Ich wär so gern so blöd wie du« verkauften sie über fünf Millionen Tonträger. Kein Teenie-Magazin, kein Radiosender, kein Viva, keine Klatschpresse kam um sie herum – bis sie nur zwei Jahre nach ihrem Durchbruch ihre Karriere nicht ganz freiwillig selbst beendeten und in zweifacher Hinsicht in die Annalen der deutschen Popgeschichte eingingen.

Der Gründungsmythos von Tic Tac Toe ist bis heute nicht final geklärt. Ihre eigene Geschichte ist mittlerweile die, dass sie sich auf Hip-Hop-Jams im Ruhrgebiet kennenlernten, Erfinderin und Managerin Claudia Wohlfromm sie vom Fleck weg von der Straße ins Studio holte und dort mit ihnen sowie ihrem damaligen Mann, dem Produzenten Torsten Börger, Songs schrieb. Andere Stimmen behaupten, es habe ausgiebige Castings gegeben. Auch bei den Altersangaben soll geschummelt worden sein. Ihr Alleinstellungsmerkmal blieb in jedem Fall unberührt: Sehr junge Frauen, die austeilen und von Sex rappen, hatte es bis dahin in dieser Form in Deutschland nicht gegeben. Von der Presse ernstgenommen wurden sie nie. Im Rückblick aber waren Tic Tac Toe nichts weniger als feministische Vorreiterinnen, die anderen weiblichen Rap-Acts den Weg ebneten. Musikjournalistin Julia Lorenz argumentiert im Interview mit uns:

> Bei SXTN waren 2014 alle total baff, dass es sich plötzlich zwei Frauen, zumal *people of colour*, rausnehmen, so zu pöbeln, wie es sonst nur Männer taten. Sie behandelten Fragen zur Selbstbestimmung und waren dabei durchaus selbst sexistisch. Tic Tac Toes Umfeld war zwar ein ganz anderes, sie leisteten in der Hinsicht trotzdem Pionierarbeit. Sie waren eine für ihre Zeit irre Band, sangen über Sex, Verhütung und auch Selbstbestimmung.

Warum sie als feministische Role-Models trotzdem nicht geeignet waren? »Sie traten aus und stellten sich nie in eine derartige Tradition. Sie kämpften für ein Frauenrecht auf schlechtes Benehmen. Ohne Zweck und feministischen Auftrag. Das erscheint mir im Rückblick extrem fortschrittlich und einflussreich«, schreibt Lorenz 2020 im *Musikexpress*.

Tatsächlich wurde der feministische Impact anders als bei den Spice Girls nicht nur von der Öffentlichkeit verkannt. Auch der Band war das egal. Im Interview, das wir mit Marlene »Jazzy« Tackenberg geführt haben, sagte sie:

> Ich habe mir niemals einen Gedanken um Feminismus gemacht oder machen müssen. Feministinnen waren für mich nicht rasiert und hatten Holzschuhe an. Damals wurden wir belächelt. Erst heute werden wir öfter darauf angesprochen. Mittlerweile weiß ich, dass wir auch deshalb großen Erfolg hatten, weil wir drei Frauen mit einer anderen Hautfarbe als die der meisten anderen Deutschen waren.

Nachdem die *Bild*-Zeitung und andere Boulevardmedien sich nach dem Suizid ihres Ehemanns auf das Privatleben von Liane »Lee« Wiegelmann stürzten, ihr die Schuld am Tod zuschrieben und herausgefunden haben wollten, dass sie einst als Prostituierte gearbeitet haben soll, um ihre Drogensucht zu finanzieren, war das absehbare Aus von Tic Tac Toe eine Frage der Zeit. Am 21. November 1997 gaben Tic Tac Toe in München eine Pressekonferenz, die eigentlich die zuvor ins Wanken geratene Einigkeit der Band beweisen sollte. Stattdessen wurde darin vor laufenden Kameras ein Streit unter Tränen ausgetragen, der das Ende ihrer steilen Karriere besiegeln und für geschichtsträchtige Dialoge sorgen sollte. »Wenn wir wirklich Freunde wären, dann würdest du so 'n Scheiß überhaupt nicht machen! Du machst alles kaputt!«, schrie Lee Ricky zu. Ihre Antwort: »Jetzt kommen wieder die Tränen auf Knopfdruck. Das kennen wir schon.« Ein PR-Stunt? Im Gegenteil, sagte Tackenberg 23 Jahre später:

> Wir haben damit alles an die Wand gefahren. Woran man aber auch sah, dass Tic Tac Toe nie so konstruiert waren, wie sich das manche vorgestellt haben. Die PK war nicht inszeniert,

mit so einer Aktion verkauft man keine Platten. Wer würde sich so einen Schwachsinn überhaupt ausdenken?

Ricarda »Ricky« Wältken verließ danach die Gruppe. Sara Brahms ersetzte sie und brachte mit Jazzy und Lee im Jahr 2000 das gefloppte Album *Ist der Ruf erst ruiniert*... heraus. Tic Tac Toes Plattenvertrag wurde nicht erneuert, die Girlgroup löste sich auf. Trotz oder wegen eines gescheiterten Comeback-Versuchs – 2006 brachten sie unter der Management-Fuchtel der Hamburger »Kiezgröße« Kalle Schwensen ihr bis heute letztes Album *Comeback* heraus – schließt Jazzy eine weitere, echte Reunion nicht aus: »Das letzte Kapitel des Buches ist noch nicht zu Ende geschrieben. Wir haben es irgendwann zugeklappt. Es fühlt sich aber nicht fertig an.« Sie relativiert: »Das heißt nicht, dass wir unbedingt wieder auf die Bühne müssen. Wir fünf, also Lee, Ricky, Claudia, Torsten und ich, sollten uns eines Tages wieder an einen Tisch setzen. Wer weiß, was dann passiert.« Die Wahrscheinlichkeit ist gering: Lee hat sich aus der Öffentlichkeit zurückgezogen. Nicht mal Ricky und Jazzy kennen ihren Verbleib.

Kinderstars Kelly Family

Eine in Deutschland ansässige Band, die einerseits nicht in das Casting-, Typen- und Geschlechterschema von Boy- oder Girlgroups hineinpasste, deren Fans dem Kreischfaktor der Beatles-, Take-That- oder Backstreet-Boys-Anhänger:innen aber in nichts nachstanden, hieß The Kelly Family, eine – Achtung, steile These – irisch-deutsche Version der Jackson Five. Bei beiden gab es den lenkenden Patriarchen, viele mitsingende Verwandte, Kinderarbeit – und zeitweise einen gigantischen Erfolg. Seit 1978 tourten die Vorfahren der Kelly Family, wie wir sie kennen, musizierend durch die Lande. Ihr kommerzieller Durchbruch geschah 1994 in Deutschland mit ihrem achten Album *Over the*

Hump. Zuvor berichtete die *Bravo* über diese so unkonventionelle Bande, die seit Jahren jeden Dorfplatz dieses Landes bespielte und dies auch weiterhin tun würde. Die Platte verkaufte sich schon aus dem Kofferraum ihres Doppeldecker-Busses heraus derart gut, dass die Geschwister nach ersten Auftritten bei der *Bravo Super Show* in Eigenregie die Dortmunder Westfalenhalle buchten – und sie zweimal hintereinander ausverkauften. Die vom 15-jährigen Paddy Kelly geschriebene Single »An Angel« machte den 12-jährigen mitsingenden Angelo Kelly bis zu seinem Stimmbruch zu Deutschlands neuem Goldkehlchen, zu einem Kinderstar, einem blondgelockten Weihnachtsengel auf Erden. Wegen der hohen Chartplatzierungen sah sich auch Viva genötigt, das zugehörige Video in die Rotation zu nehmen, was den Erfolg des Liedes, des Albums und den Aufstieg von Teilen der Band zu Teenie-Stars umso mehr befeuerte.

Klassische Identifikationsfiguren gab es in dieser Kommune eigentlich gar nicht: Paddy war der Mädchenschwarm, Angelo noch ein Kind. Maite entsprach nicht den gängigen Frauenbildern, wohl gerade deshalb fühlten viele andere Mädchen eine Verbundenheit. Mehr noch als bei Boygroups herrschte dort immenses Parodiepotential: Diese ungewaschenen Hippies! Sie wohnen auf einem Hausboot und gehen dank Homeschooling nicht zur Schule! Auch dort erfuhren wir im Nachhinein, dass nicht alles Friede, Freude, Eierkuchen war. Vater Daniel Kelly soll die Familie mit harter Hand geführt und den Kindern gezielt staatliche Schulbildung verwehrt haben, damit sie keine Alternative dazu hätten, das musikalische Familienunternehmen fortzuführen. Nach seinem Tod im Jahr 2002 mit 71 Jahren, unter anderem als Folge seiner Alkoholsucht, haben einige Geschwister Dan Kellys Autorität und seine Reglementierungen bestätigt. In anderer Konstellation ist The Kelly Family seit 2016 wieder unterwegs. Maite und Paddy (als Michael Patrick Kelly) haben sich als Solokünstler:innen etabliert.

Von NKOTBSB über BTS bis Bro'Zone

Die meisten Boygroups, die nicht nach, sondern aus Deutschland kamen, sind kaum mehr als eine Fußnote wert. Selbst aus Bed & Breakfast, der erfolgreichsten ihres Landes, ging kaum mehr als die Moderatorenkarriere von Daniel Aminati hervor. Viva-Moderator Mola Adebisi hat mal einen Song mit ihnen (und einen anderen mit Sqeezer) aufgenommen. Der spätere Solo-Deutschpopstar Adel Tawil war Teil von The Boyz, und da Dieter Bohlen dort nicht fehlen darf, wo Geld zu holen ist, versuchte er es als Produzent mit Touché. Entgegen der landläufigen Meinung waren Echt übrigens nie eine Boygroup, sondern eine Schülerband mit echten Instrumenten und ohne Choreographien. Ihre Fans kreischten bloß genauso laut. »Mir tat abends der Arsch weh, weil mir so viele Mädchen da rein kniffen«, sagt Sänger Kim Frank 2023 im Podcast *Hotel Matze* über diese Zeit: »Wir haben nur zufällig reingepasst in dieses Boygroup-Schema. Wir dachten, unsere Frisuren und Klamotten waren cool. Aber waren sie gar nicht.«

Und heute? Machen viele der damaligen internationalen Gruppen weiterhin ihr Ding. Die New Kids on the Block fusionierten sich und ihre Fans 2010 generationsübergreifend mit denen der Backstreet Boys unter dem Supergroup-Akronym NKOTBSB. Am 20. April 2023 feierten die Backstreet Boys selbst ihr 30-jähriges Bandjubiläum, ihre DNA-Welttour endete einen Monat später nach vier Jahren, 218 Shows und über drei Millionen verkauften Tickets in 44 Ländern. Take That brachten im November 2023 als Trio ihr neuntes Album *This Life* heraus, mit dem sie, fast wie früher, in Thomas Gottschalks finaler *Wetten, dass..?*-Sendung auftraten und in England auf Platz 1 charteten. Worlds Apart lassen sich von Fans in verschiedenen Konstellationen für Weihnachtsfeiern buchen, bezahlte Abende voller Nostalgie und Ringelpiez mit Anfassen sind mittlerweile nicht mehr als ihr Hobby. Ronan Keating saß bei *The Voice of Germany* 2023 als Coach in der Jury und scherzte an der Seite von Ex-

Bro'Sis-Mitglied und Schlagersänger Giovanni Zarella, Shirin David und Bill und Tom Kaulitz, dass die Kids ihn als Sänger eh nicht mehr kennen. Auch Caught-in-the-Act-Mitglied Eloy de Jong hat auf deutschen Schlager umgesattelt, während Jay Khan (US 5) und Marc Terenzi (Natural) sich nicht entblödeten, unter dem Bandnamen Team5ünf fremdsprachige Boygroup-Hits einzudeutschen. Die wunderlichsten Blüten trieb das Casting-Phänomen der 90er in Deutschland in den 00er Jahren: Aus der ersten Staffel *Popstars* ging 2000 mit den No Angels die erfolgreichste Girlgroup Kontinentaleuropas hervor, mit Bro'Sis, Monrose, Overground und den Preluders folgten in weiteren Staffeln weitere Acts, bei denen man sich zumindest noch an die Namen erinnern kann. Auch der Erfolg von *Deutschland sucht den Superstar* wäre ohne Simon Fullers britische *Pop Idol*-Vorlage nicht möglich gewesen.

Der Einfluss des Girl- und Boygroup-Genres, das ja stets viel mehr ein personelles und konzeptuelles als ein musikalisches war, ist bis heute ungebrochen – und Take That, die Spice Girls oder die Backstreet Boys entgegen der landläufigen Wahrnehmung nicht mehr die erfolgreichsten Vertreter:innen. Die südkoreanische Sensation BTS gründete sich, nein, wurde 2010 gegründet und streicht, anfangs noch unterhalb des westlichen Popradars, seitdem einen Weltrekord und Musikpreis nach dem anderen ein. In der Liste der *Bestselling boygroups of all time* tauchen sie bloß deshalb nicht auf, weil heutzutage weniger Menschen physisch oder digital Alben kaufen. Mit 44 Millionen abgesetzten Einheiten stünden sie aber dennoch auf Platz 11. Rechnete man ihre Streaming-Zahlen um, glichen die einem Absatz von 105 Millionen verkauften Platten. Damit stünden sie aktuell auf Platz 3 nach den Backstreet Boys und Jackson Five – wohlgemerkt mit einem bisherigen Aktionszeitraum von nur zehn Jahren. K-Pop, also koreanische Popmusik, mutierte auch über BTS hinaus zu einer Fabrik sondergleichen, deren grundsätzliche Geschäftsidee in den 90ern beheimatet ist und auf den Visionen von Lou Pearlman basiert. Turbokapitalistische und entpersonalisierte Acts wie Stray Kids und Blackpink sind völlig vom künstlerischen Ausdruck entkoppelt. Die zahlreichen Mitglieder existieren, um möglichst viele Fans anzusprechen, Merch zu verkaufen und bis über den Rand der Erschöpfung hinaus zu funktionieren.

Wegen der unter anderem von den sozialen Medien ausgelösten Gleichzeitigkeit der Hypes, Trends, Genres und Quellen fällt es klassischen Boy- oder Girlgroups und ihren Strippenzieher:innen heutzutage schwerer, Teenies ein ähnlich hohes Identifikationspotential wie in den 90ern zu bieten. In der westlichen Popwelt gelang das zuletzt am eindrucksvollsten der britischen Boygroup One Direction, die 2010 in der Castingshow *The X Factor* zusammenfand, sich Social Media zu eigen machte, in fünf Jahren bis zu ihrer Trennung fünf Alben veröffentlichte, von denen sie über 70 Millionen Exemplare verkaufte. Ex-Mitglied Harry Styles legte danach eine Solokarriere hin, die mit der von Robbie Williams 20 Jahre vorher vergleichbar ist. Und wie es so ist mit der Nostalgie, kommen nicht nur Musikjournalisten wie wir, sondern auch Hollywood auf die Idee, die heute über 35-Jährigen, die in den 90ern ihre Kindheit und Jugend verbrachten, zusammen mit ihren Kindern abzuholen: In *Trolls 3 – Gemeinsam stark*, einem 2023 veröffentlichten Animationsfilm aus dem Hause Dreamworks, in dem die aus den 90ern bekannten Spielfiguren mit den bunten Zauselhaaren die Hauptrollen spielen, geht es um eine Boygroup, die einstmals sehr erfolgreich war und heute wieder zusammenfinden muss, um eines ihrer ehemaligen Mitglieder zu retten. Bro'Zone heißt sie in dem Film in Anlehnung an die moldauische Boygroup O-Zone, Justin Timberlake leiht Hauptfigur Branch im englischen Original seine Stimme, im Finale treffen sie alle auf die Boygroup Kismet, hinter der wiederum *NSync stecken, die für den Soundtrack mit »Better Place« ihr erstes neues Lied seit 22 Jahren aufgenommen haben. Was man so für die Kids, das eigene Konto und die Nostalgie eben tun kann.

15 Girl- und Boygroup-Hits, bei denen besonders laut mitgesungen wurde

1. Take That: »Never Forget« (1995)
2. Spice Girls: »Wannabe« (1996)
3. New Kids on the Block: »Step by Step« (1990)
4. Backstreet Boys: »Everybody« (1997)
5. *NSync: »Tearin' Up My Heart« (1997)
6. East 17: »It's Alright« (1993)
7. Caught in the Act: »Love Is Everywhere« (1995)
8. Worlds Apart: »Everlasting Love« (1993)
9. All Saints: »Never Ever« (1997)
10. TLC: »No Scrubs« (1999)
11. Tic Tac Toe: »Ich find dich scheiße« (1995)
12. Boyz II Men: »End of the Road« (1992)
13. Destiny's Child: »Say My Name« (1999)
14. B*Witched: C'est la Vie (1998)
15. En Vogue: »Don't Let Go« (1996)

»Mit Menschlichkeit hat das Geschäftsmodell Boygroup noch immer wenig zu tun«: Interview mit Eloy de Jong (Caught in the Act)

Eloy de Jong war in den 90ern in Deutschland eines der bekanntesten Boygroup-Gesichter: 1992 stieg er nach einem Casting in den Niederlanden bei Caught in the Act ein. Nach Auftritten in der RTL-Soap Gute Zeiten, schlechte Zeiten *wurde ihre Single »Love Is Everywhere« in Deutschland ein Hit. 1998 löste ihr Manager die Gruppe auf, nachdem Benjamin Boyce unter anderem wegen seiner Beziehung zu Viva-Moderatorin Aleksandra Bechtel ausgestiegen war und die verbliebenen Mitglieder sich auf keinen Ersatz einlassen wollten. 2016 folgte ein Live-Comeback ohne Boyce. 2019 sang de Jong mit »Egal was andere sagen« eine deutsche Version von Boyzones »No Matter What« bei Florian Silbereisen und hat* sich seitdem als Schlagersänger etabliert, 2020 veröffentlichte er seine gleichnamige Autobiographie[9]. De Jong lebt mit seinem Partner und der gemeinsamen Tochter in Utrecht und hat ein Haus in der Eifel. Ein Gespräch über das System Boygroup, Homosexualität als Hindernis und den Welterfolg der Backstreet Boys.

Welche Erinnerung an die 90er kommt zuerst bei dir auf?

Zuerst denke ich an die *Bravo*. Sie war der Spiegel der 90er. Die Ära war geprägt von Boy- und Girlbands, die Teenie-Magazine voll davon. Es ging um Fashion, Sexualität, Popmusik und Hobbys.

Zwischen 1995 und 1997 waren Caught in the Act 23-mal auf ihrem Cover zu sehen.

Es hieß: Wir können erst über euch berichten, wenn ihr einen Hit habt. Wir brauchten das Magazin, weil Caught in the Act in Holland nicht gut funktionierten. Erst als wir in *Gute Zeiten, schlechte Zeiten* auftraten, glaubte auch die *Bravo* an uns. Dieser Moment brachte uns weit. Sie war für uns das, was heute TikTok und Instagram sind.

Gab es ein ganz konkretes Highlight aus der dann folgenden Zeit?

Wenn du einmal in der Boyband-Achterbahn sitzt, erlebst und genießt du den Moment nicht mehr. Du hetzt von Termin zu Termin, hast null Privatsphäre. Eine *Bravo*-Reporterin begleitete uns rund um die Uhr und um die Welt. So wichtig waren umgekehrt auch Acts für das Magazin. Unser erster Auftritt bei der *Bravo Super Show* war direkt ein Höhepunkt: DJ Bobo moderierte uns als vier Jungs aus Holland an, und 30 000 Mädels fingen an zu schreien. Wir dachten bloß: What the fuck, wir sind jetzt Stars! Danach folgten weitere Höhepunkte.

Und ein Lowlight?

Dass ich schwul bin, war damals ein großes Geheimnis. Damit

konnte ich gerade in meinem jungen Alter nicht umgehen. Ich dachte: Wenn ich diesen Boyband-Typ spiele, bin ich erfolgreich. Aber wenn die Leute wirklich erfahren, wie ich als Mensch ticke, ist dann alles vorbei?

Zumal man Boygroup-Mitgliedern nachsagte, sie müssen funktionieren wie Marionetten.
Mein altmodischer Manager machte seinen Job perfekt, konnte als Mensch aber noch viel lernen. Er entschied, welche Frisuren wir trugen und ob wir uns rasierten. Wir waren ein Geschäft. Ich genoss zwar unsere Musik und die Auftritte. Aber alles, was ich zum Beispiel der *Bravo* erzählte, war nicht Teil meiner Geschichte, dass ich eigentlich auf Männer stehe. Dank Social Media findet man heute leichter eigene Identifikationsfiguren. Ich hatte keine. Ich wurde in der Schule gemobbt. Mein Vater hat Schwule gehasst. Dann wurde ich berühmt und durfte immer noch nicht sagen, wie ich mich wirklich fühle. Mein Selbstbewusstsein habe ich jahrelang daran gemessen, wie viel Erfolg wir hatten, wie viel Geld ich verdiente. Als das vorbei war, musste ich lernen, ein Mensch zu werden. Ich brauchte viele Jahre, um auch ohne diesen Erfolg, Hits und Coverstorys zu wissen: Ich darf da sein.

Es herrschte auch eine Oberflächlichkeit vor. Fans bejubelten Boygroup-Mitglieder zuerst für ihr Aussehen.
Die *Bravo* fragte durchaus auch nach zum Beispiel meinen Lieblingsfilmen. Es ging nicht nur ums Aussehen, damit würde man die damaligen Fans unterschätzen. Oft hörten wir, dass wir bestimmt viele Groupies gehabt hätten. So waren wir nicht drauf, zumindest aber ich nicht. Wir waren eher die perfekten Nachbarsjungs oder Schulkumpel. Boy- und Girlgroups werden so lange geliebt, bis ihre Fans selbst die erste Freundin oder den ersten Freund haben. Eine Safezone, bevor das echte Liebesleben anfängt.

Was motivierte deinen späteren Partner Stephen Gately

von Boyzone und dich, gemeinsam als Paar an die Öffentlichkeit zu gehen?
Er hatte die gleiche Vergangenheit wie ich. Eines Tages erpresste uns jemand damit, unsere geheime Liebe öffentlich zu machen und an eine britische Zeitung zu verkaufen. Ja, wir waren zusammen, planten eine gemeinsame Zukunft und waren dabei zwei normale Leute. Wir entschieden uns deshalb dafür, unsere Geschichte lieber selbst und ohne Geld dafür zu kriegen zu erzählen.

Damit habt ihr Pionierarbeit geleistet.
Ja, wir waren die Ersten. Es ist trotzdem zu einfach, zu sagen, dass Homosexualität danach kein Tabu mehr gewesen wäre. Es gibt immer noch irgendwo Eltern, die Schwierigkeiten damit haben, wenn es um ihre Kinder geht. Es gibt noch immer Männer, die Angst haben, im Büro zu erzählen, dass sie auf Männer stehen. Die Zeiten haben sich geändert. Sie können sich aber jederzeit wieder in eine andere Richtung ändern.

Backstreet-Boys-Erfinder Lou Pearlman sagte mal: »Solange Gott kleine Mädchen erschafft, wird es Boygroups geben.« Zumindest dieses Geschäftsmodell war mit schwulen Mitgliedern plötzlich in Gefahr.
Damals kauften junge Mädchen die *Bravo*, Merchandise, T-Shirts, Kaffeetassen und Bettwäsche mit unseren Gesichtern drauf. Boy- und Girlgroups waren und sind ein Business. In Korea kopieren sie mit K-Pop heute, was wir in den 90ern vormachten. Auch dort existieren so viele psychische Probleme unter Mädchen und Jungs, die erfolgreich, aber unglücklich sind. Mit Menschlichkeit hat so ein Geschäftsmodell meist noch immer wenig zu tun.

Die Backstreet Boys tourten zu Beginn in eurem Vorprogramm. Wurmte es nicht, dass sie euch kommerziell bald in Lichtgeschwindigkeit überholten?

Wir waren ebenso ambitioniert. Aber die Backstreet Boys haben einfach alles perfekt gemacht. Wir hatten ganz schöne Songs. Aber ihre Musik war viel besser. Bei ihnen kamen die unterschiedlich gecasteten Typen noch stärker zum Vorschein. Der süße Blonde. Der Bad Boy. Sie waren die perfekte Boyband, so wie die Spice Girls die perfekte Girlband waren.

Hätte es ohne Gruppen wie Caught in the Act all die Castingshow-Formate in den 00ern geben können?
Caught in the Act waren eine Castingshow *avant la lettre*. Es gab Auditions, Enttäuschungen und Jungs, die gut aussahen, aber nicht singen konnten. Der Prozess, den wir bei *Idols* oder *Deutschland sucht den Superstar* mitverfolgten, war der gleiche, den wir durchlebt hatten. Er wurde lediglich nicht gezeigt. Zu zeigen, wie es funktioniert, hat funktioniert. Die meisten Bands, die aus Castingshows hervorgingen, waren sofort ganz oben – und ganz schnell auch wieder weg. Ihre Karriere ist wie eine Dose Cola: Jemand trinkt sie aus und wirft sie danach weg. Dass es unter Ex-Casting-Band-Mitgliedern und Teenie-Stars so viele depressive Menschen gibt, kann ich zu 100 Prozent nachvollziehen. Das macht viele kaputt.

Heute bist du Schlagersänger. Siehst du Gemeinsamkeiten mit deiner damaligen Musik?
Die Produktionen meiner Alben könnten auch Boyband-Produktionen der 90er sein. Aber die Texte sind echter. Wenn ich über Liebe singe, wissen die Menschen, dass meine Geschichte dazu von einem Mann handelt. Wichtig ist, dass sie sich trotzdem angesprochen fühlen. Die 90er helfen mir noch immer jeden Tag. Ich weiß nun, was ich will oder nicht mehr will. Hätte ich einen Riesenhit in Asien, würde ich nicht mehr fünf Wochen dorthin reisen. Um gesund zu bleiben, muss ich meine Tochter sehen, selbst kochen und die Normalität genießen, die ich in einer Boygroup nie hatte. Ich habe zuhause meine Ruhe gefunden. Das wäre für uns als junge Leute in den 90ern nicht denkbar gewesen.

Könnte eine klassische Boygroup wie ihr heute noch Erfolg haben?
Damals dauerte es vier bis fünf Jahre, bis sich der Erfolg einstellte. Es gibt Boybands so lange, bis deren weibliche Fans in eine echte Beziehung gehen. Heutzutage hat man nicht mehr so viel Zeit. Es gibt andauernd neue TikTok- und YouTube-Stars. Niemand hat mehr so viel Zeit wie wir damals, bevor jemand Hübscheres oder Besseres kommt. Die Fanliebe vergeht schneller.

Bereust du, damals zu lange stillschweigend mitgemacht zu haben?
Teil einer Boyband zu sein, war mein Jugendtraum. Die Schattenseiten müssen benannt werden. Die Dankbarkeit dafür überwiegt aber, dass ich es als kleiner gemobbter Junge aus Zoetermeer geschafft habe, aus meiner Leidenschaft einen Beruf zu machen.

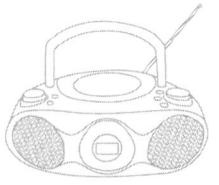

»Exit Light, Enter Night«: Das Gesundschrumpfen und Wiedererstarken des Metal

(1990-1998)

Ausgesessen: Der Vormarsch des Alternative Rock zwang auch den Metal teil- und zeitweise in die Knie. Totkriegen ließ der sich dadurch keineswegs – und fand in einem Dorf in Schleswig-Holstein sogar ein neues Domizil und zu neuer Größe. Pommesgabel!

»*I say we're growing every day, getting stronger in every way
I'll take you to a place where we shall find our //
Roots, bloody roots*«

Sepultura: »Roots Bloody Roots«, 1996

Los Angeles, 12. August 1991. Metallica hatten gerade ihr Schwarzes Album veröffentlicht und mit dessen balladeskem Sound, kompakten Songs und der Abkehr vom Thrash Metal selbst für einen Paradigmenwechsel im Metal gesorgt. Ihr Schlagzeuger Lars Ulrich, mutmaßlich wohlwissend, dass seine Band durch diese Hinwendung zum Mainstream, dieser Öffnung für Nicht-Metalheads, schon jetzt zu einer der größten der Dekade gehören würde, stolzierte in einem weißen Leder-Outfit mit Zylinder und Cowboystiefeln von einer Preisverleihung zur nächsten. Ein

Overstatement. Das hier war ihr Moment, nichts konnte ihnen, die als Speerspitze der sogenannten *Big Four* des Thrash Metal noch vor Megadeth, Slayer und Anthrax bereits in den 80ern zu den erfolgreichsten Metalbands der Welt gehörten, passieren. Metal war so erfolgreich wie nie. Nur sechs Wochen später erschien *Nevermind* von Nirvana. Alle Welt ahnte, dass das verhuschte Understatement dieser drei ungeduschten Nerds sie nicht davon abhalten würde, das nächste große Ding im Rock und damit ein Gegenentwurf zum Status quo der Breitbeinigkeit zu werden. Auch Lars Ulrich checkte das. Über die modische und musikalische Dekadenz seiner Band soll er nach Nirvanas Durchbruch gesagt haben: »Wir haben uns alle geschämt.«

Es ist nur eine frei überlieferte und im Detail vielleicht historisch nicht korrekte Anekdote, die Thees Uhlmann 2023 als Gast in Jan Müllers *Reflektor*-Podcast zum Besten gab. Aber sie trifft das Problem von Metal in den frühen 90ern ebenso im Kern wie ein politisch inkorrekter Satz aus dem Film *The Wrestler* (2008), den Müller in einer anderen Folge gegenüber seinem Gast Doro Pesch zitiert: »Die 80er waren die Besten«, sagte Mickey Rourkes tragische Figur Randy Robinson in Erinnerung an Mötley Crüe und Def Leppard, deren buntbefederte Konzerte und Latex-Outfits ja durchaus einem Wrestling-Showkampf glichen. »Doch dann musste diese Schw*chtel (Sternchen von uns) Kurt Cobain um die Ecke kommen und alles ruinieren.«

Die Plattenfirmen wollten Grunge statt Metal

Einerseits stimmt diese Erzählung, sie wird von zahlreichen Metalheads bestätigt: So wie Nirvanas Meilenstein dafür sorgte, dass Alternative Rock in den 90ern zum neuen Mainstream wurde, so sehr litt der Metal (und teilweise der Classic Rock, siehe das entsprechende Kapitel), an sich ja auch bloß eine extreme Spielart des Alternative Rock, wenn er und seine Hardrock-Hähne sich in den 80ern nicht so aufgeplustert hätten, unter

Metallica 1991: Kirk Hammett, Jason Newsted, James Hetfield und Lars Ulrich

dieser Zeitenwende. Selbst gestandene Metalheldinnen wie Doro Pesch, dank ihrer Band Warlock eine Gallionsfigur der Szene, wurden von Plattenfirmen gefragt, ob die neuen Songs denn auch nach Grunge klängen, das sei jetzt der heiße Scheiß, alles andere sei schwer zu vermarkten. Sie und andere Metalacts seien irgendwann an den Verkaufszahlen von Metallica oder Madonna gemessen worden, entsprechend kommerzieller und radiofreundlicher sollten aus Vermarktungsperspektive plötzlich selbst eingesessene Thrash-Metal-Bands daherkommen. Wer sich nicht ausreichend mitbewegte, steckte plötzlich in einem Tief, verlor wie Judas Priest mit dem viereinhalb Oktaven singenden »Metalgod« Rob Halford oder Anthrax mit Joey Belladonna seine Frontmänner, wie Slayer mit Dave Lombardo seinen Blastbeat-Drummer oder löste sich wie etwa Exodus oder Death Angel komplett auf.

Andererseits bestand in dieser Zäsur auch eine Chance, die viele nutzten: Wer den versiegenden Grunge-Hype bis zum Ende der 90er aussaß und sich in der Zwischenzeit aufs Wesentliche besann, fand sich wiedererstarkt auf einer Bühne in Wacken, einem anfangs gebeutelten Nutznießer der Metalkrise, dazu später mehr, wieder. Zu den anderen Nutznießern gehörten erstens Bands, die *too big too fail* waren. Metallica nahmen mit *Load* und *Reload* zwei Rockalben auf, die mit Metal immer weniger zu tun hatten, mit ihrer Version von »Whiskey in the Jar« vom Coveralbum *Garage Inc.* landeten sie 1998 sogar einen Party-Gassenhauer. Megadeth und Manowar hielten durch, Anthrax öffneten sich zunehmend dem Crossover, Slayer schafften es vier Jahre nach ihrem 86er Klassiker *Reign in Blood* immerhin noch auf MTV. Zweitens traten durch die Abdankung des Glam- oder auch Hair-Metals neue Bands ins Rampenlicht, deren Namen bis heute unweigerlich mit dem Metal der 90er verbunden sind: Mit ihrem sechsten Album *Vulgar Display of Power* und ihrem neu gefundenen Groove-Metal erreichten Pantera 1992 in den USA Doppelplatinstatus. Bassist Rex Brown erklärte dessen Entstehung in der Februar-Ausgabe des *Metal Hammer* 2022 wie folgt:

> Wir fanden Metallicas *Black Album* absolut beschissen. Diesen kommerziellen Sound konnten wir überhaupt nicht nachvollziehen. Er bestärkte uns noch mehr darin, eine ultraheftige Scheibe abzuliefern. Metallica haben uns quasi auf dem Silbertablett einen neuen Markt serviert. Wir wollten explodieren!

Neben Fear Factory und Machine Head gelten sie auch als Vorreiter des Neo-Thrash. Sepultura aus Brasilien gelangen mit *Chaos A.D.* und *Roots* zwei Alben, auf denen sie wie niemand vor ihnen Latin-Rhythmen und Tribal-Percussions integrierten. Biohazard vermengten Metal mit New York Hardcore und zählten damit, wie gleichzeitig auch die 1994 debütierenden Nu-Metal-Pioniere Korn und die fünf Jahre später alles einreißenden Slipknot, zur sogenannten New Wave of American Metal. Die 90er waren ihr Jahrzehnt und das der Neu-Aufdröselung, auch wenn es gleichzeitig eines war, das es nicht ausnahmslos gut mit ihren Vorreitern meinte.

Blind Guardian, *Tales from the Twilight World* (1990)

In den 80ern gab sich die aufstrebende Metalmusik maßgeblich bestimmt von der sogenannten New Wave of British Heavy Metal. Gleichermaßen inspiriert von Heavy-Rock-Dinosauriern wie Led Zeppelin, Black Sabbath und Deep Purple sowie von der Anti-Thatcher-Punkbewegung, würden Bands wie Iron Maiden und Def Leppard noch vor Motörhead und Saxon zu Stars ihrer Dekade aufsteigen, während Raven, Venom und Diamond Head zumindest Kultstatus in der Szene genossen. Auch das durch Europa und Deutschland tourende und damals bedeutendste Heavy-Metal- und Hard-Rock-Festival Monsters of Rock, das Anfang der 90er wie einige seiner Headliner zunehmend in der Bedeutungslosigkeit verschwand, wurde 1980 in England erfunden.

In Deutschland sprach man von Sodom, Kreator und Destruction in Anlehnung an die *Big Four* aus den USA als Dreigestirn des Thrash, inklusive Tankard wurden sogar vier daraus. Diese Bands hielten sich auch bis in die 90er hinein und darüber hinaus, neben ihnen zählen Blind Guardian und Accept, die in nie erfüllter Hoffnung auf größeren kommerziellen Erfolg ihren Sänger Udo Dirkschneider Ende der 80er kurzzeitig rauswarfen, zu den bekanntesten deutschen Metalnamen. Die illustrierten

Plattencover spielten genretypisch mit Fantasymotiven wie Hexen und Dämonen, aber auch mit eskapistischen und sexistischen Motiven. Nichts, womit man (damals) auf Platz 1 der Charts gelandet wäre. Aber für eine gewisse Szenecredibility und Mundpropaganda ungemein wichtig. Der kommerzielle Zenit dürfte in Deutschland erreicht gewesen sein, als die Scorpions mit der Ballade »Wind of Change« die 90er an- und den Hardrock der 80er abpfiffen.

Terminologie des Metal

Die sechs wichtigsten von schier unendlichen Sub- und Nebengattungen der 90er im Überblick

Thrash Metal fußt in den frühen 80ern, gipfelt im kommerziellen Erfolg der Big Four und splittet sich in den 90ern in unter anderem Groove und Alternative Metal auf. Typisch sind hohes Tempo, Double Bassdrum, präzises Gitarrenriffing, Soli und das sogenannte Shredding.

Death Metal unterscheidet sich als Subgenre des Extreme Metal vor allem durch gutturalen Gesang zwischen Growls und Screams – und morbide Texte, die bis hin zu Folter, Horror und Satanismus reichen.

Black Metal weist Ähnlichkeiten zu Death Metal auf. Die Gitarren sind hier nicht tiefer gestimmt, das Personal schon: Der besonders in Norwegen in den 90ern gewachsenen Szene gehören nicht selten Metalmusiker:innen und Fans mit nationaler, nationalsozialistischer, rassistischer Gesinnung an. Auch vor Gewalt und Brandstiftung wurde teilweise nicht zurückgeschreckt.

Stoner Rock oder auch Desert Rock entstand Anfang der 90er in der kalifornischen Wüste, als mutmaßlich bekiffte

(»stoned«) Metal-, Punk- und Grunge-Fans kein Metal-Etikett verpasst kriegen wollten. Paten standen Black Sabbath und Melvins.

Nu Metal und Crossover fusionierten Rap, Rock und Metal, also Turntables, Gitarren und Testosteron. Der Sound bestimmte in diversen Ausprägungen von Rage Against the Machine bis Slipknot die 90er.

Metalcore entwickelte sich als Erbe von Hardcore, Punk und Extreme Metal Ende der 90er bis zu seinem Peak Mitte der 00er. Typisch sind harmonischere Melodien, Tempowechsel und eine Seitenscheitel-Emo-Attitüde in Optik und Sound.

Zunehmend splittete sich Metal auf: Die britischen Cradle of Filth ernteten Vorwürfe, den satanischen Black Metal anders als Emperor aus Norwegen kommerziell auszuschlachten. Cannibal Corpse aus den USA erweiterten mit diversen wegen Nekrophilie und Gore indizierten und beschlagnahmten Platten den Extreme Metal um Death Metal. In Flames, kommerziell gesehen in ihrem Heimatland Schweden erst Ende der 00er erfolgreich geworden, reicherten das Genre um melodischere Komponenten an. Harte Riffs? Double Bass? Maximale Versiertheit? Perfektion des Growl genannten gutturalen Gesangs? Die Definition, was »typischen« Metal ausmacht, wurde einerseits nicht leichter, andererseits sorgte eine Ausdifferenzierung auch für weniger Angriffsfläche durch selbsternannte Gatekeeper. Metal verschwand trotz seines Einschnitts in den 90ern außerhalb seiner eigenen vier Wände keineswegs. Er fand sich bloß in unzähligen Subgenres von Aztec Drone über Christian Porngrind bis hin zu Viking Metal und Zombiecore und abgesehen davon in den entlegensten und mitunter naheliegendsten Ecken und Enden wieder: Im Grunge liebäugelten Alice in Chains mit ihm; Kurt Cobain selbst war großer Melvins- und damit auch Metalfan, nachzuhören im Mittelteil vom remasterten *Nevermind*-Track »Territorial Pissings«. Im Crossover bezog man sich von Rage Against the Machine bis Such a Surge darauf, dank zunehmender Rap-Features fand er sogar weiterhin in Jugendzimmern statt. Im Gothrock machte er Marilyn Manson und Type O Negative möglich. Auch Alternative Metal wurde durch progressive Bands wie Tool, Helmet oder Life of Agony ein Ding. Aus der Not entstand eine Tugend: Die in ihrer Urform in die Jahre gekommene Metalmusik dockte bei angesagteren Genres an. Auch das Genre Neue Deutsche Härte entstand als Folge von Industrial Metal. Dessen berühmteste und berüchtigtste Vertreter Rammstein wurden nicht nur wegen der im Ausland großen Faszination fürs Teutonische und Pyrotechnische zum Exportschlager, sondern auch, weil plötzlich wieder eine Rockband für Kontroversen *und* eine gigantische Show sorgen konnte. Sogar vor Power-Pop und College Rock machte die Heldenverehrung nicht Halt: Weezer-Frontnerd Rivers Cuomo sang 1994 von seiner Lieblingsgruppe Kiss und schwang sich live gerne eine Doppelhalsgitarre um, wie es in den 70ern Jimmy Page bei »Stairway to Heaven« tat und nach ihm unter anderem Eddie Van Halen und Alex Lifeson von der kanadischen Progrocklegende Rush. Auch die US-amerikanischen Dream Theater kombinierten unerhört versiert Prog und Metal und referenzierten gleichsam Pink Floyd, Kansas, Queen und Genesis. Und nachdem er bei Slayer geschasst wurde, heuerte Schlagzeuger Dave Lombardo bei den Crossover-Thrashern Suicidal Tendencies sowie Mr. Bungle, einem Projekt von Faith No Mores Sänger Mike Patton, an.

Selbst modisch tat sich was: Die ikonischen Metalkutten, also Zugehörigkeit demonstrierende, mit Buttons, Badges und Aufnähern der Lieblingsbands versehene Jeans- oder Lederwesten, wurden auch zum Markenzeichen der 1996 in St. Pauli gegründeten Turbojugend, einem Fanclub der norwegischen und durchaus umstrittenen Punk'n'Roll-Band Turbonegro. Die Jacken dürfen nie gewaschen werden, die Fans schminken sich gerne, tragen dazu Matrosenmützen und kokettieren mit überholten

Schwulen-Images, zu den prominenten Mitgliedern gehören Bela B von Die Ärzte, Jasmin »Blümchen« Wagner, Ville Valo von HIM, »Jackass«-Skater und -Celebrity Bam Margera und Thees Uhlmann, der außerdem mit Musikjournalist und Viva-Moderator Rocco Clein die Oasis-Ultras gründete. Szenen öffneten sich aber nicht nur, sie verschlossen sich auch: Aus der Abschottung von Black-Metal-Radikalen, die in Norwegen ritualisiert Kreuze und Kirchen anzündeten und mitunter rechten Szenen nahestanden, hat der Autor und ehemalige MTV- und Viva-Online-Chefredakteur Berni Mayer 2012 den urkomischen Musikjournalismus-Krimi *Black Mandel* gemacht.[10]

Metal, diese größtmögliche Nische innerhalb der Rockmusik, fand auch während ihres öffentlich rezipierten Untergangs ihren medialen Platz: MTVs Zeichentrick-Idioten Beavis & Butt-Head waren moshende und Pommesgabel, also die mit zwei Fingern geformten Teufelshörner, in die Luft reckende Metalfans. Der 1983 erstmals in Deutschland erschienene *Metal Hammer* reagierte auf die Umbrüche und benannte sich, ähnlich wie die Samplerreihe *Crossing All Over!*, 1997 kurzzeitig und erfolglos in *New Rock & Metal Hammer* um. Die 1990 etablierte europäische Version der MTV-Show *Headbangers Ball* wurde unter anderem von Kristiane Backer und Vanessa Warwick präsentiert. Und mit *Metalla* traute sich nicht nur auch Viva 1994 an diese dem Pop so ferne Sparte, sondern holte mit dem damaligen *Metal Hammer*-Redakteur Markus Kavka einen Moderator vor die Kamera, der wie kaum ein anderer zum Gesicht des deutschsprachigen Musikfernsehens der 90er und 00er aufsteigen würde. Dass der einstige Metalroadie Olli Schulz heutzutage in der Rubrik »Metal am Mittwoch« seines *Fest & Flauschig*-Podcasts mit Jan Böhmermann derart ausgelassen über seine Lieblingsmusik reden darf und kann, ist gewiss auch dieser Zeit geschuldet. Metal mag für Außenstehende oft laut, aggressiv, fremd und wenig einladend gewirkt haben. Aber Geschichten, Persönlichkeiten und Karrieren hat diese Szene zuhauf hervorgebracht. Zum Beispiel die des Wacken Open Air.

Waackeeeeeen!!!!

Die Entstehung eines der heute größten Metalfestivals der Welt lässt sich einerseits parallel zum Werdegang des Genres in den 90ern erzählen, andererseits fing man sich gegenseitig auf: Für die Idee von Thomas Jensen und Holger Hübner, in einer Kiesgrube in einem Dorf in Schleswig-Holstein ein Open-Air-Konzert inklusive Camping zu veranstalten, interessierte sich 1990 außerhalb des eigenen Umfelds niemand. Immerhin 800 zahlende Besucher:innen sollen sich beim ersten Versuch eingefunden haben. Weil sich aber auch für die großen Metalbands der 80er niemand mehr interessierte – das bisher letzte Monsters of Rock seiner Art im britischen Originalschauplatz Castle Donington würde 1996 abgefrühstückt sein –, gewannen die Veranstalter in Eigenregie bald Blind Guardian, Saxon und Doro Pesch für Live-Auftritte. Beflügelt vom eigenen Wachstum verschuldeten sie sich 1993, standen kurz vorm Aus und fingen sich, auch dank überregionaler Berichterstattung in *Rock Hard*, *Metalla* und Co. wieder.

Gesundschrumpfung und Wiedererstarkung vollzogen sich wie beim Metal selbst: 1997 zählte das Festival dank Headliner Motörhead erstmals über 10 000 Besucher:innen. Das hier würde mehr als nur ein Klassentreffen blasser IT-Nerds mit langen schwarzen Haaren und Metalkutten oder verlorener 80er-Seelen werden. Seitdem ging die Nachfrage stetig bergauf, seit 2011 ist mit rund 85 000 verkauften Tickets die jährliche Grenze des auf den Wiesen Machbaren erreicht. Dem Kultstatus hat die Limitierung nie geschadet, der Dokumentarfilm *Full Metal Village* (2006) tat sein Übriges: Das jeweils kommende W:O:A ist seit Jahren innerhalb weniger Minuten nach Vorverkaufsstart ausverkauft. Metalfans aus aller Welt pilgern hin und sehen dort nicht mehr nur die einschlägigen Headliner: Von Blümchen über Scooter und Heino bis Otto Waalkes und die Höhner dürfen in Wacken auch genrefremde, na ja, Volksmusiker:innen auf die Bühnen. Damit bloß niemand mehr der Metalszene fehlende Offenheit und Humor vorwerfen kann.

Rob Halfords Coming out

Dass die Szene toleranter ist, als man es als Außenstehende:r gemeinhin denken könnte, zeigte sich 1998 auch an anderer Stelle: Rob Halford, der sich zwischen seinem Aus- und Wiedereinstieg bei Judas Priest in den 90ern in anderen Projekten und als Solokünstler verdingte, outete sich in einem Live-Interview auf MTV als homosexuell. Geplant gewesen sei dies keineswegs. Danach sagte er ebenfalls auf MTV:

> Die meisten Leute dürften wissen, dass ich mein ganzes Leben lang schon ein schwuler Mann bin. Aber erst in letzter Zeit fühle ich mich wohl dabei, darüber zu sprechen. Ich lebe gut damit, seit ich meine eigene Sexualität erkannt habe. Es gibt für alles einen richtigen Moment, und das hier ist er.

Ein Skandal wurde zum Glück nicht daraus, aber eine Schlagzeile. So what: Die Fans interessierten sich weniger für Halfords Sexualität als dafür, wann der »Metal God« endlich wieder bei Judas Priest singen würde. Auch die Fachpresse reagierte pragmatisch: »God is gay!«, so lautete eine damalige Headline des *Metal Hammer*.

In Interviews zu seiner 2020 erschienenen Autobiographie *Confess*[11] erklärte Halford, dass diese Reaktion in den früheren Jahren seiner seit den 70ern anhaltenden Karriere nicht erwartbar gewesen wäre. Er verbarg seine Sexualität, um Band und Familie zu schützen.

> Ich konnte nicht ausgehen – aus Furcht erkannt zu werden. Die Welt war ein anderer Ort. Als ich mich auf MTV outete, war es das perfekte Beispiel dafür, dass die Metalgemeinschaft annehmend und offen und einladend gegenüber allen möglichen Leuten geworden ist.

Warum sein Coming-out dennoch ein Thema war? Die Hauptdarsteller im Metal und Hardrock waren bis dahin saufende Großmäuler wie Lemmy Kilmister, der angeblich mit über 1000 Frauen geschlafen hatte, Schuluniformträger wie Angus Young von AC/DC sowie nur wegen der Show geschminkte oder gleich komplett maskierte Männer von Kiss bis Dimmu Borgir. Aber Menschen hinter den Rockstars, die zeigten sich bis dahin nicht. Vor Halford wagte im Metal nur Faith No Mores Keyboarder Roddy Bottum 1993 diesen Schritt. Freddie Mercury starb, ohne jemals in der Öffentlichkeit explizit über seine Bisexualität gesprochen zu haben, obwohl diese, unter anderem dank Sätzen wie »I fuck everything that moves« kein Geheimnis gewesen war. Es würde noch bis 2011 dauern, bis Mina Caputo von Life of Agony sich als transgeschlechtlich erklärte, fortan so lebte und mit ihrer zumindest in den frühen Tagen sehr testosterongeladenen Band wieder auf Tour ging. Nathan Gray von der Post-Hardcore-Emo-Band Boysetsfire sprach 2022 als 50-Jähriger aus, bi- und pansexuell zu sein. Den Live-Shows verlieh seine plötzliche Federboa-Flamboyanz ganz neue Aspekte, wegen scheinbarer Widersprüche Diskussionen im Publikum und unterm Strich Respekt und Anerkennung. Denkbar, dass dies zum Beispiel im mitunter stumpfen New York Hardcore oder im konservativen bis rassistischen Umfeld von Pantera aus Texas mindestens in den 90ern anders ausgesehen hätte.

Nu Metal tat trotz prolligen Vertretern wie Limp Bizkit, oft zur Schau gestelltem Machismo und nackten Oberkörpern hier und da sein Übriges, Heteronormativität infrage zu stellen. Korns Jonathan Davis trug Kilt, die Deftones zollten zwischen den Zeilen dem fragilen Postpunk von Joy Division und The Smiths Tribut, und Incubus-Sänger Brandon Boyd war zwar ein Frauenschwarm, aber einer, der durch Präsenz seiner weichen statt einer harten Seite auffiel. Gleichzeitig übernahmen Slipknot den von Kiss zwischenzeitlich fallen gelassenen Maskierungs-Gimmick, versteckten die Menschen wieder hinter den Figuren. Durch diese oft von Produzent Ross Robinson hochpolierte und tief gestimmte Sonderform des im entsprechenden Kapitel näher beleuchteten Crossover-Trends, der Metalheads der 80er eventuell fremd vorkam, fand das Genre Ende der 90er wieder in den Kommerz zurück, dem es an deren Anfang verloren ging.

Metal nach der Jahrtausendwende

Was ist seitdem passiert? In den 00er Jahren mündete die Wiedererstarkung im sogenannten Metalcore. Bands wie Killswitch Engage, Bring Me the Horizon und Parkway Drive zeigten sich auch von einer emotionaleren Seite. Mit Bullet for My Valentine, Kvelertak, Mastodon und Volbeat gründeten sich weitere Bands einer neuen Generation, die auf Festivals als Headliner auftreten und dem Genre ihre eigenen Stempel aufdrücken. Auch Frontfrauen haben sich dank Vorreiterinnen wie Lita Ford (The Runaways), Lee Aaron und Doro zunehmend etablieren können, allen voran Amy Lee von Evanescence sowie Tarja Turunen und ihre Nachfolgerin Floor Jansen von Nightwish.

Und die Bands von früher? Metallica sind so erfolgreich wie eh und je. Ihr elftes Studioalbum *72 Seasons* stieg 2023 wie die sechs Platten zuvor auf Platz 1 der deutschen Charts ein, in den USA reichte es nur für Platz 2. Wie so ein Weltunternehmen (dys-)funktioniert, war in dem Dokumentarfilm *Some Kind of Monster* (2004) eindrucksvoll nachzusehen. Panteras Karriere verlief dagegen schleppend: 2003 lösten sie sich auf, ein Jahr später wurde Gitarrist Dimebag Darrell während eines Konzerts seiner neuen Band Damageplan auf der Bühne erschossen. 2022 kündigten die verbliebenen Mitglieder eine Reunion-Tour an. Ihr geplanter Auftritt bei Rock am Ring und Rock im Park wurde 2023 nach Protesten abgesagt: Ein Videomitschnitt bewies, dass Sänger Phil Anselmo auf einem Konzert 2016 den Hitlergruß zeigte und das Publikum sodann »White Power« skandierte. Kreator aus Essen haben bis heute 15 Alben veröffentlicht. Mit

Gods of Violence schaffte es 2017 erstmalig eines auf Platz 1 der deutschen Charts, Sänger Mille Petrozza ist seit Jahren auch außerhalb der Fachpresse ein gefragter Interviewpartner, wenn es um Metal geht. Und die Wacken-Veranstalter organisieren seit 2013 unter dem Namen Full Metal Cruise mehrtägige Kreuzfahrten, auf denen Metalbands ihre Liveflaggen hissen. In Miami legt bereits seit 2011 ein Kreuzfahrtschiff ab, das unter dem Namen 70 000 Tons of Metal jährlich über 60 Bands und 3000 zahlende Passagiere in die Karibik und zurück schippert.

Still alive und wohl unkaputtbar ist das Genre aus zwei Gründen: Erstens nehmen sich viele seiner Protagonist:innen längst nicht mehr allzu ernst, die zur Schau gestellten grimmigen Blicke und Pommesgabelgesten kratzen an der eigenen Parodie. Sogar zum *Eurovision Song Contest* schaffen es immer wieder sich an Metal-Persona orientierende Acts. Zweitens sind Metalfans, so zeigt sich, anhaltend treue Seelen. Sie kaufen sogar noch physische Tonträger ihrer alten Held:innen. Kommerziell gesehen ist Metal damit neben Schlager seit Jahren wieder eines der beliebtesten Genres in Deutschland, obwohl Jugendliche und junge Erwachsene zwischen 14 und 25 Jahren 2020 laut einer Erhebung der Verbrauchs- und Medienanalyse (VuMA) 2021 zu 44,9 Prozent »Pop und Charts« und zu 24,9 Prozent »Hip-Hop & R'n'B« hörten. Und die Bands, die die 90er überlebt haben, hegen nicht mal mehr gegen ihren damals unfreiwillig winkenden Sensenmann Kurt Cobain Animositäten.

15 Metalsongs, die die 90er auf ihre ganz eigene Art und Weise geprägt haben

1. Metallica: »Enter Sandman« (1991)
2. Rage Against the Machine: »Killing in the Name« (1992)
3. Slayer: »Seasons in the Abyss« (1990)
4. Judas Priest: »Painkiller« (1990)
5. Iron Maiden: »Fear of the Dark« (1992)
6. Pantera: »Walk« (1993)

7. Tool: »Sober« (1993)
8. Machine Head: »Davidian« (1994)
9. Sepultura: »Roots Bloody Roots« (1996)
10. Marilyn Manson: »The Beautiful People« (1996)
11. Rammstein: »Du hast« (1997)
12. Korn: »Blind« (1994)
13. Deftones: »My Own Summer (Shove It)« (1997)
14. Slipknot: »Wait and Bleed« (1999)
15. System of a Down: »Sugar« (1998)

»Kutten anziehen, Spaß haben, das war Metal, das war Kult«: Interview mit Sabina Classen (Holy Moses)

Fußballreporterin, Managerin bei Warner Music, TV-Moderatorin, Messie-Expertin auf RTL 2, Buchautorin, Heilpraktikerin für Psychotherapie: Sabina Classen ging in ihrer Karriere verschiedenen Berufen und Berufungen nach. Ihre größte Leidenschaft aber galt der Musik: Seit 1981 sang sie in der deutschen Thrash-Metal-Band Holy Moses und tourte mit ihnen um die Welt. Am 2. Weihnachtstag 2023, nach 42 Jahren und pünktlich zu ihrem 60. Geburtstag, war nach einer Abschiedstour mit dem finalen Konzert in der Hamburger Markthalle Feierabend. Ein Gespräch über unverständliche Subgenres, die Metalkrise in den 90ern und Frauen in der Szene.

Sabina, du warst bis zum Schluss das einzig verbliebene Fast-Gründungsmitglied von Holy Moses. Erinnerst du dich noch an deinen Einstieg?
Anfang 1980 hatte sich die Band an einem Gymnasium in Aachen gegründet. Ihren ersten Sänger schmissen sie raus, weil er mal weiße Clogs trug! Das war ihnen nicht Metal genug. Als Freundin von Gitarrist Andreas Classen, meinem späteren Mann und heutigen Ex, besuchte ich die Band öfter im Proberaum. Ei-

nes Tages, am 16. Dezember 1981, grölte ich ins Mikro. Ich wollte ihnen eigentlich zeigen, dass ich nicht singen kann. Das hatte ich davon.

Danach kamen und gingen mindestens 28 weitere verschiedene Mitglieder. Konntest du dir überhaupt all ihre Namen merken?
Die wichtigen schon. Nach dem Abitur zogen einige weg, studierten, ergriffen richtige Berufe, gründeten Familien. Wir wollten uns nie an den Anforderungen der Plattenfirmen orientieren, sondern an unserem Herzblut. Durchgehend genug Geld, um von der Musik zu leben, verdienten wir damit nicht. Auch ich studierte deshalb und gründete meine Praxis. Die letzten 15 Jahre existierte Holy Moses aber in derselben Besetzung.

Euer finales Album *Invisible Queen* 2023 war euer erstes, das in die deutschen Charts einstieg. Metalfans scheinen treue Seelen zu sein.
Für Media Control zählt großteils immer noch das physische Produkt. Metalfans sind wirklich treu und kaufen noch Vinyl und CDs. Das ist einzigartig in dieser Szene: Wer die ersten zehn Alben einer Band besitzt, kauft sich auch noch deren zwölftes. Dass sie es überhaupt noch mitbekommen! Dafür bin ich dankbar.

In der Szene habt ihr euch einen Namen erspielt, ein kommerzieller Durchbruch aber blieb aus.
Wir traten durchaus international und auf großen Festivals auf. In Südkorea zum Beispiel waren wir vor Nightwish zweiter Headliner und standen auf den großen Wacken-Bühnen. Klar: Judas Priest waren wir nicht. Aber als Aachener Schulband derart um die Welt zu kommen, war trotzdem abgefahren. Unsere Abschlusstour war fast überall ausverkauft. Dass wir nicht so groß wie Iron Maiden wurden, liegt an unserer krassen Musik und meiner krassen Stimme. Wir gingen keine Kompromisse ein,

ließen uns nicht leiten. Für einen Majordeal und einen Fernsehauftritt bei *Ein Fall für Zwei* hat es trotzdem gereicht.

Zu Beginn der 90er wart ihr schon zehn Jahre im Geschäft. Was bedeutet diese Dekade für dich?
Die 90er waren für Thrash Metal sehr schwierig. Grunge kam auf. Für härtere Metalbands wurde es schwer, ihre Position zu finden. Durchhaltevermögen war gefragt. Unsere Musik wurde infrage gestellt. Wir zogen unseren Thrash und Death Metal durch. Wir deutschen, aber auch amerikanische Thrash-Metal-Bands, mussten schlucken, weil sich so viel änderte.

Für Bands welcher Größenordnung wurde es am schwierigsten?
Metallica erreichten bereits ein breiteres Publikum. Für Hamburger Kollegen wie Helloween, die wie Doro keine oberkrasse Metalgangart spielen, wurde es schwer. Mein Kollege Mille (*Petrozza; Anm.*) von Kreator, aber auch andere Bands, brachten dezent andere Elemente in die Musik ein. Wir merkten aber: Damit werden wir nicht glücklich. 1994 legten wir eine Pause ein und nahmen erst 1999 wieder ein Album auf. In der Zwischenzeit gründete ich mit Freunden von Warpath die Band Temple of The Absurd. Ich musste mich wiederfinden. Ein erneuter Wandel trat erst Ende der 90er ein.

Vor welchen ganz konkreten Problemen standen Bands wie eure? Keine Plattenverträge mehr und keine Touren? Die treuen Fans werden ja nicht plötzlich weggerannt sein.
Es herrschte ein Gefühl davon vor, dass das, was wir bis dahin gemacht hatten, ein Ende gefunden hätte. Wir spielten plötzlich wieder kleinere Shows. Auf der anderen Seite etablierte sich zu dieser Zeit ein Festival wie das Wacken Open Air. Seit der zweiten Ausgabe war ich regelmäßig vor Ort. 1996 traten die Böhsen Onkelz auf, wegen ihres Rufs hieß es damals noch: Nur Spacken spielen auf dem Wacken! Dessen Bedeutung erwuchs daher,

dass das einst riesige niederländische Dynamo Open Air den Bach runterging. Wacken wurde ein Mekka, eine Insel für Metalleute, die es in der Zeit groß machten. Dort konnten sie Metal feiern, auch wenn im Rest der Welt gerade anderes passierte.

War die kommerzielle Metalkrise bis dahin auch eine kreative?
Unabhängig von kommerziellen Fragen haben wir uns darauf besonnen, wer wir sind und was wir machen wollen. Dafür stand Thrash Metal. Viele Black- und Death-Metal-Bands fanden in dieser Zeit zu neuer Größe. Wir wussten: Wir ziehen unseren Kreis an und unser Ding durch, nur so sind wir erfolgreich. Kutten anziehen, Spaß haben, das war Metal, das war Kult. Irgendwann wurden die Clubs wieder voller. Mit dieser Punk-Attitüde rettete sich Metal von den 90ern in die 00er rüber.

Wo ist da für Laien im Thrash Metal der Unterschied zu anderen Spielarten?
Als ich anfing, existierte nicht mal der Begriff Metal. Man sprach von Hardrock. Wir machten uns keine Gedanken und konnten ja nichts googlen. Mitte der 80er beschrieb mich ein Magazin als »Death Metal Queen«. Davon hatte ich auch noch nie gehört! Irgendwann war in Fanzines über uns von Thrash Metal die Rede. Wir fragten andere Leute: »Was ist denn da jetzt schon wieder der Unterschied?« Auf einem Konzert von Judas Priest und Mötley Crüe wurde ich eines Tages gefragt, wie ich denn diesen Poser-Metal hören könne. Mit Anthrax und Testament folgten Einteilungen in US-Thrash und Bay-Area-Thrash, während Kreator, Sodom, Holy Moses, Destruction und Tankard unter German Thrash liefen. Als Musiker aber dachten wir nicht darüber nach.

Verstehst du die 180 Untergenres heute?
Nicht alle. Anfang der 00er arbeitete ich bei einer Vorgängerfirma heutiger Streamingportale. Ich sollte Unterteilungen vor-

nehmen. Mir hat der Kopf gebrummt! Um das zu verstehen und erklären zu können, musst du ein richtiger Metal-Nerd sein. Ich bin oldschool, für mich ist das alles Metal.

Eine wichtige PR-Plattform in den 90ern waren Musikvideos. Du hast auf RTL plus schon Ende der 80er zusammen mit dem späteren *Rock Hard*-Chefredakteur Götz Kühnemund die Metalsendung *Mosh* moderiert.
Abgefahren war, als dann Jahre später *Metalla* bei Viva mit anderem Moderator, aber sehr ähnlichen Inhalten lief. Das war gut, weil Metal dadurch hochgehalten wurde. Ich war Vorreiterin von Vanessa Warwick bei *Headbangers Ball*. Für Bands war es wichtig, dass ihre Videos auch in den 90ern auf diesen Sendern liefen.

Wurdest du als Frau im Metal stets ernstgenommen?
Es wurde mal infrage gestellt, ob wir Tricks haben, dank derer ich so grölen kann. Über Growltechniken wurde noch nicht gesprochen. Nee, sagte ich, das ist meine Stimme, die kommt aus meinem Bauch. Okay, der können wir vertrauen, die ist nicht aufgesetzt, merkten die Männer. Und ich gab zu, dass ich nicht anders singen kann. Ich brüllte nicht nur, um aufzufallen.

Sexismus war auch nie ein Ding?
Ich hatte damit unheimlich wenig Probleme, weil ich von Anfang an dabei war und das Sexistische nie mitgemacht habe. Das war mein Schutz und auch der von Doro. »Sex, Drugs and Rock'n'Roll« war ein großes Thema, aber wir haben nie darauf angespielt. Es gab Shows, wo jemand »Ausziehen!« rief. »Du willst dich ausziehen? Dann komm her!«, rief ich zurück. Sie merkten: Mit mir können sie das nicht machen.

Warum gab und gibt es so wenige Frauen im Metal?
Angefangen bei Lita Ford, Lee Aaron, Doro: Es gibt immer mehr von ihnen. Wir Oldschool-Frauen haben viele junge Mädels da-

zugeholt und unseren Teil dazu beigetragen, dass sie sich trauen. Auch im Publikum stehen heute viel mehr Frauen in der ersten Reihe und sind dafür dankbar, dass sie sich geben können, wie sie sind, ob dick oder dünn, ob kurze oder lange Haare. Das hat sich verändert.

Hast du Ende der 90er Nu Metal begrüßt?
Diese Mischung aus cleanem Gesang, Growls und Getanze verstand ich nicht. Ich sah Papa Roach und fragte mich: Driftet jetzt alles ab? Bands wie diese fanden schnell eine gewisse Größe. In Interviews erzählten sie von Traumata und Missbrauch. Gerade als Psychotherapeutin erkannte ich schließlich: Es kann nur weitergehen, wenn es eine Evolution gibt. Diese Bands hatten eine Berechtigung, weil sie ihre Sachen auf ihre Art verarbeitet haben. So wie wir es Anfang der 80er auch taten. Teilweise beriefen sich diese neuen Bands sogar auf die 80er. Alles hing zusammen. Am Ende sind wir eine große Metalfamilie.

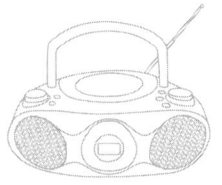

»Move ya!«:
Crossover-Hassliebe
»Rock trifft Rap«

(1991–1998)

Von »Walk This Way« über »Lords of the Boards« bis »Nookie«: Zwischen Los Angeles und Braunschweig fanden Turntables und Gitarren in den Alternative-Rock-Spielarten Crossover (1987–1998) und Nu Metal (1998–2003) (nicht immer gut) zusammen.

> »Cause I'm living for my loffer, I'm living for my poffer
> I'm living for my ding dong I'm living for my King Kong«
> H-Blockx: »Risin' High«, 1994

Um auch in der Einleitung dieses Kapitels, hier in Anlehnung an eine Tampon-TV-Werbung, im Sprech der 90er zu bleiben: Die Geschichte des Crossovers ist eine Geschichte voller Missverständnisse. Sie fing nicht etwa bei Rage Against the Machine an und hörte bei Limp Bizkit auf, obwohl es auf den folgenden Seiten primär um diese Hochzeit gehen wird. Sie brachte in Deutschland sogar Bands wie Mr. Ed Jumps the Gun hervor. »And don't ha, ha! / Heewaa, heewaa!«

Die Anfänge des Crossovers in der Popmusik sind eine Folge des Rassismus. 1942 isolierte das US-amerikanische Billboard-

Magazin die zuvor allumfassende Hitparade in Genrelisten. Fortan existierten einzelne Charts für zum Beispiel Rhythm and Blues, Country und Pop. Dadurch wurden auch die Musikhörer:innen zunehmend in »Schwarz« und »Weiß« unterteilt. Weil es aber zunehmend weiße Käufer:innen gab, die sich auch für »Schwarze« Musik interessierten, landete ein R'n'B-Stück immer öfter auch in anderen Hitparaden. Dieses Interesse wiederum machten sich weiße Musiker zu eigen: Pat Boone etwa coverte 1955 »Ain't That a Shame« von Fats Domino und erreichte damit Platz 1 der Pop-Charts, während es das Original nur auf Platz 10 schaffte. Den vorläufigen Höhepunkt dieses Trends erreichte Elvis Presley ein Jahr später mit drei Millionen verkaufter Platten seiner Rock'n'Roll-Version von »Hound Dog«, im Original gesungen von Big Mama Thornton. Die Genres verschmolzen also nicht nur in den einst segregierten Charts, sondern auch musikalisch. Spezielle Charts für zum Beispiel Dance Music gibt es in den USA bis heute, in ihnen landeten beispielsweise diverse Eurodance-Nummern, oft ohne darüber hinaus auch in ihrem indirekten Heimatland durchzustarten.

Crossover, wie wir ihn kennen

In manchen Bereichen, zum Beispiel bei der Verschmelzung von Jazz und Rock, etablierte sich der Begriff »Fusion«. Der Crossover, wie man ihn in Deutschland kennt und (miss-)versteht, also allein als »Rock trifft Rap«, wurde 1987 von zwei Größen der beiden Genres losgetreten: Zwar rappte Debbie Harry bereits 1980 in Blondies »Rapture« von und mit Fab 5 Freddy. Sieben Jahre danach aber nahmen die 70er-Hardrock-Veteranen Aerosmith gemeinsam mit den Hip-Hop-Helden Run DMC den Hit »Walk This Way« auf. Beide machten danach ihr Ding weiter, aber ey, da ging plötzlich was. Die Turntables waren neben den Effektgeräten und Amps im Rock angekommen, die Gitarren im Rap. Die Metalband Anthrax nahm 1991 mit Public Enemy deren

Track »Bring the Noise« als »Bring tha Noize« neu auf, gemeinsam gingen sie auf Tour. Zur gleichen Zeit traten Bands wie Faith No More und Living Colour plötzlich in der Hip-Hop-Sendung *Yo! MTV Raps* auf.

Als erste große Band, die Crossover nicht als Mash-up oder Erschließung neuer Zielgruppen, sondern als eigene musikalische Ausdrucksform empfand, gelten die Beastie Boys. Sie waren auch deshalb Pioniere, weil sie Schwarze Hip-Hop-Kultur als Weiße zelebrierten und sie damit ironischerweise eben doch einem neuen Publikum näherbrachten. 1978 gründeten sie sich als Hardcore-Punk-Band unter dem Namen The Young Aborigines, ein aus heutiger Sicht infolge der Debatten um kulturelle Aneignung undenkbarer Name. Es folgten verschiedene Gehversuche und viel Quatsch. 1986 erschien ihr von Rick Rubin produziertes Debütalbum *Licensed To Ill*, der unpolitische Hit »(You Gotta) Fight for Your Right (to Party!)« mit Gitarrensamples und eine Tour mit Run DMC. Der Rest ist Geschichte.

Faith No More verbanden besonders auf ihrem dritten Album *The Real Thing* 1989, dem ersten nach Chuck Mosleys Rauswurf, mit Ausnahmesänger Mike Patton, Rock und Rap. Als Crossover-Legenden gelten sie aber auch wegen der Vielzahl ihrer anderen Einflüsse von Funk über Metal bis Hardcore und Punk. Schöner Zufall der Geschichte, dass das Einreißen von Grenzen sich auch geographisch manifestierte: Am 9. November 1989 traten Faith No More im Metropol-Theater in Westberlin auf. Die Anwesenden – es gab ja noch keine Smartphones – erfuhren nach dem Konzert von Patton persönlich: »Die Mauer ist weg! Die Mauer ist weg!«

Vergleichsweise stumpfer, aber eben auch ihrer damaligen Zeit zwei Meter voraus, setzten die 1990 um Rapper Ice-T gegründeten Body Count Crossover um. Für Schlagzeilen sorgten sie wegen ihres Songs »Cop Killer«, der Polizeigewalt gegen Schwarze thematisierte und wiederum als Gewaltaufruf gegen die Exekutive gelesen wurde. Ein Ausnahmestatus kommt Body Count aber auch deshalb zu, weil sie, anders als die Beastie Boys vier Jahre zuvor, sich als teilweise Schwarze Musiker ein Genre zu eigen machten, das zu jenem Zeitpunkt schon vorrangig von Weißen gespielt wurde – und in den Folgejahren zunehmend werden würde.

Die langlebigste und wohl berühmteste Crossoverband war und ist aber eine, die mit dem Begriff im hier vorgestellten Sinne gar nicht so unmittelbar viel gemein hatte: Bei den Red Hot Chili Peppers rappte oder scratchte niemand. Aber Anthony Kiedis' Gesang war und ist noch immer ein sprechender, ihre Musik trotz klassischer Rockbesetzung eine Anlehnung an Funk, der ja wiederum Hip-Hop beeinflusste und umgekehrt. 1988 starb Gitarrist Hillel Slovak an einer Überdosis Heroin. Drummer Jack Irons stieg als Reaktion darauf aus. Er hatte keinen Bock mehr auf ein derart gefährliches Umfeld – und heuerte Jahre später ironischerweise bei Pearl Jam an, in deren direktem Umfeld Sucht zumindest in den Anfangsjahren – siehe etwa Andrew Wood, Kurt Cobain und Hole-Bassistin Kristen Pfaff – eine ebenso tödliche Rolle gespielt hatte. Ihr fünftes und von qua eigener Vita Crossover-Legende Rick Rubin (Beastie Boys, Public Enemy, Slayer) produziertes Album *Blood Sugar Sex Magik* (1991) markierte nicht nur einen Meilenstein in der Geschichte der Band, sondern eine Zäsur: Statt mit Funk und Punk liebäugelten sie fortan mit Melodien für Millionen. Mit den kommerziell ebenfalls hocherfolgreichen Alben *Californication* (1999) und *By the Way* (2002) bewiesen die Peppers, was nach seinem dritten Wiedereinstieg im Jahr 2022 erneut offensichtlich wurde: Am typischsten und versiertesten klingen sie mit Ausnahmegitarrist John Frusciante in ihren Reihen. Kiedis' lautmalerisches und parodieträchtiges Dropping von »California«-Phrasen ist darüber hinaus bis heute ihr Markenzeichen. Dass beide die 90er Jahre überleben würden, war während der Tiefpunkte ihrer eigenen Drogenabhängigkeiten nicht unbedingt zu erwarten.

»Bring that shit on!«

Einem Bombeneinschlag gleich kam das am 3. November 1992 erschienene Debüt einer der wohl einflussreichsten und legendärsten Bands der 90er überhaupt: Rage Against the Machine. Kaum ein Jahr vor ihrem Durchbruch aus dem Stand fanden Sänger und MC Zack de la Rocha, Gitarrist Tom Morello, Bassist Tim Commerford und Schlagzeuger Brad Wilk in Los Angeles zusammen. Der Bandname war in jeder Pore Programm: Auf dem Cover des selbstbetitelten Albums *Rage Against the Machine* brannte der buddhistische Mönch Thích Quảng Đú'c. Während der Buddhistenkrise in Südvietnam 1963 zündete er sich in einem Akt des altruistischen Suizids aus Protest gegen die repressive Politik des Präsidenten in Saigon selbst an. Geschossen hatte das Foto der US-amerikanische Journalist Malcolm Browne und bekam dafür im selben Jahr den World Press Photo of the Year Award sowie im Jahr darauf einen Pulitzer-Preis verliehen. In der Leadsingle »Killing in the Name« wiederum rappte Zack de la Rocha, ein weißer Kerl mit Dreadlocks – kulturelle Aneignung war damals noch kein allzu großes Thema –, über willkürliche Polizeigewalt gegen Schwarze, inspiriert vom Fall Rodney King. »Fuck you I won't do what you tell me!« bellte er darin immer wieder und immer lauter, 16-mal »fuck« in fünf Minuten 14 Sekunden, die Hasstirade gipfelte in einem »Motherfuckeeeeer!«-Schrei. 30 Jahre vor »Black Lives Matter« und George Floyd. Politische Inhalte schreckten an der Plattenladentheke nicht ab: Das Album wurde dreimal mit US-Platin ausgezeichnet und gilt nicht nur unter Käufer:innen, sondern auch Kritiker:innen als eines der besten und wichtigsten nicht nur des Jahres 1992, sondern der Dekade.

Das *next big thing* wurde Crossover durch den Soundtrack zum Spielfilm *Judgment Night* 1993. Dessen Tracklist liest sich beeindruckend: Helmet machten gemeinsame Sache mit House of Pain, deren Sänger und Rapper Everlast auch in einer Nebenrolle zu sehen war. Teenage Fanclub mit De La Soul, Sonic Youth sowie Pearl Jam mit Cypress Hill, Slayer mit Ice-T und so weiter. Weil beide Bands mit dem Ergebnis unzufrieden waren, wurde der für den Soundtrack ebenfalls geplante Track »Can't Kill the Revolution« von Tool und Rage Against the Machine zurückgezogen, er erschien nie auf offiziellen Wegen. 1994 brachten sogar Salt-N-Pepa ihren Track »None of Your Business« als »Muggs Metal Mix« heraus.

Ob und inwiefern Rage Against the Machine eine Crossover- oder Metalband waren, darüber ließe sich streiten. Sie selbst dankten im Booklet ihres Debüts unter anderem der Hardcore- und Punk-Legende Ian MacKaye (Fugazi) und dessen Bruder Alec aus Washington, D.C. Ferner hielten sie fest: »No samples, keyboards or synthesizers used in the making of this record«, was zumindest als Seitenhieb verstanden werden kann. Sie tourten gleichermaßen mit Bands wie Suicidal Tendencies, House of Pain und Cypress Hill. 2023 wurden sie von Ice-T in die Rock and Roll Hall of Fame eingeführt. Das Feuer, das sie mit ihrem Sound und ihren politisch expliziten Lyrics entfachten, sucht jedenfalls bis heute seinesgleichen – und entzündete zum Ende des Jahrzehnts, in dem sie ihre drei einzigen Studioalben veröffentlichten (das Coveralbum *Renegades* nicht mitgezählt), auch einen Trend, dessen Protagonisten mit dem Aktivismus ihrer Wegbereiter mitunter wenig gemein hatten: Auch Rage Against the Machine haben den aus heutiger Sicht schlecht gealterten Nu Metal möglich gemacht, mit dem Ende der 90er und Anfang der 00er vor allen Dingen Limp Bizkit, Korn, Papa Roach, Slipknot, aber auch System of a Down (deren Sänger Serj Tankian wiederum sehr politisch auftrat), Incubus und die Deftones gigantische Erfolge feierten. Es folgten weitere Epigonen, die wie Staind oder Godsmack mal mehr dem Metal oder wie Puddle of Mudd mehr dem Post-Grunge zugewandt waren. Sogar Kid Rock verdankt seiner Nu-Metal-Single »Bawitdaba« (1999) seinen Durchbruch.

Eine kommerzielle, künstlerische und persönliche Ausnahmestellung im Nu Metal hatten und haben Linkin Park inne.

Ihre Geschichte geht auf ein Konzert in Kalifornien im Jahr 1991 zurück, damals sollen die späteren Gründungsmitglieder Mike Shinoda und Brad Delson Anthrax zusammen mit Public Enemy live erlebt haben und davon nachhaltig beeindruckt gewesen sein. Linkin Parks Debüt *Hybrid Theory* erschien im Jahr 2000. Im Jahr darauf erklärte es die International Federation of the Phonographic Industry (IFPI) zum weltweit meistverkauften Album 2001. Heute gilt *Hybrid Theory* zudem als das meistverkaufte Debütalbum der Geschichte nach *Appetite for Destruction* von Guns N' Roses aus dem Jahr 1987. Nu Metal und Crossover im Allgemeinen mag es seit der Jahrtausendwende nicht mehr gut gegangen sein – Linkin Park füllten seitdem aber Stadien und ihre Poster die Jugendzimmer. Das bisher anhaltende Ende ihrer aktiven Karriere wurde ausgelöst von einem Schicksal, das auch so viele Grunge-Bands ereilte: Ihr Sänger Chester Bennington, der zeitweise auch den an den Folgen seines Drogenkonsums verstorbenen Scott Weiland bei den Stone Temple Pilots ersetzte, litt an Depressionen und beging im Jahr 2017 Suizid – zwei Monate nach dem Suizid und am Geburtstagsdatum des Soundgarden-Sängers Chris Cornell, mit dem er eng befreundet war (er war sogar der Patenonkel einer seiner Töchter).

Ein Nu-Metal-Tiefpunkt war nicht etwa mit Crazy Towns Red-Hot-Chili-Peppers-Verhunzung »Butterfly« erreicht, sondern als Limp Bizkits Fred Durst 1999 bei der katastrophalen Woodstock-Neuauflage, eindrucksvoll nachzusehen in der Dokuserie *Trainwreck* (2022), zu ihrem Song »Break Stuff« das dehydrierte und testosterongeladene Publikum zum hedonistischen und buchstäblichen Abriss des Geländes animierte. Das ikonische und viel zu oft zitierte »Fuck you, I won't do what you tell me«, dieser Musik gewordene Mittelfinger der Band, die ironischerweise ebenfalls auf dem Woodstock-Festival 1999 auftrat, aber in der Doku nicht zu sehen ist, hatte nichts mehr mit seiner ursprünglichen Message gemein. Als politischer oder antikapitalistischer Protest konnte das prollige Gepose von einem

Typen mit umgedrehter roter Fullcap, der von »I did it all for the nookie« (»Ich hab das alles für Sex / eine Pussy gemacht«) sprechsingt, nicht durchgehen. Hier wurden Menschen in Gefahr gebracht. Die Revolution fraß ihre eigenen Kinder. Übrigens tat und tut sie das auch immer dann, wenn bei den seltenen Liveshows von Rage Against the Machine weiße Typen über 40 in kurzen Hosen stehen, ebenfalls »Fuck you, I won't do what you tell me« skandieren – und am nächsten Morgen wieder pünktlich im Büro sitzen und Business-Pitchs vorbereiten.

Crossover in Europa und Deutschland

In Deutschland kam der Trend wie alle Trends – zumindest in der öffentlichen Wahrnehmung – nicht nur verspätet an, er tat sich auch schwer damit, eine eigene Identität zu finden. Obwohl: Er fand sie – nur ganz anders. Während neben dem Grunge von Nirvana und Pearl Jam die Red Hot Chili Peppers, Rage Against the Machine, Body Count und Co. bereits die Rockclubs jeder Kleinstadt beschallten, erschien 1993 *Deaf Dumb Blind*, das Debütalbum der schwedischen Crossover-Band Clawfinger. Im Booklet erklärten sie in direkter Anlehnung an Rage Against the Machine: »This record is loaded with samples, loops and no guitar amps.« Mit ihrem neuartigen Hybrid aus Rap, Metal und Electronic gingen sie unter anderem mit Anthrax, Alice in Chains sowie Die Krupps auf Tour und sorgten mit ihrer Single »N*gger« (Sternchen von uns) für Schlagzeilen und Kontroversen: Fünf weiße Typen, die Schwarzen vorwerfen, wie sie sich selbst benennen? Das war zum Glück schon vor 30 Jahren schwierig. Geschadet hat es Clawfinger indes nicht: MTV und Viva begleiteten fortan das »Phänomen«, sie traten bei so großen Festivals wie Rock am Ring, Roskilde und dem Monsters-of-Rock-Ableger in Südamerika auf. Ihr tighter Sound und ihr mechanisches Gitarrenspiel beeinflussten sowohl die Nu-Metal-Recken Korn als auch die Neue-Deutsche-Härte-Band Rammstein, die bald zu

*Crossing All Over!
Vol. 1* (1993)

Deutschlands größtem Exportschlager seit den Scorpions avancieren sollte.

Die Labels hatten an Sounds wie diesen Gefallen gefunden: Die 1992 gegründete und am kurzweiligen Erfolg von Crossover in Deutschland maßgeblich beteiligte Bertelsmann-Tochter GUN Records, bei der auch Clawfinger und später H-Blockx, Guano Apes, Blackeyed Blonde und Die Happy unter Vertrag standen, brachte 1993 den ersten *Crossing All Over!*-Sampler auf den Markt, eine Art *Bravo Hits*-Alternative für Rock-Kids, 17 weitere Volumes mit Beiträgen aus Independent, Gothic, Punkrock, Industrial und Nu Metal unter dem Dach von BMG Ariola würden folgen, zeitweise versehen mit dem Zusatz »New Rock & Electro Beats«. Mit dem Ende der Reihe 2006 war auch Crossover in Deutschland am Ende.

Seit Mai 1994 war aus den deutschen Skateparks eine weitere Crossover-Band nicht mehr wegzudenken: Dog Eat Dog aus New Jersey erreichten mit ihrem Trademark-Saxophon auf dem Debüt *All Boro Kings* und Hits wie »No Fronts« und »Who's the King?« besonders in Deutschland kurzzeitigen Kultstatus. Ein halbes Jahr darauf erschien, mit Megaphon statt Saxophon, das

Rising High: Die H-Blockx, 1995

Debüt *Time to Move* der wohl bekanntesten deutschen Crossover-Band H-Blockx aus Münster. Die Platte stand über 60 Wochen in den Charts, es folgten Auftritte bei Rock am Ring, den MTV *European Music Awards* und US-Tourneen im Rahmen der *Vans Warped*-Tour an der Seite von Eminem. Zu den weiteren mehr oder weniger namhaften Genre-Vertretern aus Deutschland zählen vor allen Dingen die auch in der Snowboard-Szene gefeierten Guano Apes um Sängerin Sandra Nasić, Such a Surge, Blackeyed Blonde, Freaky Fuckin' Weirdoz, Headcrash und Thumb. Deren Sänger und Ex-Profiskater Claus Grabke würde eine Dekade später eng mit Dog Eat Dog zusammenarbeiten. Selbst Die Fantastischen Vier beteiligten sich leidlich am kurzen Hype: Mit der Metalband Megalomaniax brachten sie 1994 unter dem Namen Megavier Crossover-Versionen ihrer eigenen Songs heraus, »Tag am Meer« etwa hieß dabei »Tag am Toten Meer«.

Gut gealtert ist das alles nicht. Seinen zweiten Höhepunkt erfuhr der zunehmend misstrauisch beäugte deutsche Crossover, als die Guano Apes mit dem Album *Proud Like a God* und den Singles »Open Your Eyes« und »Lords of the Boards« auf die Schanzen sprangen. Rückenwind erhielten sie auch durch die oben erwähnte *Crossing All Over!*-Reihe. Bierernst nahmen sie sich selbst eher nicht: So wie Henning Wehland und Rapper Dave Gappa mit den H-Blockx 1994 die eingangs des Kapitels zitierte Zeilen sprechsangen und im Jahr 2000 nur noch mit Johnny Cashs »Ring of Fire«-Cover auf sich aufmerksam machen konnten, shoutete Sandra Nasić auf ihrem zweiten, mutmaßlich nur wegen des Alphaville-Covers »Big in Japan« überhaupt noch gekauften Album *Don't Give Me Names* im selben Jahr: »Dödel up, dödel up, ha?« 2001 legten sie mit dem Michael-Mittermeier-Comedy-Feature »Kumba yo!« sogar noch einen drauf. Ändern konnten aber weder Plattenverkäufe noch Humor etwas daran: Schon als Linkin Park zum Jahrtausendwechsel dem Crossover international nochmal mächtigen Aufwind gaben, war die deutsche »Szene« trotz Nachwehen wie Die Happy und Emil Bulls klinisch tot. Eine echte Legacy hinterließ fast niemand, am ehesten noch die H-Blockx durch ihren Soundtrack zur Ruhrpott-Kultkomödie *Bang Boom Bang* (1999). Henning Wehland zufolge war es Zufall, dass die Band den Zuschlag erhielt: »Die Ärzte hatten Regisseur Peter Thorwarth backstage den Eingang verwehrt, als er ihnen im Rahmen eines Konzerts das Drehbuch geben wollte. In seiner Verzweiflung drückte er es dann dem Sänger der H-Blockx in die Hand, der mit im Publikum stand.«

Karrieren machten danach nur wenige von ihnen: Henning Wehland schloss sich den Söhnen Mannheims an, wurde Castingshow-Juror und brachte 2017 ein Soloalbum heraus. Er ist Teil der deutschen Mainstream-Rock-Dudes um The Boss Hoss, Rea Garvey und Konsorten, deren Musik bei allem Respekt einerseits oft so austauschbar ist wie die TV-Formate, in denen sie auftreten. Andererseits halten sie die Flagge für »Rockmusik«, was auch darunter zu verstehen ist, anhaltend hoch. Die

H-Blockx feierten 2024 mit einer Tour 30 Jahre *Time to Move*. Die Guano Apes lösten sich 2006 auf, wiedervereinigten sich ein paar Jahre später, brachten 2014 ihr bisher letztes Album heraus, geben immer wieder mal Konzerte – auch an der Seite der dem Rechtsrock nahestehenden und entsprechend kontrovers diskutierten Süd-Tiroler Band Frei.Wild – und gingen auch 2024 wieder auf Tour.

Ausnahmeband Such a Surge

Die vielleicht interessanteste, weil eigenständigste (und auch nicht ausnahmslos gut gealterte) Ausnahme im deutschsprachigen Crossover bildeten damals und im Rückblick immer noch Such a Surge aus Braunschweig. Ihre Musik war ein Bastard aus Metal, Skatepunk, Rap, Jazz, Hardcore, Thrash und Funk, der sich an weniger Mechanismen bediente, ihre deutschen (und teilweise englischen und französischen) Texte kamen ohne Klamauk, aber mit einer mindestens für 18-jährige Abiturient:innen gefühlten Tiefe und politischen Awareness daher, die es zumindest im deutschen (Alternative) Rock und damit für Kids, die bis dahin noch nie den Conscious-Hip-Hop von Advanced Chemistry gehört hatten, so nicht gegeben hatte. Ihre Underground-Smasher »Gegen den Strom« (1993) und »Schatten« (vom Debüt *Under Pressure*, 1995) gelten als einflussreiche Szeneklassiker. Für Henning Wehland etwa war die *Gegen den Strom*-EP nicht nur »absolut wegweisend«, mehr noch, wie er uns steckte: »Eigentlich war sie für mich sogar die erste Nu-Metal-Veröffentlichung weltweit!«

Eine Aussage, über die Axel Horn erstmal nachdenken muss. Der heute 49-jährige Booker und Manager von Bosse und anderen Acts gehörte Anfang der 90er als Bassist zu den Gründungsmitgliedern von Such a Surge. Später wurde er auch ihr Manager. Über ihre Entstehung sagt er im Gespräch für dieses Buch:

Wir hörten Slayer und Kreator, N.W.A, Public Enemy und Ice-T. Suicidal Tendencies waren unsere ständigen Begleiter. Aus dem Lebensgefühl einer Generation heraus entstand mit Crossover etwas Neues.

Horn und seine Kumpels Dennis Graef und Daniel Laudahn vom Gymnasium hingen im Braunschweiger Prinzenpark, am Basketballplatz auf der Rollschuhbahn genauso ab wie auch die Rapper, die vom Status quo ihrer Musik ebenfalls gelangweilt waren. Michel Begeame, der Sänger ihrer Schulband, war Bindeglied zwischen den Welten. Er tanzte in einer Breakdance-Crew, welche die Braunschweiger Rap-Gruppe State of Departmentz begleitete. Oliver Schneider, ein MC eben dieser Gruppe, lebte in der Braunschweiger Weststadt, einer Plattenbausiedlung mit offensichtlich gutem Nährboden für Raptalente – unter anderem Afrob, MC Rene, Aleksey (Phase V) und Cappuccino (Jazzkantine) wuchsen in diesem Viertel auf. Die MCs und Breakdancer hatten Bock auf einen Live-Schlagzeuger, erinnert sich Horn, so habe man sich gegenseitig gefunden und befruchtet: »Olli spielte mir damals auf seiner Couch LL Cool Js *MTV Unplugged* vor, Hip-Hop mit richtigen Instrumenten, und ich ihm dafür Anthrax. Die Beastie Boys prägten uns alle.« So entstand aus zwei Szenen eine Band, die anfangs keine war: Braunschweiger Hip-Hopper und Gymnasialkids, die Metal spielten, jammten fortan als loses Kollektiv zusammen. Zu Such a Surge wurden sie dank des späteren Jazzkantine-Mitgründers Matthias Lanzer. Der legte damals mit *Rapnation* eines der ersten deutschen Hip-Hop-Fanzines auf. Für einen geplanten Sampler, um die Szene voranzubringen, fragte er Horn und Co. nach drei Tracks. So rutschten sie in den Beginn der deutschen Hip-Hop-Szene, traten auf etlichen norddeutschen Jams auf und lernten dort, wohlgemerkt Anfang der 90er, u. a. No Remorze, Denyo und Eissfeldt kennen. Mit zwei weiteren Bands namens Poets of Peeze und U-Man incl. Spax schlossen sich Such a Surge als New Born Family zusammen. Aus Poets of Peeze würden später Fettes Brot und

Such a Surge in New York, 1994

Der Tobi & das Bo hervorgehen. DJ Mad habe damals schon die Jams gefilmt, geschnitten und »in der Clique« durch Deutschland geschickt. »In meinem Keller liegt noch immer eine VHS-Kassette mit dem allerersten Fettes-Brot-Konzert beim Hip-Hop-Jam in Elmshorn 1993«, sagt Horn.

Such a Surges Verbindung zum Hip-Hop hielt bis zum Ende ihrer aktiven Karriere an. Sie remixten »Populär« von den Fantastischen Vier, nahmen Songs mit Thomas D, MC Rene, Afrob und, für ihren kommerziellen Höhepunkt Der Surge-Effekt (2000), mit Ferris MC und den Spezializtz auf. DJ Stylewarz (No Remorze) sorgte auf einigen Platten für die Scratches und begleitete sie zum Album Was Besonderes als Tour-DJ. Mit Ooomph! nahmen sie sich 1997 sogar Korns »Good God« vor. Sie erhielten Respekt aus allen Lagern, das Interesse an Such a Surge nahm ab ihrem Album Rotlicht (2003) aber dennoch ab. Ihr letztes Album Alpha erschien 2005 auf dem Metallabel Nuclear Blast, danach erschien ihnen ihre Geschichte auserzählt. 2006 lösten sie sich nach einer Abschiedstour auf. Und wollen es auch in Zukunft dabei belassen.

»Crossover ist eine verstorbene Musikart der 90er«, gibt Horn zu. In Deutschland erklärt er den Unterschied zwischen Bands wie seiner und der von Henning Wehland so: »Die H-Blockx, das waren die Popper mit den bunten Videos, wir waren eher schwarzweiß. Sie waren Viva, wir waren Viva Zwei – wenn überhaupt.« Und der Unterschied zu Nu Metal?

Ich weiß, dass wir vielen gefielen. Im ursprünglichen Sinne waren wir wahrscheinlich durch unseren Mix mehr Crossover als alle anderen, obwohl uns diese Begrifflichkeiten immer egal waren. Der Begriff wurde irgendwann mit Metal-Rap verwechselt. Nu Metal ist für mich die Fortsetzung von Crossover, vielleicht liegt sogar im Zeitlichen der größte Unterschied.

Das kommerzielle Ende von Crossover in Deutschland markierte auch der kommerzielle Durchbruch von deutschem Hip-Hop, maßgeblich eingeläutet durch frühe Weggefährten von Such a Surge: 1998 erschien *Bambule* von Absolute Beginner, während die noch spaßigere Spaßfraktion von Fettes Brot zu diesem Zeitpunkt schon drei Alben und zahlreiche Singlehits auf dem Markt hatte, Fünf Sterne deluxe immerhin eine Platte. In dessen Folge, so Horn, habe Deutschrap das gleiche wie Crossover erlebt: »Durch die totale Flutung von schlechten Produkten und Nachahmern wurde deutscher Hip-Hop Anfang 2000 pulverisiert. Er ist tot, hieß es, bis plötzlich Aggro Berlin auf den Plan trat.«

Wie es mit Crossover weiterging

Die Karrieren der prägenden internationalen Crossover-Bands sind zumindest teilweise länger anhaltend: Die Red Hot Chili Peppers feierten 2023 ihr 40-jähriges Bestehen, 2022 brachten sie gleich zwei Alben heraus. Die Beastie Boys sind seit dem Tod von Adam »MCA« Yauch 2012 Geschichte. 2023 wurde die New

Yorker Kreuzung zwischen Ludlow Street und Rivington Street, die auf dem Cover ihres Albums *Paul's Boutique* (1989) zu sehen ist, offiziell zum »Beastie Boys Square« ernannt. Faith No More gaben nach ihrer Trennung 1998 erst seit 2009 wieder Konzerte, 2015 erschien ihr siebtes Album *Sol Invictus*. Eine für 2022 angekündigte Tour, die sie auch wieder nach Deutschland geführt hätte, wurde wegen einer durch die Coronapandemie verschärften Angststörung von Mike Patton abgesagt. Body Count wiederum bringen immer wieder mal Alben heraus, über die im Vergleich zu Ice-Ts Celebrity-TV-Karriere allerdings kaum jemand mehr spricht. Oh und äh, Clawfinger, deren Homepage mit dem Spruch »Rap-Metal since 1993« wirbt? Remixten mehrfach Rammstein, wurden von ihnen am Beckenrand der Versenkung hochgehalten, brachten 2007 ihr letztes Album heraus, trennten sich für ein paar Jahre und touren seitdem immer wieder mal durch die Gegenden.

Wenn man so will, erfuhr der Crossover 2001 seinen letzten Höhepunkt, als er so endete, wie er anfing: Während der Super-Bowl-Halbzeitshow performten Aerosmith »Walk This Way« – diesmal aber nicht mit Run DMC, sondern mit den Popstars *NSync, Britney Spears, Mary J. Blige und Nelly. Jetzt waren andere an der Reihe. Vorher fusionierte Puff Daddy mit Jimmy Page, danach Jay-Z mit Linkin Park sowie Coldplay. Und schon wegen seiner eigentlichen Definition und seines Erfolgs im Deutschland der 90er ist Crossover (auch) hierzulande nicht verschwunden: Der Emo-Rap von Casper ist im Grunde ein Crossover, so wie es viel mehr noch die Punk-, Rock-, Rap-, Party-, und Schlager-Fusion von Swiss und die Andern, auch wegen der klassischen Bandbesetzung plus DJ, ist. Jüngstes Highlight im Generationen umspannenden Einfluss von Crossover und seinen Wechselwirkungen: Rapper und Popstar Alligatoah, der bis dahin auf Social Media seinen Rücktritt als aktiver Musiker anteaserte, veröffentlichte im Dezember 2023 mit »So raus« ein lupenreines Nu-Metal-Feature mit niemand Geringerem als Limp-Bizkit-Frontmann Fred Durst. Sollte dieser Held ihres

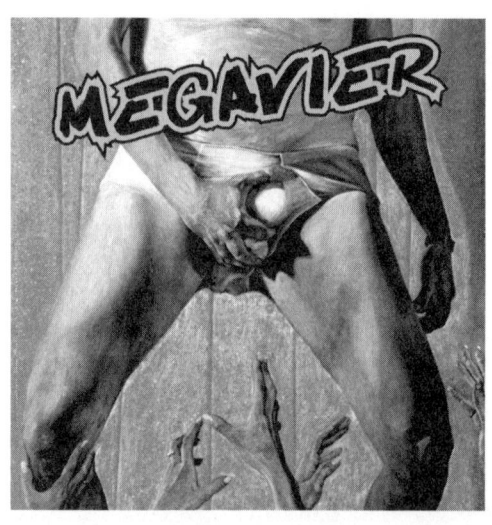

Megavier (1994)

Helden den deutschen Millennials bis dahin kein Begriff gewesen sein, jetzt war er es. Im Video persiflierte Alligatoah diesen PR-Stunt, es trendete auf der Stelle, und er hatte einmal mehr das Internet für sich gewonnen. 2024 trat er erneut beim Wacken Open Air auf.

Eine Band haben wir bisher bewusst verschwiegen: Die Fäkalhumor-Clowns The Bloodhound Gang, die mit ihrem Single-Hit »Fire Water Burn«, dem folgenden zweiten Album *Hooray for Boobies* und dem Einsatz eines DJs, Gitarren und dürftigem Sprechgesang durchaus als Crossover durchgingen, feierten ihre größten Erfolge just in Deutschland. »Deren seltsame Karriere ist ehrlicherweise Viva Zwei anzulasten«, gesteht Eric Pfeil, damaliger Redakteur beim Sender, in Markus Kavkas und Elmar Giglingers Buch *MTViva liebt dich!* »Wir waren verkuppelt. Ganz gleich, was man von dieser Band hielt: Faszinierend war, dass sie das Showgeschäft parodierte, aber es trotzdem gleichzeitig lebte.« Backstage soll es regelmäßig nach Erbrochenem gerochen haben. Bassist Evil Jared Hasselhoff, der später kurzzeitig Sidekick bei Joko und Klaas wurde, übertraf sich selbst im Bier-Wettexen, wollte vorher verschluckte Mäuse auf der Bühne auskotzen. Diese *Jackass*-Typen des Pop-Punks, auch sie waren eine Fratze des Crossovers aus den 90ern – nämlich eine, zu der musikalisch sonst nicht sonderlich interessierte Festival-Dauercamper ihrer Sufflust freien Lauf lassen konnten. Sie seien nur deshalb hier erwähnt, damit niemand denkt, aus den USA wäre nur geiler Scheiß gekommen. Und um an einem weiteren Beispiel zu veranschaulichen, warum Crossover heutzutage kaum noch zeitgemäß sein kann: Vereint war der Großteil seiner fast ausschließlich männlichen Vertreter in Gestus, Habitus, Testosteronhaushalt und zur Schau gestellter Attitüde. Egal, wie woke oder konservativ sie unterwegs gewesen sein mögen: Sie alle klangen und posten (mit Abstufungen) wie ein Musik gewordener »Ich bin der Geilste«-Griff in den eigenen Schritt. Und damit so, wie das Artwork der Megavier aussah. Vielleicht hat die (deutsche) Musikgeschichte also zumindest dieser Randerscheinung Unrecht getan.

15 Schattenspringer, die in Deutschland für den Crossover der 90er stehen

1. Beastie Boys: »Sabotage« (1994)
2. Rage Against the Machine: »Bombtrack« (1992)
3. Red Hot Chili Peppers: »Give It Away« (1991)
4. Body Count: »Body Count's in the House« (1992)
5. Anthrax & Public Enemy: »Bring tha Noize« (1991)
6. Faith No More: »Epic« (1989)
7. Such a Surge: »Schatten« (1995)
8. H-Blockx: »Move« (1994)
9. Thumb: »Sell Myself« (1997)
10. Clawfinger: »N*gger« (1993)
11. Mr. Ed Jumps the Gun: »Wild Thang« (1995)
12. Dog Eat Dog: »No Fronts« (1994)
13. Guano Apes: »Open Your Eyes« (1997)
14. Korn: »Freak on a Leash« (1998)
15. Limp Bizkit: »Break Stuff« (1999)

»Für Tocotronic waren wir Szeneverräter«: Interview mit Henning Wehland (H-Blockx)

Die H-Blockx prägten Mitte der 90er mit Singles wie »Move« und »Risin' High« in Deutschland maßgeblich den Sound, den man später Crossover nennen würde. Ein Gespräch mit Sänger Henning Wehland über Rock, Rap und Lifestyle, Credibility und Werte, »Nu Metal«-Missverständnisse, einen Kuss von Kylie Minogue – und den Einfluss von Bands wie seiner auf heutige Acts wie Apache 207.

Junge Menschen, die dich heute aus TV-Shows wie *The Voice of Germany* kennen, wissen mutmaßlich nicht um deine musikalische Vergangenheit.

Ja, ich nehme das so wahr – mit gemischten Gefühlen über die Jahrzehnte hinweg. Ich habe mir abgewöhnt, den Leuten zu erklären, was ich mache. Die Band ist aus einem Impuls heraus entstanden. Unser Lifestyle Ende der 80er und Anfang der 90er war der, dass uns vermeintlich alles scheißegal war. Wir hatten keine Message oder Zukunftsvisionen, lebten den Tag und agierten aus dem Bauch heraus – bevor wir Verträge unterschrieben. Mit dem kommerziellen Erfolg ging eine Verpflichtung gegenüber Käufern und Fans einher. Als der nachließ, fingen die Probleme an.

Welche?

Im Spannungsfeld zwischen Kunst und Kommerz entstand ein Druck, Erwartungen zu erfüllen, anstatt der eigenen künstlerischen Intuition zu folgen. Ich erklärte den Leuten plötzlich, warum wir eigentlich so geil sind. Mitte der 90er waren wir Pioniere. Nicht, weil wir die Musikrichtung erfunden hätten. Aber die Art, wie wir sie kommerzialisiert haben, war neu. Anfang der 00er hatten wir zwar mit »Ring of Fire« noch einen Hit. Aber wir waren nicht mehr Teil des Zeitgeists.

Wie sah der damals aus?
Sieh dir die Musikszene in Deutschland zu jener Zeit an und höre dann *Time to Move*. Das sollte es erklären. Beim Skateboarding ging es darum, nicht nur Tetrapak saufend vorm Penny zu sitzen. Sondern eine krasse Rampe zu springen. Oder einen Trick zu stehen, bei dessen Versuch du in neun von zehn Fällen im Krankenhaus landest. Es gab keine Hindernisse, die nicht mit Willenskraft und Schmerzfreiheit hätten überwunden werden können. Diese »I don't give a fuck«-Attitüde stellte ich auch auf der Bühne unter Beweis.

Hattet ihr schon bei der Bandgründung einen Plan wie: »Wir holen Crossover erfolgreich nach Deutschland«?
Den Begriff Crossover gab es mit der entsprechenden Stigmatisierung noch gar nicht. Unser erstes Konzert, das eigentlich unser einziges werden sollte, 1991 beim Festival Schools on Stage, war ein Protest: Wir wollten die Veranstaltung sprengen, diese ganzen Coverbands auseinanderreißen. Verkleidet mit Goldketten, wie die frühen Peppers.

Eine euch prägende Band?
Unser Gitarrist war ein Metalhead. Der Bassist kam aus Blues, Funk, Jazz und Rock und jammte mit unserem Drummer zu Living Colour und Mother's Finest. Ich komme aus dem Pop und habe immer schon Punk gehört. Deutsche Bands wie Straßenjungs, Hans-A-Plast, Zeltinger Band und Ideal, die Ramones, Lindenberg und Nina Hagen faszinierten mich ebenfalls. Der melodische Teil interessierte mich dabei stets mehr als der politische. Zusammen machten wir im Proberaum einfach Blödsinn.

Aber keinen Punkrock.
Die H-Blockx waren nie Teil der Punkszene. Die Beastie Boys aber, die ja auch als Punkband anfingen, waren für uns mehr Vorbild als alles andere, was danach kam. Nach dem Schulfestival

bekamen wir Angebote für weitere Auftritte und sollten unseren Musikstil beschreiben. Als Fishbone-Fans nahmen wir ein Bild einer Fischgräte, fotokopierten es schwarzweiß und schrieben »Funk, Rap, Core« darunter. Der *Musikexpress* hat daraus später Crossover gemacht. 1994 erschien dort eine legendäre Story mit Studioreport über uns. Es war noch nicht normal, dass deutsche Bands im Fahrwasser von Selig und den Fantastischen Vier im Neo-Deutschpop plötzlich auf Englisch singen und Videos für 100 000 D-Mark drehen, die auf Viva laufen. Der Artikel sorgte mit dafür, dass unser Album in die Top 70 einstieg.

Und brachte euch den Vorwurf ein, eine »Boyband des Rock« zu sein.
Fotos vor einem weißen Hintergrund, um sie danach besser bearbeiten zu können, geschossen von einem berühmten *Bravo*-Fotografen – für glaubwürdige Undergroundbands war das ein No-Go. Dies, unsere aufwändigen Videos und weitere Teile der Vermarktung waren Aufhänger dafür, dass uns Tocotronic in Interviews gedisst haben. Wir hätten die Szene verraten, hieß es. Crossover blieb gleichzeitig ein Begriff, mit dem wir nichts anfangen konnten. Wir hassten ihn auch noch, als wir Ende der 90er in den USA unterwegs waren.

Als Teil der *Vans Warped*-Tour.
1999 erschienen »Nookie« von Limp Bizkit und »My Name Is« von Eminem. Der Nu-Metal-Hype ging los. Unser Debüt *Time to Move* haben wir 1993 aufgenommen, nachdem wir Ende 1992 Rage Against the Machine im Vorprogramm von Suicidal Tendencies erlebt hatten. Noch länger vor uns gab es auch Bands wie Mucky Pup und Primus. Wir waren nicht die Ersten. Aber wir wussten: Wir müssen das Album jetzt herausbringen, damit es nicht wieder heißt, dass eine deutsche Band den Amerikanern hinterherliefe. Das Label wartete noch ein Jahr, das Album erschien schließlich im Sog von Faith No More, Rage Against the Machine und Biohazard. Crossover war unter dem Namen aber

ein Phänomen, das hauptsächlich in Europa stattfand. Dog Eat Dog, H-Blockx und Clawfinger waren die Aushängeschilder.

Kurzzeitig wurde Crossover in Deutschland ein Riesending. Trotzdem feierten neben euch nur die genannten Guano Apes, Thumb, Such a Surge und, aus dem Ausland, Dog Eat Dog und Clawfinger Erfolge.
Mr. Ed Jumps the Gun gab es noch. Such a Surge waren im Grunde zwei Rapper, die eine Punkband um sich geschart haben. Sie haben aus dem Hip-Hop-Bereich heraus das gleiche gemacht wie wir aus dem Rockbereich. Wir waren sehr speziell darin, das Stilelement Hip-Hop einzubinden. Das haben die Guano Apes nicht gemacht. Aber klar: Wenn ich mir unser Debüt anhöre, frage ich mich immer noch, wie sowas jemals so erfolgreich werden konnte. Es hätte auch grandios in die Hose gehen können. Viele Kritiker verrissen die Platte. Erfolgreich wurde sie dennoch, und wir haben jede Rezension gefeiert.

Wie erklärst du dir die Kurzlebigkeit des Genres?
Wir reden hier über Ausläufer der 80er in den 90ern. Grunge fanden viele geil, aber nicht alle wollten den ganzen Tag Drogen nehmen. Musik hatte nicht nur mit Ausdruck, sondern mit Lifestyle zu tun. Bei uns hielt die Hochzeit bis 1998 an. Ich formuliere es provokant: Diese Zeitspanne hat den Beatles auch gereicht, um das zu erschaffen, wofür wir sie heute noch lieben. Und diese Spanne ist gar nicht mal so kurz. Wir waren kein One-Hit-Wonder. Crossover war ein Phänomen, eine Jugendkultur, die innerhalb des Rock, Hip-Hop und Metal kurz aufflackerte und in anderen Bereichen wieder aufging. Heute findet im Mainstream nichts anderes statt als das, was wir damals machten. Nur mit anderen Mitteln.

An wen denkst du da konkret?
An das Album *Gartenstadt* von Apache 207, zum Beispiel: Ich höre darauf 90er-Jahre-Beats, Eurodance, gepaart mit Schlager-

melodien und einer geilen Attitüde, die mich an Punk und Street-Hip-Hop erinnert. Dieses Gemisch hat für mich eine unfassbare Qualität.

Der typische Crossover-Sound hat seine Zeit trotzdem nicht überlebt.
Ich weiß, dass wir mit den H-Blockx nicht mehr stilprägend sind und vielleicht auch nie waren. Aber die kleinen Festivals, die wir im Sommer 2023 spielten, waren alle ausverkauft. Die Leute kauften sich aus nostalgischen Gründen ein Ticket. Aber ein Lifestyle, der in ihnen und auch in uns noch drin ist, wurde dabei wieder zum Leben erweckt. Einer kurzen Jugendbewegung hat *Time to Move* einen Namen gegeben.

David Bowie sah euch bei den Proben zu, mit einem kotzenden Robbie Williams seid ihr Aufzug gefahren, mit Eminem habt ihr Basketball gespielt. Was war dein Highlight aus diesen Heydays?
Der Bowie-Moment geschah im Rahmen der MTV European Music Awards 1995, wo wir zum Missfallen unserer Plattenfirma als einzige Band neben Oasis live auftraten. Inmitten des Backstageraums stand ein großer Billardtisch. Drei Leute fragten mich auf Englisch, ob ich nicht als ihr vierter Mann mitspielen will. »Klar«, sagte ich. Die Männer waren Mick Hucknall von Simply Red und Bono und The Edge von U2.

Und Henning Wehland aus Münster.
Während wir spielten, rannte ein kleines Mädchen in den Raum. Alle flippten aus, lagen sich in den Armen, gaben der Dame Küsschen links und rechts. »Hi, ich bin Henning«, stellte ich mich vor. Sie wollte mir auch ein Wangenküsschen geben. Ich wich unglücklich aus, sie nahm mein Gesicht in ihre beiden Hände, küsste mich auf den Mund und sagte: »I'm Kylie.«

Als Mitglied der Söhne Mannheims schlugst du musika-

lisch später auch andere Richtungen ein. Hattest du jemals Probleme damit, dass dich der Mainstream als zu Indie wahrnahm oder umgekehrt?
Die Indieleute haben mich immer als Kommerzaffen gesehen. In vielen Punk-Kreisen gibt es Leute, die eine Zusammenarbeit mit mir verweigerten, weil ich mit Sarah Connor und Xavier Naidoo gearbeitet habe, auch bevor der eine Persona non grata wurde. Das entspricht für mich nicht der Philosophie des Punk. Den heutigen Naidoo mal ausgenommen: Dass ich mit Connor und den Söhnen Mannheims und im Pop arbeitete, schließt für mich nicht aus, eine Punk-Attitüde zu haben. In Amerika würde sich diese Frage niemand stellen.

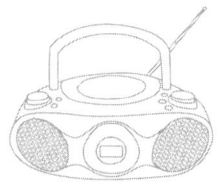

»Kommst du mit in den Alltag«: Der Deutsch-LK der Hamburger Schule

(1991–1999)

Ging Deutschpop in den 80ern noch in die Grundschule der NDW, kam er in den 90ern aufs Gymnasium. Die beste Institution stand damals noch hoch im Norden. Von dort zogen die Absolvent:innen durchs ganze Land und etablierten die hiesige Sprache als selbstverständliche Ausdrucksform im Pop.

> »Ich bin neu in der Hamburger Schule
> Und bin grade erst weg von zuhaus
> Die Lehrer sind alle ganz nett hier
> Und die meisten meiner Mitschüler auch«
>
> Tocotronic: »Ich bin neu in der Hamburger Schule«, 1995

Während diese Zeilen entstehen, verbringen der Deutschrapper Apache 207 und der Altmeister des Deutschrock, Udo Lindenberg, ihre letzte gemeinsame Woche an der Spitze der deutschen Single-Charts: »Und wenn ich geh', dann so, wie ich gekommen bin / Wie ein Komet, der zweimal einschlägt«. Ganze 21-mal war ihr Duett »Komet« ganz oben eingeschlagen – öfter als jede andere Single davor. Längst haben wir uns an deutschsprachigen Pop in den vorderen Hitlistenplätzen gewöhnt – ein Trend, den zu Beginn der 00er Jahre maßgeblich Bands wie Wir sind Helden, Tomte, Sportfreunde Stiller, Juli, Silbermond und Revolverheld ausgelöst haben. Durch teils grobschlächtige Auslegungen und Fortführungen von Pionierarbeiten ernteten sie, was in den 90er Jahren gesät wurde – vor allem hoch im Norden der Bundesrepublik. Die sogenannte Hamburger Schule wurde so genannt von *Taz*-Redakteur Thomas Groß, der sich 1992 in einem Artikel anlässlich der fast simultanen Veröffentlichung zweier Alben des neu zu gründenden Genres – *Reformhölle* von Cpt. Kirk &., sowie Blumfelds weitaus einflussreicheres *Ich-Maschine* – mit dem Begriff an die philosophische Gruppe der Frankfurter Schule anlehnte. Im 1924 eröffneten Institut für Sozialforschung entwickelte man am Main eine kritische Theorie hinsichtlich der Widersprüche der kapitalistischen Gesellschaft. Zu den Hauptvertretern der Frankfurter Schule zählen etwa Max Horkheimer (1895–1973), Theodor W. Adorno (1903–1969) oder Jürgen Habermas (geb. 1929). Grundbedingungen für eine Aufnahme in den hanseatischen Campus waren daher: ein einigermaßen hoher Intelligenzquotient, das Aufgreifen postmoderner Theorien sowie eine tendenziell am linken Rand des politischen Spektrums verortete Gesinnung.

Der Spielart haftete so von Beginn an ein akademischer Dünkel an – arroganter Abiturpop von sozial Privilegierten, deren Publikum sich innerhalb der Grenzen des eigenen Tellerrands befand, so das Vorurteil. Die erwähnte, zur Jahrtausendwende einsetzende künstlerische Verflachung war somit fast notwendige Konsequenz, wollte Pop auf Deutsch seine Zielgruppe erweitern – und dabei zumindest in seiner Selbstdarstellung cool bleiben. Denn an uncooler Populärmusik hatte es hierzulande schließlich nie gemangelt. »Der lachende Vagabund«, Fred Bertelmanns deutsche Version des Country-Songs »Gambler's Guitar« aus dem Jahr 1957, gilt nach vielen Zählweisen immer noch als erfolgreichste deutschsprachige Musikproduktion. Um nur ein Beispiel aus der umfangreichen Schlagersparte zu nennen, die modernem Deutschpop eine gewisse historische Belastung bescherte. Zwar war Ende der 70er Jahre die auf den Punk-Prinzipien basierende New Wave auch nach Deutschland geschwappt; im August 1979 wurde so das Debütalbum des wegweisenden Elektropop-Acts Deutsch Amerikanische Freundschaft (DAF) in einer Anzeige des Berliner Plattenversands Der Zensor im Musikmagazin *Sounds* als »Neue Deutsche Welle« bezeichnet. Zwei Monate darauf etablierte der Musikjournalist und spätere Labelchef Alfred Hilsberg den Namen in einer Artikelserie über das im Underground lodernde Feuer. Doch nach visionären Werken von Gruppen wie Mittagspause, Abwärts, The Wirtschaftswunder und Der Plan verdampfte die Szene und ging mit Karnevalsklamauk in Form von Markus, Ixi und Hubert Kah in der *ZDF-Hitparade* in Schall und Rauch auf. Traurige Höhepunkte dieser Entwicklung: die Spielfilme *Ich geb Gas – ich will Spaß* (1983) mit Nena und der Bauchklatscher des ambitioniert gestarteten Trios *Drei gegen Drei* (1985) – seichte Klamotten im Stil der damals beliebten *Supernasen*-Reihe mit Thomas Gottschalk und Mike Krüger. Und doch: Ein Anfang war gemacht. Deutschsprachiger Pop, der uns etwas über unser Leben erzählt, ohne dabei belehrend, verquast oder peinlich zu sein, war möglich. Auch wenn das zu Beginn der 90er Jahre wieder als Ding der Unmöglichkeit galt.

Fast weltweit: Vor Hamburg kam Bad Salzuflen

Um auf das Ausgangsbeispiel zurückzukommen: Deutschrap war damals für die breite Öffentlichkeit die über die Bildschirme hip-hoppsenden Fanta 4 mit ihren Verkehrtherum-Käppis und bunten Brillen. Udo Lindenberg war schnoddrig und aus Hamburg, aber ganz gewiss nicht cool. Ein abgehalftertes Relikt einer mehr und mehr in Vergessenheit geratenen Zeit. Dankbare Steilvorlage für Parodien. Der »Komet« raste damals noch Lichtjahre entfernt an uns vorbei. Vor allem wäre ein derartiges Crossover

Die Braut haut ins Auge: Karen Dennig, Peta Devlin, Bernadette La Hengst und Katja Böhm 1995

undenkbar gewesen. Zwar haben wir den 90ern das Einreißen diverser Mauern, so auch denen zwischen musikalischen Genres, zu verdanken, doch zu Beginn des Jahrzehnts standen Letztere noch felsenfest. Pop auf Deutsch hatte in diesem ordnungsliebenden Land entweder weichgespült (Schlager), witzig (Fun-Punk) oder wichtigtuerisch-bedeutungsschwanger (Industrial) zu sein. Grenzgänger:innen gab es zwar, allerdings wenig beachtet und wenn, dann gerne missverstanden. Noch 1993, als Bernadette La Hengst mit ihrer Band Die Braut haut ins Auge drei Tage auf der Fachmesse Berlin Independent Days spielte, wurde sie »belächelt«, wie sie dem Deutschlandfunk 2019 sagte, »ausgelacht weiß ich nicht, aber belächelt«. Schnell war man auf der Suche nach einem Etikett bei »Schlager aus Ostwestfalen« gelandet. Immerhin ist Ostwestfalen ein gutes Stichwort für die Genese der Hamburger Schule. Denn dort stand sozusagen die Grundschule, genauer gesagt in Bad Salzuflen in der nordrheinwestfälischen Region Ostwestfalen-Lippe. Die Problematik der deutschen Klangfarbe durchwandert alle Bereiche ihrer Popmusik, so auch ihrer Gründungs- und Wirkstätten; neidvoll blicken wir auf ohrenschmeichelnde Geburtsorte des Rock im Ausland wie New York, London oder San Francisco. Aber erinnern wir uns zur Gemütsberuhigung an den wohlklingenderen, titelgebenden Stadtnamen des hier behandelten Genres. Bad Salzuflen dient lediglich als Kulisse der Vorgeschichte. In diesem mythenumrankten Kaff taten sich 1985 Michael Girke (von den Berlinern Jetzt!), Achim Knorr (heute häufig im TV gastierender Comedian), Andreas Henning, Singer-Songwriter Bernd Begemann, dessen Freund Frank Spilker sowie Tontechniker Frank Werner zusammen, um ein angesichts der provinziellen Herkunft augenzwinkernd Fast Weltweit genanntes Independent-Label zu gründen. Zwei Jahre darauf komplettierten Jochen Distelmeyer und Bernadette La Hengst das Team. Die Wohnsitze der Akteure waren verstreut, von Berlin bis Bielefeld, von Hamburg bis Köln. Für Aufnahmen traf man sich im Tonstudio Klangforschung mit Sitz in Bad Salzuflen. 2012 sagte Werner dem WDR, das Label sei aus dem »Bedürfnis, zusammen ein eigenes Sprachrohr zu bilden«, entstanden, #strongertogether. In der Tat erwies sich das Netzwerk als sehr ertragreich. Obwohl auf Fast Weltweit nur einige Singles und Zusammenstellungen im damals in Indiekreisen sehr gängigen, weil günstigen Kassettenformat erschienen, legte die Szene dort einige Grundsteine. Distelmeyer nahm hier mit seiner Band Die Bienenjäger zusammen mit dem späteren Mitglied der Goldenen Zitronen und Co-Gründer von Die Sterne, Thomas Wenzel, erste Demos auf. Jetzt! brachten dort ihr Tape *Liebe in GROSSEN Städten* heraus, dessen Song »Kommst du mit in den Alltag« als Coverversion der Bienenjäger-Nachfolger Blumfeld bekannt werden sollte. Schnell war Bad Salzuflen zu klein, die Infrastruktur des Labels dem steigenden Output nicht gewachsen. Begemann, der schon 1984 nach Hamburg gezogen war und dort 1987 die Gruppe Die Antwort (nicht zu verwechseln mit den südafrikanischen Rap-Ravern Die Antwoord) aus der Taufe gehoben hatte, lockte die Akteure peu à peu in die Hansestadt, wo das 1988 etablierte Label L'Age d'Or bereits die Arme offenhielt. Gründer waren Pascal Fuhlbrügge und Carol von Rautenkranz, dessen Bruder Chris das, nun ja, tonangebende Tonstudio Soundgarden betrieb, wo er wichtige Alben der Ära von Die Sterne bis Blumfeld produzierte und so maßgeblich den Sound der Hamburger Schule prägte. Blumfeld veröffentlichten allerdings nicht bei L'Age d'Or, sondern bei What's So Funny About, dem Label des bereits erwähnten Alfred Hilsberg.

Das Goldene Zeitalter

Bei L'Age d'Or brachen dann die Dämme: Das Label veröffentlichte eine Vielzahl an Alben von Gruppen wie Ostzonensuppenwürfelmachenkrebs und Huah!, bereits 1994 ging das Sublabel Ladomat2000 für elektronische Musik an den Start. Allerdings waren die Releases zunächst selten von kommerziellem Erfolg gekrönt. Doch die Fanzines überschlugen sich vor Lob, eine Grassroots-Bewegung war in vollem Gang. Gerade Huah! erfuhren trotz oder wegen ihrer sang- und klanglosen Auflösung kurz nach Veröffentlichung ihres zweiten Albums *Scheiß Kapitalismus* (1992) auf einmal eine mythische Verehrung. »Was soll ich mit der Welt wenn ich dich nicht hab?« entwickelte sich nicht nur zum Hit in alternativen Clubs, sondern dank seiner kontroversen Bestandsaufnahme auch zum Schlüsselsong der Sparte: »In Berlin wohnt die Avantgarde / Und in Hamburg wohnt der Bodenstand / Und in München da gibt es nichts, überhaupt nichts.« Hier kam alles zusammen: ein sozial- und kulturkritischer Text mit Lokalbezug, verpackt in einen kompakten, klassisch strukturierten Dreiminüter mit Lalala-Refrain. Die Hamburger Schule war schlau und belesen, aber nur selten verkopft. Vom Punk übernahm man die Attitüde, aber nicht die Dogmen. Geschrammelt wurde, weil es nicht anders ging. Gitarrensoli waren erlaubt, elektronische Elemente ausdrücklich erwünscht. Jetzt ging es nur noch um die alles entscheidende Frage: Ist dieses

This Band is Tocotronic, 1999: Arne Zank, Dirk von Lowtzow und Jan Müller

Genre in der Lage, sich adäquat ohne Schamesröte im Gesicht über das zentrale Thema des Pop und des Lebens schlechthin zu äußern, nämlich über die Liebe? Eine Band lieferte die deutlichste Antwort (nein, es war nicht Die Antwort, obwohl ihnen mit »Jetzt sind wir wirklich zusammen« und vor allem »Liebe ist echt« hervorragende Stücke zum Sujet gelangen). Es war die Band, auf die die Szene gewartet hatte. Die man im großen Stil bewundern, vermarkten und endlich auch mal kaufen konnte. Die zu Stilikonen wurden und das deutsche Poptreiben bis heute prägen: Tocotronic. Auf ihrem Debütalbum von 1995, *Digital ist besser*, brachten sie Teenager-Liebe, Sehnsucht und Herzschmerz in aller gebotenen Dringlichkeit zum Ausdruck wie niemand zuvor – und womöglich auch niemand seither. Man nehme nur Stücke wie »Wie wir beide nebeneinander auf dem Teppichboden sitzen« und »Drüben auf dem Hügel«: »Ich warte dort auf dich, weil ich dich mag / An unserem letzten Sommerferientag«, heißt es dort, bevor die immer verzweifelter werdenden Wiederholungen der Zeile »Bis wir zusammen sind« einsetzen und uns gleichermaßen die Kehle zuschnüren und das Herz öffnen. Doch zum Abschluss des Albums mussten auch sie eingestehen: »Über Sex kann man nur auf Englisch singen«.

Auf dem Weg nach oben

Tocotronic stellten in vielerlei Hinsicht das deutsche Pendant zu Nirvana dar: Das Zusammenspiel des unerschöpflichen Talents für griffige Popmelodien von Songwriter Dirk von Lowtzow mit der ungezügelten Aggression des deutlich an Punk und Alternative Rock geschulten, häufig nicht die Zweiminutengrenzen erreichenden Akkordgebretters erinnerte stark an den Sturm und Drang von *Bleach* und *Nevermind*. Dazu halfen von Lowtzow, Bassist Jan Müller und Schlagzeuger Arne Zank im Geiste Kurt Cobains auch hierzulande dabei, einen neuen Typus Mann zu etablieren: zu seinen Unzulänglichkeiten und Schwächen stehend, überholte maskuline Extravaganzen ablehnend. In den 10er Jahren sollte von Lowtzow seine Band gar mit Kuscheltieren vergleichen.

Hier greift der Vergleich zur anderen großen Rockgruppe der 90er Jahre, den ungeniert männlich auftretenden Oasis, zwar nicht, doch es lassen sich zahlreiche andere Parallelen neben dem etwa gleichzeitigen Betreten des Spielfelds ausmachen. Inspiriert vom wenig gefüllten studentischen Portemonnaie und der Britpop-Garderobe aus den Second-Hand-Boutiquen – die bis unters Kinn ragenden Seitenscheitel übernahm man allerdings von den androgyneren Suede –, machten Tocotronic gebrauchte Trainingsjacken zum letzten Schrei. Gierig plünderten Teenager die elterlichen Speicher und Keller nach verstaubten Skiwesten; Innenstädte waren voll von Kids in alten T-Shirts mit Werbeaufdrucken – je absurder, desto besser. So steuerte diese Bewegung auch der ebenfalls in Hamburg aufblühenden Deutschrapszene mit deren Vorliebe für prominent zur Schau getragene Edelmarken wie Kani, Fubu und Eckō Unlimited entgegen und propagierte neben einer Armut, für die es sich nicht zu schämen galt – ganz im Gegenteil –, so auch Ironie in der Modewelt. Mit der Zunge in der Wange getragene Hemden mit Motiven an sich verpönter Altrocker, biederer Urlaubsorte oder Unternehmen, die in keinerlei Zusammenhang zur Person standen, ebneten den Weg zur Hipster-Fashion des 21. Jahrhunderts, in der wirklich alles wieder ging: weiße Tennissocken in Adiletten etwa oder Vokuhilas und Karottenhosen, um nur wenige der zahllosen Stilsünden zu nennen, die auf einmal wieder in sind, eben weil sie gerade noch so derart out waren. Die Tocotronics LoFi-Artworks zierenden Polaroid-Schnappschüsse spiegelten die Retro-Ästhetik wider. Tocotronic waren der ideale Soundtrack zur Lektüre des zeitgeistigen *Jetzt*-Jugendmagazins der *Süddeutschen Zeitung*: gebildet, bescheiden, aufgeregt. Wie Oasis verfügten sie auch direkt über einen markanten Schriftzug als Logo. Tocotronic hatten also die Looks, unterstützt von attraktiven Antlitzen, die schnell zur Bildung von Splitter-Fanclubs führten, und eigneten sich wie Liam Gallagher als Posterboys.

Und wie Gallagher und sein Big Brother gerieten sie auch in die Schlagzeilen, wenngleich ungewollt. 1996 sollte ihnen im Rahmen der Fachmesse Popkomm der Musikpreis des TV-Senders Viva, »Comet« genannt, in der Kategorie »Jung, deutsch und auf dem Weg nach oben« verliehen werden. Die Band war brav erschienen und auf die Bühne geschritten, wo sie den Preis aber ablehnten. Bassist Jan Müller begründete dies mit den Worten: »Ich bin nicht stolz darauf, jung zu sein. Ich bin nicht stolz darauf, deutsch zu sein. Und auf dem Weg nach oben, na ja, schön und gut ...« Der letzte Aspekt markiert die schärfste Trennlinie zum Britpop: Während man auf der Pop-Insel bedenkenlos Union Jacks schwang, wäre man hierzulande aus mehr als einem guten Grund nicht auf die Idee gekommen, die Gitarre in den Bundesfarben zu streichen. Hamburger Schule hatte nichts mit wiederaufgegriffenem Patriotismus zu tun – ganz im Gegenteil.

Unbestritten aber waren Tocotronic auf dem Weg nach oben. Innerhalb von nur 13 Monaten veröffentlichten sie drei Studioalben – das dritte davon, *Wir kommen um uns zu beschweren*, erreichte 1996 mit Platz 47 bereits die Charts und blieb dort für neun Wochen. Den neuen Markt persiflierend ließen Die Sterne im Clip zur Leadsingle ihres ebenfalls dritten und ebenfalls erstmals sowie ebenfalls für neun Wochen chartnotierten Albums *Posen* den deutschen Bands der Stunde gewidmete Balken in einem Diagramm nach oben schnellen: Am Schluss hatten Die Sterne neben den Toten Hosen, den Fantastischen Vier, Tocotronic und Selig (hatte man Die Ärzte vergessen?) die Nase vorn. Hieß es 1996 im UK Blur vs. Oasis, fochten hierzulande Die Sterne und Tocotronic den »Battle of the Bands« aus. Die Band um Frank Spilker darf sich dabei getrost mit der Band um Damon Albarn vergleichen lassen: Oasis und die Tocos waren Rock, Blur und Die Sterne mit Disco-Elementen arbeitender Avant-Pop. Das auf der Animals-Version des Traditionals »The House of the Rising Sun« basierende »Was hat dich bloß so ruiniert?« der Sterne wurde zur Hymne auf Studentenpartys, im Video glänzten Player wie Jochen Distelmeyer mit Gastauftritten. Quasi-Sampling, Cameos – die Hamburger Schule hatte verstanden, wie die Mash-up-90er funktionierten.

Der Norden war fortan en vogue – wie im UK wurden schnell ähnliche Gruppen aus dem ganzen Land unter einem Genrenamen subsumiert: Zu nennen und zu empfehlen wären hier unbedingt Tilman Rossmys Die Regierung aus Essen, Das neue Brot aus Emden und die Berliner Lassie Singers, aus denen die Autorin Almut Klotz, der Liedermacher und Hitschreiber für die Toten Hosen, Funny van Dannen sowie die Kreuzberger Nightlife-Ikone Christiane Rösinger hervorgehen sollten. Schnell hallte der Hamburger Sound auch im deutschsprachigen Ausland wider: Durch den großen Einfluss des auf Indie ausgerichteten Radiosenders FM4 etablierte sich in Österreich rasch die Gruppe Heinz aus Wien. Deren Durchbruch war der vertonte Minderwertigkeitskomplex »Ich hab' mit Tocotronic Bier getrunken«. In der Schweiz schufen die 1991 gegründeten Aeronauten Klassiker wie »Freundin« und »Ich wollt ich wär tot, Bettina«. Gegen die industrielle Ausschlachtung des Genres hatte Tom Liwa mit seiner Band Flowerpornoes prophetisch bereits 1992 angesungen im Song »Titelstory gegen ganzseitige Anzeige«: »He Alter, hättste nicht gedacht / Dieses Bild in der Zeitung, wo gibt's denn sowas / Fünf Jahre nach mir und drei Jahre nach Blumfeld / Kaufen sie alles ein, was Deutsch singt und laut genug lügen kann / Und viele von denen sind besser als wir es je waren.«

Bereits 1997 legten die beiden Hauptakteure des Genres neue Alben vor: Während Die Sterne auf *Von allen Gedanken schätze ich doch am meisten die interessanten* ihr Experimentierfeld erweiterten und mit dem Samba von »1-2-3-Tier« kurz darauf sogar eine Kinderbuchreihe von Nadja Budde inspirieren sollten, stagnierten Tocotronic etwas. Zwar erreichten sie mit Rang 13 für *Es ist egal, aber* fast die für solche Musik eigentlich nicht vorgesehenen Top Ten und schufen mit dem Protestsong »Sie wollen uns erzählen« (komplett mit Dylan-Gedächtnismundharmonika) einen ihrer größten Klassiker, doch die Songformel war ausgereizt. Dies erkennend, erfanden sie sich 1999 mit *K.O.O.K.* neu. Statt verwackelter Heimaufnahmen zierten nun futuristische Illustrationen des britischen Künstlers Chris Foss von Raumschiffen das Cover wie das Booklet. Für die Leadsingle »Let There Be Rock« griff man nicht nur auf einen alten AC/DC-Titel zurück, sondern verwendete im Refrain auch abgewandelte Fanfaren von Europes »The Final Countdown«. Im Video ließ eine Computeranimation einen Airbrush-Panther wie von einem Aufnäher auf einer Bikerkluft zum Leben erwachen. War das noch Ironie – oder Ausdruck von Jan Müllers Neigung zum Schweinerock? Tocotronic wurden rätselhaft. Die Texte entzogen sich zunehmend den aus den Leben der Hörerschaft gegriffenen Sujets wie »Ich wünschte, ich würde mich für Tennis interessieren« oder »Gehen die Leute auf der Straße / Eigentlich absichtlich so langsam?« Jetzt war »Die neue Seltsamkeit« bestimmend. Dazu erschien *K.O.O.K.* auch in englischer Sprache, sowie 2000 in remixter Form als *K.O.O.K. Variationen*. Renommierte Acts wie Justus Köhncke, Fischmob und Miss Kittin & the Hacker unterzogen die Songs hier elektronischen Überarbeitungen. Das als Single ausgekoppelte »Freiburg V3.0« von Soundtüftler Martin »Console« Gretschmann avancierte, flankiert von einem aufwändigen Stop-Motion-Video mit den Tocos als Superhelden und Console als -schurke (acht Jahre vor dem Beginn der Zeitrechnung des Marvel Cinematic Universe!), zum Chart-Hit. Tocotronic hatten sich geöffnet – »Man muss immer weiter durchbrechen«, wie von Lowtzow in einem Gastbeitrag zum Elektropop-Smash von Egoexpress »Weiter« sang.

Dead School Hamburg:
I can't relax in Deutschland

Der klassische Sound der Hamburger Schule war damit auserzählt. Bereits 1998 hatten die ehemaligen Funk-Punks Die Goldenen Zitronen deren Ende mit dem Album *Dead School Hamburg (Give Me a Vollzeitarbeit)* ausgerufen. Auch als die Vorreiter der Szene, Blumfeld um Jochen Distelmeyer, nach fünfjähriger Abstinenz 1999 zurückkehrten, hatte sich ihr Klangbild radikal verändert. Mit ihren ersten beiden Platten *Ich-Maschine* und *L'État et moi* hatten sie Meilensteine vorgelegt. Stark von Hip-Hop beeinflusst, verband Distelmeyer oft im Sprechgesang vorgetragen Stream-of-Consciousness-artig Gefühlswelten mit Sozialkritik. Um das Britpop-Bild nochmals aufzugreifen, waren Blumfeld wie Suede dem Cash-Cow-Jahr '95 ferngeblieben und klingelten erst wieder, als die Party eigentlich schon vorbei war. Sich dessen bewusst, meldeten sie sich mit überraschendem Sophisti-Fluffipop à la Prefab Sprout zurück, die mutige Single »Tausend Tränen tief« brachte ihnen wohlwollende Vergleiche mit der Münchner Freiheit ein. Mit »Status Quo: Vadis« genehmigte sich Distelmeyer zwar ein weiteres typisches Wortspiel, jedoch war ihm nun, nach Jahren der Diskurspop-Vorwürfe, mehr denn je zuvor daran gelegen, verstanden zu werden. Blumfeld besetzten so den soeben von Tocotronic geräumten Platz. In »Ein Lied von zwei Menschen« mit entwaffnend direkten Zeilen wie »Wie du in meinen Armen liegst / Und ich mich zärtlich an dich schmieg' / Oder wir zu zweit ins Kino gehen« war Distelmeyer zufälligerweise nah am ungenierten Pop-Comeback von Suede: »We'll go to freak shows and peepshows / We'll go to discos, casinos / We'll go where people go and let go«, hieß es in »Saturday Night«. Einen Höhepunkt des Albums stellt die Coverversion der Prä-Hamburger-Schüler von Jetzt! dar: »Kommst du mit in den Alltag«. Der Kreis hatte sich geschlossen, das Abitur war bestanden. Die großen Bands des Genres drehen bis heute teils sehr ehrenvolle Ehrenrunden, aber nun war es Zeit für eine neue erste Klasse.

Und mit der hatte die Oldschool oft so ihre Probleme. Mit klarem Seitenhieb gegen den Gründer des Oasis-Ultras-Fanclubs Thees Uhlmann stellte Frank Spilker der zweiten und dritten Generation der Hamburger Schule 2019 im Deutschlandfunk Kultur Fragen nach Inhalt und Existenzberechtigung: »Die wollen eigentlich Oasis sein, oder die wollen erfolgreich sein, die wollen geliebt werden, die wollen mit ihren Kumpels feiern. Aber worum geht's?« Wie schon zuvor bei der Neuen Deutschen Welle wurde der Sound schnell massentauglich gemacht, künstlerische Ambitionen wichen kommerziellen Interessen. Nach der landesweiten Etablierung der deutschen Sprache im Pop wurden schnell auch politische Grenzen überschritten – sehr zum Entsetzen der Altvorderen. 2003 zeigten sich Mia. aus Berlin schwarz-rot-gold gekleidet im Video zu »Was es ist«, was Entsprechungen fand in Zeilen wie »Ein Schluck vom schwarzen Kaffee macht mich wach / Dein roter Mund berührt mich sacht / In diesem Augenblick, es klickt / Geht die gelbe Sonne auf«. Die Elektropopper plädierten für einen nationalen Neuanfang, »Wohin es geht, das woll'n wir wissen / Und betreten neues deutsches Land«. Fler rappte im auf Falcos »Rock Me Amadeus« basierenden »NDW 2005« »Das ist Schwarz-Rot-

Gold: hart und stolz / Man sieht's mir nicht an, doch glaub' mir, meine Mum ist deutsch« und posierte mit einem Adler. Die Forderungen nach einer deutschen Musikquote im Radio, der Erfolg von Rammstein mit ihrer rechten Symbolik und dem Leni-Riefenstahl-Video zum Depeche-Mode-Cover »Stripped« sowie das Genre Neue Deutsche Härte um Acts wie die NDW-Größen Joachim Witt und Peter Heppner taten ihr Übriges. Als Reaktion darauf schlossen sich Mitte der ooer Jahre zahlreiche Künstler:innen wie Tocotronic, Die Goldenen Zitronen und Die Sterne zur Initiative *I Can't Relax in Deutschland* zusammen, die gegen die wahrgenommene »Nationalisierung der Popkultur« antrat.

Klassentreffen: Was ist aus den Hamburger Schüler:innen geworden?

2007 wechselten Tocotronic vom Indie zum Major Universal; im selben Jahr stellte L'Age D'Or seinen Betrieb ein. Als Nachfolger im Geiste hatte die Szene bereits 2002 eigene Labels hervorgebracht, erneut in Hamburg. Während die Musiker Gunther Buskies und Dirk Darmstaedter dort Tapete Records etablierten, hoben neben Thees Uhlmann die Kettcar-Mitglieder Marcus Wiebusch und Reimer Bustorff Grand Hotel van Cleef aus der Taufe. Im Jahr darauf lancierten Maurice Summen und Gunther Osburg von Die Türen das Label Staatsakt, wo Bands wie Ja, Panik, International Music und Isolation Berlin den Grundgedanken der Hamburger Schule wieder aufgriffen und einer neuen Zeit anpassten. Die bereits 1988 gegründeten Kante erlebten in den ooern einen Aufwind: Ihr Indie-Rock mit Stoner-Liebäugeleien machte es sich zwischen den sogenannten The-Bands und Queens of the Stone Age bequem, bevor sich die Band auf Theatermusik konzentrierte. Einer der Haupttreffpunkte der Community ist das seit 2000 stattfindende Immergut-Festival in Neustrelitz, Mecklenburg-Vorpommern. Die Hamburger Schule hat also maßgeblich dabei geholfen, Deutsch als Popsprache zu etablieren. Phänomene wie der durchschlagende Erfolg der Wiener Band Wanda, tragende Säule des Neo-Austropop-Booms seit 2014, wären ohne die Vorarbeit der 90er Jahre undenkbar gewesen. Selbst lange Zeit sich auf Englisch ausdrückende nationale Acts wie Sarah Connor, Gentleman und die Donots feierten ihre größten Erfolge, als sie in den 10er und 20er Jahren auf einmal in ihrer Muttersprache sangen. Aber wie jede Revolution fraß auch diese manche ihrer eigenen Kinder. Doch solange die damaligen Hauptakteure wie Tocotronic, Die Sterne, Jochen Distelmeyer und Die Goldenen Zitronen immer noch relevante, diskursbestimmende – und teils sehr erfolgreiche – Platten veröffentlichen, können sie den Diskurs steuern, neue Impulse geben und gefährlichen Strömungen entgegenwirken. Denn von allen Gedanken schätzen wir doch weiterhin die interessanten.

»Scheiß auf deutsche Texte« – 15 Absolvent:innen der Hamburger Schule

1. Tocotronic: »Die Welt kann mich nicht mehr verstehen« (1996)
2. Die Sterne: »Was hat dich bloß so ruiniert?« (1996)
3. Blumfeld: »Verstärker« (1994)
4. Die Lassie Singers: »Hamburg« (1992)
5. Superpunk: »Das ist heute nicht dein Tag« (1999)
6. Huah!: »Was soll ich mit der Welt wenn ich dich nicht hab?« (1992)
7. Bernd Begemann: »Viel zu glücklich (um es lange zu bleiben)« (1994)
8. Die Regierung: »Komm zusammen« (1992)
9. Rocko Schamoni: »Der Mond« (1999)
10. We Smile: »Kind und Kegel« (1992)
11. Die Goldenen Zitronen: »Alles was ich will (Nur die Regierung stürzen)« (1990)
12. Die Braut haut ins Auge: »Mein Bett stinkt« (1993)

13. Kolossale Jugend: »Alle Feind« (1990)
14. Fünf Freunde: »Liebling laß uns Waffen klauen« (1995)
15. Ostzonensuppenwürfelmachenkrebs: »Anfang im Ende« (1998)

»Ich vermisse die Leerstellen und Brachen in den Städten, die man mit Visionen füllen kann«: Interview mit Bernadette La Hengst

Der Terminkalender von Berndatte La Hengst kennt keine Lücken: Die ehemalige Sängerin und Gitarristin von Die Braut haut ins Auge (1990 bis 2000) veröffentlicht am laufenden Band gefeierte Soloalben, seit 2004 hat sie unzählige Theaterprojekte und Hörspiele als Musikerin, Regisseurin und Autorin realisiert. Als »bedingungslose Chorleiterin« (Selbstbezeichnung) führt sie viele Chöre in partizipativen Stadt- und Dorfprojekten an und schreibt gemeinsam mit den Teilnehmenden utopische Songs. Ihre Kernthemen sind das Weltklima, Bleiberecht von Geflüchteten, prekäre Arbeitsbedingungen und die Zunahme von politisch rechten Strömungen. Ach ja, und im Radio moderiert sie auch. Haben wir noch was vergessen? Bestimmt. Trotzdem fand sie die Gelegenheit, sich mit uns über ihre Zeit als Kopf einer der besten und packendsten Hamburger Bands der 90er zu unterhalten.

Auf deiner Website steht: »Die Braut haut ins Auge war meine/unsere Band von 1990 bis 2000. Es war eine gute Zeit, besser als die depressiven 80er.« Was hat die 90er für dich ausgezeichnet?
In den 80ern hatte ich immer das Gefühl, ich war zur falschen Zeit am falschen Ort. Ich war zu spät für Punkrock, zu spät für politische Bewegungen, so fühlte sich das zumindest an. Ich war großer Fan von Ton Steine Scherben, aber als ich 1987 bis 1989 von meinem provinziellen Heimatstädtchen Bad Salzuflen nach Berlin zog, war von dieser rebellischen Aufbruchstimmung der

70er Jahre nichts mehr zu spüren. Ich suchte dort nach gleichgesinnten Musikerinnen, habe aber keine gefunden. Die Einstürzenden Neubauten, Nick Cave oder die Tödliche Doris waren angesagt, und das war mir zu depressiv. Hätte ich da schon von den Lassie Singers gehört, wäre ich vielleicht in Berlin geblieben, aber so bin ich kurz vorm Mauerfall nach Hamburg gezogen. Einige meiner Freunde aus Ostwestfalen, mit denen ich seit 1986 Teil des Fast-Weltweit-Labels war, wohnten dort auch. Bernd Begemann und Frank Spilker aus Bad Salzuflen, Jochen Distelmeyer aus Brake bei Bielefeld, der kurz danach in Hamburg seine Band Blumfeld gründete. Ich lernte dann im Winter 1989 in Hamburg die Musikerinnen kennen, mit denen ich Die Braut haut ins Auge gründete. Es war für mich ein aufregender Neubeginn, alles war im Aufbruch, und in den Szenebars im Rotlichtviertel St. Pauli wie im Sparr, Subito oder Mitternacht erfanden sich die Musiker:innen neu und präsentierten sich so, als wären sie schon immer cool gewesen, und verdrängten ihre Dorf- und Kleinstadtbiographien.

Wie darf man sich einen typischen Alltag, falls es einen solchen überhaupt gab, bei Fast Weltweit vorstellen? Ihr wart ja alle blutige DIY-Anfänger:innen, wie bringt man sich denn so einen umfassenden Job bei?
Job ist der falsche Begriff, denn wir wollten ja keinen Job, sondern Freiheit, also irgendwie das Gegenteil, »nicht werden, was mein Alter ist«, um mal hier Rio Reiser zu zitieren. Es ging nicht um Karriere, Erfolg war eher negativ besetzt. Die Musiker von Fast Weltweit waren unterschiedlich weit, ich selbst hatte gar keine Ahnung, wie man Songs schreibt, aber ich hatte das unbestimmte Gefühl, dass ich das machen musste. Wir haben uns gegenseitig unterstützt, jeder spielte bei jedem mit, Frank Spilker und sein erster Die-Sterne-Schlagzeuger Mirko Breder waren zum Beispiel meine Backing-Band bei meinen ersten Studio-Aufnahmen 1987. Jochen und ich haben viel zusammen gesungen, und Michael Girke war unser aller Inspirator, er konnte

wahnsinnig gut reden und Verbindungen herstellen zwischen Politik, Filmen, Büchern und Musik.

Hamburg war in den 90ern der *place to be* für Popschaffende in Deutschland. Wie war der Austausch mit Kolleg:innen?

In den 90ern gab es in Hamburg den Versuch, mit deutschsprachigen Texten eine neue Art von Popsprache zu erfinden, die unsere Wirklichkeit abbildet, anstatt eine anglo-amerikanische zu kopieren, jenseits von sogenannten Deutschrockern wie Klaus Lage oder Udo Lindenberg. Wir hatten andere Vorbilder, es ging nicht darum, ein Star zu werden, wir fühlten uns eher als Anti-Stars und waren gegen Kommerzialisierung mit einer politischen Haltung, zum Beispiel gegen einen neuen Nationalismus nach dem »Wiedervereinigungstaumel«. Einige hatten von dem Ausverkauf der sogenannten »Neuen Deutschen Welle« Anfang der 80er gelernt und beschlossen, ihre Alben auf Independent-Labels zu veröffentlichen. Fast Weltweit wurde ja auch als Indielabel 1985 aus dieser Idee heraus geboren. Allerdings war die sogenannte Hamburger Schule, wie dann der Produktbegriff der Hamburger Musikszene wurde, ein Männerverein. Die Labels wurden von Männern geleitet, die meisten Journalisten waren männlich, und neben Die Braut haut ins Auge und den Mobylettes gab es Anfang der 90er nur vereinzelte Musikerinnen. Seit Mitte und Ende der 90er hat es sich dann langsam verändert. Von Die Fünf Freunde (einer gemischten Band) über die Songschreiberin Ebba Durstewitz von JaKönigJa bis zu Elena Lange von der gemischten Band Stella und ihrer Frauenband TGV.

Als eine von wenigen deutschen Bands sind Die Braut haut ins Auge auch durch die USA getourt und haben in Russland gespielt. Wie wurde euch im Ausland begegnet?

Wir waren glücklich darüber, mal woanders zu spielen als immer nur in Deutschland, Österreich oder der Schweiz. Unsere Bassistin Peta Devlin sang ja auch ihre eigenen Songs auf Englisch, und unsere Keyboarderin Karen Dennig war halbe Amerikanerin, insofern hatten wir Zugang zur amerikanischen Kultur. Wir organisierten uns dann selbst über eine befreundete amerikanische Musikerin, die ein paar Jahre lang in Berlin in einer Girlband, Die Hullies, gespielt hatte, ein Konzert im legendären CBGB's in New York. Dort waren wir eine von vier Bands an einem Abend und kamen erstaunlicherweise sehr gut an. Wir fuhren dann mit dem Auto über Washington die Route 66 runter nach Memphis und Nashville und spielten überall spontan kleine Konzerte und lernten andere Musikerinnen kennen. In St. Petersburg haben wir 1997 auf dem größten russischen Rockfestival vor 10 000 Zuschauer:innen in einem Fußballstadion gespielt. Das war eines der aufregendsten Konzerte, die ich je erlebt habe. Wir waren auch dort wieder mal die einzige Frauenband an drei Festivaltagen. Wir spielten als ersten Song eine Coverversion einer russischen Band, die in einer Phantasiesprache sangen, ich versuchte das zu imitieren, denn Russisch konnte ich nicht. Damit haben wir die Herzen im Sturm erobert. Unsere Songs kamen sehr gut an, die Leute rissen sich die T-Shirts vom Leib, wie man absurderweise auf einem YouTube-Video sehen kann, und die Sprache war dann eher nebensächlich.

Was vermisst du aus den 90ern?
Manchmal vermisse ich die Leichtigkeit, die Möglichkeit, als Künstler:in zu überleben, indem man von einem Barjob und ein paar Konzerten die Miete bezahlen konnte. Ich vermisse bezahlbaren Wohnraum. Ich vermisse die Leerstellen und Brachen in den Städten, die man mit Visionen füllen kann, jenseits von Investorenträumen. Besetzte Häuser. Ich vermisse die Zeit, in der Popmusik nicht gestreamt, sondern in Plattenläden gekauft wurde und dadurch noch einen viel größeren Wert besaß, der über das reine Konsumieren hinausging. Ich vermisse, dass Alben einen Diskurs auslösen können. Ich vermisse Zusammenhänge, Netzwerke, in denen es um mehr geht als um Verteidigung der eigenen Privilegien, in denen sich Politik, Kunst und Musik ver-

mischen, in denen wir politisch etwas bewegen können gegen die Klimakatastrophe, Rechtspopulismus, Rassismus oder einen neuen Anti-Feminismus. Ich vermisse Solidarität. Ich vermisse Schnee im Winter.

Und was nicht?
Ich vermisse nicht die eiskalten Winter in Berlin und die verregneten Sommer in Hamburg, obwohl das fürs Klima besser wäre. Ich vermisse nicht die Position der »Quotenfrau« in der Musikszene bei vielen Gelegenheiten. Ich vermisse nicht den Geniekult, den viele männliche Musiker gepflegt haben, oft in Verbindung mit Machogehabe und Selbstbestätigung durch Affären und One-Night-Stands. Ich vermisse nicht die Musikszene, die fast durchgehend weiß und deutsch war. Ich vermisse nicht meine eigenen Unsicherheiten und die Egozentrik, die oft daraus entstand. Ich vermisse manchmal meine eigene Verrücktheit und das über Grenzen gehen, aber ich vermisse nicht den Hang zur Selbstzerstörung, der oft daraus erwuchs. Ich vermisse nicht, dass man im Zug rauchen kann.

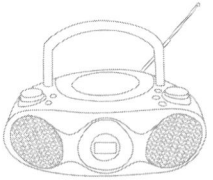

»Time to Say Goodbye«: Nachwort

Dass dieses Buch *Back for Good* heißt, empfinden wir als eine treffsichere Wahl. Nicht allein deshalb, weil der gleichnamige Song von Take That einer der bekanntesten der 90er Jahre ist und ihn anders als etwa der Gegenkandidat »Tied to the 90s« von Travis auch 80 Prozent aller in Deutschland lebenden Menschen über 30 mitsingen können, die behaupten, sich über zufällige Radioprogramme hinaus nie näher mit Musik beschäftigt zu haben. *Back for Good*, zurück für immer, so unsere hoffentlich hinreichend belegte These, sind auch die 90er.

Übrigens: Einer der weiteren Arbeitstitel lautete »Boom, Boom, Boom, Boom!«, wahlweise benannt nach einem Partykracher der Vengaboys, dem fast genauso betitelten Nr.-Hit der Outhere Brothers, der immerhin ein »Boom« umfassenden Debütsingle des Fresh Prince of Bel-Air Will Smith, einer Punchline aus Blümchens »Boomerang«, der Weiterführung von Snows wortmalerischer Kernzeile aus »Informer« (»A licky boom boom down!«) oder in Erinnerung an Roxettes »Crash! Boom! Bang!«. Assoziationen mit Boris »Bum Bum« Beckers Besenkammer-Affäre oder dem Sextape von Pam & Tommy wären möglicherweise ebenso unvermeidbar gewesen. Nach Abschluss des Buches wussten wir: Es hätte letztlich auch *Kurt Cobain* heißen können, so viel, wie dieser junge Mann aus Aberdeen unfreiwillig los-

oder umgetreten hat, direkt wie indirekt. Oder *Zeitgeist*, weil dies das Wort war, das in unseren Interviews auffallend häufig fiel, wenn wir unsere ruhmreichen Protagonist:innen fragten, was den Erfolg ihrer Musik oder des Genres, in dem sie sich bewegten, ausgemacht habe.

Fakt ist: Die 90er waren verdammt viel. Eine popmusikalische Gemengelage. Ein Jahrzehnt, in dem Genres in einer Vielzahl erfunden, geprägt und manchmal auch vergessen wurden. Eines, in dem Grundsteine für die nachfolgenden Dekaden gelegt wurden. In der Rückschau – und vor allem in Hinblick darauf, was es alles nicht auf die zurückliegenden Seiten geschafft hat – erscheint es fast unglaubwürdig, dass die 90er letztlich auch nur zehn kurze Jahre lang gedauert haben sollen. Wenn man bedenkt, welche Schätze heute noch aus den 60er Jahren gehoben werden, wie oft und ununterbrochen auf dieses Jahrzehnt seither Bezug genommen wird, wirkt sie eher wie ein Jahrhundert.

Dieses Phänomen hat mindestens dreierlei Gründe: Zum einen wird Zeit als länger wahrgenommen, wenn man jung ist – alles wird intensiver und bedeutsamer erlebt, unsere Rezeption leidet noch nicht so sehr unter Abnutzung, Routine und Repetition haben sich noch nicht breitflächig durchgesetzt. Dazu verfügt man nur über die eigene bisherige Lebensdauer als Maßstab für Zeit. Zum anderen lässt sich beobachten, dass die wirklich kulturprägende Kraft eines Popacts selten länger als 18 Monate anhält. Zwischen Elvis' erstem Nr.-1-Hit und dem Beginn seiner Verramschung in eilig produzierten Hollywood-Klamotten lagen nur acht Monate. Nur drei Monate nach Veröffentlichung von *Never Mind the Bollocks, Here's the Sex Pistols* trennte sich die wichtigste aller Punkbands. Anderthalb Jahre nach »Wannabe« erreichte eine Single der Spice Girls erstmals nicht Platz 1 – die imperiale Phase war abgeschlossen. Bereits 1999 lancierte der Manager der Band die geplanten Nachfolgerinnen: 21st Century Girls. Schnell aufbrausende Wellen flachen rasch wieder ab in einer Industrie, die in den 90ern scheinbar unendliche finanzielle Ressourcen hatte, was ihr ermöglichte, ständig neue publicityträchtige Hypes zu entfachen. Die schwindelerregende Anzahl dieser Trends dehnt unser Gefühl von Zeit.

Als dritte und letzte Erklärung wollen wir ein Zeitgefühl nennen, wie es zuletzt in den 90ern existierte. Die 90er standen für gewisse Werte – allen voran: Freiheit –, auf die sich der Mainstream einigen und sich so miteinander verbunden fühlen konnte. Mit dem Aufkommen sozialer Medien zersplitterte unsere Gesellschaft in unendlich viele Blasen, in denen uns Algorithmen immer wieder das servieren, was wir ohnehin goutieren. Wir leben in einem Recycling-Loop, der wenig Raum dafür lässt, einen übergreifenden Charakter zu kreieren. Die Jahrzehntnamen von den 60ern bis zu den 90ern wurden wie Slogans genutzt, die heute konkrete Assoziationen mit sich bringen. Die beiden folgenden Dekaden wurden hingegen kaum namentlich genannt; bis heute herrscht etwa kein Konsensbegriff für die 00er oder 1er- oder doch 2000er Jahre vor. Das hat auch damit zu tun, dass es kaum mehr popkulturelle Tafelrunden für alle gab, sondern alle begannen, ihre eigenen Süppchen zu kochen.

Und dennoch: Wir wollen nicht nostalgisch klingen. Nein, früher war nicht alles besser – ein Satz, über dessen Gegenteil übrigens sogar eines *unserer* prägenden 90er-Gesichter Markus Kavka sagt, dass er ihn niemals sagen wird. Auch die 90er waren bestimmt von Grauen, die Techno-Schlümpfe seien hier nur als geringstes Übel angeführt. Und selbst wenn: Geschichte sind die 90er trotzdem. Zum Glück. Damit wir uns an sie erinnern und alte Platten wieder hören können – und dadurch auch die popmusikalische Gegenwart von uns oder unseren Kindern besser verstehen können. Weil schon damals nichts langweiliger war als Eltern, die die Musik der ihr nachfolgenden Generation nicht verstehen wollten oder als »das habe ich vor 30 Jahren schon so ähnlich gehört« abtaten – obwohl es in Genres wie dem Britpop auch durchaus zutraf.

Die letzten Worte sollen trotzdem jenem Anti-Rockstar gehören, der die 90er mitbestimmte wie kaum jemand sonst und der viel zu früh keine mehr sprechen wollte:

»*Come as you are, as you were*
As I want you to be
As a friend, as a friend
As an old enemy
Take your time, hurry up
Choice is yours, don't be late
Take a rest as a friend
As an old

Memoria, memoria
Memoria, memoria«

Stephan Rehm Rozanes
und Fabian Soethof
im Juli 2024

Anmerkungen

Soweit nicht anders angegeben, stammen alle Übersetzungen von Stephan Rehm Rozanes und Fabian Soethof.

1 Jan Wehn / Davide Bortot, *Könnt ihr uns hören? Eine Oral History des deutschen Rap*, Berlin 2019, S. 105.
2 Jens Balzer, *No Limit. Die Neunziger – das Jahrzehnt der Freiheit*, Berlin 2023, S. 77.
3 »Wenn unsere Fans Teenies werden, lassen wir sie gerne ziehen«. Deine Freunde im Interview mit Fabian Soethof. https://www.newkidandtheblog.de/2024/04/10/deine-freunde-im-interview-wenn-unsere-fans-teenies-werden-lassen-wir-sie-gerne-ziehen/
4 Weil die Alternative-Rock-Bewegungen Grunge, Britpop und Crossover so außerordentlich einflussreich waren, haben wir ihnen eigene Kapitel gewidmet. Dank Nirvana, Oasis oder den Red Hot Chili Peppers wurde Alternative Rock der neue Mainstream. Und nicht dank, bei allem Respekt, Szenelieblingen wie Pavement.
5 In Anlehnung an das 1995 erschienene Debütalbum *Männer können seine Gefühle nicht zeigen* der Hamburger Hip-Hop-Band Fischmob.
6 Markus Kavka / Elmar Giglinger, MTViva *liebt dich! Die elektrisierende Geschichte des deutschen Musikfernsehens*, Berlin 2023.
7 Lou Pearlman / Wes Smith, *Bands, Brands and Billions. My Top 10 Rules for Making Any Business Go Platinum*, New York [u. a.] 2003.
8 David Sinclair, *Wannabe. How the Spice Girls Reinvented Pop Fame*, London 2004.
9 Eloy de Jong, *Egal was andere sagen*, Hamburg 2020.
10 Berni Mayer, *Black Mandel*, München 2012.
11 Rob Halford, *Ich bekenne. Die Autobiographie des Sängers von Judas Priest*, übers. von Stephan Glietsch und Philip Bradatsch, München 2021.

Literaturhinweise

Bücher

Balzer, Jens: No Limit. Die Neunziger – das Jahrzehnt der Freiheit. Berlin 2023.

de Jong, Eloy: Egal was andere sagen. Hamburg 2020.

Halford, Rob: Ich bekenne. Die Autobiographie des Sängers von Judas Priest. Übers. von Stephan Glietsch und Philip Bradatsch. München 2021.

Hentschel, Joachim: Zu geil für diese Welt: Die 90er – Euphorie und Drama eines Jahrzehnts. München 2018

Kavka, Markus / Giglinger, Elmar: MTViva liebt dich! Die elektrisierende Geschichte des deutschen Musikfernsehens. Berlin 2023.

Mayer, Berni: Black Mandel. München 2012.

Pearlman, Lou / Smith, Wes: Bands, Brands and Billions. My Top 10 Rules for Making Any Business Go Platinum. New York [u. a.] 2003.

Seabrook, John: The Song Machine – Inside The Hit Factory. London 2015.

Sinclair, David: Wannabe. How the Spice Girls Reinvented Pop Fame. London 2004.

Wehn, Jan / Bortot, Davide: Könnt ihr uns hören? Eine Oral History des deutschen Rap. Berlin 2019.

Filme

Berlin Bouncer, Regie: David Dietl. 2019.

Full Metal Village. Regie: Cho Sung-hyung. 2006.

Some Kind of Monster. Regie: Joe Berlinger / Bruce Sinofsky. 2004.

The Boy Band Con. The Lou Pearlman Story. Regie: Aaron Kunkel. 2019.

Trainwreck: Woodstock 99. Regie: Jamie Crawford. 2022.

Abbildungsnachweis

Autorenfoto: © Thomas Neukum

Innenteil: Edd Westmacott / Alamy Stock Foto S. 130 | IMAGO / Allstar S. 33 | IMAGO / Avalon.red S. 254 | IMAGO / BRIGANI-ART S. 175, 327 | IMAGO / Becker&Bredel S. 262 | IMAGO / Joe Giron S. 21 | IMAGO / POP-EYE S. 125 | IMAGO / United Archives S. 107, 243, 313, 330 | IMAGO / ZUMA Press Wire S. 53 | IMAGO / localpic S. 261 | IMAGO / teutopress S. 79, 82, 233 | PA Images / Alamy Stock Foto S. 147 | Pictorial Press Ltd / Alamy Stock Foto S. 178, 215 | RGR Collection / Alamy Stock Foto S. 59 | picture alliance / DALLE APRF | © DALLE APRF S. 282 | picture alliance / Fryderyk Gabowicz | Fryderyk Gabowicz S. 309 | picture alliance/KEYSTONE | MARTIN RUETSCHI S. 155

Tafelteil: IMAGO / Joe Giron | IMAGO / Avalon.red | IMAGO / Bridgeman Images | picture alliance / Fryderyk Gabowicz | Fryderyk Gabowicz | IMAGO / Reporters | MediaPunch Inc / Alamy Stock Foto | IMAGO / ZUMA Press Wire | picture-alliance / dpa | epa AFP | horst friedrichs / Alamy Stock Foto | picture-alliance / dpa | Achim Scheidemann | picture alliance / Fryderyk Gabowicz | IMAGO / POP-EYE | IMAGO / FAMOUS | picture-alliance / dpa | PA Hanson | jeremy sutton-hibbert / Alamy Stock Foto | IMAGO / POP-EYE | IMAGO / POP-EYE | IMAGO / teutopress | IMAGO / Avalon.red | picture alliance / Gene Ambo / MediaPunch | Gene Ambo / MediaPunch | IMAGO / United Archives | picture-alliance / dpa | Kel-Life GmbH Julio Donoso | picture alliance / DALLE APRF | © DALLE APRF | IMAGO / Future Image